LECKERE GRILLSPEZIALITÄTEN

Franz Maier-Bruck

Leckere Grillspezialitäten

Mit 500 Rezepten und 48 Farbtafeln

CAESAR VERLAG SALZBURG

ISBN 3-7023-3087-9
Alle Farbfotos von Küchenmeister Ernest Richter

Printed in Israel

INHALT

Vorwort 7
Das Grillen 9
Rindfleisch, vom Rost 17
Schweinefleisch, vom Rost 51
Hammel- und Lammfleisch, vom Rost 67
Kalbfleisch, vom Rost 76
Geflügel, vom Rost 93
Wild und Wildgeflügel, vom Rost 101
Hackfleischspezialitäten, vom Rost 110
Innereien, vom Rost 123
Würste, vom Rost 136
Fisch, Schalen- und Krustentiere, vom Rost 144
Große Bratspieße 165
Kleine Spieße 196
Bunte Spießchen 230
Gemüse, Kartoffeln 241
Obst 254
Würzbutter, Marinaden, Soßen . . 272
Würzbutter, Buttermischungen . . 273
Marinaden 276
Soßen 278
Register der Rezepte 299

VORWORT

Das Rösten von Fleisch über offenem Feuer unserer Vorfahren kann man als den Anfang der Feinschmeckerei bezeichnen. Es ist der Beginn einer Entwicklung in der Kochkunst, die den Menschen durch Jahrtausende bis auf den heutigen Tag beschäftigt. Gerade heute legt man wieder ganz besonderen Wert auf die Garmethoden unserer Vorväter, denn gegrillte Speisen sind nicht nur bekömmlich und sehr wohlschmeckend, sondern auch gesund, weil dabei möglichst alle lebenswichtigen Nährstoffe, wie Eiweiss, Mineralsalze, Vitamine usw., erhalten bleiben. Grillen ist soviel wie Garen der Nahrungsmittel durch Strahlungshitze. Durch die große Hitze schließen sich rasch alle Poren, das gegrillte Fleisch bleibt dadurch saftiger, auch die typischen Geschmackstoffe bleiben erhalten, außerdem kann man daher weitgehend auf Fett verzichten.

Der Vorgänger des Rostes war der Spieß, mit dessen Hilfe man Fleischstücke von fast unbeschränkter Größe über dem Feuer zubereiten konnte. Hier lag das Geheimnis an der Oberfläche, d. h. in der Berührung des eßbaren Fleisches mit Fett über glühender Kohle. Das gilt für die großen Stücke. Daraus entstand mit der Zeit die Idee, den gleichen Bratprozeß, wie er sich am Spieß vollzieht, auch auf dem Rost, und für zwar kleinere und kleinste Stücke aus zartem Rindfleisch, Kalbfleisch, Lamm, Hammel und jungem Geflügel sowie Fischen anzuwenden.

Auch wenn man nicht die Möglichkeit hat, einen Holzkohlengrill aufzustellen, braucht man sich diese Köstlichkeiten auf keinen Fall entgehen zu lassen. Die Industrie bietet eine Vielzahl handlicher Elektrogeräte an, die in jeder Küche ihren Platz finden.

Noch eine Frage ist zu klären: Wann Rost und wann Spieß? Als Faustregel merke man sich: Fleischstücke mit einem Gewicht bis zu einem Pfund (500 Gramm) kann man auf den Rost geben. Schwerere Stücke werden am Spieß saftiger und besser gar.

DAS GRILLEN

Das Rösten am Grill ist ein Garmachen in kürzester Zeit, also à la minute, bei strahlender Hitze von 225 bis 300 Grad Celsius. Die sich dabei entwickelnde Feuchtigkeit bleibt dadurch nicht auf dem Grillgut, sondern zieht ab. Deshalb eignet sich zum Grillen auch nur zartes Fleisch, wobei zu beachten ist, daß der Fleischsaft im Inneren verbleibt, um damit die Zartheit des Fleisches zu erhöhen. Es bedarf somit des Wissens um die Qualität des Fleisches, der Brauchbarkeit des Fettes, der richtigen Hitze und der richtigen Bratzeit, des Garwerdens je nach Gattung des Fleisches und je nach Geschmack der Esser. Gegrilltes Fleisch schmeckt besonders vorzüglich und ist gesund, weil man fast ohne Fett bzw. überhaupt ohne Fett grillen kann. Alle weißen Fleischarten stammen ihrer Art nach von jungen Tieren, die an sich saftiger sind, weil alle Fasern und Zellstoffe noch im Aufbau begriffen sind. Beim Grillen dieses Fleisches ist zu berücksichtigen, daß dünne und kleine Stücke rasch auf heißem Grill nicht zu stark gebraten werden, denn das Rösten und Garwerden muß gleichzeitig geschehen.

Beim Grillieren von dunklem Fleisch wie Rind, Schwein, Hammel und Wild dagegen ist ein Verkrusten der Oberfläche notwendig, damit der nach dem Inneren gedrängte Saft nicht entweichen kann. Sodann muß je nach Größe und Dicke des Stückes die Hitze reguliert werden. Dunkles Fleisch wird seltener durchgebraten. Durch Druck mit der Fingerspitze auf das Fleisch wird geprüft, ob es den gewünschten Grad des Garseins erreicht hat.

Fische, ob klein, groß oder portioniert, werden immer auf nicht zu heißem Rost gargemacht. Tiefgekühlte Fische werden nicht aufgetaut, also noch in gefrorenem Zustand langsam gebraten, denn dadurch bleiben der Saft und das so wichtige Eiweiß im Fischfleisch.

Alles Grillgut wird kurz vor dem Garmachen gewürzt, in Öl (Archidöl) oder geklärter Butter (ungeklärte Butter würde verbrennen) durchzogen oder mittels Pinsels mit Öl etc. bestrichen, auf den heißen Grill gelegt, ab und zu mit Fett bestrichen, gewendet und nochmals bestrichen, gar gebraten, angerichtet, eventuell mit Kräuter- oder Sardellenbutter belegt.

Beim Grillieren ergibt sich kein Bratensaft, ausgenommen bei einigen Geräten, wo der Fleischsaft aufgefangen und mitangerichtet wird. In vielen Fällen gibt man gerne Soßen als Beilagen, und zwar Kräuter-, Béarnaise-, Hollandaise- und Mayonnaise-Soßen, eingedickten Bratensaft, mit Meerrettich, Senf, Gewürzgurken, Estragon und Schnittlauch gewürzt.

Ein großer Teil der Geräte ist heute schon so eingerichtet, daß man nicht nur Fleisch, Gemüse, Fische usw. darauf grillieren, sondern auch überbackene Gerichte und warme Sandwiches herstellen kann.

Eine Mischtechnik ist das *Grillen in der Alu-Folie* (ist kein eigentliches Grillen, sondern ein Dünsten im Grillapparat). Ideal für den Grillkoch ist dabei die Kombinationsmöglichkeit für Zutaten, Würzmischungen und Saftgewinnung!

1. Das Grillen im Freien

Die einfachste Art des Grillens ist, das Grillgut auf einem Reisigfeuer zu rösten. Dazu ordnet man ein paar Steine oder Bachsteine zu einem runden Wall (ca. 15–20 cm hoch) an. Auf der dem Wind zugewandten Seite läßt man eine Öffnung frei. In der Mitte schichtet man dünne Äste auf. Sobald das Holz brennt, laufend nachlegen. Sobald ein genügend großer Glutstock vorhanden ist (in etwa 1/4–1/2 Stunde), kann man mit dem Grillen beginnen. Dazu eignen sich vor allem Kartoffeln in der Schale, die man direkt in die Glut legt (Grilldauer ca. 5–10 Minuten); aber auch Würste (an den Enden leicht einschneiden, Fleischwürste vorher schälen und aufspießen). Am besten, man spießt die Stücke mit einer Astgabel auf und schiebt sie in die Glut.

Auf die gleiche Art einer offenen Feuerstelle kann man aber auch einen einfachen Rost auflegen und darauf kleine Fleischstücke etc. rösten.

Wichtig bei diesem »wilden« Grillen im Freien ist, daß man stets auf das Feuer achtet (damit kein Waldbrand entsteht!). Vor Verlassen des Platzes muß man sich stets überzeugen, daß das Feuer vollkommen gelöscht ist!

Wer die Möglichkeit hat, kann sich einen Gartengrill im Freien auch selber mauern, zum Beispiel aus Bachsteinen, auf die man den Rost setzt; dieser soll stets aus rostfreiem Stahl sein, am besten man verwendet den Rost aus dem Backofen! Noch besser ist es, wenn man die Feuerstelle so baut, daß man den Grillrost beliebig hoch und nieder stellen kann, um ihn nach Wunsch näher und weiter entfernt von der Feuerstelle anbringen zu können. Auch einen Drehspieß kann man anbringen.

Praktisch ist auch ein sogenannter Floridagrill, eine von drei Seiten ummauerte Herdstelle, die aber auf einem steinernen Tisch oder Sockel ruht, damit man sich nicht immer bücken muß; man hat den Herd so auf der gewohnten Arbeitshöhe. Zu empfehlen ist, daß man sich eine geeignete Abstellfläche dazubaut.

Den Gartengrill heizt man am besten mit Hartholzscheiten (sie müssen 40–60 Minuten lang brennen, bis man die geeignete Glut hat).

Die bequemere und bekömmlichste Art, im Freien zu grillen, ist das Grillen über einem Holzkohlengrill.

Es gibt auch kleine Holzkohlen-Tischgrills aus Gußeisen (oder aus Ton) bzw. den Wegwerfgrill zum einmaligen Gebrauch aus starker Aluminiumfolie und einem dünnen Grillrost darüber, oder einen Minigrill, bestehend aus einem Metallkübel, für kleine Grilladen (kleine Spießchen, kleine Fleischstückchen, Würstchen), den man überallhin leicht mitnehmen kann.

Besonders vorteilhaft ist es, statt einen festen Rost einen frei beweglichen Grillrost zu verwenden.

Der Grillrost ist neben dem Spieß wohl eines der ältesten Grillgeräte: ein runder oder viereckiger Rost aus schwerem Eisen am langen Stiel. Früher hat man diesen Grillrost auf einen eisernen Dreifuß gestellt und diesen im Herd in die Glut geschoben. Wer einen offenen Kamin hat, kann dies auch heute noch praktizieren. Meist gibt es zu diesem Grillrost auch einen Drehspieß, den man mit der Hand oder auch einen Motor bedient. (Der Motor kann durch Taschenlampenbatterien angetrieben werden, kann aber auch an die Autobatterie angeschlossen werden.)

Günstig ist der kleine Tischgriller (»Hibachis« genannt, im Handel erhältlich); er besteht aus einem schweren Gußeisentopf, mit dem Bratgrillrost obenauf. Er eignet sich für kleinere Portionen. Der einfache Gartengrill besteht aus Holzkohlenbehälter, gußeisernem oder metallenem Glutkasten und darüber dem Rost. Davon gibt es im Handel unzählige Arten (z. B. mit oder ohne Windschutz, mit Drehspießvorrichtung, mit Motorspieß, mit verschieden hoch einsetzbarem Rost, Luxusgriller mit zwei Feuerstellen, mit Abstellfläche neben dem Rost, Grill auf Rädern usw. usw.).

Entscheidend beim Kauf eines solchen Gerätes ist immer der Verwendungszweck, für wie viele Personen man das Gerät zum Grillen benötigt. Wichtig ist auch, daß das Gerät genügend stabil ist und fest auf dem Boden steht, daß der Holzkohlenbehälter aus rostfreiem Stahl oder Gußeisen ist, daß für eine ausreichende Belüftung vorgesorgt ist und daß der Rost aus nicht zu dicken Stäben besteht (keine vernickelten oder verzinkten Stäbe!).

Es empfiehlt sich auch ein Glutkorb (besonders bei einem großen Fleischstück am Spieß). Man kann dann unter das Bratenstück eine Fettauffangschale stellen (und das Grillgut immer wieder mit dem eigenen Saft und Fett bepinseln). Es gibt flache und tiefere Glutkörbe. Die Entfernung zwischen Grillgut und Glut richtet sich nach Art des Grillgutes. Schaschlik dreht sich z. B. dicht vor der Glut, Roastbeef oder Schweinerücken soll etwa 12 cm Abstand von der Glut haben.

Einfach ist auch der Klappgrill, ein Doppelrost, bei dem flache Fleischstücke zwischen zwei Metallroste eingeklemmt werden und am langen Stiel über die Glut gehalten oder auf einen Dreifuß gelegt werden. Man kann allerdings immer nur kleinere Portionen damit auf einmal grillen.

Ebenso einfach ist der Pfannengrill zu handhaben, der auf drei Beinen steht, und der Kastengrill, der meist auch eine Drehspießvorrichtung hat, wobei der Holzkohlen- bzw. Glutbehälter senkrecht angebracht ist (damit kein Fett in die Glut tropfen kann während des Grillens!). Daneben gibt es auch Schwenkgrill- und kombinierte Grillgeräte mit waagrechtem und senkrechtem Glutbehälter.

Zum Brennen beim Holzkohlengrill eignen sich Holzkohlenbriketts, Holzkohle, Hickory-, Eichen-, Buchen-, Birken- und Wacholderholz. Stroh, Reisig, Fichten- oder Kistenholz und ähnliches würde zu rasch verbrennen und zu wenig Glut hinterlassen.

Zum Heizen den Boden des Kohlenbehälters zunächst dick mit Kies bestreuen (wenn nicht das Gerät selbst einen Bodenschutz hat), darauf gibt man das Brennmaterial (5 bis 8 cm dick), bergartig aufgeschichtet. Dann gibt man ein Einheizmaterial darunter (Späne, Reisig etc.). Man kann über Holzkohle auch Brennspiritus gießen und diesen vorsichtig entzünden. (Achtung bei Wind und Zug auf eine Stichflamme!)

Das Heizen von Hartholz braucht etwa 40 Minuten, von Holzkohle 20 bis 30 Minuten, bis sie richtig durchgeglüht sind und der Glutkern von einer weißen Aschenschicht überzogen ist. Nachgeheizt wird immer vom Rand her. 15 Minuten vor dem Grillbeginn legt man den Rost über das Feuer, damit er gut durchglühen kann. Wird der Rost erst später aufgelegt, muß er gut eingeölt werden, damit das Grillgut nicht kleben bleibt. Wichtig ist, daß das Feuer bereits im Erlöschen sein muß, Flammen würden das Fleisch und andere Zutaten schwärzen und verbrennen, aber nicht garen.

Die Dauer der Glut richtet sich nach der Menge

des Grillgutes und hängt von der Dicke des Holzkohlenbettes ab. Für Würstchen, Frikadellen, Schnitzel und Filetsteaks benötigt man eine zweifingerhohe Glut, für Lammkeulen, Rükkensteaks und Schinkenbraten eine etwas dikkere Glutschicht.

Beim Grillen über dem Holzkohlenfeuer darf nur eine Art von Flammen das Fleisch berühren; nämlich jene Flammen, die entstehen, wenn das in der Hitze geschmolzene Fett auf die Glut tropft. Diese Flammen geben dem Fleisch erst den »echten« Geschmack, sie sind eine Beize für ein am offenen Feuer gebratenes Fleisch. Das darf allerdings nicht dazu verleiten, daß man große Fettränder an den Fleischstükken läßt. Zuviel Fett würde zu viele Flammen erzeugen, in denen das Fleisch verbrennen würde. Wenn durch reichlich hinuntertropfendes Fett zu viele Flammen oder Rauch entstehen, stäubt man mit einem kleinen Besen etwas Wasser auf die Glut; dabei ist darauf zu achten, daß die Kohlenglut nicht zuviel abkühlt.

2. Elektrische Grillgeräte im Raum

In den meisten Backöfen der modernen Haushaltsöfen befinden sich bereits ein fest eingebauter Grill bzw. eine Vorrichtung für einen Einsteckgrill (Heizschlange bei Elektroherd, eine Metallplatte bei Gasherden) und eine Drehspießvorrichtung. Die Backofentür muß während des Grillens immer einen Spalt (etwa 6–10 cm) offen bleiben, weil man zum Grillen Frischluft benötigt.

Praktisch und küchenunabhängig sind die elektrischen Grillgeräte, ist der elektrische Tischgrill. Dabei bleibt die Tür des Grillgerätes – immer mit Sichtfenster versehen – jedoch stets zu. Diese Grillgeräte gibt es im Handel in den verschiedenen Größen und Ausführungen. Für einen durchschnittlichen Haushalt sollte man damit wenigstens zwei Hühnchen oder vier Steaks auf einmal grillen können. Größere Geräte brauchen bereits einen festen Platz, sind also keine Tischgeräte mehr.

Auch im elektrischen Grill werden Grilladen wie Würstchen und Steaks auf dem Rost, Gemüse in der Fettpfanne und größere Bratenstücke am Drehspieß zubereitet. Ein Elektrogrill arbeitet entweder mit Stahlrohrheizkörpern, die 5 bis 10 Minuten vorgeheizt werden müssen, oder mit Quarzheizkörpern, die die gewünschte Temperatur innerhalb weniger Sekunden erreichen.

Praktisch sind die modernen, sich selbst reinigenden Geräte, bei denen die Innenwände mit einer Spezialbeschichtung oder wenigstens mit einer leicht entfernbaren Alu-Folie versehen sind.

Der Elektrogrill ist leicht zu bedienen. Man schaltet ihn ein, bepinselt den Rost mit Öl oder steckt den Braten auf den Spieß. Moderne Geräte lassen sich, je nach Grillgut und Gebrauchsanweisung, auf die notwendige Temperatur und Dauer einstellen. Vorgeschriebene Temperatureinstellung und Grillzeit einhalten (wenn sie dem eigenen Geschmack entsprechen).

Beim Kauf eines elektrischen Tischgrilles ist auf folgendes zu achten:

Besser, immer eine Nummer größer zu kaufen, als man für notwendig hält.

Die Geräte sollen mit Reflektoren ausgestattet sein (oder wenigstens eine Alu-Folie-Rolle haben), um die maximale Strahlungshitze zu

erreichen (das bedeutet ja eine besonders kurze Grillzeit!).
Grillrost und Grillspieß (mit Fleischklammer und Motor) sollen aus rostfreiem, oberflächenbehandeltem Edelstahl sein. Keine verzinkten oder vernickelten Roste und Spieße nehmen!
Eine Fettauffangschale soll dabei sein (mit einem festen oder aufsteckbaren Grill und Hitze absorbierenden Haltegriff).
Das Gerät soll mehrere Einschubleisten haben (wenigstens zwei).
Selbstreinigende Geräte haben praktische Vorteile für die Hausarbeit!

Einige wichtige Zusatzgeräte sollen bei jedem Gerät dabei sein:
Schalter mit einem Thermostat für zwei oder drei Heizstufen;
eine Kontrollampe für den Betriebszustand des Gerätes;
Sicherungsautomatik, die das Gerät beim Öffnen der Tür oder beim Herausziehen der Fettauffangschale abstellt;
eine Zeitschaltuhr;
eine flache Kasserolle oberhalb des Heizkörpers zum Garen von Gemüse oder zum Warmhalten von Grillgut.

Grilltoaster, Sandwichgrill

Sind wesentlich kleinere Geräte als die elektrischen Tischgrillgeräte. Sie eignen sich nur zum Grillen kleiner Fleischstücke, besonders aber zum Überbacken von Toasts.

Kontaktgrill

Dieses Gerät besteht aus zwei schweren gerillten Metallplatten, die elektrisch beheizt werden und immer parallel zueinander liegen, unabhängig von der Dicke des dazwischen eingelegten Grillgutes. Der Grillvorgang ist hier besonders schnell, ein Wenden des Grillgutes ist nicht notwendig. Er eignet sich besonders zum Grillen von Fleischstücken, Fleischkäse, Würstchen und gedeckten Toasts.
Bei einer Abart des Kontaktgrills kann die eine Deckplatte an einem Metallbügel höher eingestellt werden, so daß man eine einlegbare Metallwand (mit Drehspießvorrichtung) zwischen die beiden Heizplatten schieben kann; man kann damit den Grill vielseitiger verwenden.

Grillpfanne

Ist das einfachste Grillgerät, besteht aus schwerem Gußeisen, aus Stahl oder aus Aluminium, hat immer einen gerippten oder gewürfelten Boden, kann auf jeder Kochstelle verwendet werden und muß vor Gebrauch sehr stark erhitzt werden.

Zusatzgeräte

Es gibt eine Reihe von nützlichen Zusatzgeräten, die das Grillen sehr vereinfachen und besonders auch dem Anfänger die Arbeit erleichtern:
Immer benötigt man reichlich Alu-Folien, ebenso eine Grillzange oder eine Grillschaufel

zum Wenden der Grilladen (man darf ja das Fleisch nicht mit einer Gabel anstechen, weil sonst der Saft austreten könnte!). Die Grillschaufel soll aus rostfreiem Material sein und einen langen Stiel mit isolierendem Griff haben. Außerdem soll sie leicht und handlich sein.

Einen langen Fettpinsel benötigt man zum Bepinseln des Grillgutes; zum Begießen der Gerichte nehme man einen kleinen, langstieligen Löffel mit hitzeisolierendem Griff.

Der Drehspieß gehört heute bereits zur Standardausrüstung eines elektrischen Grillgerätes, er wird elektrisch betrieben. Auch zum Holzkohlengrill sollte man einen Drehspieß kaufen (wenn er nicht schon beim Gerät dabei ist). Dieser Drehspieß wird mit Batteriemotor (Taschenlampenbatterien) betrieben.

Zusätzlich zum großen Spieß sind Schaschlikgarnituren notwendig. An Stelle der Fleischklammern werden zwei Scheiben am Spieß befestigt, an die man die Spießchen befestigt.

Ein Grillkorb – an Stelle eines Grillspießes – ist dann nützlich, wenn unregelmäßige Stücke oder empfindliche, leicht auseinanderfallende Grilladen (Fisch, Haxen etc.) gegrillt werden sollen.

Grillhandschuhe müssen stets bereitliegen, möglichst zwei Paar, ebenso ein großes Tranchierbesteck und ein Tranchierbrett mit Saftrinne. Eine Harke zum Verteilen der Glut und eine kleine Blechgießkanne, mit der gezielt eine durch tropfendes Fett entstandene Stichflamme sofort gelöscht werden kann, sollen beim Holzkohlengrill nicht fehlen.

Beim Spießbraten im Freien ist ein Fleischthermometer unentbehrlich, weil gerade im Freien die Gluthitze immer sehr schwankt (Windverhältnisse, Dicke der Glut), so daß die Grilldauer nie genau angegeben werden kann. Steckt man das Grillfleischthermometer so in das Bratenstück, daß die wärmeempfindliche Spitze in die Mitte dringt, so kann man an der angezeigten Temperatur den Garungszustand des Fleischstückes ablesen.

Beim Grillen über Holzkohlenfeuer benötigt man außerdem zwei Schürhaken. Ein Blasbalg kann sich manchmal beim Anzünden als nützlich erweisen – bei einem schlecht gebauten Grill mit zu wenig Luftlöchern hilft aber auch der Blasbalg nicht.

Wichtig ist auch, daß man eine genügend große Arbeitsfläche zur Verfügung hat, auf der man kleine Töpfe, Pfannen und Tiegel abstellen kann. Auch Haushaltspapier wird benötigt. Eimer und Plastiktüten für die Abfälle im Freien nicht vergessen!

Regeln für das Grillen

Fleisch nie eiskalt aus dem Kühlschrank verwenden. Eine Zeitlang bei Zimmertemperatur stehenlassen. Das beste Fleisch zum Grillen stammt von jungen Tieren. Das Fleischstück soll stromlinienförmig und von klarem, geschlossenem Umriß sein.

Das Grillgut muß am Anfang immer stark erhitzt werden. Bevor man also die Grillade, das zu grillende Stück, einlegt, läßt man den Grill oder die Grillplatte sehr heiß werden; sonst schließen sich die Fleischporen nicht sofort, das Bratgut bleibt am Rost kleben, der Eigensaft läuft aus, das gegrillte Fleischstück wird zäh und trocken.

Die Strahlungstemperatur sollte bei 170 Grad C liegen. Die ideale Fleischinnentemperatur beträgt 60–80 Grad C (Fleischthermometer!). Ist die Strahlungshitze größer, verbrennt das Grillgut, ist sie geringer, verzögert sich der Garvorgang.

Je dicker eine Fleischscheibe ist, desto weiter entfernt von der Hitzequelle wird sie gegart. Je dünner sie ist, desto näher rückt sie an die Hitzequelle.

Das Grillgut soll möglichst Eigensaft haben und wird besonders mürbe und zart, wenn wir es vor dem Grillen in Öl einlegen und eine Zeitlang stehenlassen oder mit Öl massieren. Auch der Grillrost ist leicht mit Öl zu bestreichen, damit das Grillgut nicht am Rost hängenbleibt. Aber wenn möglich, sollte man auf zusätzliches Fett verzichten.

Zum Grillen nur bestes, abgehangenes Fleisch, d. h. Fleisch gemästeter oder junger Tiere, und davon nur das Hintere, verwenden.

Fleisch von Hautrückständen befreien, Fettränder einschneiden. Sehr mäßig salzen – wenn überhaupt, dann immer erst nach dem Grillen. Würzen kann man auch vorher! Aber immer mäßig! Durch zu starkes Würzen würde der Eigengeschmack des Grillgutes verlorengehen. Helles Fleisch wird meist nur gesalzen, dunkles Fleisch gesalzen und gepfeffert.

Vor dem Grillen ein paar Tannennadeln auf die Holzkohlenglut streuen oder ein Stück Rebholz oder einen Wacholderzweig in die Glut schieben. Im letzten Moment des Grillens ein paar Zweiglein Thymian oder Rosmarin, etwas Zitronenschale oder einige Wacholderbeeren oder etwas Muskat auf die Glut werfen.

Wenden, wenn die ersten Blutstropfen auf der Oberseite austreten. Zum Wenden der Fleischstücke eine Grillzange benützen, Fleisch etc. nie mit der Gabel anstechen, damit kein Saft auslaufen kann.

Helles Fleisch wird durchgebraten, dunkles Fleisch (Rind, Hammel, Leber oder Wild) je nach Wunsch gebraten. Durch Druck mit Bratwender oder Fingerspitze feststellen, ob und wie es gebraten ist. Je fester sich das Fleisch anfühlt, desto mehr ist es durchgebraten. Fühlt sich das Fleisch weich an und läßt es sich ohne Widerstand eindrücken, dann ist es innen noch roh; man nennt es englisch oder blutig gebraten (bleu bis saignant). Gibt das Fleisch beim Druck weniger nach und glättet die Druckstelle sich sofort wieder, dann ist das Fleisch innen nur mehr rot, d. h. auf den Punkt oder rosa gebraten (à point). Fühlt sich das Fleisch hart an und zeigt sich geklärter Saft an der Oberfläche, dann ist es ganz durchgebraten (bien cuit).

Zu Grillgerichten passen im Ofen oder im Fett gebackene Kartoffeln. Als Gemüse werden in Butter geschwenkte Naturgemüse (z. B. grüne Bohnen) gereicht. Außerdem kann verschiedenes Gemüse, z. B. Tomaten, Paprika, Pilze,

Auberginen, Zucchetti, mitgegrillt und als Garnitur verwendet werden. Sehr beliebt sind auch Beilagen von Zwiebelsenf, Gewürzgurken, Meerrettichrose sowie im Handel erhältliche Grillsoßen und Senfsorten.

Da sich beim Grillen kein Bratensaft ergibt, werden Buttermischungen, z. B. Haushofmeisterbutter (»Maître«-Butter, Würzbutter), auf das gegrillte Fleisch aufgelegt, oder man serviert eine Soße béarnaise oder Soße Choron zu Grillgerichten.

Auf dem Balkan und im Orient wird sehr gerne folgende Marinade verwendet, in der das zu grillende Schweine-, Rind- oder Hammelfleisch einige Zeit eingelegt wird: Bier, zerdrückter Knoblauch, feingeschnittene Zwiebel, frisch gemahlene Pfefferkörner und Öl werden gut verrührt. Ebenso verwendet man Rosenpaprika, mit Öl glattgerührt, um damit nach dem Grillen Cevapcici, Schweinekoteletts usw. zu bestreichen.

Grillwürze: Getrocknete Kräuter und Würzsoßen verrührt man in einer Porzellanschüssel 1:1 mit Öl und bepinselt das Grillgut während des Grillens mit einem dicken Pinsel von allen Seiten.

Würzöl: Öl mit feinzerriebenem Majoran, Thymian oder Oregano vermischen.

Das Reinigen der Grillstäbe oder -platten geschieht mit einer Drahtbürste, anschließend werden sie mit einem ölgetränkten Tuch poliert.

GEGRILLTES VOM ROST

RINDFLEISCH

Was kann ich vom Rindfleisch grillen?

Filet: daraus schneidet man Beefsteaks, Chateaubriand, Filetsteaks, Tournedos, Filets mignons.
Lende: im ganzen als Roastbeef oder Lendenbraten, in Scheiben als Rumpsteak oder Lendenschnitte bekannt.
Zwischenrippenstück: auch Entrecôte genannt.

Immer feinfasriges Fleisch von jungen Tieren, aber nicht ganz frisches Fleisch (erkenntlich an heller Farbe und starkem Austritt von Fleischsaft) verwenden. Die Fetteinlagerungen müssen weiß, sollen keinesfalls gelb sein.

Filetsteak

Wird aus dem dicken Kopfende des Rinderfilets geschnitten und soll etwa 3 cm dick und 200 Gramm schwer sein.

Filetsteak, gefüllt

4 Filetsteaks (à 180 g), 1 Zwiebel, 1 EL Öl, 8 gefüllte Oliven, 1 EL gehackte Petersilie, 100 g Kalbsleberpastete, 1 TL Zitronensaft, Salz, Pfeffer, Öl zum Bepinseln, frischer Pfeffer

Die Zwiebel schälen und sehr fein hacken. In Öl goldgelb braten. Oliven und Petersilie fein hacken und zufügen. Dann alles mit Kalbsleberpastete, Zitronensaft, Salz und Pfeffer mit einer Gabel zu einer streichfähigen Farce verrühren. Die Filets mit einem scharfen Messer taschenförmig einkerben, und die Füllung in die Öffnung geben. Mit einem dicken Baumwollfaden zunähen oder mit Hölzchen zustecken. Rundherum mit Öl bepinseln. Auf einem gut geheizten und geölten Grillrost von jeder Seite 3–6 Minuten grillen (je nachdem, ob das Steak noch blutig oder ganz durchgebraten sein soll). Nach dem Grillen salzen und mit frisch gemahlenem Pfeffer würzen. Fäden oder Hölzchen entfernen.
Beilage: Pommes frites oder Reis und Salat. Eine Béarnaise- oder Holländische Soße oder Kognakbutter.

Filetsteak auf brasilianische Art

4 Filetsteaks (à 200 g), Pfeffer, Öl, Salz, 1 Dose Ölsardinen (ohne Haut und Gräten), 2 Eier, 16 grüne Oliven

Die Filetsteaks reichlich pfeffern und mit Öl einmassieren. Mindestens eine halbe Stunde bei Zimmertemperatur ruhen lassen, dann auf einer Seite 4 Minuten am heißen, geölten Rost grillen, salzen, wenden und auf die Abtropftasse legen. Mit Scheiben von hartgekochten Eiern, Ölsardinen und den entsteinten, entzweigeschnittenen Oliven belegen (das Öl aus der Sardinendose über die Eischeiben gießen) und auf der Abtropftasse in 3–4 Minuten fertiggrillen.

Filetsteak Fayette

4 Filetsteaks (à 200 g), Salz, Pfeffer, 4 EL Roquefort, 1 EL Öl, 2 zerdrückte Knoblauchzehen, 1/8 l Weißwein

Die Filetsteaks mit einer Mischung aus Roquefort, frisch gemahlenem Pfeffer, Öl und Knoblauch bestreichen. Auf heißem, geöltem Rost auf jeder Seite 3–6 Minuten grillen. Kurz vor Ende der Grillzeit salzen und mit etwas Weißwein beträufeln.
Beilage: Kartoffeln, in Alu-Folie gegrillt, Salat.

Filet auf Florentiner Art

Die Filetscheiben mit Pfeffer und zerdrücktem Knoblauch würzen, mit Öl einreiben, auf dem heißen, geölten Rost grillen. Zuletzt leicht salzen. Inzwischen Spinat 5 Minuten in wenig Salzwasser erhitzen, die Flüssigkeit abgießen, Käse beigeben, mit Salz, Pfeffer und Muskat würzen. Die Toastscheiben auf beiden Seiten mit Butter bestreichen und an der Seite des Rostes mitgrillen. – Auf die gegrillten Toastscheiben den Spinat geben, darauf die gegrillten Fleischscheiben legen.
Beilage: Tomatenketchup, Weißbrot.

4 Scheiben Rinderfilet (à 180 g), 40 g Butter, Öl, 1 zerdrückte Knoblauchzehe, Salz, Pfeffer, Muskat, Toastschnitten; 400 g Spinat, 2 EL Parmesan

Filetsteak auf Jägerart

Die Filetsteaks leicht pfeffern, mit Öl einreiben und bei Zimmertemperatur mindestens eine Stunde zugedeckt ziehen lassen. Dann 3–6 Minuten pro Seite auf heißem, geöltem Rost grillen, salzen. In heißer Butter feingeschnittene Zwiebel hell anschwitzen, die Pfifferlinge, die zerkleinerten Gewürzgurken und feingehackte Petersilie dazugeben und durchschwenken. Steaks mit der Pfifferling-Mischung garniert anrichten.

4 Filetsteaks (je 2,5 cm dick), Pfeffer, Öl, Salz, 200 g Pfifferlinge (aus der Dose), 2 kleine Gewürzgurken, 1 Zwiebel, Petersilie, 2 EL Butter

Filetsteak marchand de vin

Feingehackte Zwiebeln in Butter dünsten, Rotwein, Brühpaste (oder Bouillon) und die Gewürze beigeben und kurz ziehen, dann erkalten lassen. Darin die Filetsteaks liegen lassen. Während des Grillens auf dem heißen, geölten Rost, 3–4 Minuten auf jeder Seite, die Filetsteaks wiederholt mit der restlichen Beize bepinseln. Kurz vor Ende der Grillzeit die Markscheiben obenauf legen und zergehen lassen. Zuletzt salzen.

4 Filetsteaks (à 200 g), 80 g Butter, 2 EL gehackte Zwiebeln, 1/8 l Rotwein, 1/2 TL Zitronensaft, Salz, Pfeffer, 4 Scheiben Rindermark

Filetsteak Masséna

Die Filetsteaks würzen, mit Öl bestreichen, grillen und anrichten, mit in Butter erhitzten Artischockenböden belegen, jeweils 1 Eßlöffel Béarnaisesoße daraufgeben und mit je einer erwärmten Markscheibe belegen.

4 Filetsteaks (à 160 g), Öl, Salz, Pfeffer, 40 g Butter, 4 Artischockenböden (aus dem Glas), 4 EL Soße béarnaise, 4 Markscheiben

Filetsteak mit Morchelsoße

4 Filetsteaks (à 200 g), Öl, 1 Päckchen getrocknete Morcheln, Milch, 40 g Butter, 1–2 EL Mehl, $^1/_{16}$ l Rotwein, $^1/_8$–$^1/_4$ l Sahne, Salz, Pfeffer, Ingwer, Piment

Die Filetsteaks kurz kalt waschen, mit Öl einreiben, in Alu-Folie packen und zugedeckt 2 Stunden stehen lassen. Die Steaks trokkentupfen und 3–6 Minuten pro Seite auf geöltem, heißem Rost grillen. Zuletzt salzen und auf einer gewärmten Platte anrichten. Mit der Soße begießen.
Morchelsoße: Die über Nacht in Milch eingeweichten Morcheln gut abtropfen lassen, trocknen, klein schneiden, salzen und in der Butter dünsten, mit Mehl bestäuben, kurz durchrösten, mit Wein ablöschen und 5 Minuten leicht kochen lassen, dann die Sahne einrühren. Mit Salz, frisch gemahlenem Pfeffer, Ingwer und Piment würzen und abschmecken.

Filetsteak auf Müllerinart

4 Filetsteaks (à 200 g), Öl, Salz, Pfeffer, Zitrone, 40 g Kräuterbutter (aus Butter, Petersilie, Zitronenschale, Estragon, Kerbel)

Die gereinigten, enthäuteten Filetsteaks mit etwas Öl einreiben und 2 Stunden zugedeckt bei Zimmertemperatur ruhen lassen; dann trockentupfen und 3–6 Minuten pro Seite auf heißem, geöltem Rost grillen. Die fertigen Steaks mit Salz und frisch gemahlenem Pfeffer würzen und mit etwas Zitronensaft beträufeln. Die Kräuterbutter bei schwacher Hitze schmelzen, und die Steaks vor dem Servieren damit überglänzen.

Filetsteak niçoise

4 Scheiben Toastbrot, 40 g Butter, 4 Filetsteaks (à 200 g), Öl, Pfeffer, Salz, 4 Sardellen, 1 feingehackte Knoblauchzehe, 1 TL Estragon, 1 TL gehackte Petersilie, $^1/_8$ l Weißwein, 3 würfelig geschnittene Tomaten, 20 g Butter

Die Filetsteaks mit Pfeffer und Öl einreiben und bei Zimmertemperatur eine Stunde zugedeckt ziehen lassen. Dann 3–6 Minuten pro Seite grillen. Zuletzt salzen. Inzwischen die Toastbrote von beiden Seiten mit Butter bestreichen, neben dem gewürzten Fleisch grillen (an der Seite des Rostes). Je eine gegrillte Filetschnitte auf eine Toastschnitte geben, mit je einer Sardelle garnieren. Aus Öl, Knoblauch, Estragon, Petersilie, Weißwein, Tomaten und Butter eine Soße bereiten, die man separat dazureicht.
Beilagen: Schloßkartoffeln, grüne Bohnen.

Filetsteak mit grüner Pfeffersoße

4 Filetsteaks (à 200 g), Öl, 1 Zwiebel, 2 EL grüne Pfefferkörner, Zitronensaft, $^1/_4$ l Fleischbrühe, 1 EL Instant-Bratensoße, 2 EL Sahne, Salz

Die Steaks kurz kalt waschen, trockentupfen, mit Öl einreiben und 2 Stunden zugedeckt bei Zimmertemperatur ruhen lassen. In heißer Butter feingehackte Zwiebel anschwitzen, die abgetropften Pfefferkörner mit einer Gabel zerdrücken und mit der Zwiebel vermischen. Mit der Fleischbrühe aufgießen und das Bratensoßen-

Beefsteak auf Hongkongart

Sojasoße mit Honig und Essig auf kleiner Flamme verrühren, gehackte Zwiebel, zerdrückte Knoblauchzehen, Ingwer und Pfefferminzblätter dazugeben. Die gewaschenen, enthäuteten Beefsteaks in die abgekühlte Marinade tauchen, mit der restlichen Marinade übergießen und einige Stunden, besser über Nacht, ziehen lassen. Beefsteaks aus der Marinade nehmen, abtropfen lassen und 3–5 Minuten pro Seite grillen. Nach dem Wenden salzen und mit der abgetropften Marinade bepinseln. Auf einer gewärmten Platte anrichten.
Beilage: Reis.

4 Beefsteaks (à 180 g), 1/8 l Sojasoße, 2 EL Honig, 2 EL Essig, 1 kleine Zwiebel, 2 Knoblauchzehen, 1 TL Ingwer, 1/2 TL Pfefferminzblätter, Salz

Beefsteak à la Meier

Die Beefsteaks einölen und auf dem Holzkohlengrill oder unter dem vorgeheizten Grill von jeder Seite etwa 3 Minuten grillen. Anschließend salzen und pfeffern. Warmstellen. Inzwischen 40 g Butter oder Margarine in einer Pfanne heiß werden lassen. Geschälte und in Ringe geschnittene Zwiebeln darin kroß bräunen. Salzen und pfeffern. Je 1 KL Butter oder Margarine auf ein Beefsteak geben und zergehen lassen. Darüber die gebräunten Zwiebelringe verteilen.
Beilage: Gemischter Salat.

4 Beefsteaks (à 200 g), Salz, Pfeffer, 80 g Butter oder Margarine, 4 Zwiebeln

Beefsteak Milvie

Beefsteaks waschen, trockentupfen, mit Öl einreiben und 2 Stunden zugedeckt ruhen lassen. Rindermark zergehen lassen und durch ein feines Sieb drücken; unter ständigem Rühren mit dem Schneebesen die kochende Fleischbrühe dazugießen, die Semmelbrösel darunterrühren, den Rotwein dazugeben, mit Salz und Pfeffer abschmecken und die Soße noch 5 Minuten leicht kochen. Inzwischen die Beefsteaks 3–5 Minuten pro Seite grillen, mit Salz und frisch gemahlenem Pfeffer würzen. Die Butter und den Parmesan abseits vom Herd unter die Soße mischen und diese über die angerichteten Beefsteaks gießen.

4 Beefsteaks (à 200 g), Öl, 20 g ausgelöstes Rindermark, 1/8 l Fleischbrühe, 50 g Semmelbrösel, 1/16 l Rotwein, Salz, Pfeffer, 20 g Butter, 30 g Parmesan

Beefsteak auf peruanische Art

Vorbereitete Beefsteaks mit Öl einreiben, gut in Alu-Folie verpakken und einige Stunden ruhen lassen. Quark zusammen mit dem hartgekochten Eigelb passieren, mit Öl und den Gewürzen verrühren, mit saurer Sahne zu einer dick-sämigen Soße rühren. Vorsich-

4 Beefsteaks (à 180 g), Öl, 100 g Quark, 2 hartgekochte Eigelb, 3 EL Olivenöl, Salz, Cayennepfeffer, Zitronensaft, 1 Zwiebel, saure Sahne

tig im Wasserbad erwärmen. Beefsteaks auf dem geölten, heißen Rost 3–5 Minuten pro Seite grillen, dann salzen. Auf gewärmter Platte anrichten und mit der scharfen, heißen Soße übergießen.

Chateaubriand

Das Chateaubriand wird aus der Mitte des Rinderfilets geschnitten, sollte ca. 4 cm dick sein und mindestens 300–500, maximal 800 g wiegen und ist für 2 bzw. 4 Personen berechnet. Wird meist erst bei Tisch in schräge Scheiben geschnitten.

Grillzeit: je Kilogramm 12 Minuten (also 10 Minuten für ein normales Stück zu 800 Gramm). Dann 2–3 Minuten warten und das Fleischstück schräg zur Faser aufschneiden. Vor dem Grillen kann man in das Fleischstück ein Knopfloch einschneiden und eine Füllung hineingeben (Mischung aus Roquefortkäse mit Kognak verrührt, oder Rindermark und Zwiebelwürfel, Schnittlauch und Cayennepfeffer).

Beilagen: Soße béarnaise, grüne Bohnen, gegrillte Tomaten, Pommes frites, Pfirsichhälften, mit Currymayonnaise gefüllt.

2 Chateaubriand (à 400 g), 4 EL Öl, Salz, weißer Pfeffer, Petersilie

Die Häutchen entfernen, das Fleisch kalt waschen, trockentupfen, nur mit der Faust leicht drücken, also nicht klopfen, mit Öl bestreichen und das Öl tüchtig einmassieren. Mit einer Schnur umbinden und das Öl eine Zeitlang durchziehen lassen. Dann pfeffern und auf den sehr heißen, gefetteten Grillrost legen. Es braucht auf jeder Seite bei guter Hitze je nach Dicke 6–8 Minuten und soll innen noch zart rosa, also à point, bleiben. Zuletzt salzen. Man läßt das Fleisch noch einige Minuten stehen, damit sich der Saft im Inneren sammelt. Dann von oben her in dicke schräge Scheiben schneiden, die schuppenförmig auf die vorgewärmte Platte gelegt werden. Sofort servieren, sonst verliert es Saft und wird trocken.

Beilagen: Pommes frites, grüne Bohnen, Soße béarnaise.

Chateaubriand auf Bürgermeisterart

2 Chateaubriands (à 400 g), Öl, Salz, Pfeffer, Kräuterbutter

Zwei Chateaubriand-Stücke kalt waschen, trockentupfen und mit Öl tüchtig einreiben. In Alu-Folie einpacken und 2 Stunden ziehen lassen. Dann rasch auf sehr heißem, geöltem Grillrost pro Seite 6–8 Minuten grillen. Zuletzt salzen und pfeffern. 5 Minuten ruhen lassen, dann in schräge Scheiben schneiden. Mit Kräuterbutter belegen. Mit Reis gefüllten, im Grill gegarten Paprikaschoten, mit Bratkartoffeln und Rührei garnieren. Dazu reicht man eine Soße béarnaise.

Chateaubriand mit Estragonsoße

Die Chateaubriands kräftig mit Öl massieren, dann in Alu-Folie verpacken und über Nacht im Kühlschrank ruhen lassen. Die Schalotten sehr fein hacken und in der heißen Butter anschwitzen. Die gehackten Estragonblätter dazugeben, mit Fleischbrühe aufgießen, 5 Minuten langsam kochen lassen. Mehl und saure Sahne, gut verquirlt, dazugeben. Nicht mehr kochen.
Die Chateaubriands auf heißem, geöltem Rost je Seite 6–8 Minuten grillen. Salzen und pfeffern. Kurz ruhen lassen, in schräge Scheiben schneiden und die Soße darübergießen.

2 Chateaubriands (à 450 g), Öl, 2 Schalotten, 60 g Butter, 1 EL frischer, gehackter Estragon, $^1/_8$ l Fleischbrühe, $^1/_8$ l saure Sahne, 1 TL Mehl, Salz, Pfeffer

Chateaubriand Florida

Die wie im vorigen Rezept gegrillten Chateaubriands werden aufgeschnitten und mit gegrillten Bananen und Ananasscheiben, gerösteten Mandeln und Pommes chips angerichtet. Als Beilage reicht man Reis.

2 Chateaubriands (à 400 g), Öl, Salz, Pfeffer, 4 Bananen, 4 Ananasscheiben, 1 EL Mandeln, Pommes Chips

Chateaubriand moelle

Den gereinigten, enthäuteten Lendenbraten sehr sorgfältig von der Seite her mit dem Messer einschneiden, so daß eine Tasche entsteht. Das Rindermark klein schneiden und erwärmen. Die feingehackte Zwiebel im Mark anlaufen lassen, den Schnittlauch und die anderen Gewürze dazugeben, gut vermischen und abkühlen lassen. Den vorbereiteten Lendenbraten mit dieser Masse füllen, und die Öffnung mit einigen Zahnstochern verschließen (oder zunähen). Das Chateaubriand mit Öl bepinseln, auf den sehr heißen, geölten Grill legen und, je nach Dicke, ca. 5 Minuten auf jeder Seite grillen. Salzen. Vor dem Anschneiden noch 2–3 Minuten warten, damit der Saft Zeit hat, sich zu setzen, und nicht sofort ausrinnt.

800 g Lendenbraten (möglichst ein Stück vom dickeren Ende), 50 g Rindermark, 2 mittlere Zwiebeln, Schnittlauch, Pfeffer, 1 TL Chilisoße (oder 1 Msp. Cayennepfeffer), Salz

Tournedos

Das sind 3–4 cm dicke Fleischscheiben, die aus dem schmaler verlaufenden Teil des Rinderfilets geschnitten (nahe der Spitze) werden. Pro Person rechnet man 125–200 g (also 1–2 Tournedos, je nach Größe). Die Tournedos sind rund und werden mit dem Handballen in diese Form gedrückt. Man kann sie zusätzlich durch Küchengarn um den Außenrand herum binden. (Den Außenrand

kann man überdies mit je einem Speckstreifen umwickeln.) Werden vorwiegend auf Toast oder zu Reis serviert.
Die angeführten Rezepte kann man auch für Filetsteaks und Filets mignon verwenden.

4 Tournedos (à 200 g), 2 EL Öl, etwas Zitronensaft, Salz, Pfeffer, 4 daumendicke Weißbrotscheiben (Croutons)

Die Tournedos kalt abspülen, trockentupfen, mit Öl und etwas Zitronensaft gut einreiben. 1 Stunde zugedeckt ziehen lassen. Überflüssiges Fett von den Tournedos tupfen, auf heißem, fettem Rost je Seite 3–4 Minuten grillen. Zum Schluß salzen und mit frisch gemahlenem Pfeffer bestreuen. Auf in wenig Butter kurz gerösteten Weißbrotscheiben in der Größe der Tournedos aufsetzen und heiß servieren.

Tournedos boheme

4 Tournedos (ca. 4 cm dick, à 200 g), Öl, Pfeffer, Salz, gekochter Reis, frische Kräuter, grüne Erbsen, Schinken, 30 g Geflügelleber, 20 g Butter, 1–2 Zwiebeln, Tomatenketchup

Die gebundenen und geölten Tournedos auf jeder Seite bei guter Hitze je 3–4 Minuten grillen und auf körnig gekochtem Reis anrichten, der mit reichlich frischen, gehackten Kräutern, extra gekochten grünen Erbsen, etwas kleingeschnittenem gekochtem Schinken oder kleingehackter, in Butter gebratener Geflügelleber vermischt wurde. Über das Ganze Tomatenketchup (oder Tomates concassées) geben und extra mit in Butter gebräunten Zwiebelringen garnieren.

Tournedos auf bürgerliche Art

8 Tournedos (à 100 g), 2 EL Öl, Salz, Pfeffer, 8 Scheiben Frühstücksspeck

Die Tournedos grillen, würzen, darauf den knusprig gegrillten Frühstücksspeck geben.
Beilagen: Grüne Bohnen und Mixed Pickles.

Tournedos Jacqueline

8 Tournedos (à 100 g), 2 EL Öl, Salz, Pfeffer, 8 Toastscheiben, 8 EL Soße béarnaise, 8 EL Tomatenwürfel, 20 g Butter

Die gegrillten, gewürzten Tournedos auf je eine Toastscheibe geben, je 1 EL Soße Béarnaise und 1 EL geschälte, in Würfel geschnittene, in Butter gedünstete und mit Salz und Pfeffer gewürzte Tomatenwürfel geben.

Tournedos à la jardiniere

8 Tournedos (à 100 g), 2 EL Öl, Salz, Pfeffer, 20 g Butter, 120 g Champignons, 16 Spargelspitzen (aus der Dose)

Die gegrillten und gewürzten Tournedos mit in Butter gedünsteten Champignons und Spargelspitzen bedecken. Dazu ein Mischgemüse aus Erbsen, Karotten, Blumenkohlröschen und eine Soße hollandaise servieren.

Tournedos Lola Montez

Die vorbereiteten, gebundenen, gepfefferten und geölten Tournedos rasch auf beiden Seiten grillen. Beide Seiten salzen. In die Torteletten gewürzte, in Butter gebratene Tomatenwürfel füllen. Darauf die Tournedos legen und obenauf je ein Trüffelstück setzen.
Garnieren mit Champignonköpfen, gefüllt mit würfelig geschnittenen Paprikaschoten, die in Butter geschmort wurden. Extra wird Madeirasoße serviert, die mit Tomatenketchup versetzt wurde.

4 daumendicke Filetscheiben (à 200 g), Öl, 4 Torteletten (fertig), 4 Tomaten, Salz, Pfeffer, Butter, Petersiliengrün, 12 Champignonköpfe, rote Paprikaschoten, 20 g Butter, Madeirasoße, Tomatenketchup, 1 Trüffel

Tournedos maître d'hotel

Die Tournedos rundbinden, pfeffern und mit Öl bepinseln. Rasch auf beiden Seiten 3–5 Minuten grillen. Zuletzt salzen. Auf die gerösteten, gebutterten Brotscheiben geben und ganz kurz aufgekochte Mischung der Kräutersoße darübergießen. Sofort servieren.

4 Scheiben Toastbrot, 40 g Butter, 4 Tournedos (à 200 g), Öl, Salz, Pfeffer; Kräutersoße: 1/8 l Weißwein, 1 zerdrückte Knoblauchzehe, Salz, Pfeffer, je 1 TL Petersilie, Dill, Borretsch, Basilikum, Majoran, Thymian, Zitronenmelisse

Tournedos Marie-Louise

Die gewaschenen, getrockneten Tournedos mit Öl massieren, rundbinden und 1 Stunde zugedeckt ruhen lassen. 4 Weißbrotscheiben in Fleischstückgröße von beiden Seiten anrösten. Tournedos trockentupfen, auf dem Rost 3–5 Minuten pro Seite grillen. Salzen und pfeffern, die Fäden entfernen und auf den gerösteten Weißbrotscheiben anrichten. Die erwärmten Artischockenböden darauflegen und mit etwas Petersilie bestreuen. Mit einer Soße Chantilly übergießen.

4 Tournedos (à 200 g), 2 EL Öl, Salz, Pfeffer, 4 runde Weißbrotscheiben, 4 Artischockenböden (aus der Dose), 1 EL gehackte Petersilie, Soße Chantilly

Tournedos à l'Opera

Die Tournedos kurz kalt waschen, trocknen, mit etwas Öl einreiben, mit frisch gemahlenem Pfeffer bestreuen, rundbinden, in Alu-Folie packen und 3 Stunden ruhen lassen. 2 Schalotten fein hacken, mit etwas Salz vermischen und in etwas Butter anschwitzen. 200 g gewaschene, in Streifen geschnittene Hühnerleber dazugeben, kurz durchrösten und noch 5 Minuten in geschlossenem Topf dünsten, dann ohne Deckel alle Flüssigkeit verdampfen lassen. Mit Mehl stauben, durchrösten und mit Hühnerbrühe aufgießen. Mit Salz und Pfeffer abschmecken. Madeira dazugeben und kurz bei geschlossenem Topf ziehen, aber nicht kochen lassen. Tournedos trockentupfen und 3–4 Minuten auf heißem, geöltem

4 Tournedos (2–3 cm dick), Öl, Pfeffer, Salz, 2 Schalotten, 20 g Butter, 200 g Hühnerleber, 2 TL Mehl, 1/16 l Hühnerbrühe, 1/10 l Madeira, 250 g Spargelspitzen (aus der Dose)

Rost grillen. Danach salzen, die Fäden entfernen und auf einer gewärmten Platte anrichten. Die Hühnerleber darübergeben und mit gewärmten, abgetropften Spargelspitzen (aus der Dose) garnieren.

Tournedos parisienne

4 daumendicke Tournedos (à 200 g), 2 EL Öl, Pfeffer, Salz

Die gut abgelegten Filetscheiben rund zuschneiden, eventuell binden. Mit Öl bestreichen und 1 Stunde zugedeckt ziehen lassen. Dann rasch angrillen und halb englisch garen. Auf beiden Seiten salzen und pfeffern.
Beilagen: Spargel, in Butter geschwenkt, Soße hollandaise, Pommes parisienne.

Tournedos mit Pfirsich und Roquefort

4 Tournedos (à 200 g), 2 EL Öl, Salz, Pfeffer, 4 Toastscheiben, 20 g Butter, 4 Pfirsichhälften (aus der Dose), 60 g Roquefortbutter

Die Tournedos etwa 1 Stunde vor dem Grillen mit Öl einmassieren. Dann rund formen, mit einem Faden rund zusammenbinden. Die Toastscheiben in der Größe der Tournedos rund schneiden, oben und unten buttern und im Tischgrill toasten. Die gegrillten und gesalzenen Tournedos auf den Toastscheiben anrichten, mit je einer gut abgetropften Pfirsichhälfte belegen und für kurze Zeit übergrillen, bis die Pfirsiche heiß sind. Mit einem Stück Roquefortbutter krönen.

Tournedos Piemont

4 Tournedos (à 200 g), 2 EL Öl, Salz, Pfeffer, Risotto, 4 Rühreier, 125 g Steinpilze, 1 EL gehackte Petersilie oder Salbeiblätter

4 gegrillte, gewürzte Tournedos auf einen Sockel von Risotto geben, darauf je ein Rührei, gedünstete Steinpilze und gehackte Petersilie oder blanchierte Salbeiblätter geben.

Tournedos à la Richelieu

4 Tournedos (à 200 g), 2 EL Öl, Pfeffer, Salz, 120 g Champignons, 20 g Butter, 1 EL gehackte Petersilie, 6 EL Sahne, 8 Tomaten, Kräuterbutter, Schloßkartoffeln

4 zimmerwarme Tournedos einölen, pfeffern, rund formen und binden. Feinblättrig geschnittene Champignons in der Butter garen, Sahne, Salz und gehackte Petersilie dazugeben. Von 8 Tomaten eine Deckel abschneiden, aushöhlen und die Pilzmischung hineinfüllen, außen ölen. 6 Minuten im Grilltoaster grillen oder in der Pfanne garen und warmstellen. Die vorbereiteten Tournedos je Seite 4 Minuten grillen. Salzen, mit 1 Scheibe Kräuterbutter belegen und mit den gefüllten Tomaten auf heißer Platte zu Schloßkartoffeln servieren.

Tournedos à la Rossini

Die Tournedos waschen, trocknen, kräftig mit Öl einreiben, mit frisch gemahlenem Pfeffer bestreuen, auf den heißen Rost legen, 4–6 Minuten pro Seite grillen. Salzen, auf 4 rund geschnittene, in Butter geröstete Weißbrotscheiben setzen und mit einer Madeirasoße, die mit Trüffelessenz versetzt wurde, überziehen.

4 Tournedos (à 200 g), 2 EL Öl, Pfeffer, Salz, 4 Scheiben frische Gänseleber, 4 Scheiben Trüffeln, Madeirasoße mit Trüffelessenz

Tournedos mit Spargelspitzen

Tournedos waschen und trockentupfen. Leicht mit Öl einreiben, mit Bindgarn binden, mit etwas frisch gemahlenem Pfeffer bestreuen und zugedeckt 6 Stunden ruhen lassen. Pro Seite 3–5 Minuten auf dem heißen, geölten Rost grillen. Leicht salzen, die Fäden entfernen und auf einer gewärmten Platte auftragen. Spargelspitzen erwärmen, gut abtropfen lassen und auf den Tournedos verteilen. Mit einer Soße béarnaise überziehen.

4 Tournedos (2–3 cm dick), 2 EL Öl, Pfeffer, Salz, 500 g Spargelspitzen (aus der Dose)

Filets mignons

Die Filets mignons werden aus der äußersten Spitze des Rinderfilets geschnitten, sind talergroß (2–3 cm dick) und pro Stück 80–100 g schwer. Sie sollten auf der Zunge zergehen. Vor dem Grillen werden sie mit (ungeleimten) Bindfaden oder einem dicken Baumwollfaden einmal umwickelt, damit sie ihre runde, hohe Form bewahren.
Grillzeit: von jeder Seite nur 2–3 Minuten, ganz dicht an der Hitzequelle.

Filet mignons mit spanischer Pilzsoße

Die vorbereiteten Filets mignons scharf auf dem Rost pro Seite 2–3 Minuten grillen. Zuletzt salzen und pfeffern. Zwiebeln, Pilze, Paprikaschoten und Tomaten in dem heißen Fett anschwitzen, bis sie ganz weich sind. Dann die übrigen Zutaten beigeben und aufkochen lassen. Über die gewürzten und angerichteten Filets mignons gießen.

8 Filets mignons (à 80–100 g), Öl, Salz, Pfeffer, 40 g Fett, 1 würfelig geschnittene Zwiebel, 250 g würfelig geschnittene Pilze, 1 grüne und 1 rote in Streifen geschnittene Paprikaschote, 2–3 würfelig geschnittene Tomaten, 1 EL gehackte Petersilie, 1 EL Tomatenmark, 3 EL Sherry, etwas Fleischbrühe, Pfeffer, Knoblauch

Filet mignons nach Art des Chefs

8 Filets mignons, Öl, Salz; Soße: 4 Eigelb, 2 EL Zitronensaft, 1/2 TL Zucker, Salz, 1/8 l Madeira; Gemüse: 4 EL grüne Erbsen, 4 EL Karottenwürfel, 4 EL Blumenkohlröschen, 2 EL Perlzwiebeln

Die Filets mignons wie üblich grillen und würzen. Dann Eigelb, Zitronensaft, Gewürze und Madeira in einen kleinen Topf geben, bei milder Hitze unter fortwährendem Schlagen (mit dem elektrischen Schneebesen) erhitzen, bis sie beginnt, dick zu werden. Das Gemüse ebenfalls vorwärmen und unter die Soße mischen. Das Ganze auf den Filets mignons anrichten.

Rumpsteak

Wird im ganzen gegrillt (noch rosa). »Roastbeef« oder, falls durchgebraten, »Lendenbraten« genannt. In 1–2 cm dicke Scheiben (à 150–200 g) wird es als »Rumpsteak« oder »Lendenschnitte« bezeichnet.

Das Fleischstück wird aus der Hüfte des Mastochens geschnitten (in Österreich aus dem »Beiried«). Meist wird es aber aus dem flachen Roastbeef geschnitten und soll stets durch dünne weiße Fetteinlagen leicht marmoriert sein. Bei Kühltemperatur von 0 bis 3 Grad Celsius das Filet bis zu 4 Wochen lagern, dann erst verarbeiten! Häute, Sehnen und dicke Fettränder sollen schon vom Metzger weggeschnitten werden. Das Fleisch leicht klopfen, die Fettränder eventuell nicht entfernen, sondern nur einkerben. Mit Öl bepinseln oder Öl einmassieren, eine kurze Zeit durchziehen lassen. Dann von beiden Seiten grillen, je nachdem, ob das Fleisch blutig oder durchgebraten gewünscht wird, dauert das insgesamt 6–12 Minuten. Zum Schluß erst würzen (mit Salz und/oder Pfeffer).

4 Rumpsteaks (à 175–200 g), 2 EL Öl, 1 EL grobzerstampfter schwarzer Pfeffer, Salz, 2 EL Calvados oder Kognak

Die Rumpsteaks 2–4 Tage in Öl legen. Dann den Pfeffer kräftig in die Lendenschnitten einreiben und scharf 4–5 Minuten auf beiden Seiten auf heißem, geöltem Rost grillen. Noch etwas frisch gemahlenen Pfeffer und Salz nach dem Grillen darübergeben. Calvados oder Kognak vorwärmen, über die angerichteten Rumpsteaks gießen und anzünden.

Rumpsteak, gewürzt

4 Scheiben (ca. 2 cm dick) Rumpsteaks, Salz, Pfeffer, Öl; Marinade: 4 EL Speiseöl, 2 EL Kognak, 1 EL Zitronensaft, 1 TL englisches Senfpulver, Kümmelpulver, gemahlener Koriander und schwarzer Pfeffer, Muskat, Prise Zimt

Die gewaschenen und abgetrockneten Fleischscheiben vom Fettrand befreien und am Rand mehrmals einschneiden. Mit der gut verrührten Marinade tüchtig bestreichen und 2–3 Stunden in Zimmerwärme zugedeckt durchziehen lassen. Dann überflüssige Marinade von den Rumpsteaks abtupfen, mit Öl bestreichen und 3–4 Minuten auf dem heißen, geölten Rost im vorgeheizten Grill grillen. Auf beiden Seiten salzen und pfeffern. Den abgetropften Fleischsaft kann man mit etwas Marinade und einem Stück Butter glatt verrühren und extra als Soße servieren. Man kann das fertig gegrillte Rumpsteak jeweils mit 2 leicht gewässerten Sardellenfilets kreuzweise belegen, dazwischen setzt man je eine halbierte, entsteinte Olive. Dazu serviert man dann extra Sardellenbutter und Chicorée-Salat. Dieses Gericht nennt man dann *Rumpsteak Mirabeau.*

Rumpsteak auf amerikanische Art

Die Rumpsteaks auf beiden Seiten mit Öl einreiben, pfeffern, 1 Stunde ziehen lassen, dann auf heißem, geöltem Rost je Seite 3–4 Minuten grillen, zuletzt salzen. Mit gegrillten Tomaten, knusprig gegrillten Speckscheiben und je einer Scheibe Kräuterbutter garniert anrichten.

4 Rumpsteaks, 2 EL Öl, Pfeffer, Salz, 8 Tomaten, Speckstreifen, Kräuterbutter

Rumpsteak Carmensita

Die Rumpsteaks ölen, pfeffern, 1 Stunde ziehen lassen. Dann auf heißem, geöltem Rost pro Seite 3–4 Minuten grillen. Zuletzt salzen. Darüber die kleingeschnittenen Tomaten und Pfefferschoten geben, die man zuvor kurz in Butter erhitzt oder am Rand mitgegrillt hat.

4 Rumpsteaks, 2 EL Öl, Salz, 8 kleingeschnittene Tomaten, 4 Pfefferschoten, 20 g Butter

Rumpsteak Dijon

Von den gewaschenen, getrockneten Rumpsteaks den Fettrand abschneiden, den Rand mehrfach einschneiden. Mit Öl und Senfpulver, miteinander verrührt, bestreichen, in Alu-Folie packen und 2–3 Stunden ziehen lassen. Die überschüssige Marinade abtrocknen und die Rumpsteaks auf dem heißen Rost 3–6 Minuten pro Seite grillen. Vor dem Auftragen salzen.

4 Rumpsteaks, 4 EL Öl, 1 TL Senfpulver, Salz

Knoblauch-Rumpsteak

Die Steaks über Nacht in Öl legen, dem man die zerdrückten Knoblauchzehen beigegeben hat. Dann pfeffern und auf jeder Seite im heißen Griller 4–6 Minuten grillen. Zuletzt salzen.

4 Rumpsteaks (à 180 g), 2 EL Öl, 2 Knoblauchzehen, Pfeffer, Salz

Rumpsteak mit Kräuterbutter

1 Zwiebel, 1 Knoblauchzehe, 6 EL gemischte frische, kleingeschnittene Kräuter, 100 g Butter, 4 Rumpsteaks (à 200 g), 2 EL Öl, Salz, Cayennepfeffer

Geschälte Zwiebel und geschälte Knoblauchzehe würfeln. Knoblauchwürfel mit der Messerspitze zerdrücken. Frische Kräuter, Zwiebelwürfel und Knoblauch mit der Butter verkneten. Rumpsteaks kurz kalt abbrausen und mit Haushaltspapier trockentupfen. Öl mit Salz und Cayennepfeffer verrühren. Steaks von beiden Seiten mit gewürztem Öl einstreichen und auf dem Holzkohlengrill über mittlerer Glut von jeder Seite 4–6 Minuten grillen. Steaks während des Grillens mit gewürztem Öl bestreichen. Rumpsteaks mit der Kräuterbutter servieren.
Beilagen: Stangenweißbrot, Salat.

Rumpsteak auf malaiische Art

4 Rumpsteaks (à 175–200 g), 2 EL Öl, 1 Zwiebel, 4 Peperoni, in kleine Würfel geschnitten, 1 EL brauner Zucker, 1/8 l Kondensmilch, 1 Msp. Safran, Chilipulver, Salz

Die Steaks zwei Tage in Öl legen, dann weitere 2 Tage in eine Mischung aus den übrigen Zutaten. Dann pro Seite auf dem Holzkohlengrill 4–6 Minuten grillen, und dabei immer wieder etwas von der Marinade über das Fleischstück geben. Zuletzt salzen.
Beilagen: Körnig gekochter Reis, je eine gegrillte Banane.

Rumpsteak meridional

4 Rumpsteaks (à 200 g), 2 EL Öl, Salz, 8 Tomaten, 8 Sardellenfilets

Die geölten Steaks grillen und salzen. Mit gegrillten Tomatenhälften garnieren, über die man kreuzweise gewässerte Sardellenfilets legt.

Rumpsteak mit Pfifferlingen

4 Rumpsteaks (à 180–200 g), 2 EL Öl zum Bepinseln, Salz, Pfeffer, 250 g Pfifferlinge (frisch oder aus der Dose), 20 g Marinade, 1 TL Zitronensaft, Salz, Petersilie

Das Fleisch leicht klopfen, die Fettränder nicht entfernen, sondern nur einkerben. Mit Öl bepinseln, kurz durchziehen lassen und dann je Seite 3–6 Minuten grillen. Inzwischen die Pfifferlinge putzen und waschen bzw. Dosenware gut abtropfen lassen. In heißer Margarine kurz andünsten, dann mit Zitronensaft, Salz und reichlich feingehackter Petersilie abschmecken. Auf die fertig gegrillten Rumpsteaks verteilen.
Beilagen: Gegrillte Kartoffeln, grüne Bohnen.

Rumpsteak tatar

Eier in kochendem Wasser 10 Minuten kochen lassen. Gewürzgurken in kleine Würfel schneiden. Kapern abtropfen lassen und mit der Gabel etwas zerdrücken. Gekochte Eier kalt abschrecken, schälen und würfeln. Eierwürfel mit Mayonnaise, zerdrückten Kapern, Gurkenwürfeln, kleingeschnittenen Kräutern und Sahne zu einer Soße verrühren. Rumpsteaks kurz kalt abbrausen, gut trockentupfen und von beiden Seiten mit Öl bestreichen. Rumpsteaks auf dem Holzkohlengrill von jeder Seite 4–6 Minuten grillen, salzen und pfeffern. Die Soße gesondert dazureichen.
Beilage: Mixed Pickles.

2 Eier, 3 Gewürzgurken, 1 Röhrchen kleine Kapern, 1 Tasse Mayonnaise, 1/2 Tasse gemischte frische, kleingeschnittene Kräuter, 1/2 Tasse Sahne, 4 Rumpsteaks (à 200 g), 2 EL Öl, Salz, schwarzer Pfeffer

Kambodscha-Rumpsteak

Marinade: Sojasoße, Sherry, Zitronensaft, Zucker und reichlich Pfeffer in eine Schüssel geben. Pfefferschote unter kaltem Wasser abspülen und mit Haushaltspapier trockentupfen. Dann der Länge nach aufschneiden. Die Kerne entfernen und das Fruchtfleisch sehr fein hacken. Auch in die Schüssel geben. Bratensaft mit heißem Wasser auflösen. Auch hineingeben. Knoblauchzehe schälen, zerdrücken und in den Bratensaft geben.
Rumpsteaks mit Haushaltspapier abtupfen. Fettseite leicht einkerben. 60 Minuten marinieren. Herausnehmen und gut abtropfen lassen. Rumpsteaks mit Öl bestreichen. Unter den vorgeheizten Grill legen. Fettpfanne darunterschieben. Rumpsteaks auf jeder Seite 5 Minuten grillen. Salzen. Hin und wieder mit der Marinade übergießen. Auf eine vorgewärmte Platte legen. Bratensatz aus der Fettpfanne mit 3 EL heißem Wasser loskochen. In einem kleinen Topf noch einmal aufkochen und vom Herd nehmen. Joghurt einrühren. Abschmecken und über die Rumpsteaks gießen.
Beilagen: Reis, gemischter Salat.

Marinade: 3 EL Sojasoße, 2 EL Sherry, 1 EL Zitronensaft, 1 EL Zucker, schwarzer Pfeffer, 1 rote Pfefferschote, 1 Msp. Instant-Bratensaft, 2 EL heißes Wasser, 1 Knoblauchzehe; 4 Rumpsteaks (à 180 g), 3 EL Sesamöl, 3 EL Joghurt, Salz

Roastbeef mit Pilzen

Das gereinigte Roastbeef an den fettfreien Stellen leicht mit Öl einreiben, rundherum mit Pfeffer bestreuen, in Alu-Folie einpacken und mindestens 24 Stunden ruhen lassen. Auf den Drehspieß stecken, befestigen und bei anfangs starker, später schwächerer Hitze 35–50 Minuten grillen, während der letzten 5 Minuten salzen. Inzwischen Pilze waschen, putzen, in dünne Scheiben schneiden, mit Zitronensaft beträufeln und in der Butter dünsten, mit Mehl stäuben, kurz durchrösten, mit Fleischbrühe aufgießen, sal-

1000–1500 g Roastbeef, Öl, Salz, Pfeffer, 300 g Champignons, 100 g Morcheln, 1/2 TL Zitronensaft, 40 g Butter, 2 EL Mehl, 1/8 l Sahne, 1/4 l Fleischbrühe

zen, pfeffern und 5 Minuten schmoren lassen. Vor dem Anrichten mit dem in der Fettabtropfschale aufgefangenen Bratenfett anreichern und mit der Sahne verfeinern. Abschmecken. Das gare Roastbeef nach kurzem Ruhen in dünne Scheiben schneiden. Die Soße separat reichen.
Beilagen: Grüner Salat, Weißbrot. Rotwein als Getränk.

Rinderlende auf Haushofmeisterart

(für 10–14 Personen)

1 komplette Rinderlende (2,5–3,5 kg), ½ Tasse Olivenöl, Pfeffer, Salz

Die Lende mit Öl und grob gemahlenem Pfeffer einreiben. Auf dem Rost 30–40 Minuten grillen, Lende des öfteren wenden. Die Hitze sollte am Anfang sehr stark sein, damit sich die Poren sofort schließen und der wertvolle Saft erhalten bleibt. Später weniger heiß weitergrillen. Lende zum Schluß leicht salzen. Vor dem Anschneiden 5 Minuten ruhen lassen.

Entrecôte

Auch Zwischenrippenstück oder Lendensteak bzw. Roastbeefscheibe genannt, wird als etwa 4 cm dicke und ca. 500 g schwere »Scheibe« zwischen den Rippen des Rindes herausgeschnitten, und zwar aus dem flachen vorderen Roastbeef, es ist etwas dicker als das Rumpsteak. Wird erst beim Servieren in schräge Scheiben geschnitten. Grillzeit pro Seite 5–8 Minuten. Das »Entrecôte à la minute« ist nur 1 cm dick und benötigt nur 2–3 Minuten Grillzeit.

Das *Entrecôte double* ist das flache Roastbeef, ca. 4–5 cm dick, 300–500 g schwer und für 2 Personen berechnet.
Alle Zubereitungsarten vom Filetsteak, von den Tournedos und den Lendenschnitten kann man auch auf das Entrecôte anwenden.

2 Entrecôtes (à 4 cm dick, à 500 g), ½ Zwiebel, Salz, Pfeffer, 2 EL Öl, Kräuterbutter

Die gewaschenen, trockengetupften Fleischstücke vom meisten Fett befreien, den Rand mehrmals leicht einschneiden, mit Zwiebel und Öl, besonders an den Schnittflächen, einreiben, aufeinanderlegen und einige Stunden zugedeckt ziehen lassen. Etwas Öl abtupfen, auf dem heißen, geölten Rost 5–8 Minuten pro Seite grillen. Während des Umdrehens salzen und pfeffern. Vor dem Aufschneiden 5 Minuten ruhen lassen. Mit Kräuterbutter servieren.

Entrecôte auf Bordelaiser Art

Das Fleischstück rundum mit Knoblauch und Rosmarin bestäuben, mit Öl bestreichen und gut massieren. ½ Stunde ziehen lassen. Dann auf dem Holzkohlengrill bei starker Hitze rasch rundum je Seite 5–8 Minuten braten. Wiederholt mit Öl bepinseln. Zum Schluß salzen und pfeffern, das Fleisch muß innen noch rosa bleiben.
Beilage: Kräuterbutter oder Soße bordelaise.

2 Stk. Entrecôtes (à 500 g), 4 EL Öl, Salz, Pfeffer, Rosmarin- und Knoblauchpulver, feingehacktes Petersiliengrün

Entrecôte auf bürgerliche Art

Von den zimmerwarmen Roastbeefscheiben den Fettrand einschneiden und ½ Stunde mit Öl eingerieben liegen lassen. 8–14 Minuten am Rost oder 2–4 Minuten im Schnellgrill grillen. Salzen und pfeffern, etwas Speck und Zwiebel in Würfel schneiden und zusammen goldgelb anbraten. Dann ein Stück Butter und abgetropfte Karotten aus dem Glas dazugeben und heiß werden lassen. Die gegrillten Entrecôtes mit dem Gemüse garnieren.

4 Entrecôtes (à 200 g), 4 EL Öl, Salz, Pfeffer, 80 g Speck, 1 kleine Zwiebel, 30 g Butter, 1 kleines Glas Karotten

Entrecôte Café de Paris

Die Entrecôtes waschen und trocknen; den Fettrand mehrmals einschneiden. Schalotten fein hacken und in der Butter anschwitzen. Mit dem verdünnten Wein ablöschen. Die Gewürze und die Kräuter dazugeben, kurz aufkochen und zugedeckt erkalten lassen. – Die Fleischstücke mit der Marinade bestreichen, in Alu-Folie packen und über Nacht ruhen lassen. Die restliche Marinade einkochen, abkühlen lassen und mit der schaumig gerührten Butter vermischen; zu einer kleinen Rolle formen und kühlstellen. Die Entrecôtes trockentupfen, auf den heißen, geölten Rost legen und 3–5 Minuten pro Seite grillen, dann salzen. Die Butter rechtzeitig aus dem Kühlschrank nehmen (sie soll nicht zu kalt sein!), in Scheiben schneiden und auf die angerichteten Entrecôtes legen.

4 Entrecôtes (à 200–250 g), 2 Schalotten, 10 g Butter, ⅛ l Weißwein, mit ⅛ l Wasser verdünnt, 1 EL Essig, 1 TL Senf, 1 TL Zitronensaft, 1 TL Kognak, 6 Tropfen Knoblauchsaft, 2 TL Kerbel, 1 TL Estragon, 1 TL Petersilie, ¼ TL Oregano, 60 g Butter, Salz

Entrecôte Mirabeau

2 Entrecôtes (à 500 g), 2 EL Öl, Salz, Pfeffer, Sardellenbutter, 8 Sardellenfilets, gefüllte Oliven, frische Estragonblätter

Die Entrecôtes 2–3 Stunden zugedeckt in Öl legen, pfeffern, mit Sardellenbutter einreiben, dann auf dem gefetteten heißen Rost 5–8 Minuten je Seite grillen, zuletzt mäßig salzen. Die gewässerten Sardellenfilets über das angerichtete Fleisch legen, mit halbierten, gefüllten Oliven und kurz überbrühten Estragonblättern dekorieren.

Entrecôte Roquefort

2 Entrecôtes doubles (à 500 g), 3 EL Öl, Salz, 1 Birne, 80 g Roquefort, Pfeffer

Die Entrecôtes an dem Fettrand in daumenbreiten Abständen einschneiden (beim Holzkohlengrill einen Teil des Fettes entfernen!), mit etwas Öl einreiben, durchkneten, mindestens 24 Stunden ruhen lassen. Die Entrecôtes auf den heißen geölten Rost legen, 8–10 Minuten grillen, wenden und weitere 5 Minuten unter dem Grill lassen. Salzen. Eine geschälte, in dünne Schnitzel geschnittene Birne und dünne Roquefortscheiben abwechselnd auf die Entrecôtes verteilen, pfeffern und noch weitere 4–5 Minuten grillen.

Entrecôte auf ungarische Art

4 Entrecôtes (à 250 g), 2 EL Öl, Salz, Pfeffer, eventuell Paprika; Soße: ¼ l saure Sahne, 1 Zwiebel, 1 TL Paprika, edelsüß

Die Entrecôtes 2 Tage in Öl legen, dann auf heißem, gefettetem Rost auf beiden Seiten 5–8 Minuten grillen, zuletzt mäßig mit Salz, Pfeffer und eventuell Paprika würzen.
Soße: Saure Sahne mit Paprika und feingehackter Zwiebel abschmecken und extra dazureichen.
Beilagen: Bratkartoffeln.

Entrecôte auf Zigeunerart

4 Entrecôtes (à 250 g), 2 EL Öl, 2 EL Essig, 2 EL Senf, 1 Zwiebel, 1 Knoblauchzehe, 2 Peperoni, 1 TL Thymian, Salz, Pfeffer, Zitronenbutter

Die Entrecôtes von einem Großteil des Fettrandes befreien, den restlichen Rand in daumenbreiten Abständen bis zum Fleisch einschneiden. Öl und Essig mit Senf, einer gehackten Zwiebel, der zerdrückten Knoblauchzehe, feingehackten Peperoni und dem Thymian vermengen. Die Entrecôtes mit dieser Mischung dick bestreichen, in Alu-Folie packen, einige Stunden ziehen lassen, dann abtropfen lassen, abtrocknen und für 3–5 Minuten pro Seite auf den heißen Grill legen. Zuletzt salzen, pfeffern, mit der restlichen, erhitzten Marinade bestreichen. Mit einem Stück Zitronenbutter garniert anrichten.

Filet auf
Florentiner Art

Rezept Seite 19

Filetsteak
Masséna

Rezept Seite 19

Chateaubriand
noelle

Rezept Seite 25

Entrecôte
Mirabeau

Rezept Seite 36

Rinderkotelett
am Grill

Rezept Seite 50

Schweinefilet a
römische Art

Rezept Seite 5

chweinekotelett
nit Speck und
Champignons

Rezept Seite 58

Schweinekotelett natur

Rezept Seite 61

Steak

Für die Steaks stets nur gut gelagertes Fleisch kaufen! Frisches Fleisch eignet sich am allerwenigsten für Steaks. Wenn man besonders zartes Fleisch will, dann packe man die Steaks luftdicht ein und lasse sie noch ruhig 1 Woche bei 2–3 Grad im Kühlschrank. Vor dem Grillen lege man die Fleischstücke 1–2 Stunden in Öl oder bestreiche die Steaks 2 Stunden vorher reichlich mit Öl. Das Steak nicht vor dem Grillen salzen. Erst die eine Seite grillen, bis auf der Oberseite kleine Blutströpfchen austreten. Dann wenden, um die noch rohe Seite anzubraten. Wenn nun auch auf der schon angerösteten Seite kleine Safttropfen austreten, dann versuchen wir mit dem Finger auf das Steak zu drücken. Wenn es nicht federt, also nicht wie ein Gummiball nachgibt, dann ist es innen von zartrosa Farbe und zergeht auf der Zunge. Es muß unbedingt auch Saft enthalten. Damit der Saft im Steak bleibt, muß die erste Hitze, die es auf dem Grill trifft, sehr stark sein und alle Fleischporen sofort »versiegeln«. Wenn wir vorher salzen, schließen sich die Poren in der Hitze nicht, und der Saft rinnt ins Feuer. Aus dem gleichen Grunde dürfen wir das Steak nicht mit einer Gabel wenden, sonst rinnt der kostbare Steaksaft ebenfalls aus. Wir wenden also mit einer Zange oder einer Schaufel.

Wichtig ist, daß wir ein dickes Steak ganz kräftig anbraten und es dann langsam fertigbraten. Ein dünneres Steak kann bei größerer Hitze schnell gar gebraten werden.

Natürlich kommt es darauf an, welche Farbe wir unserem Steak geben wollen. Das ist Geschmackssache. Die einen lieben es fast noch roh, die anderen wollen nur noch einen rosa Schimmer beim Aufschneiden sehen. Es gibt hier einen internationalen Farbenkodex, mit dem sich die Kenner verständigen können:

Bleu oder blau ist das noch fast rohe Steak. Es ist innen nur leicht angewärmt und hat einen bläulichen Kern.

Saignant oder rare (blutig) ist das Steak, wenn beim Aufschneiden noch ein roter Fleischsaft austritt. Der Kern ist noch tiefrot, also fast roh.

Englisch, à point oder medium ist das gutgebratene Steak, das im Innern hellrot bis rosa ist, und zwar durch und durch.

Wie lange ein Steak braucht, um die gewünschte Farbe zu erreichen, ist nicht so genau zu sagen, da Fleischqualität und Hitze schwanken. Es gibt jedoch einige Zeiten, an die man sich ungefähr halten kann. So können wir bei einem 2–3 cm dicken und ungefähr 200 g schweren Steak 3 Minuten auf jeder Seite rechnen, bis es saignant gebraten ist. In je 4 Minuten ist es für den Liebhaber von englisch bereit. Bei einem 4 cm dicken Porterhouse-Steak rechnen wir für saignant 10 Minuten auf jeder Seite, für englisch 2–3 Minuten mehr pro Seite; für ein 6 cm dickes Sirloin-Steak entsprechend 17–22 Minuten.

Amerikanische Steakplatte

Je 1 kleine Dose Maiskörner und Erbsen, 40 g Butter, Salz, 1 Apfelsine, 5 Steaks, Pfeffer, 4 EL Öl, 1 EL gehackte Walnüsse, 2 Maiskolben (Glas), je 1 rote und 1 grüne Peperoni, 1 Dose Pfirsichhälften, 40 g Butter, 1 Tomaten, 1/2 Bund Petersilie

Maiskörner und Erbsen mischen. In Butter erhitzen, salzen und warmhalten. Apfelsine schälen, Fruchtfleisch in gleichmäßigen Scheiben schneiden. Die Steaks waschen, trocknen und pfeffern. Auf dem Rost auf beiden Seiten braten. Zuletzt salzen und auf einer Platte anrichten. Ein Steak mit Maiskörnern und Erbsen garnieren. Mit Apfelscheiben und gehackten Walnüssen das zweite Steak belegen. Maiskölbchen und Peperoni auf das dritte Steak legen. 3 abgetropfte Pfirsichhälften auf das vierte Steak legen. Das fünfte Steak bekommt eine Garnitur aus Tomatenscheiben. Darauf Petersiliensträußchen geben. Das übrige Erbsen-Maisgemüse und die Pfirsichhälften dazu servieren.

Barbecue-Steak

4 Steaks (à 200 g), 1/8 l Öl, 2 TL grobgemahlener schwarzer Pfeffer, Salz

Die Steaks kurz kalt abbrausen und gut trockentupfen. Öl mit grob gemahlenem Pfeffer verrühren und über die Fleischscheiben geben. Steaks zugedeckt 5 Stunden marinieren und während der Marinierzeit hin und wieder in Öl wenden. Fleisch aus dem Öl heben, etwas abtropfen lassen und über der Holzkohlenglut oder im vorgeheizten Grill von jeder Seite 3–6 Minuten grillen. Salzen.
Beilagen: Verschiedene Soßen, Brot, Salat.

Churasco-Steak

4 Steaks (à 180 g), Salz, Pfeffer, Öl; Marinade: 1/4 l Öl, 1 Knoblauchzehe, 2 Peperoni, 1 Lorbeerblatt, Edelsüßpaprika, Pfeffer, Majoran, Thymian, Oregano

Steaks pfeffern und 1 Stunde in der Marinade ziehen lassen, bei guter Hitze rasch innen noch rosa grillieren. Salzen.
Marinade: Thymian, Majoran, gehackter Knoblauch, gehackte Peperoni, Oregano, Pfeffer, Paprika, gehacktes Lorbeerblatt mit Öl anrühren. Die Steaks 1 Stunde marinieren.
Beilagen: Überbackenes Kartoffelpüree und Salat. Dazu wird normales, aber festgehaltenes Kartoffelpüree an Stelle von Milch mit Sahne vermischt, in eine gebutterte Gratinierschüssel erhaben eingefüllt und obenauf das restliche Püree dekorativ aufdressiert. Mit zerlassener Butter beträufeln und bei Oberhitze Farbe nehmen lassen.

Steak Danitscheff

Die gargegrillten, gewürzten Steaks mit einem breiten Querstreifen von Soße béarnaise überziehen, in der Mitte eine Linie Kaviar auftragen.
Beilagen: Kartoffelkroketten, grüne Erbsen.

4 Steaks, Salz, Pfeffer, Soße béarnaise, 4 TL Kaviar, Öl

Knoblauchsteak

2 Knoblauchzehen zerdrücken und mit Saft von einer Zitrone, 1/4 l Olivenöl und etwas frisch gemahlenem Pfeffer vermischen. Die gewaschenen, getrockneten Steaks in dieser Marinade wenden, zudecken und 10–12 Stunden marinieren lassen. Die Steaks gut abtropfen lassen, trockentupfen und 3–5 Minuten pro Seite grillen. Vor dem Anrichten salzen und je eine Scheibe Knoblauchbutter (oder Zitronenbutter) oben drauflegen.

4 Beefsteaks (etwa 2 cm dick), 2 Knoblauchzehen, 1 Zitrone, 1/4 l Olivenöl, Pfeffer, Salz, Knoblauchbutter

Mexikanisches Steak

Die Steaks mit der Gewürzmischung gut einreiben, dann klopfen. In heißem Öl rasch auf beiden Seiten braun braten, herausnehmen, leicht salzen und warmstellen. Im Bratfett feingeschnittene Zwiebeln und entkernte, gehackte Peperoni schmoren, Cayennepfeffer, kleingeschnittene Tomaten, gehackte Paprika und Rotwein beigeben. 10 Minuten langsam kochen lassen. Das Steakfleisch indessen 10 Minuten in Sherry marinieren, dann in eine Form legen. Die gekochten Bohnen in die Gemüsesoße geben, erhitzen, dann löffelweise das Gemüse über die Steaks geben. Zugedeckt bei mittlerer Hitze im Ofen langsam backen (ca. 1 Stunde). Mit in Scheiben geschnittenen reifen Oliven garniert anrichten.

4 Steaks; Gewürzmischung: 1 TL Cayennepfeffer, 1 TL schwarzer, gemahlener Pfeffer; 1/4 Tasse Öl, 4 Tomaten, 2 Zwiebeln, 1 Peperoni, 3 EL gehackte Paprika, 1 TL Cayennepfeffer, Salz, Pfeffer, 1/2 Tasse Rotwein, 1/4 Tasse Sherry, 1 Tasse gekochte Bohnen, 12 Oliven

Pfeffersteak, garniert

Die Steaks mit den leicht zerhackten oder grob gemahlenen Pfefferkörnern bestreuen, und diese fest andrücken, mit Öl bestreichen und 1–2 Stunden zugedeckt ziehen lassen. Beidseitig auf dem Rost eines Holzkohlengrills oder im Grilltoaster bzw. im Schnellgrill 3–6 Minuten auf jeder Seite grillen. Während des Wendens oder am Schluß salzen und mit frisch gemahlenem Pfeffer würzen. Grünen Paprika entkernen und in breite Streifen schneiden, Tomaten oben kreuzweise einschneiden, salzen und pfeffern. Paprika und Tomaten langsam am Grill garen. Die Steaks mit je einer Scheibe Würzbutter belegen.

4 dicke Filetsteaks (à 125 g), 4 TL grüne eingelegte Pfefferkörner, Salz, 1/16 l Öl, 1 grüne Paprikaschote, 2 Tomaten; Würzbutter: 80 g Butter, Salz, weißer Pfeffer, je 1 EL Senf und gehacktes Petersiliengrün, etwas Zitronensaft, Worcestershiresoße

Würzbutter: Die Zutaten in schaumig gerührte Butter mengen und pikant abschmecken. Eine Rolle formen, in feuchtes Pergamentpapier wickeln und im Kühlschrank sehr fest werden lassen. Vor dem Servieren in dicke Scheiben schneiden. Man kann dazu statt der Würzbutter auch eine Kräuterbutter servieren.
Beilagen: Pommes frites, grüner Salat oder Tomatensalat.

Pfeffersteak nach Art des Hauses

4 Steaks im ganzen, 2 EL eingelegte grüne Pfefferkörner, Salz, $^1/_{16}$l Öl, 1 grüne Paprikaschote, 2 Tomaten; Würzbutter: 80 g Butter, Salz, weißer Pfeffer, 1 EL Grillsenf, 1 EL gehackte Petersilie, etwas Zitronensaft, englische Soße

Das Fleisch im ganzen mit den grob gehackten Pfefferkörnern bestreuen, und diese fest andrücken. Mit Öl bestreichen und 15 Minuten im Kühlen ziehen lassen. Dann beidseitig ca. 5 Minuten grillen. Salzen. Mit gegrillten Tomaten und Paprikastreifen anrichten, mit einer Scheibe Würzbutter belegen. Das Steak wird erst bei Tisch in schräge, fingerdicke Scheiben geschnitten.
Würzbutter: Alle Zutaten zusammengeben, schaumig rühren, pikant abschmecken. Eine Rolle formen, in feuchtes Pergamentpapier oder in Alu-Folie einrollen und im Kühlschrank sehr fest werden lassen. Vor dem Servieren in dicke Scheiben schneiden.
Grüne Paprikaschoten entkernen, in breite Streifen schneiden, die Tomaten entstielen, oben kreuzweise einschneiden, salzen, pfeffern. Paprika und Tomaten langsam am Grill garen.

Pfeffersteak auf Pariser Art

4 Filetsteaks (ca. 2,5 cm dick, à 180 g), schwarzer Pfeffer, Salz, 1 Glas Kognak, Öl, Kräuterbutter

Die zimmerwarmen, trockengetupften Steaks mit Kognak, Öl und grobzerstampftem Pfeffer einreiben und einmassieren. Rund formen, binden und ca. 1 Stunde ziehen lassen. Dann beidseitig je 3 Minuten grillen (innen noch rosa). Salzen. Man kann diese gegrillten Pfeffersteaks zum Schluß auf eine heiße Platte geben, Kognak darübergießen und flambieren.
Beilagen: Kräuterbutter, Strohkartoffeln.

Porterhouse-Steak

1 Porterhousesteak (1000–1500 g), Öl, Pfeffer, Salz

Das Porterhouse-Steak, eine Art Rinderkotelett, ist eine größere Scheibe aus dem Roastbeefstück mit dazugehörigem Knochen und anschließendem Filetstück, 1000–1500 g schwer.
Steak waschen, trocknen und kräftig mit Öl einmassieren. Mit frisch gemahlenem Pfeffer bestreuen, in Alu-Folie verpacken und 1–2 Tage ruhen lassen. Trockentupfen, auf den heißen, geölten Rost legen, 8–12 Minuten pro Seite grillen, beidseitig salzen und 5 Minuten ruhen lassen. Dann mit Kräuterbutter servieren. Zuvor schräg aufschneiden.

Rosmarinsteaks

Die gereinigten Steaks mit Öl und frisch gemahlenem Pfeffer und mit Rosmarinblättern einreiben, aufeinanderlegen, in Alu-Folie verpacken und über Nacht ruhen lassen. Die Steaks danach auf heißem Rost 3–5 Minuten pro Seite grillen, dann salzen. Kurz ruhen lassen und servieren.

4 Steaks, 4 EL Öl, 1 EL Pfefferkörner, 1 EL Pfefferkörner, 1 EL Rosmarinblätter, Salz

Roundsteak

Das Roundsteak besteht aus einer Scheibe Rinderschinken, waagrecht zum Knochen geschnitten, 3–4 cm dick, wiegt 1500–2000 Gramm.
Öl mit Gewürzen verrühren und kräftig in das gewaschene, getrocknete und enthäutete Fleisch einmassieren und es dabei gut durchkneten. Das Steak in Alu-Folie verpacken und mindestens 12 Stunden ruhen lassen; dann trockentupfen und 8–12 Minuten pro Seite grillen. Von beiden Seiten salzen und auf einem Holzbrett anrichten. Vor dem Anschneiden 5 Minuten ruhen lassen.

1 Roundsteak (etwa 2000 g), Öl, Senf, Pfeffer (frisch gemahlen), Zitronensaft, Salz

Sardellensteak

Die Steaks mit einer Mischung aus Öl, Pfeffer, Sardellenpaste und Senf einreiben und einen Tag liegen lassen. Steaks anfangs bei hoher, später bei etwas geringerer Hitze auf dem Rost oder unter dem vorgeheizten Grill von jeder Seite 8 Minuten grillen. Zum Schluß pfeffern und leicht salzen.
Beilage: Bohnensalat.

4 Steaks, ½ Tasse Olivenöl, Pfeffer, 1 TL Sardellenpaste, 1 TL Senf, Salz

Schlemmersteak

Geschälte Zwiebeln reiben, mit Öl, Rotweinessig, Tomatenketchup, Worcestersauce, Tabasco und Senf in eine Schüssel geben und gut miteinander verrühren. Mit Knoblauchsalz, Zucker, Salz und Oregano abschmecken. Gewaschene Petersilie abtropfen lassen, fein hacken und in die Beize geben.
Filetsteaks in dieser Beize 60 Minuten durchziehen lassen. In dieser Zeit einmal wenden. Herausnehmen und mit Haushaltspapier trockentupfen. Filetsteaks auf den Holzkohlengrill legen oder in den vorgeheizten Grill schieben und auf jeder Seite etwa 4 Minuten grillen.
Beilagen: Kalte Beize, Stangenweißbrot, Salat.

2 Zwiebeln, 2 EL Öl, 3 EL Rotweinessig, 2 EL Tomatenketchup, ½ TL Worcestersoße, einige Spritzer Tabasco, 1 TL scharfer Senf, ¼ TL Knoblauchsalz, 1 Prise Zucker, Salz, etwas Oregano, ½ Bund Petersilie, 4 Filetsteaks (à 150 g)

Sirloin-Steak

1 Sirloin-Steak (5–6 cm dick, 2000 g), 4 EL Öl, Pfeffer, Salz

Das Sirloin-Steak ist aus dem Stück zwischen Porterhouse-Steak und Schwanzansatz, 5–6 cm dick und etwa 2000 g schwer, reicht für 5–6 Personen.
Das gereinigte Steak kräftig mit Öl einreiben, leicht durchkneten, mit frisch gemahlenem Pfeffer bestreuen, in Alu-Folie einpacken und 24 Stunden ruhen lassen. Das Steak auf heißem Rost 8–12 Minuten pro Seite grillen. Dann salzen. Auf einem Holzbrett anrichten, und erst bei Tisch nach 5 Minuten aufschneiden.

T-Bone-Steak

2 T-Bone-Steaks, Öl zum Bepinseln, Salz, 2 Tomaten, 4 Stengel Petersilie, 2–3 EL Butter oder Margarine, 4 Kartoffeln, Alu-Folie

Das T-Bohne-Steak ist ein kleineres Porterhouse-Steak, also eine dicke Scheibe aus dem flachen Roastbeef vom Rind.
Die Steaks mit Öl bepinseln. Jede Seite auf dem Rost 8–10 Minuten grillen. Nach Belieben salzen. Gewaschene Tomaten halbieren. Auch einölen und mitgrillen. Oder ganz in Alu-Folie wickeln und in der Holzkohlenglut garen. Gewaschene, gründlich getrocknete Petersilie kurz in tiefem Fett fritieren. Am besten auf dem Küchenherd. Kartoffeln gründlich waschen. Ungeschält in geölte Alu-Folie wickeln und 60 Minuten in der Holzkohlenglut garen. Auf jedes Stück eine halbe Tomate und fritierte Petersilie geben.

Wacholdersteak

4 Filetsteak (à 200 g), 1/8 l Gin, 1 TL Worcestershiresoße, 8 Wacholderbeeren, Salz, Wacholderbutter

Die gesäuberten Filetsteaks mit einer Mischung aus Gin, Worcestershiresoße und zerdrückten Wacholderbeeren einreiben, übereinanderlegen, in Alu-Folie verpacken und 4 Stunden ziehen lassen. Trockentupfen, auf dem heißen Grill 2–4 Minuten pro Seite grillen. Salzen und mit gehackten Wacholderbeeren bestreuen. Vor dem Auftragen mit Wacholderbutter belegen.

Rinderkotelett am Grill

4 Rinderkoteletts, Öl, Pfeffer, Salz

Die Rinderkoteletts waschen, trocknen, kräftig mit Öl einmassieren. Mit frisch gemahlenem Pfeffer bestreuen, in Alu-Folie verpacken und 1 Stunde ruhen lassen. Trockentupfen und auf den heißen, geölten Rost legen. 4–6 Minuten pro Seite grillen, beidseitig salzen. Mit gebackenen Kartoffeln servieren.

SCHWEINEFLEISCH

Eignet sich dank seines Fettgehaltes besonders ideal zum Grillen. Muß, zum Unterschied von Rindfleisch, immer ganz durchgebraten werden. (Ein Einschnitt in der Nähe des Knochens zeigt an, wenn der heraustretende Fleischsaft ganz klar ist, daß es durchgegart ist!) Das Fleischthermometer, mit der Spitze in die Mitte des Bratens gesteckt, muß genau auf 90 Grad Celsius zeigen.

Den herabtropfenden Fleischsaft auffangen und zu einer Soße verwenden. Das Fleisch während des Grillens immer wieder mit Öl, einer Barbecuesoße oder dem abtropfenden Fleischsaft bestreichen bzw. bepinseln. Am Ende den Fleischsaft abschöpfen, mit Wein, Kognak oder Calvados, etwas heißer Brühe, Tomatenketchup und Gewürzen zu einer Soße abschmecken.

Zum Grillen eignen sich Filets, Schweineschnitzel (aus der Keule), Koteletts, Medaillons, alle Sorten von Schinken und Kasseler. In den USA bevorzugt man überdies Rippchen, frisch oder gepökelt, in Deutschland Schweinshaxe, auch Eisbein genannt.

Schweinefilet

2 Schweinefilets (à 300–400 g) kann man im ganzen grillen. Schwerere Stücke der Länge nach halbieren oder durch schräge Schnitte in Medaillons von 2½ cm Stärke schneiden.
Die Filetspitzen in Alu-Folie einwickeln, damit sie nicht vorzeitig bräunen, Schweinefilet sollte immer noch zartrosa bleiben!
Marinieren in Öl und zerdrückten Knoblauchzehen oder in Kognak. Zum Würzen Salz, Zwiebel- und/oder Knoblauchpulver, Senf, Pfeffer, Paprika, Zitronensaft, Worcestersoße, Selleriesalz, Thymian, Majoran, Zitronenmelisse, Estragon, Salbei, auch Chili, Tabasco und Cayennepfeffer verwenden.
2 Minuten rundum scharf grillen (in der Nähe der Glut), dann weitere 18–35 Minuten (je nach Größe und Abstand vom Feuer). Am Spieß oder auf dem Rost garen.
Man kann das Filet während des Grillens mit Öl, einer Barbecuesoße, mit Kognak oder Bier bepinseln. Gegen Ende der Grillzeit ein Zweiglein Rosmarin oder Majoran der Holzkohlenglut beigeben!
Beigaben: Kräuterbutter, Artischockenböden, Spargelspitzen, grüne Erbsen.

Schweinefilet, gegrillt

2 Schweinefilets (à 300 g), Salz, Pfeffer, 1 Knoblauchzehe, 2 EL Öl

Die gewaschenen, getrockneten, abgehäuteten Filets mit der Knoblauchzehe gut einreiben, mit Öl massieren und 2 Stunden zugedeckt ziehen lassen. Überflüssiges Öl abtupfen, unter mehrmaligem Wenden ca. 15 Minuten auf dem heißen, gut gefetteten Rost grillen, dabei zum Schluß salzen und pfeffern (eventuell mit gestoßenem Kümmel bestreuen). Vor dem Servieren noch etwas ruhen lassen. Nach Wunsch Knoblauchbutter dazu servieren.

Schweinefilet, gespalten

1 Schweinefilet (600 g), Pfeffer, Zwiebelpulver, 3 EL Öl, Salz

Schweinefilet im ganzen der Länge nach aufschneiden, aber so, daß es an einer Seite noch zusammenhängt und eine Platte ergibt. Diese mit dem Handballen gut flachdrücken, mit Pfeffer und Zwiebelpulver würzen und 7–10 Minuten unter öfterem Bestreichen mit dem Ölpinsel grillen. Erst zum Schluß salzen.
Aus dem Filet des Schweines kann man auch Nüßchen (ca. 2 cm dick) schneiden, 6–8 Minuten grillen und mit Weißbrot und würzigen Soßen servieren.

Schweinefilet auf französische Art

Kohlkopf in kochendes Salzwasser geben, nach und nach die Blätter loslösen, auf ein großes Stück Alu-Folie legen, würzen und die Speckwürfeln darauf verteilen. Dann das gewürzte, mit Öl eingeriebene Filet daraufgeben, zu einer festen Rolle zusammendrehen und auf dem heißen, gefetteten Rost 35–45 Minuten grillen. Dabei wiederholt mit Öl bepinseln.
Beilagen: Gegrillte Kartoffeln, saure Sahne, Tomaten auf provenzalische Art.

1 großes Schweinefilet (600 g), Pfeffer, Öl, Salz, 1 Wirsing oder Weißkohl, Salz, Muskat, 150 g durchwachsener Speck, in kleine Würfel geschnitten

Schweinefilet auf römische Art

Die Schweinefiletstücke mit Öl einreiben, salzen, pfeffern. Dann grillen. Grillzeit: 25 Minuten. Dann in 3 cm dicke Scheiben diagonal schneiden (muß aber an der Unterseite noch zusammenhalten). In jede Kerbe eine Scheibe Käse und gehackte Oliven geben. Dann nochmals das Ganze kurz grillen, bis der Käse schmilzt.

2 Schweinefilets (à 300 g), Salz, Pfeffer, Olivenöl, 200 g Mozzarella, 1/2 Tasse gehackte Oliven

Schweinefilet auf Schlemmerart

Die Zwiebel fein schneiden, mit einer Messerspitze Salz vermischen und in der Butter hellgelb dünsten. Kleingehackte Champignons dazugeben, mit feingehacktem Thymian, Oregano, Estragon und Pfeffer würzen und alles zusammen 10 Minuten zugedeckt weiterdämpfen, dann noch so lange bei geöffnetem Deckel schmoren, bis alle Flüssigkeit verdampft ist. Mit der Gänseleberpastete vermischen, mit der Sahne geschmeidigrühren und mit Kognak abschmecken. Die Masse auf die Mitte der vorbereiteten Schweinefiletstücke geben. Die Filets leicht mit Öl einmassieren, auf den heißen Rost legen und 10–15 Minuten pro Seite grillen. Dann salzen, pfeffern, auf einer gewärmten Platte anrichten und mit gehackter Petersilie und gehacktem Estragon bestreuen. In den letzten 3–4 Minuten mit hellem Bier bepinseln.

4 Schweinefilets (à 200 g), 1 Zwiebel, Salz, 20 g Butter, 120 g Champignons, Thymian, Oregano, Estragon, Pfeffer, 100 g Gänseleberpastete, 1–2 EL Sahne, 1 TL Kognak, 1 TL Öl, Petersilie, Estragon

Schweineschnitzel natur

Die Schweineschnitzel kurz kalt waschen, trockentupfen, die Ränder mehrmals leicht einschneiden, pfeffern, mit dem Handballen etwas flachdrücken, einölen und etwa 6–8 Minuten von jeder Seite grillen. Zuletzt leicht salzen.

4 Schweineschnitzel (je 2 cm dick), Salz, Pfeffer

Schweineschnitzel, gefüllt

4 Schweineschnitzel, Salz, Pfeffer, Öl; Fülle: 1 kleine Zwiebel, 150 g Champignons, 100 g Schinken, 50 g Emmentaler Käse, 1 EL gehackte Petersilie, Salz, Pfeffer, Grillsenf, 1 EL Semmelmehl, etwas Öl

In Öl feingeschnittene Zwiebel gelb rösten, würfelig geschnittene Champignons und gehackte Petersilie beigeben und weiterrösten. Von der Feuerstelle nehmen und würfelig geschnittenen Schinken und Käse sowie Ei und Semmelmehl dazugeben, gut durchrühren, mit Senf und Gewürzen abschmecken und gut abmischen. Diese Fülle auf die leicht geklopften, gesalzenen Schnitzel geben, einrollen, mit einem Bindefaden zusammenbinden. Salzen und pfeffern. Beidseitig etwa 15 Minuten langsam grillen.
Beilagen: Halbierte gegrillte Tomaten, Salat.

Schweineschnitzel auf italienische Art

3 EL Öl, 3 EL Senf, frisch gemahlener Pfeffer, 4 Schweineschnitzel (à 2 cm dick), 1–2 EL Oregano, 2 Zwiebeln

Öl und Senf verrühren, mit Salz und Pfeffer abschmecken. Schnitzel kurz kalt abbrausen, trockentupfen, und die Ränder mehrmals einschneiden. Schnitzel von beiden Seiten mit der Würze bestreichen und mit Oregano bestreuen. Fleisch eine halbe Stunde beiseitestellen, damit die Würze einziehen kann. Schnitzel auf dem heißen, gefetteten Rost von jeder Seite 6–7 Minuten grillen. Inzwischen geschälte Zwiebeln in Ringe schneiden. Zwiebelringe vor dem Servieren auf den Schnitzeln garnieren.
Beilagen: Stangenweißbrot, pikante Fruchtsoßen.

Schweineschnitzel mit Käse

4 Schweineschnitzel, Salz, Pfeffer, 3 EL Öl, 3 EL Emmentaler Käse

Schweineschnitzel kalt waschen, trockentupfen, die Ränder mehrmals kurz einschneiden, pfeffern und einölen, 5 Minuten grillen, den geriebenen Emmentalerkäse darüberstreuen und noch einmal 2 Minuten grillen.

Schweineschnitzel mit Pflaumen

12 Backpflaumen ohne Kerne, 1 Tasse Portwein, 4 Schweineschnitzel (à 180 g), getrocknetes Basilikum, grobgemahlener Pfeffer, 1/2 Tasse Wasser, 1 TL Speisestärke, 1/2 Tasse Sahne, 1/4 TL Paprikapulver, 1 Prise Cayennepfeffer, 1 EL Öl

Die Backpflaumen kurz kalt abbrausen und in Portwein über Nacht einweichen. In die Schweineschnitzel beim Metzger eine Tasche schneiden lassen. Schweineschnitzel kurz kalt abbrausen und gut trockentupfen. Die Backpflaumen ebenfalls etwas abtropfen lassen. Schweineschnitzel innen mit Basilikum und Pfeffer ausreiben. In jede Tasche 3 Backpflaumen stecken und die Öffnung mit Zahnstochern zustecken. Portwein mit Wasser verrühren, mit Salz, Paprikapulver und Cayennepfeffer mischen, in die Soße geben und kurz aufkochen lassen.
Schweineschnitzel mit Öl bestreichen und auf dem heißen, geölten Rost von jeder Seite 6–7 Minuten grillen. Schnitzel während der

Grillzeit nochmals mit Öl bestreichen. Die Schnitzel vor dem Servieren mit dem restlichen Salz bestreuen. Die Soße gesondert reichen.
Beilagen: Stangenweißbrot, Obstsalat mit Feigen.

Schweineschnitzel mit Rosmarin

4 Schweineschnitzel, Salz, Pfeffer, 1 EL Rosmarin, Öl

Die Schweineschnitzel waschen, trockentupfen, die Ränder mehrmals leicht einschneiden. Rosmarin auf der Handfläche zerkrümeln und damit die Schweineschnitzel einreiben. Pfeffern und einölen, 6–10 Minuten pro Seite auf heißem, geöltem Rost grillen und salzen.

Schweineschnitzel mit Sardellen

4 Schweineschnitzel, Salz, Pfeffer, 3 EL Öl, 2 EL Tomatenketchup, Thymian, 8 Sardellenfilets

Die Schweineschnitzel kalt abbrausen, trockentupfen, am Rand leicht einschneiden, pfeffern, mit Öl einreiben und 4 Minuten im vorgeheizten Tischgrill grillen, salzen, wenden und weitere 4 Minuten grillen. Dann mit Tomatenketchup bestreichen, etwas Thymian darüberstreuen und mit je 2 Sardellenfilets kreuzweise belegen. Eine weitere Minute im Tischgrill grillen.

Schweineschnitzel auf Walliser Art

4 Schweineschnitzel, 2 EL Öl, 1 TL Oregano, Salz, Pfeffer, 4 Scheiben Emmentaler Käse, 1 Glas Tomatenpaprika

Die Schnitzel kalt abbrausen, trockentupfen, am Rand leicht einschneiden, mit Öl einreiben und mit Oregano bestreuen. Eine halbe Stunde liegen lassen. Schnitzel von einer Seite 5 Minuten grillen, salzen, pfeffern und umdrehen. Die andere Seite 4 Minuten grillen. Dann eine Scheibe Emmentaler Käse obenauf legen und weitergrillen, bis der Käse anfängt zu schmelzen. Tomatenpaprika abtropfen lassen und in Scheiben schneiden. Schnitzel damit garnieren.
Beilage: Bratkartoffeln.

Schweinemedaillons

800 g Schweinefilet, 2 EL Öl, Salz, 1 TL Kümmel

Die 2½ cm dicken Medaillons, aus dem Filet geschnitten (pro Person 3–4 Medaillons), leicht mit dem Daumenballen drücken, wieder in die ursprüngliche Form bringen, mit Öl einreiben und zugedeckt 1 Stunde ruhen lassen. Dann 3–4 Minuten pro Seite in einem Doppelrost scharf grillen. Nach dem Wenden salzen und mit zerstoßenem Kümmel bestreuen.
Beilagen: Kräuterbutter, grüne Bohnen, Toastbrötchen.

Schweinemedaillon-Variationen

12–16 Schweinemedaillons (je 3 cm dick), Öl, Salz, Pfeffer
1. 3–4 mittelgroße Äpfel, Salz, ½ Tasse Calvados
2. 80 g Butter, 1 EL grüner Pfeffer (Glas), Salz
3. 1 große Zwiebel, 5 EL Olivenöl, 250 g Tomaten, Salz, Pfeffer, 5 Knoblauchzehen, 1 TL Rosmarin

Medaillons mit dem Handballen flachdrücken und leicht einölen. Von jeder Seite etwa 3 Minuten grillen. Anschließend salzen und pfeffern. Warmhalten.

1. Apfelmedaillons

Geschälte Äpfel in 2 cm dicke Scheiben schneiden. 10 Minuten grillen. Je 1 Apfelscheibe auf 1 Medaillon geben. Calvados erwärmen und anzünden. Je 1 Kaffeelöffel siedenden Calvados über jedes Fleischstück gießen. Brennend servieren.

2. Pfeffermedaillons

Weiche Butter mit zerdrückten grünen Pfefferbeeren und etwas Salz mischen. Butter zu einer Rose formen, in Alu-Folie wickeln. Einige Zeit im Kühlschrank fest werden lassen. Auf jedes gegrillte Medaillon eine dünne Scheibe Pfefferbutter geben und sofort servieren.

3. Schweinemedaillon auf Nizza-Art

Geschälte Zwiebeln fein hacken und in Öl glasig dünsten. Geschälte, in Scheiben geschnittene Tomaten zugeben und 20 Minuten leise kochen lassen. Mit Salz, Pfeffer, zerdrückten Knoblauchzehen und Rosmarin würzen. (Getrockneter Rosmarin kann von Anfang an mitkochen, frischen erst zum Schluß zugeben.) Soße auf die Medaillons geben und servieren.

Schweinemedaillons, flambiert

8 Schweinemedaillons (je 3 cm dick), Salz, Pfeffer, Öl, 4 Bananen, Tomaten, Sardellen, 4 TL Calvados

Die Medaillons mit Öl einreiben, salzen, pfeffern und auf jeder Seite etwa 3 Minuten grillen. Garniert mit je einer halben gegrillten Banane, einer Tomatenscheibe und einer Sardelle. Die Medaillons mit dem vorgewärmten Calvados übergießen und anzünden.

Schweinemedaillons à la provençale

8 Schweinemedaillons, Salz, Pfeffer, Öl, Auberginen, Tomaten, Reibkäse

Medaillons mit Öl einreiben, salzen, pfeffern und auf beiden Seiten etwa 3 Minuten grillen. Garnieren mit gegrillten Auberginenscheiben, gegrillten Tomaten und etwas Reibkäse.

Schweinemedaillons Capriccio

Die Medaillons mit Öl einstreichen, salzen, pfeffern und auf beiden Seiten etwa 3 Minuten grillen. Garniert werden sie angerichtet mit je einer halben Ananasscheibe, einer Scheibe Kalbsniere und einem Streifen Frühstücksspeck, alles zuvor gegrillt.

12 Schweinemedaillons, Salz, Pfeffer, Öl, Ananasscheiben, Kalbsniere, Frühstücksspeck

Schweinekotelett

Am besten sind Filetkoteletts, die an zwei Fleischteilen rechts und links des Knochens zu erkennen sind. Überschüssiges Fett wegschneiden, die Außenkanten einkerben (1/2 cm tief), mit der Messerspitze das Fleisch vorsichtig von dem Knochen lösen. Salzen und pfeffern entweder unmittelbar vor dem Grillen oder nach dem Grillen (damit es nicht austrocknen kann). Das Fleischgut vorher gut einölen. Grillzeit: 4–6 Minuten je Seite.
Garnierung: Zitronenscheiben, Petersilie, Tomatenachteln.
Beilagen: Gurkensalat, grüner Salat, Reis.

Schweinekotelett, gefüllt

Die Koteletts von der Fettseite her so tief einschneiden, daß eine Tasche entsteht. Schinken und Käse würfelig schneiden und mit Senf vermischen. Mit dieser Masse die Koteletts füllen, die Öffnung mit einem Spieß verschließen. Salzen, pfeffern, mit Öl bestreichen und einige Zeit ziehen lassen. Dann ca. 8 Minuten beidseitig grillen. Nebenbei werden die halbierten, gesalzenen Paprikas mitgegrillt, mit Paprikareis gefüllt. Die Koteletts damit garnieren.
Paprikareis: Feingeschnittene Zwiebel in Fett gelb rösten, die in feine, kurze Streifen geschnittene Paprikaschote beigeben, salzen und dünsten. Die geschälten, halbierten Tomaten ausdrücken, klein schneiden und mitdünsten. Nachwürzen. Das Ganze mit gedünstetem Reis vermischen.

4 Schweinekoteletts (à 125–150 g), Salz, Pfeffer; Fülle: 150 g Schinken, 150 g Emmentaler Käse, 1 TL Senf; Paprikareis: 2 grüne Paprikaschoten zum Füllen, 150 g Reis, 1 Zwiebel, 1 grüne Paprikaschote, 2 Tomaten

Schweinekotelett mit Barbecuesoße

Die Koteletts mit Zwiebel- und dann mit dem Zitronensaft sowie Öl einreiben, salzen, pfeffern. Auf heißem, geöltem Rost pro Seite ca. 8 Minuten grillen, dabei wiederholt mit Barbecuesoße bestreichen.

4 Schweinekoteletts (à 125–150 g), 1 Zitrone, 1 Zwiebel, 2 EL Öl, Salz, Pfeffer, 1/4 l Barbecuesoße

Schweinekotelett Bogotá

4 Schweinekoteletts (à 150–200 g), 1 Zwiebel, 40 g Butter, 1 Knoblauchzehe, 2 EL Essig, 2 EL Zitronensaft, 1 EL Worcestershiresoße, 2 EL Tomatenketchup, 3 Tropfen Tabascosoße, Pfeffer, Salz, 4 Bananen

Vorbereitete Schweinekoteletts am Rand mehrmals einschneiden und zur Hälfte vom Knochen lösen. Zwiebel in der Butter anschwitzen, die zerdrückte Knoblauchzehe dazugeben und mit Essig und Zitronensaft aufgießen. Die übrigen Gewürze hinzufügen, und das Ganze kurz zu einer Grillsoße aufkochen lassen. – Die Schweinekoteletts in die Mitte des heißen, gefetteten Grillrostes und die geschälten Bananen an den Rand legen. Beides etwa 5–7 Minuten grillen, wenden und unter häufigem Bepinseln mit der Grillsoße fertiggrillen.

Bierkotelett

4 Schweinekoteletts (à 125–150 g), 1 Flasche dunkles Bier, 2 EL Öl, Majoran, Salz, Pfeffer

Die Schweinekoteletts in eine hohe Schüssel schichten. Bier aufgießen, bis die Koteletts damit bedeckt sind. Schüssel mit Alu-Folie abdecken. Koteletts im Kühlschrank 2–3 Stunden marinieren. Fleisch aus der Marinade nehmen, trockentupfen und mit Öl und Majoran auf beiden Seiten einreiben. Koteletts auf beiden Seiten insgesamt 10–12 Minuten grillen. Vor dem Servieren mit Salz und Pfeffer bestreuen.
Beilagen: Brot, Sauerkrautsalat.

Schweinekotelett mit Speck und Champignons

4 Schweinekoteletts, 2 EL Öl, 1 Knoblauchzehe, 1 TL Kümmel, 1/2 TL Paprikapulver, Salz, Speckstreifen, Champignons

Fettränder der Koteletts leicht einschneiden, damit sich das Fleisch beim Grillen nicht wölben kann. Fleisch auch am Knochen leicht einschneiden. Dann gut mit Öl bestreichen und mit Paprika bestäuben. Koteletts je nach Dicke auf jeder Seite 5–8 Minuten grillen. Anschließend auf beiden Seiten salzen. Man kann die Koteletts vor dem Grillen auch mit zerdrücktem Knoblauch und gehacktem Kümmel einreiben, in Alu-Folie verpacken und 2 Stunden im Kühlen ziehen lassen. Speckstreifen und Champignons in Alu-Folie geben, am Grill mitgaren, und die angerichteten Koteletts damit garnieren.
Werden die Koteletts im Kontaktgrill gegrillt, müssen vorher die Knochen entfernt werden, da sonst die Heizplatte auf dem Knochen und nicht auf dem Fleisch aufliegt.
Beilage: Gemischter Salat.

Schweinekotelett auf chinesische Art

4 Schweinekoteletts (à $1^1/_2$ cm dick), Öl zum Bepinseln, Pfeffer, Salz, $^1/_8$ l Sojasoße, 1 Knoblauchzehe, 2 EL Chilisoße

Die Sojasoße mit der feinzerdrückten Knoblauchzehe und der Chilisoße zu einer Marinade verrühren. Die Schweinekoteletts leicht klopfen, den Fettrand ab und zu mit einem scharfen Messer etwas einkerben. Dann mindestens 1 Stunde in der Marinade an kühlem Ort ziehen lassen. Das Fleisch herausnehmen, abtupfen, mit Öl bepinseln und möglichst 30 Minuten in Zimmertemperatur stehen lassen, ehe es auf den gut vorgeheizten, gefetteten Grillrost gelegt wird. Dann von jeder Seite etwa 8–10 Minuten grillen. Die Schweinekoteletts sollten gerade durchgebraten sein. Erst jetzt mit Pfeffer aus der Mühle und mit Salz würzen.
Beilagen: Pommes frites, serbischer Salat (aus gekochten weißen Bohnen, Paprika, Gurken, Bananen und Endivien) und scharfe Soßen. Als Getränk Bier.

Curry-Kotelett

4 Schweinekoteletts (à 150 g), 1 TL Currypulver, 2 EL Öl, Salz, 1 Apfel

Die Koteletts mit dem Handballen flachdrücken, auf einer Seite reichlich Currypulver mit einmassieren. Beidseitig mit Öl bestreichen und mit der currybestäubten Seite nach unten auf dem heißen, gefetteten Rost 5 Minuten grillen, salzen und wenden. Weitere 3 Minuten grillen und 1 Apfel, geschält, in feine Scheiben geschnitten und entkernt, darauflegen. Auch die Apfelscheiben etwas einölen und in 3–4 Minuten fertiggrillen.

Schweinekotelett drable

4 Schweinekoteletts (à 150 g), 1 Zwiebel, 2 Peperoni, 2 EL Öl, Prise Cayennepfeffer, Salz

Die vorbereiteten Schweinekoteletts am Rand mehrmals einschneiden, zur Hälfte vom Knochen lösen. Mit Peperoni (Pfefferschoten) und Zwiebelscheiben kräftig einreiben, etwas ölen, mit Cayennepfeffer würzen. Auf jeder Seite 5–7 Minuten grillen. Beim Wenden salzen und mit Öl bepinseln.

Schweinekotelett auf indische Art

4 Schweinekoteletts (à 150 g), 3 EL Öl, Salz, Pfeffer, 4 Scheiben gekochter Schinken, 4 Scheiben Schnittkäse, 4 große Tomaten, 200 g Champignons, 20 g Butter, 1 TL Zitronensaft

Die Koteletts mit Öl einreiben, mit Salz und Pfeffer würzen. Dann am heißen, gefetteten Rost auf jeder Seite ca. 8 Minuten grillen. Nach dem Wenden salzen. Dann auf jedes Kotelett je eine Scheibe Schinken und Käse legen und nochmals 2–3 Minuten übergrillen. Kleingeschnittene Champignons in Butter weichdünsten, dabei salzen und mit Zitronensaft beträufeln und in die inzwischen gewaschenen, gekappten und ausgehöhlten Tomaten füllen. Die Tomaten nicht zu nah an der Glut mitgrillen.
Beilage: Körnig gekochter Curryreis.

Kräuterkotelett

1 Scheibe Toastbrot, 1 Eigelb, 4 EL Sahne, 3 EL feingehackte Petersilie, je 2 EL feingehackter Dill und Schnittlauch, je 1 EL feingehackter Estragon, Basilikum und Kerbel, 1 feinzerdrückte Knoblauchzehe, 1/2 TL Senf, Salz, 4 dicke Schweinekoteletts (à 200 g), Öl zum Bepinseln

Das Weißbrot würfelig schneiden und mit Eigelb und Sahne quellen lassen. Dann mit den möglichst frischen Kräutern und Gewürzen zu einer schmackhaften Masse verarbeiten. Falls nur Trockenkräuter zur Verfügung stehen, so sollten diese, in der Menge auf ca. 1/4 reduziert, möglichst in etwas heißem Wasser oder Wein ebenfalls kurz quellen, um ihr Aroma voll zu entwickeln.
Die Koteletts mit einem sehr scharfen Messer taschenförmig bis zum Knochen einschneiden, innen leicht salzen. Dann die Füllung hineingeben, und die Taschen mit einem dicken Baumwollfaden zunähen oder mit einem Hölzchen zustecken. Nun das Fleisch gut mit Öl bepinseln. Auf dem vorgeheizten, gefetteten Grillrost von jeder Seite etwa 10–12 Minuten grillen. Zum Schluß salzen. Vor dem Servieren die Fäden oder Hölzchen herausnehmen.
Beilagen: Weißbrot oder Ofenkartoffeln, Blumenkohl mit einer feinen Käsesoße. Als Getränk ein trockener Frascatiwein.

Schweinekotelett auf Marseiller Art

4 Schweinekoteletts, 2 Knoblauchzehen, 1/8 l Rotwein, 3 EL Öl, Thymian, Rosmarin, 1/2 Lorbeerblatt, Salz, Pfeffer, 1 TL Stärkemehl

2 zerdrückte Knoblauchzehen im Öl gut erhitzen, 1/8 l Rotwein unter ständigem Schlagen mit dem Schneebesen dazugießen, etwas Thymian, Rosmarin, Lorbeerblatt beigeben, alles abkühlen lassen. Die vorbereiteten Schweinekoteletts zugedeckt einige Stunden, besser über Nacht, in dieser Marinade ziehen lassen. Koteletts dann gut abtropfen lassen, trockentupfen, auf dem heißen, gefetteten Rost 6–8 Minuten pro Seite grillen, dabei wiederholt mit der Marinade bepinseln. Zuletzt salzen, mit frisch gemahlenem Pfeffer bestreuen und auf eine gewärmte Platte legen. 1 TL Stärkemehl mit der abgetropften Marinade verrühren, kurz aufkochen und die dünne Soße durch ein Sieb über die Koteletts gießen.

Schweinekotelett auf mexikanische Art

4 Schweinekoteletts, 3 EL Öl, Salz, Pfeffer, 2 EL Tequila (Schnaps), 2 eingelegte rote Paprikaschoten, in Streifen geschnitten, 2 EL Perlzwiebeln, 4 Tropfen Tabasco, Prise Cayennepfeffer, Paprika, 250 g weiße Bohnen, 1/4 l Tomatensaft

Die Koteletts mit Öl einreiben, mit Salz und Pfeffer würzen und auf dem heißen, gefetteten Rost auf jeder Seite 6–8 Minuten grillen, bis auf der Oberfläche Saftperlen austreten. Auf einer vorgewärmten Platte anrichten. Nacheinander den Tequila, die Paprikaschoten und die Perlzwiebeln daraufgeben, mit Tabasco, Cayennepfeffer und Paprika würzen.
Die weißen Bohnen über Nacht einweichen, in Wasser 1 1/2 Stunden kochen, salzen und zuletzt mit einem Schuß Tomatensaft vermischen, extra dazureichen.
Beilage: Weißbrot. Bier als Getränk.

Schweinekotelett Miami

Die Koteletts waschen, abtrocknen, das Fleisch an den Knochen etwas zurückschieben, den Rand der Koteletts mehrmals einschneiden. Tomatenketchup mit Öl, Zucker, Salz, Pfeffer, Paprika und Senf gut verrühren, und damit die Koteletts gut einstreichen. Zugedeckt 3–4 Stunden ziehen lassen. Dann abtropfen, gut abtrocknen und 6–8 Minuten pro Seite auf heißem, gefettetem Rost grillen. Die Marinade zum Schluß kurz erhitzen und über die angerichteten Koteletts gießen.

4 Schweinekoteletts, Salz, Pfeffer, 3 EL Öl, 1 TL Senf, 3 EL Tomatenketchup, Prise Zucker, Edelsüßpaprika

Schweinekotelett natur

Fettränder der Koteletts leicht einschneiden, damit sich das Fleisch beim Grillen nicht wölben kann. Fleisch auch am Knochen leicht einschneiden. Dann gut mit Öl bestreichen und mit Paprika bestäuben. Koteletts je nach Dicke auf jeder Seite 5–8 Minuten grillen. Anschließend auf beiden Seiten salzen. Man kann die Koteletts vor dem Grillen auch mit zerdrücktem Knoblauch und gehacktem Kümmel einreiben, in Alu-Folie verpacken und 2 Stunden im Kühlen ziehen lassen. Zitrone in Scheiben schneiden und die Koteletts damit garnieren. Dazu einen oder verschiedene Salate reichen.
Werden die Koteletts im Kontaktgrill gegrillt, müssen vorher die Knochen entfernt werden, da sonst die Heizplatte auf dem Knochen und nicht auf dem Fleisch aufliegt.

4 Schweinekoteletts, 2 EL Öl, 1 Knoblauchzehe, 1 TL Kümmel, 1/2 TL Paprikapulver, Salz, 1 Zitrone

Paprikakotelett

Die Koteletts kurz kalt abbrausen, trockentupfen und die Ränder mehrmals einschneiden. Öl mit Paprikapulver mischen und die Koteletts auf dem Holzkohlengrill (im Elektrogrill über oder unter mittlerer Glut) von jeder Seite etwa 6 Minuten grillen. Zuletzt salzen.
Beilagen: Mixed Pickles, eingelegte Chilischoten und Cornichons.

4 Schweinekoteletts, Salz, 2 EL Öl, 1 TL Paprikapulver

Schweinekotelett mit pikanter Soße

2 Zwiebeln, 6 EL Apfelessig, 1 Tasse Wasser, 2 EL Zucker, 1 EL scharfer Senf, 1 TL Pfeffer, Salz, Prise Cayennepfeffer, 2 dicke Scheiben Zitrone mit Schale, 100 g Butter, 1 Tasse Tomatenketchup, 2 TL Worcestersoße, 4 Schweinekoteletts, 2 EL Öl, Salz

Geschälte Zwiebeln würfeln. Zwiebelwürfel mit Apfelessig, Wasser, Zucker, Senf, Pfeffer, Salz und Cayennepfeffer verrühren. Zitronenscheiben zugeben und alles bei milder Hitze 20 Minuten kochen lassen.
Soße vom Grillrost nehmen. Butter unter Rühren darin schmelzen lassen. Tomatenketchup und Worcestersoße zugeben. Alles gut verrühren und die Soße am Rande des Grills noch einmal kochen lassen und dann heißhalten.
Schweinekoteletts kurz kalt abbrausen, gut trockentupfen, die Ränder mehrmals einschneiden und von beiden Seiten mit Öl bepinseln. Koteletts von jeder Seite etwa 5–6 Minuten grillen. Während des Grillens die Koteletts wiederholt mit Öl bestreichen. Koteletts vor dem Servieren salzen und die heiße Soße gesondert reichen.
Beilagen: Weißbrot, Brötchen oder Salat.

Schweinekotelett auf Zagreber Art

4 Schweinekoteletts, Salz, Pfeffer, Öl; Fülle: 300 g Schinken, 300 g Emmentaler Käse, Salz, Pfeffer, 1–2 TL Senf; Garnitur: 2 grüne Paprikaschoten zum Füllen, 150 g Reis, 1 grüne Paprikaschote, 1 rote Paprikaschote, Salz, Pfeffer, 2 Tomaten

Die Koteletts von der Speckseite her mit einem scharfen Messer einschneiden, daß eine tiefe Tasche entsteht. Schinken und Käse kleinwürfelig schneiden, mit einem Löffel Senf vermischen. Diese Masse in die Kotelettstaschen füllen, die Öffnung mit einem Zahnstocher zusammenstecken oder mit Spießchen zustecken. Salzen und pfeffern und mit Öl bestreichen. Einige Zeit stehen lassen. Dann ca. 8 Minuten beidseitig grillen, anrichten und mit den gefüllten Paprikahälften garnieren.
Garnitur: Paprikaschoten halbieren, entkernen und salzen und in Salzwasser überbrühen. Reis mit geschälten, in Scheiben geschnittenen Tomaten dünsten und in die halbierten Paprikaschoten füllen.

Schälrippchen

500 g Schälrippchen pro Person, Öl, Salz, Pfeffer, Senf

Für die Schälrippchen gibt es unzählige Rezepte. Sie betreffen aber alle die Soßen, mit der die Rippchen beim Grillen bestrichen werden. Das Grundrezept ist immer gleich.
Rippchen von jeder Seite etwa 10 Minuten grillen. Dabei mit Öl einstreichen. Anschließend mit Salz, Pfeffer und Senf würzen.

Schweinerippchen

Die Rippchen vorbereiten, mit Öl, Salz, Pfeffer und Senf einreiben und grillen; während des Grillens immer wieder bepinseln. Die restliche Soße separat zum Fleisch servieren.

Pro Portion 3–5 Rippchen, Salz, Pfeffer, Öl, Senf oder eine Beize

Schweinerippchen auf chinesische Art

Für die Beize alle Zutaten miteinander aufkochen, erkalten lassen und die Koteletts darin die Nacht über an einem kühlen Ort zugedeckt marinieren. Das Fleisch während des Grillens damit ständig bepinseln.

2000 g Schweinerippchen; Beize: 1/8 l Wasser, 2 EL Rosinen, 1/2 TL Salz, 2 grüne Paprikaschoten, in feine Streifen geschnitten, 2 EL Zucker, 2 EL Essig, 2 EL Sojasoße, 1 TL Mondamin

Spareribs (marinierte Schweinerippchen)

5–7 vordere Brustrippchen (vom Schwein), die noch reichlich mit Fleisch versehen sein sollen und zusammenhängen müssen. Von den Rippchen wird an der Innenseite die Haut abgezogen. Dann legt man die Rippchen 2 Tage in die unten angeführte Marinade. Zum Braten werden die Spareribs am besten in einen Griller gehängt oder auf ein Grillgitter gelegt. Die Grillzeit beträgt rund 25 Minuten. Vor dem Servieren werden die Spareribs in einzelne Rippchen geschnitten.
Marinade: Alle Zutaten gut verrühren und die Rippchen einlegen.

Marinade: 250 g Ketchup, 1 EL Chilisoße, 1 zerdrückte Knoblauchzehe, 3 EL Hoi-Sin-Soße, 1 EL geriebener Meerrettich, Prise Ingwerpulver, Salz

Kasseler Rippenspeer

Kann man portionsweise am Rost oder im ganzen auf dem Spieß grillen. Je Kilogramm rechnet man 35 Minuten Grillzeit. Man kann die Koteletts mit verschiedenen Würz- und Soßenmischungen bepinseln.
Beilagen: Sauerkraut, Erbsenpüree oder Backobst.

Kasseler, gegrillt

Die mit Öl eingepinselten, vorbereiteten Kasseler Rippchen (Fettrand einschneiden) am Rost 5 Minuten grillen, wenden, salzen und pfeffern. Nach weiteren 4 Minuten Grillzeit gut abgetropfte und leicht eingeölte Ananasscheiben auflegen und diese kurz übergrillen.

4 Kasseler Rippchen (à 150–180 g), 2 EL Öl, Salz, Pfeffer, 4 Ananasscheiben (Dose)

Kasseler auf Bostoner Art

800 g Kasseler (ohne Knochen), Salz, Pfeffer, 2 EL Öl, 2 Bananen, Butter, Maiskrusteln, Strohkartoffeln, 2 Paprikaschoten, Tomatenreis, Zitronenbutter

Das Fleisch in 4 größere Scheiben schneiden, leicht pfeffern, mit Öl bepinseln und beide Seiten grillen. Dabei wiederholt beölen, zum Schluß mit Salz würzen. Angerichtet werden die Kasseler mit Maiskrusteln, gebratenen Bananenhälften, Strohkartoffeln, halben Paprikaschoten, gefüllt mit Tomatenreis. Auf die Kasseler gibt man je 1 Scheibe Zitronenbutter.

Kasseler Rippchen auf exotische Art

4 Scheiben frische Ananas, 3 EL Öl, 4 Kasseler Rippchen (à 150 g), Pfeffer und getrockneter Rosmarin, Salz, 2 EL Chutneysoße (fertig gekauft)

Äußere Schale der Ananasscheiben dünn abschälen und die holzige Mitte herausstechen oder herausschneiden. Die Ananasscheiben gut trockentupfen und mit 1 EL Öl bestreichen. Kasseler Rippchen mit Pfeffer und zerriebenem Rosmarin von beiden Seiten einreiben und mit 2 EL Öl bestreichen. Ananasscheiben und Kasseler Rippchen auf dem Holzkohlengrill über milder Glut oder im Elektrogrill von jeder Seite etwa 4 Minuten grillen. Rippchen salzen, auf einem Teller anrichten, mit den Ananasscheiben belegen und in die Mitte jeder Ananasscheibe etwas Chutneysoße geben.
Beilage: Brot.

Kasseler Hawaii

4 Scheiben rohes Kasseler (à 150 g), Öl zum Bepinseln, 4 Scheiben Ananas (aus der Dose)

Mit einem scharfen Messer das Fleisch ganz leicht vom Hauptknochen lösen, damit es dort besser durchgart und später auch leicht zu handhaben ist. Die Fettränder ab und zu mit dem Messer einritzen. Dann das Fleisch dünn mit Öl bepinseln und auf den gut vorgeheizten, gefetteten Grillrost legen. Nach 10 Minuten wenden und die gut abgetropften Ananasscheiben ebenfalls auf den Grillrost legen. Kurz vor dem Servieren die Ananasscheiben auf das Kasseler legen.
Beilagen: Kartoffelpüree, Sauerkraut. Bier als Getränk.

Schinken

Zum Grillen eignen sich der rohe und der gekochte Schinken, im ganzen (bei der großen Grillparty) oder portionsweise in dicke Scheiben geschnitten.
Für gekochte Schinken rechnet man bei guter Grilltemperatur je 500 g 16–20 Minuten, für einen 8 Pfund schweren Schinken also

2–2½ Stunden. Das Fleischthermometer soll auf 75 Grad Celsius zeigen. Roher Schinken benötigt 25–30 Minuten Grillzeit pro 500 Gramm. Für ein 8 Pfund schweres Stück also 3½–4 Stunden. Das Fleischthermometer soll 87 Grad bis 90 Grad Celsius zeigen. Portionsstücke garen rascher, erfordern aber mehr Grillfläche, sind ja auch leichter serviert.

Schinken, gegrillt

Die Scheiben sollten nicht zu dünn sein, weil sonst das Fleisch trokken schmeckt. Besser die Scheiben entsprechend kleiner wählen. Die Schwarten vorher abschneiden, den Fettrand von beiden Seiten leicht mit dem Messerchen kreuzweise einkerben, damit das Fett heraustropfen kann. Dann den Schinken mit Öl bepinseln und unter Wenden insgesamt höchstens 10 Minuten grillen. Die gut abgetropften Früchte sollten ebenfalls auf dem Rost erhitzt werden und kommen dann zum Schluß auf den gegrillten Schinken. Nach Belieben mit etwas Curry bepudern.
Beilagen: Reis, Pommes frites, Ofenkartoffeln, Kartoffelpüree oder Weißbrot und gemischter grüner Salat oder Sauerkraut. Als Getränk leichter Rotwein.

4 ziemlich dicke Scheiben gekochter Schinken (à 150 g), Öl zum Bepinseln, 4 Scheiben Ananas oder 8 halbe Williams-Christ-Birnen (aus der Dose), eventuell etwas Curry

Schinkengrill auf englische Art

Den Schinken in kleine Stücke schneiden, mit Kognak und etwas Zitronensaft beträufeln, pfeffern und ½ Stunde ziehen lassen. Dann gut trocknen, mit Öl bepinseln, ebenso die geschälten, entkernten, in Scheiben geschnittenen Äpfel und alles auf den Rost legen. Mit Worcestershiresoße bespritzen.
Beilagen: Toasts, feines Gemüse (Spargel, grüne Bohnen, Erbsen).

600 g gekochter Schinken, 2–3 Äpfel, 4 TL Kognak, Zitronensaft, Pfeffer, Öl, Worcestershiresoße

Schinken in Folie

Eine Alu-Folie ölen, je 1 Scheibe Schinken, darauf 1 Ananasring, ½ Banane legen und etwas Orangenmarmelade daraufstreichen. Das Ganze gut verschließen, den Alu-Folienrand gut verschließen. 5 Minuten direkt über der Glut grillen. Das Paketchen auf grüner Gartenkresse servieren, mit Tomatenachteln garniert.

4 Scheiben gekochter Schinken, 4 Scheiben Ananas, 2 geviertelte Bananen, 2 EL Orangenmarmelade, Gartenkresse, 4 Tomaten

Schinkensteak auf amerikanische Art

8 fingerdicke, mild gepökelte Schinkenscheiben, gekocht, 8 Gewürznelken, 8 Scheiben Ananas; Honigmarinade: 1 EL Honig, 2 EL Orangensaft, 2 EL Ananassaft, 3 EL Öl

Die Zutaten der Marinade gut miteinander verrühren und die Schinkenscheiben damit bestreichen. 1/2 Stunde ziehen lassen, dann mit den Nelken spicken, einölen und auf jeder Seite ca. 4 Minuten grillen. Während des Grillens mit der Marinade bestreichen. Nach dem Wenden auf jede Schinkenscheibe eine eingeölte Ananasscheibe legen.

Schinken mit Champignons

4 Scheiben Schinken, 4 Apfelscheiben mit Schale, 2 EL Öl, Petersilie, 250 g Champignons, 30 g Butter, Salz, 1 TL Zitronensaft

Die Champignons in Scheiben schneiden, mit Butter, Salz und Zitronensaft auf einem Stück Alu-Folie grillen oder extra dünsten. Sobald sie fast gar sind, die Schinken- und Apfelscheiben mit Öl bepinseln und grillen. Apfelscheiben auf den Schinkenscheiben anrichten, darauf Champignons geben und gehacktes Petersiliengrün darüberstreuen. Apfelscheiben kann man auch durch halbierte Tomaten oder Zucchetti ersetzen.

Schinkensteak auf Hawaii-Art

4 Scheiben gekochter Schinken (1 cm dick), Saft von 1 Zitrone, Pfeffer, 5 Gewürznelken, Rosmarin, 3 EL Öl, 4 Scheiben Ananas (frisch oder aus der Dose), 4 EL französische Senffrüchte, 4 Scheiben Chesterkäse

Schinkenscheiben mit Zitronensaft beträufeln und mit Pfeffer, zerstoßenen Nelken und Rosmarin bestreuen. Eine halbe Stunde ziehen lassen. Abtupfen und einölen.
Von jeder Seite 2–3 Minuten grillen. Ananasscheiben zur gleichen Zeit auf den Grill legen. Anschließend auf die Schinkenscheiben legen. Auf jede Portion je 1 Eßlöffel Senffrüchte und eine Scheibe Käse geben. Noch einmal grillen, bis der Käse anfängt zu schmelzen.
Beilage: Reissalat.

Schinkensteak auf Tiroler Art

8 Scheiben gekochter Schinken (1 cm dick), 1 EL Öl, 1 Knoblauchzehe, 2 große Zwiebeln, Milch, Mehl, Öl

Das Öl mit dem zerdrückten Knoblauch verrühren; die Schinkenscheiben damit einreiben, zudecken und kurz ziehen lassen. 4–5 Minuten pro Seite grillen. Die Zwiebeln in Ringe schneiden, in Milch tauchen, gut abtropfen lassen, in Mehl wenden und in schwimmendem Fett knusprig braun backen. Mit Kartoffelpüree und Kraut anrichten, mit den gehackten Zwiebeln garnieren.

HAMMEL- UND LAMMFLEISCH

Hammel- und Lammfleisch, gegrillt, zählen in den Balkanländern und in den Ländern des Vorderen Orients zu den besonderen Leckerbissen.
Lammfleisch (Tiere bis zu 1 Jahr) kann schlachtfrisch gegrillt werden. Hammelfleisch sollte 8–12 Tage abhängen.

Für Keulen und Rücken rechnet man 60 Minuten pro Kilogramm Grillzeit, wird durch Vorkochen mit Suppengrün (30 Minuten je kg) auf die Hälfte reduziert.
Koteletts werden 2–3 cm dick aus dem Rücken geschnitten. Entbeinte Medaillons und Hammelnieren sind besondere Leckerbissen. Steaks werden aus der Hinterkeule, der Oberschale, geschnitten.
Fleisch soll stets »bien cuit«, also »durch« gegrillt werden. Fleischthermometer: 82 Grad Celsius.
Würzung: Am besten verwendet man dazu Knoblauch, auch Senf, frische, gehackte Kräuter (Estragon, Salbei, Pfefferminze, Liebstöckl, Rosmarin, grüne Minze), Paprika, Curry, Zwiebel, Tomatenmark.
Soßen kann man durch Rotwein oder Madeira abschmecken.

Hammelkeule vom Holzkohlengrill

1 Hammelkeule, 2 Gläschen Kognak, Öl, frische Estragonblätter, Salz, Pfeffer

Die Hammelkeule zunächst mit einem Gläschen Kognak beträufeln, mit Öl einpinseln, auf dem Holzkohlengrill ohne Wenden gleichmäßig schmoren, dabei einige Estragonblätter darauflegen, mehrmals auch mit Öl bepinseln und mit etwas Kognak beträufeln bzw. bespritzen. Garzeit: ca. 2 Stunden. Die Keule ist gar, wenn der Fleischsaft oben klar austritt. Die Keule erst zuletzt wenden, dann die Oberseite kurz fertiggaren. Man kann sie auch zum Schluß noch flambieren: mit dem restlichen Kognak übergießen und anzünden. Dann aufschneiden, salzen und pfeffern.
Beilagen: Ketchup, Bauernbrot, Bier.

Hammelrücken Nizza

1500 g Hammelrücken (etwa 12 Koteletts), 4 Zwiebeln, 3 Knoblauchzehen, Salz, 4 EL Öl, 1000 g Tomaten, 1 EL getrocknete, zerriebene Estragonblätter, schwarzer Pfeffer, 1/4 l Wasser

Hammelrücken unter kaltem Wasser abspülen und mit Haushaltspapier trockentupfen. Koteletts bis auf den Knochen einschneiden. Geschälte Zwiebeln würfeln, Knoblauchzehen schälen und mit Salz zerdrücken. 3 EL Öl in einer Pfanne heiß werden lassen. Zwiebeln und Knoblauchzehen darin 5 Minuten goldgelb braten. Tomaten mit heißem Wasser überbrühen, häuten und die Stengelgehäuse herausschneiden. Tomaten entkernen und fein würfeln. Auch in die Pfanne geben. Unter Rühren 10 Minuten braten. Dabei kocht die Flüssigkeit etwas ein. Mit Estragon, Pfeffer und Salz würzen. Diese Tomatenmasse zwischen die Koteletts verteilen. Den Hammelrücken mit restlichem Öl bepinseln. Auf den Rost legen und pro Pfund Fleisch etwa 15–20 Minuten grillen.
Beilagen: Grüne Bohnen, Salat und Stangenweißbrot.

Hammelkarree mit Kruste

1 Hammelkarree (pro Person 3 Rippen), 100 g Butter, 1 Prise Knoblauchsalz, Pfeffer, 1 TL Rosmarin, 2 Nelken, 2 TL Senf, 4 EL Semmelbrösel, 1 Bund Petersilie

Fleisch kurz kalt abbrausen und mit Haushaltspapier trockentupfen. Mit einem scharfen Messer die Fettschicht mehrfach kreuzweise einschneiden. Fleisch mit der Hälfte der Butter bestreichen. Mit Knoblauchsalz, Pfeffer, Rosmarin und zerstoßenen Nelken bestreuen. Hammelkarree am Grill 18 Minuten pro Kilo grillen. Herausnehmen und mit der restlichen Butter und dem Senf besteichen. Semmelbrösel und die gewaschene, abgetropfte und grob gehackte Petersilie darüberstreuen. Fleisch noch einmal bei großer Hitze überkrusten.
Beilage: Gegrillte Tomaten, Bauernbrot.

Hammelkotelett, gefüllt

Die Hammelkoteletts einige Stunden in Öl, geschälten, mit der Gabel zerdrückten Knoblauchzehen, Pfeffer, Salz und Zitronensaft marinieren. Koteletts aus der Marinade nehmen, mit Haushaltspapier leicht abtupfen. Mit einem spitzen, scharfen Messer Taschen in die Koteletts schneiden. Käse mit gewaschenem, in kleine Röllchen geschnittenen Schnittlauch, Pfeffer, Salz, Knoblauchpulver und Tomatenmark mischen. Würzig abschmecken. Diese Mischung in die Kotelett-Taschen füllen. Taschen mit Holzspießchen zustecken. Hammelkoteletts von jeder Seite 8–10 Minuten grillen. Dabei immer wieder mit Öl bepinseln.
Beilagen: Knoblauchbrot, Tomaten mit Salbei, Bohnensalat.

4 größere oder 8 kleinere Hammelkoteletts, 3 EL Olivenöl, 4 Knoblauchzehen, Pfeffer, Salz, Saft von ½ Zitrone, 100 g Doppelrahm-Frischkäse, Schnittlauch, Knoblauchpulver, 1 TL Tomatenmark

Hammelkotelett nach Art der Bretagne

Die entlang dem Knochen etwas eingeschnittenen Koteletts mit zerdrücktem Knoblauch, frisch gemahlenem Pfeffer und Öl einreiben. Etwas ruhen lassen, dann in 6–8 Minuten pro Seite grillen. Salzen. Inzwischen in heißer Butter eine feingehackte Zwiebel und gehäutete, entkernte, zerschnittene Tomaten weichdünsten. Salzen und pfeffern, Weißwein dazugeben, heiß werden lassen – aber nicht verkochen! – und die Hammelkoteletts darauf anrichten.

8 Hammelkoteletts, 2 EL Öl, 1 Knoblauchzehe, Pfeffer, Salz, 20 g Butter, 1 Zwiebel, 2 Tomaten, 2 EL Weißwein

Hammelkotelett auf elsässische Art

Das überflüssige Fett wegschneiden, am Rippenknochen das Fleisch etwas lösen. Die Ränder einkerben. Die mit Knoblauch eingeriebenen Koteletts ölen und grillen. Sobald sie halb gar sind, salzen und pfeffern. Garniert mit Torteletten, gefüllt mit Sauerkraut, darauf eine runde Scheibe gebratenen Schinken. Extra gebundenen Kalbsbratensaft servieren.

4 Hammelkoteletts (à 150–180 g), Salz, Pfeffer, Knoblauch, ½ Tasse Öl

Hammelkotelett auf griechische Art

In die vorbereiteten Hammelkoteletts ohne Knochen von der Seite eine Tasche einschneiden. Das Fleisch mit Öl und zerdrücktem Knoblauch einreiben und einige Stunden, besser über Nacht, zugedeckt ziehen lassen. Feingeschnittene Zwiebel in Öl anschwitzen. Mit den geschälten, geriebenen Mandeln und den blättrig geschnittenen Oliven vermengen und mit Pfeffer und Worcestershiresoße

8 Hammelkoteletts, 2 EL Öl, 1 Knoblauchzehe, 1 Zwiebel, 40 g Mandeln, 8 Oliven, entkernt oder mit Paprika gefüllt, Pfeffer, Worcestershiresoße, Salz

würzen. Diese Farce in die Fleischtaschen füllen und diese zunähen oder mit Zahnstochern zustecken. Koteletts auf heißem, gefettetem Rost 5–6 Minuten pro Seite grillen. Beim Wenden auf beiden Seiten salzen und auf einer angewärmten Platte anrichten.

Hammelkotelett auf Hirtenart

8 Hammelkoteletts (à 120 g), Oregano, 1 Knoblauchzehe, 1 große Zwiebel, 2 EL Öl, Salz, Pfeffer, 100 g Käse

Hammelkoteletts vom überschüssigen Fett befreien und das Fleisch ein wenig vom Hauptknochen lösen. Mit reichlich Oregano würzen, mit Öl einreiben und möglichst 24 Stunden zugedeckt im Kühlschrank marinieren. Knoblauchzehe und Zwiebel schälen, sehr klein schneiden und in heißem Öl in der Pfanne goldgelb rösten. Mit Salz und Pfeffer würzen. Die Koteletts von beiden Seiten grillen, dann mit Salz und Pfeffer würzen, mit Zwiebeln und jeweils einem Stückchen Käse belegen und nochmals unter den Grill schieben. Dieses Rezept eignet sich nicht für den Gartengrill, da Oberhitze erforderlich ist.
Beilagen: Weißbrot, Salat aus Lattich, Gurken, Tomaten, Paprikaschoten und Oliven mit Kräutermarinade.

Hammelkotelett auf katalanische Art

8 Hammelkoteletts, Pfeffer, 4 EL Öl, 2 Zwiebeln, 2–3 Knoblauchzehen

Die Hammelkoteletts am Knochen einschneiden, das Fleisch etwas zurückziehen, die Fettränder einkerben, Koteletts tüchtig pfeffern, einölen und mit 2 in Scheiben geschnittenen Zwiebeln und 2–3 gehackten Knoblauchzehen möglichst über Nacht in Alu-Folie wickeln. Das Fleisch herausnehmen, noch einmal mit Öl bestreichen. 3–4 Minuten pro Seite auf heißem Grillrost grillen. Kräftig salzen. Die Zwiebeln in der Pfanne geschwind in wenig Öl braten und mit Weißbrot zu den gegrillten Koteletts reichen.

Hammelkotelett auf türkische Art

8 Hammelkoteletts, 2–3 Zwiebeln, 4 Gewürzgurken, Zitronensaft, Salz, Pfeffer, Ingwer, 2 Knoblauchzehen, ½ Tasse Öl, 80 g Kräuterbutter

Die Koteletts entsehnen, das Fleisch an den Knochen etwas zurückschieben, am äußeren Rand etwas einschneiden. Mit dem Handballen die Koteletts etwas flachdrücken, mit zerquetschten Knoblauchzehen einreiben, dann die Koteletts mit feinen Streifen Gewürzgurken und Zwiebelstreifen spicken, mit Öl bestreichen und etwas Zitronensaft darauftráufeln. Auf heißem, beöltem Rost auf jeder Seite ca. 5–7 Minuten grillen. Beim Wenden auf beiden Seiten salzen. Mit je einer Scheibe Kräuterbutter servieren.
Beilagen: Brot, geriebener Meerettich.

Marinierte Hammelrippchen

Aus Öl, Senfpulver, Paprikapulver, geschälten und grob gehackten Knoblauchzehen, Thymian, Rosmarin und Pfeffer eine Marinade herstellen. Hammelrippchen darin 24 Stunden marinieren. Fleisch aus der Marinade nehmen und nicht trockentupfen. Auf dem Holzkohlengrill 15–20 Minuten grillen. Mehrfach wenden. Dabei immer wieder mit Marinade bepinseln. Anschließend salzen und Zitronensaft darüberträufeln.
Beilagen: Johannisbeer-Minzsoße, Salat.

1 Tasse Olivenöl, 2 TL Senfpulver, 2 TL Paprikapulver, 8 Knoblauchzehen, 1 TL Thymian, 1 TL Rosmarin, Pfeffer, 4 Hammel-Schälrippchen (400 g), Salz, Saft von 2 Zitronen

Mutton Chops oriental mit Orangencreme und Currymandeln

Öl, Zwiebelsaft und 1 Prise Salz miteinander mischen. Mit der Würze die Koteletts rundherum bepinseln und in einer Schüssel 1 Stunde im Kühlschrank durchziehen lassen. In dieser Zeit die Orangencreme und die Currymandeln zubereiten.
Orangencreme: Saft und abgeriebene Orangenschale unter die Mayonnaise rühren. Mit Tabasco und Ingwerpulver würzen. Mischung kaltstellen. Kurz vor dem Servieren steifgeschlagene Sahne unterziehen. Abgetropfte Mandarinenfilets auf der Orangencreme garnieren.
Currymandeln: Mandeln mit kochendem Wasser überbrühen, braune Haut abziehen. Abgezogene Mandeln auf einem Tuch zum Trocknen ausbreiten. 1 Prise Salz mit Currypulver mischen. Butter in einer Kasserolle bräunen, Mandeln hineingeben und unter ständigem Rühren goldbraun rösten. Kasserolle vom Herd nehmen, Curry-Salz-Mischung über die Mandeln streuen und gut durchschütteln. Curry-Mandeln auf Haushaltspapier legen, Fett abtupfen.
Die Chops auf dem Rost von beiden Seiten jeweils 6–8 Minuten grillen. Orangencreme und Currymandeln getrennt dazu reichen.
Beilagen: Reis, Knoblauchbrot.

3 EL Öl, 1 TL Zwiebelsaft, Salz, 8 Hammelkoteletts, Saft und abgeriebene Schale von 1 Orange, 1 Tasse Mayonnaise, 1 Spritzer Tabasco, 1 Prise Ingwerpulver, ⅛ l Sahne, 1 Dose Mandarinen, 150 g süße Mandeln, Salz, 1 TL Currypulver, 1 EL Butter

Lamm-Medaillons mit Estragon

Etwas gehackten Estragon mit Sherry und Zitronensaft verrühren. Damit die vorbereiteten Lamm-Medaillons dick bestreichen, in Alu-Folie verpacken und über Nacht ziehen lassen. Fleischstücke trockentupfen, auf heißem Grill 3–4 Minuten pro Seite (innen noch rosig) grillen. Leicht salzen, auf gewärmter Platte mit je einer Scheibe Zitronenbutter belegt anrichten.

8–12 Lamm-Medaillons, 2 EL frischer Estragon, gehackt, 4 EL Sherry, 1 TL Zitronensaft, Salz

Lamm-Medaillons Frascati

8–12 Lamm-Medaillons, Öl, Salz, 4 EL Johannisbeergelee, 2 EL Weißwein (Frascati)

Das Fleisch der Medaillons muß gut abgehangen sein und soll mindestens 24 Stunden in Öl gebeizt werden. Grillzeit: knapp 8 Minuten; scharf grillen.
Die vorbereiteten und gewürzten Medaillons während des Grillens ständig mit einer Mischung aus Johannisbeergelee und Frascati bepinseln.

Hammelmedaillons auf römische Art

8 Hammelmedaillons, 1 EL Olivenöl, Pfeffer, Rosmarin, 2 Zwiebeln, 1 Aubergine, Salz, Öl

1 EL Olivenöl mit Pfeffer und Rosmarinpulver verrühren, die 8 vorbereiteten Medaillons damit einreiben, zudecken und drei Stunden ziehen lassen. Zwei in Scheiben geschnittene Zwiebeln in Olivenöl hellgelb anrösten, eine in dickere Scheiben geschnittene Aubergine auf beiden Seiten leicht salzen und 1/2 Stunde ruhen lassen. Die vorbereiteten Hammelmedaillons auf heißem Rost 3–5 Minuten pro Seite grillen. Die trockengetupften Auberginenscheiben am Rand des Grills mitgrillen (etwa 3–4 Minuten pro Seite). Medaillons salzen und auf einer gewärmten Platte mit den gegrillten Auberginenscheiben, den gerösteten Zwiebeln anrichten und mit einigen gehackten Rosmarinblättern bestreuen.

Lammkotelett natur

8 Lammkoteletts, 4 EL Öl, 8 Salbeiblätter, gehackt, 6 Rosmarinblätter, gehackt, 1/2 TL Thymian, 2 Lorbeerblätter, 2 Knoblauchzehen, zerdrückt, Salz

Kräuter und Gewürze ohne Salz in das leicht erwärmte Öl geben und 1 Stunde ziehen lassen. Die gereinigten, getrockneten und vom Fett befreiten Lammkoteletts mit diesem gewürzten, erkalteten Öl einreiben und einige Stunden in Alu-Folie eingewickelt ziehen lassen. Die Koteletts trockentupfen, auf dem heißen Rost 3–4 Minuten pro Seite grillen. Salzen und auf vorgewärmter Platte anrichten.

Lammkotelett gefüllt

8–12 Lammkoteletts, Öl zum Bepinseln, eventuell 1 Knoblauchzehe, Pfeffer, Salz; Fülle: 8–12 grüne, gefüllte Oliven, 1 kleine Zwiebel, 1 EL Öl, 50 g Mandeln, 1 TL Worcestersoße, Salz

Lammkoteletts mit Öl, dem eventuell eine feinzerdrückte Knoblauchzehe beigegeben wurde, bepinseln und zugedeckt möglichst über Nacht im Kühlschrank durchziehen lassen. Rechtzeitig vor dem Grillen herausnehmen, denn das Fleisch darf zum Grillen nicht eiskalt sein. Mit einem scharfen Messer das Fleisch horizontal taschenförmig einschneiden. Für die Füllung Oliven und Zwiebeln fein hacken. Die Zwiebeln kurz in etwas Öl braten, damit sie nicht roh bleiben. Mandeln überbrühen, schälen, fein reiben, mit Worcestersoße und Salz zu den übrigen Zutaten geben und jeweils einen

Teelöffel dieser Masse in die Fleischtasche füllen. Mit einem Hölzchen zustecken und auf dem heißen, gut geölten Grillrost auf jeder Seite 5–6 Minuten grillen. Die Koteletts dürfen innen noch ein klein wenig rosig sein.
Beilage: Reis oder Pommes frites. Als Getränk Rotwein.

Lammkotelett auf aragonische Art

8 Lammkoteletts, 2 Knoblauchzehen, Salbei, Pfeffer, 4 EL Öl, Salz

8 vorbereitete Lammkoteletts mit 2 zerdrückten Knoblauchzehen gut einreiben. Etwas Salbei ebenfalls in das Fleisch einreiben. Pfeffern, einölen und kurze Zeit liegen lassen. 4–5 Minuten auf jeder Seite grillen, kräftig salzen und sehr heiß auftragen.

Lammkotelett auf Burgfrauenart

8 Lammkoteletts oder 8 Hammelkoteletts (à 80 g), Pfeffer, Salz, Knoblauch, 4 EL Öl

Die vorbereiteten Koteletts am Rand einschneiden, mit Knoblauch und Pfeffer einreiben, mit Öl bestreichen und 6–8 Minuten pro Seite grillen. Sobald sie halb gar sind, mit Salz würzen. Mit Artischockenböden, die mit weißem Zwiebelpüree gefüllt werden, sowie mit glacierten Maronen und Nußkartoffeln garnieren. Extra Madeirasoße dazu servieren.

Lammkotelett auf französische Art

4 Lammkoteletts, 2 EL Olivenöl, 70 g Gänseleberpastete, 1 EL Kognak, 1 kleine Zwiebel, 2 Knoblauchzehen, 1 TL Zitronensaft, weißer Pfeffer, Salz, 1 Tablett Brunnenkresse

Fettrand von den Koteletts entfernen und diese mehrmals einschneiden, damit sich das Fleisch nicht wölbt. Koteletts einölen und auf dem Rost oder im Grill auf jeder Seite 10 Minuten grillen. Inzwischen Gänseleberpastete mit Kognak, geriebener Zwiebel, zerdrückten Knoblauchzehen, Zitronensaft und weißem Pfeffer gut vermischen und in einen Spritzbeutel geben. Koteletts nach dem Grillen salzen. Auf jedes Kotelett mehrere Tupfer Pastete spritzen. Koteletts sofort ganz heiß servieren.
Beilagen: Gewaschene Brunnenkresse und Knoblauchbrot.

Lammkarree mit Minzsoße

1000 g Lammkarree, Salz, weißer Pfeffer, 40 g Butter, Brösel; Minzsoße: 6 EL Weinessig, 3 EL Zitronensaft, 1 EL Zucker, Salz, Basilikum, 2 EL Pfefferminze

Das Fleisch entbeinen, zuschneiden, salzen und pfeffern, mit zerlassener Butter bestreichen und auf dem heißen, eingeölten Rost braten. Bevor das Karree ganz gar ist, mit feinen Bröseln bestreuen und bräunen. Dazu als Garnitur frisches, feines Gemüse und eine Minzsoße.
Minzsoße: Weinessig, Zucker und Zitronensaft sowie Salz und Basilikum aufkochen. Die zerriebene Pfefferminze beigeben und auskühlen lassen.

Lammbrust à la gratar

1 Lammbrust (1000 g), Salz, Pfeffer, 1 Knoblauchzehe, 1 Zwiebel, Sonnenblumenöl, rote Beete, grüne Zwiebel, grüne Tomaten, Paprikaschoten

Die Lammbrust kochen, entbeinen und zwischen zwei Brettern beim Auskühlen leicht pressen. Dann in kleine Würfel bzw. Vierecke schneiden. Mit feingehackter Zwiebel und etwas mit wenig Salz zerdrücktem Knoblauch einreiben, 1/4 Stunde ziehen lassen, dann in Mehl wenden, durch Sonnenblumenöl ziehen und auf Holzkohlenfeuer grillen. Als Garnitur nehme man eingelegte rote Beete, marinierte grüne Zwiebeln und Tomaten sowie kleine, scharfe Paprikaschoten.

Mixed Grill (Gemischtes vom Grill)

800 g verschiedene Fleischsorten und Innereien: Lammniere, Kalbsmedaillons, Schweinemedaillons, Lammkotelett, Kalbsleber, Filetsteak, Speck, Öl, Salz, Pfeffer, Paprika, Kräuter

Pro Portion rechnet man etwa 200 g Fleisch, etwas vom Rind, vom Kalb, vom Hammel oder Lamm. Das können Koteletts, Steaks, Medaillons sein, aber auch Leber, Niere, Frühstücksspeck, alle Arten von Würstchen. Alle Fleischstücke mit Öl bepinseln. Salzen und würzen immer erst nach dem Grillen.
Man soll den Doppelrost verwenden, damit das Wenden einfacher geht.
Beilagen: Pommes frites, gegrillte Tomaten, Mixed Pickles, Ketchup, Perlzwiebeln, Cornichons, Meerrettich, Mayonnaise, mit Curry oder Senf abgeschmeckt.
Zum Mixed Grill nehme man zum Teil Hammel oder Lamm, beispielsweise Koteletts, Kalb in Form von Leber oder Schnitzeln, Rind als Tournedos und Schwein in Form von Würstchen oder Speck. Je reichhaltiger, um so besser. Gut schmeckt auch eine zarte Niere, die allerdings nur ganz kurz gegrillt werden darf. Die Fleischstücke werden wie üblich vorbereitet, mit Öl bepinselt und dann am besten mit Hilfe des Doppelrostes gegrillt. Erst zum Schluß salzen und würzen. Mit Maître-Butter belegen.
Beilage: Gegrillte Tomaten.

Balkan-Mixed-Grill

4 Hammelkoteletts (ohne Knochen), 8 kleine Bratwürste, 8 Scheiben Schinkenspeck, 20 frische Champignons, 2 Tomaten, 1 Bund Petersilie, 3 EL Öl, 1/4 TL Salz, 1/2 TL grob gemahlener schwarzer Pfeffer, 1 Prise getrockneter Salbei

Hammelkoteletts kalt abbrausen und trockentupfen. Bratwürste mit kochendem Wasser überbrühen und einige Minuten im heißen Wasser liegen lassen. Schinkenspeckscheiben zu Röllchen aufrollen und mit Holzspießchen feststecken. Pilze putzen, waschen und trockentupfen. Tomaten waschen, abtropfen lassen und in Sträußchen teilen. Bratwürste aus dem heißen Wasser nehmen und gut trockentupfen. Alle Grillzutaten, außer der Petersilie, mit Öl einpinseln und auf dem gut eingeölten Rost des Holzkohlengrills von allen Seiten insgesamt 8–10 Minuten grillen. Die Grilladen während des Grillens wiederholt mit Öl bestreichen. Die garen Pilze, Tomaten und Hammelkoteletts mit Salz und grob gemahlenem schwarzem Pfeffer bestreuen. Tomaten gesondert mit dem getrockneten Salbei bestreuen. Den Mixed Grill auf Portionstellern anrichten und auf jeden Teller ein Sträußchen Petersilie geben. Beilage: Kartoffeln aus der Folie.

London-Mixed-Grill

2 Hammelnieren, 4 Hammelkoteletts (entbeint), 4 kleine Steaks (Tournedos), 1 Schweinelende, 8 Nürnberger Bratwürstchen, 8 dünne Scheiben Bauchspeck, 1/2 Tasse Öl, 8 Tomaten, 1 Karton Kresse, Salz, Pfeffer

Hammelnieren einige Stunden wässern. Mit Haushaltspapier abtrocknen und längs halbieren, größere Adern entfernen. Hammelkoteletts kalt abbrausen, mit Haushaltspapier trockentupfen. Schweinelende längs teilen und halbieren. Fleisch eine halbe Stunde vor dem Grillen gut einölen. Nürnberger Würstchen mit kochendem Wasser übergießen und einge Minuten darin ziehen lassen, dann ebenfalls abtrocknen. Tomaten kreuzweise tief einschneiden und mit Öl bepinseln. Alle Zutaten gleichzeitig auf dem Rost oder im vorgeheizten Grill von jeder Seite 3 Minuten grillen, den Speck allerdings nur 2 Minuten. Zum London-Mixed-Grill Kräuterbutter und verschiedene Soßen servieren.

Kotelett-Parade

4 Kalbskoteletts, 4 Hammelkoteletts, 4 Schweinekoteletts, 8 EL Öl, grobgemahlener Pfeffer, Salz, je Kalbskotelett 1 Prise getrockneter Rosmarin, je Hammelkotelett 1 Prise getrockneter Estragon, je Schweinekotelett 1 Prise Cayennepfeffer

Koteletts kalt abbrausen, gut trockentupfen und die Ränder mehrmals einschneiden. Öl mit grob gemahlenem Pfeffer verrühren und die Koteletts gut einölen. Koteletts auf dem Holzkohlengrill von jeder Seite etwa 6 Minuten grillen. Koteletts vor dem Servieren mit Salz bestreuen. Jedes Kotelett zusätzlich mit dem speziellen Gewürz würzen.
Dazu verschiedene Soßen und Salate reichen.

KALBFLEISCH

Die Küchenchefs und die Feinschmecker sind sich nicht ganz darüber einig, ob Kalbfleisch sich tatsächlich zum Grillen eigne oder nicht. Vor allem gehöre es in die Diätküche. Abgesehen davon: zum Grillen geeignet sind die schnellgarenden Teile des Kalbs: Koteletts, Schnitzel aus der Nuß oder aus der Oberschale, des hinteren Schlegels, das Filet im ganzen oder geschnitten zu Medaillons und die Kalbshaxe. Kalbfleisch immer von allen Sehnen und Häuten befreien, aber zum Grillen nicht klopfen! Sollte der Fleischsaft noch stark heraustreten, lege man das Fleischstück einige Tage an kühler Stelle in Öl oder in eine milde Beize (siehe unten). Die restliche Beize kann dazu verwendet werden, daß man die Fleischstücke während des Grillens damit bepinselt. Der Grillrost muß stets sehr heiß sein und gleichmäßig eingefettet werden. Sobald sich auf der Oberseite des Fleischstückes Saftperlen zeigen, muß das Stück gewendet werden. Kalbfleisch muß immer durch, darf aber nicht trocken gegrillt werden.

Kalbfleischbeize

Pfeffer, Cayennepfeffer oder Chilipulver soll man vermeiden, da die Gewürze nie den milden Kalbfleischgeschmack übertönen sollen. Als Kräuter und Gewürze sind vor allem Rosmarin, Salbei und Curry zu empfehlen.

½ l Tomatensaft, 4 EL Öl, 2 EL Zitronensaft, 2 EL Weißwein, 3 Salbeiblätter oder 1 TL Rosmarin, nach Wunsch 1 zerdrückte Knoblauchzehe

Kalbsschnitzel natur

Die Häute und Sehnen vollkommen entfernen; die Fleischschnitten mit Öl bepinseln und auf den sehr heißen, gleichmäßig gefetteten Rost legen. Nach halber Grillzeit drehen, und zwar um 80 Grad, damit ein schönes Karomuster entsteht. Grillzeit: je Seite 4–6 Minuten. Zuletzt salzen und pfeffern.
Man kann diese Schnitzel mit einer Buttermischung bestreichen oder diese extra dazu servieren (je eine Scheibe auf dem gegrillten Fleischstück). Man kann das Fleisch auch mit Salbei, Rosmarin, Curry oder Paprika würzen.
Beilagen: Zitronenscheiben, gehackte Petersilie, gedünstete Pilze, Orangenscheiben oder andere Früchte.

4 Kalbsschnitzel (à 150–180 g), Öl, Salz, Pfeffer

Kalbsschnitzel mit Artischockenböden

Schnitzel waschen und mit Haushaltspapier trockentupfen. Auf dem Holzkohlengrill oder unter dem vorgeheizten Grill auf jeder Seite 4 Minuten goldbraun grillen. Anschließend salzen, pfeffern und warmstellen. Inzwischen Artischockenböden abtropfen lassen und in gleichmäßige Streifen schneiden. Butter in einem kleinen Topf schmelzen lassen. Artischocken, Zitronensaft und Zitronenmelisse darin unter Schwenken erhitzen. Artischocken auf die angerichteten Kalbsschnitzel geben und mit gewaschenen, trokkengetupften Petersiliensträußchen garnieren.
Beilagen: Stangenweißbrot, Chicoréesalat.

4 Kalbsschnitzel (à 150 g), Salz, weißer Pfeffer, 100 g Butter, 8 Artischockenböden (Dose), Saft von ½ Zitrone, 1 TL Zitronenmelisse (getrocknet), Petersilie

Kalbsschnitzel mit Gemüse

Filets salzen und mit Öl bestreichen. Auf einem vorgeheizten Grillgerät beidseitig braten, anrichten, mit den Gemüsen garnieren. Dazu Karotten schälen, waschen und in 3 cm lange, bleistiftstarke Stücke schneiden. In einer Kasserolle mit der Butter, wenig Wasser und Salz zugedeckt weichdünsten. Mit gehackter Petersilie bestreuen. Broccoli in kochendem Salzwasser nicht zu weich kochen. Abseihen, gut abtropfen und mit zerlassener Butter beträufeln.

4 Kalbsfilets (à 150 g), 2 EL Öl, Salz; 400 g Karotten, 20 g Butter, Salz, Petersilie, 400 g Brokkoli, 20 g Butter, Salz

Kalbsschnitzel auf Badner Art

4 Kalbsschnitzel (à 150 g), Salz, Öl, Blattspinat, Pfeffer, Muskat, Sahne

Die Schnitzel leicht klopfen, salzen, mit Öl bestreichen und saftig grillen.
Beilagen: Blattspinat, mit Sahne gedünstet, mit Salz und Pfeffer und geriebenem Muskat gewürzt.

Kalbsschnitzel Fleica

4 Kalbsschnitzel (à 160 g), Salz, Pfeffer, Öl

Die nicht zu dünn geschnittenen Schnitzel pfeffer und salzen, mit Öl bestreichen und im vorgeheizten Grill auf dem gefetteten Rost braten.
Beilagen: Gedünsteter Reis, Paprikasalat.

Kalbsschnitzel Gundel

4 Kalbsschnitzel (à 150 g), 2 EL Öl, Salz, 500 g Spinat, 20 g Butter, 2 EL Paniermehl, 2 EL Sahne, Salz, Muskat, 200 g Champignons, 1 TL Zitronensaft, 20 g Butter, 1 EL Weißwein, Salz, 20 g Fett, 2 EL Mehl, 1/4 l Milch, 100 g in Streifen geschnittener Schinken, 3 EL geriebener Emmentaler Käse, Muskat; Kartoffelbrei

Kalbsschnitzel mit Öl einreiben, auf jeder Seite 3–5 Minuten grillen. Dann salzen. Spinat waschen, in wenig Wasser kochen, Kochwasser abgießen, Spinatblätter grob zerschneiden, mit Butter, Paniermehl, Sahne und Muskat vermischen und abschmecken. Die blättrig geschnittenen Champignons mit Zitronensaft beträufeln, würzen, in Butter und Weißwein weichdünsten.
Aus Fett und Mehl eine Béchamelsoße bereiten, Schinken, Käse, Salz und Muskat dazugeben und damit abschmecken.
Auf den Boden einer vorgewärmten Platte den Spinat geben, darauf die gegrillten Kalbsschnitzel und die Champignons, diese mit der Soße überziehen, mit Kartoffelbrei am Rand garnieren. Unter den Elektrogrill geben und das Ganze 4–5 Minuten gratinieren (überbacken).

Kalbsschnitzel à la Holstein

4 Kalbsschnitzel (à 150 g), Salz, Pfeffer, 30 g Butter, 4 Eier, Sardellenstreifen, 1 TL Kapern

4 Kalbsschnitzel pfeffern, mit zerlassener Butter einpinseln, pro Seite 4–5 Minuten grillen. Zuletzt salzen. 4 Spiegeleier zubereiten und auf die fertig gegrillten und angerichteten Kalbsschnitzel setzen, mit Sardellenstreifen und Kapern verzieren. Mit Toastecken, belegt mit Räucherlachs, Kaviar, Hummer und Garnelenschwänzen, garnieren.

Kalbsschnitzel Hawaii

Die Kalbsschnitzel trockentupfen und vorsichtig flachklopfen. Auf jedes Kalbsschnitzel eine Scheibe gekochten Schinken legen. Auf die Hälfte der Schnitzel je eine abgetropfte Scheibe Ananas und ein Cornichon legen. Die andere Fleischhälfte darüberklappen und mit Holzspießchen zusammenstecken. Fleisch rundherum mit Öl bepinseln und auf dem Rost von jeder Seite 4 Minuten grillen. Anschließend salzen und pfeffern.
Salatblätter waschen, trockentupfen und auf eine Platte legen. Fleisch darauf anrichten. Mit gewaschener, trockengetupfter Petersilie und geviertelten Tomaten garnieren.
Beilagen: Brötchen, frischer Salat.

4 dünne Kalbsschnitzel (à 120 g), 4 Scheiben gekochter Schinken, 4 Scheiben Ananas, 4 Cornichons, 4 EL Öl, Salz, weißer und schwarzer Pfeffer, 4 Salatblätter, Petersilie, 2 Tomaten

Kalbsschnitzel auf Jägerart

Kalbsschnitzel salzen und pfeffern. Äpfel schälen, mit dem Apfelstecher Kerngehäuse entfernen. Äpfel in 1/2 cm dicke Ringe schneiden und mit Zitronensaft beträufeln.
Je 2 Kalbsschnitzel auf ein entsprechend großes Stück Alu-Folie legen, darauf die Apfelringe gleichmäßig verteilen.
Pfifferlinge abgießen. 4 EL der aufgefangenen Flüssigkeit in einen kleinen Topf geben. Pfifferlinge, gewaschene, feingewiegte Petersilie und Sahne zugeben. Langsam erhitzen. Anschließend über die Apfelringe geben. Folienstücke zu einem lockeren, aber dichten Päckchen verschließen und auf den heißen Rost legen und etwa 15 Minuten garen. Folie über einem Teller öffnen, damit die Flüssigkeit nicht wegtropft. Vor dem Servieren auf jedem Teller neben dem Schnitzel Preiselbeerkompott anrichten.
Beilagen: Weißbrot, Salat.

4 Kalbsschnitzel (à 120–150 g), 2 EL Öl, 120 g Champignons, Salz, Pfeffer, Petersilie, 2 TL Tomatenmark, 2–4 EL Parmesan

Parmaschnitzel

Die Kalbsschnitzel mit etwas Öl einreiben und so zusammenlegen, daß eine Tasche entsteht, die man nach dem Füllen links und rechts mit Zahnstochern zusteckt. In heißer Butter feinblättrig geschnittene Champignons weichdünsten, salzen, pfeffern, feingeschnittene Petersilie und 2 TL Tomatenmark dazurühren. Die Pilzmasse in die Schnitzeltaschen füllen, auch die Vorderseite mit Zahnstochern zustecken. In geriebenem Parmesan wälzen und 5–6 Minuten pro Seite grillen.

4 Kalbsschnitzel (à 150 g), Salz, Pfeffer, 2 Äpfel, Saft von 1 Zitrone, 1 kleine Dose Pfifferlinge, Petersilie, 2 EL Sahne, 1/2 Glas Preiselbeerkompott

Kalbsschnitzel auf sizilianische Art

4 dünne Kalbsschnitzel (à 120 g), Öl zum Bepinseln, 2 Orangen, 4 EL Marsala, Salz

Kalbsschnitzel recht dünn schneiden. Die Ränder mit einem Messer leicht einkerben, damit das Fleisch sich nicht wölbt. Schnitzel eventuell noch etwas klopfen. Auf ein großes Stück Alu-Folie legen und von beiden Seiten erst mit Öl bepinseln, anschließend mit etwas feingeriebener Orangenschale, dem ausgepreßten Saft einer Orange, Marsala und Salz würzen. Die Alu-Päckchen sorgfältig verschließen, so daß die Flüssigkeit nicht verdampfen kann. Dann von jeder Seite auf dem vorgeheizten Grillrost 12–15 Minuten grillen. Die Folie mit einem Messer kreuzweise einritzen und wie Blütenblätter auseinanderfalten. Jedes Marsalaschnitzel mit einer dünnen Orangenscheibe, die ganz kurz auf dem Grillrost erwärmt wurde, garnieren.
Beilagen: Butternudeln oder Reis und Erbsen mit Petersilie.

Saltimbocca

8 dünne Kalbsschnitzel (à 75 g), Saft von 1 Zitrone, Salz, weißer Pfeffer, 8 frische Salbeiblätter, 8 Scheiben magerer Schinken, 60 g Butter oder Margarine, 1 TL Mehl, ⅛ l trockener Weißwein, 1 TL Butter

Die Kalbsschnitzel mit Haushaltspapier trockentupfen, mit Zitronensaft, Salz und Pfeffer einreiben, Salbeiblätter unter kaltem Wasser abspülen. Mit Haushaltspapier trockentupfen und auf die Schnitzel legen. Darauf kommt jeweils eine Scheibe Schinken. Mit Holzspießchen feststecken. Auf dem heißen, gefetteten Rost auf jeder Seite 4 Minuten grillen. Herunternehmen und auf eine vorgewärmte Platte legen. Warmstellen. Butter oder Margarine in einem kleine Topf zerlassen. Unter weiterem Rühren Weißwein zugießen. 5 Minuten kochen lassen. Vom Rost nehmen und Butter einrühren. Über die Saltimbocca gießen oder getrennt dazureichen.
Beilagen: Feldsalat, Stangenweißbrot.

Saltimbocca Casalinga

4 dünne, große Kalbsschnitzel (à 160 g), Pfeffer, Salz, 4 Scheiben Rohschinken, 4 Scheiben Käse, 4 Salbeiblätter, Öl

Die Schnitzel pfeffern und salzen, mit einem Blatt Salbei, einer dünnen Scheibe Rohschinken und einer Scheibe Käse belegen, leicht pfeffern, zu einer Tasche falten, mit Zahnstochern zusammenheften. Mit Öl einstreichen und rasch 4–6 Minuten pro Seite grillen. Werden auf einem Sockel aus Champignonrisotto angerichtet.

hinkensteak auf
nerikanische
rt

ezept Seite 66

Hammelrücken
Nizza

Rezept Seite 68

Mutton Chops
oriental

Rezept Seite 71

Lamm-Medaill
mit Estragon

Rezept Seite 7

Mixed Grill

Rezept Seite 74

Saltimbocca

Rezept Seite 80

Kalbsrollen auf chinesische Art

Rezept Seite 89

Kalbsmedaillon
auf Curryreis

Rezept Seite 92

Scaloppine auf römische Art

Die Kalbsschnitzel salzen und pfeffern, mit zerlassener Butter bestreichen, auf der Vorderseite 2 Minuten grillen, wenden und wiederum 2 Minuten grillen. Dann etwas gehackte Petersilie und Thymian daraufstreuen und Mozzarellakäse und einige Sardellenfilets – beides in Würfel geschnitten – darauflegen. In weiteren 4 Minuten fertigstellen.

4 Kalbsschnitzel (à 150 g), 30 g Butter, Salz, Pfeffer, Petersilie, Thymian, Mozzarella, 3 Sardellenfilets

Cordon bleu

Auf die rechte Hälfte der vorbereiteten, leicht gesalzenen Schnitzel jeweils eine kleine Schinken- und eine ebenso große Käsescheibe geben, pfeffern, die linke Häfte des Schnitzels darüberschlagen, mit einem Zahnstocher oder Holzspießchen feststecken, außen gut mit Öl oder zerlassener Butter einreiben. Auf jeder Seite 4–6 Minuten auf heißem, gefettetem Rost grillen.
Beilagen: Pommes frites oder Stangenweißbrot, grüner Salat, Tomaten, gegrillt mit Salbei.

4 Kalbsschnitzel (à 150 g, ca. 15 mm dick), 2 EL Öl oder 30 g Butter, 4 Scheiben gekochter Schinken, 4 Scheiben Emmentaler, Gouda- oder Chester-Käse, Salz, weißer Pfeffer

Kalbsrollen (»Kalbsvögerl«) auf bayrische Art

Leberwurst mit Hackfleisch mischen. Eigelb, Semmelbrösel, Oregano, Pfeffer, Salz und Senf hinzufügen und abschmecken. Auf jedes leicht mit Salz und Pfeffer gewürzte Schnitzel ein Röllchen Fleischteig geben. Schnitzel wie eine Roulade zusammenrollen. Mit einem Holzspießchen zusammenstecken oder mit Küchengarn umwickeln. Röllchen einölen. Gefüllte Kalbsröllchen von allen Seiten, insgesamt etwa 15 Minuten, grillen. Vor dem Servieren Küchengarn oder Holzspieß entfernen. Fleisch auf Kartoffelpüree anrichten. Etwas geschmolzene Butter darübergeben.
Beilage: Chicorée-Schiffchen.

8 kleine, dünne Kalbsschnitzel (à 80 g), 100 g mittelfeine Leberwurst, 100 g Hackfleisch, 1 Eigelb, 2 EL Semmelbrösel, 1 TL Oregano, Pfeffer, Salz, 1 TL Senf, 2 EL Öl, Kartoffelpüree (Packung), 30 g Butter

Kalbsrollen auf chinesische Art

Die Champignons blättrig schneiden und in dem feinwürfelig geschnittenen Speck weichdünsten, salzen und pfeffern und auf die leicht gesalzenen und gepfefferten Schnitzel geben, diese zusammenrollen, mit Zahnstocher feststecken, außen mit Öl bestreichen und auf heißem, gut gefettetem Rost 12–15 Minuten grillen.

4 dünne Kalbsschnitzel (à 150 g), Salz, Pfeffer, Öl, 200 g Champignons, 40 g feinwürfelig gehackten Speck, 2 EL Sojasoße

Kalbskotelett auf amerikanische Art

4 Kalbskoteletts (à 150 g), Saft von 4 Apfelsinen, weißer Pfeffer, Salz, 4 Blatt Kopfsalat, Kräuterbutter (fertig gekauft), 1 Tomate

Kalbskoteletts in eine Schüssel legen und mit Apfelsinensaft übergießen. Eine Stunde zugedeckt im Kühlschrank ziehen lassen. Kalbskoteletts mit Haushaltspapier trockentupfen. Leicht pfeffern und salzen. Koteletts auf dem heißen, gefetteten Rost auf jeder Seite 3–4 Minuten grillen. Unter jedes Kotelett je ein gewaschenes, abgetropftes Salatblatt legen. Auf jedes Kotelett ein Stück Kräuterbutter geben. Gewaschene Tomate in Scheiben schneiden. Mit Tomatenscheiben die Kalbskoteletts garnieren.
Beilagen: Stangenweißbrot, Kopfsalat.

Kalbskoteletts mit Brunnenkresse

4 Kalbskoteletts (à 175 g), 600 g Kartoffeln, 80 g Kräuterbutter, Brunnenkresse

Die Koteletts pfeffern, mit Butter bestreichen und grillieren. Zuletzt salzen. Heiß anrichten. Mit halbflüssiger Kräuterbutter bedecken und mit gehackter Brunnenkresse und Strohkartoffeln garniert anrichten.

Kalbskotelett Cäsar Augustus

4 Kalbskoteletts (à 180 g), Öl, 4 Schinkenscheiben, 4 Käsescheiben, Salz, Pfeffer, Petersiliengrün

Die Koteletts am Rand leicht einschneiden, mit Öl bestreichen, würzen und scharf auf beiden Seiten grillen. Dann auf einer Seite mit je einer Scheibe Schinken und Käse belegen, pfeffern, mit gehacktem Petersiliengrün bestreuen und bei mäßiger Oberhitze gargrillen.
Beilagen: Brokkoli und Kartoffelbällchen.

Kalbskotelett auf italienische Art

4 Kalbskoteletts (à 160 g), 2 EL Öl, Salz, 1 Zwiebel, 4 Tomaten, 4 Salbeiblättchen, 3 EL Reibkäse

Die vorbereiteten Koteletts mit Öl einreiben und zugedeckt 2 Stunden ruhen lassen. Die feingehackte Zwiebel in Öl anschwitzen lassen. Geschälte, entkernte Tomaten klein schneiden und zu den Zwiebeln geben, salzen. Leicht schmoren lassen, bis die Flüssigkeit weitgehend verdampft ist. Die Koteletts auf dem heißen Rost 3–5 Minuten grillen, wenden, dabei auf der gegrillten Seite salzen und nochmals 2–3 Minuten grillen. Die Zwiebel-Tomaten-Mischung auf die Steaks verteilen, je ein Salbeiblatt darauflegen und mit dem Käse bestreuen. Weitere 3–5 Minuten grillen.

Kalbssteak

4 Kalbssteaks (à 180 g), 3 EL Öl, Salz, Pfeffer, 4 Tomaten

Die Kalbssteaks von beiden Seiten dünn mit Öl bepinseln und auf den heißen Rost legen. Je nach Geschmack auf jeder Seite 3–5 Minuten grillen. Erst vor dem Sevieren salzen und pfeffern. Gleichzeitig mit dem Fleisch gewaschene, auf der Oberseite über Kreuz eingeschnittene Tomaten auf den Rand vom Rost setzen und grillen. Kalbssteaks und Tomaten zusammen anrichten.
Beilage: Rohkostplatte.

Kalbssteak Hawaii

4 Kalbssteaks (à 180 g), 1 Dose Ananas, Öl, Salz, Pfeffer

Alle Hautteile von den Außenkanten der Steaks entfernen. Die Steaks leicht mit Öl einreiben, kurz ziehen lassen. Fleisch auf dem heißen, gefetteten Rost, so wie es ist, auf einer Seite 3–5 Minuten grillen. In der Zwischenzeit Ananasscheiben abtropfen lassen. 4 Scheiben mit Öl einpinseln. Steaks wenden, noch einmal 3–4 Minuten grillen. Gleichzeitig Ananasscheiben auf den Rost legen und grillen. Vor dem Servieren die Steaks beidseitig salzen und pfeffern. Auf vorgewärmten Tellern anrichten und obenauf pro Steak eine Scheibe Ananas legen.

Kalbssteak Mozart

4 Kalbssteaks (à 180 g), Salz, weißer Pfeffer, 2 EL Öl, 80 g durchwachsene Speckscheiben, 4 Scheiben Weißbrot, 4 Scheiben Ananas, 4 Kirschen, in Weinbrand eingelegt, Petersiliengrün

Gewaschene Steaks trockentupfen, pfeffern, mit Öl bepinseln und auf dem heißen, gefetteten Rost im vorgeheizten Grill je Seite 8 Minuten grillen. Zum Schluß salzen. In der letzten Minute die Speckscheiben mitgrillen. Die Steaks auf je eine in Butter geröstete Weißbrotscheibe setzen. Darauf je eine Ananasscheibe legen. Die Speckscheiben zusammenrollen und obenauf mit einer Kirsche auf die Steaks stecken. Mit gewaschenem, trockengetupftem Petersiliengrün verzieren.

Kalbssteak Prinzeß

4 Kalbssteaks (à 180 g), 2 EL Öl, 4 Tomaten, 250 g Erbsen (Dose), 250 g Bohnen (Dose), 500 g Spargel (Dose), Zitronenbutter

Die Kalbssteaks mit Öl einreiben, etwa 1 Stunde ruhen lassen, dann auf heißem, gefettetem Rost 3–5 Minuten pro Seite grillen. Zuletzt salzen. Die Tomaten am Rande des Rosts mitgrillen. Die Kalbssteaks auf eine gewärmte Platte legen und mit den gegrillten Tomaten, in Salzwasser gekochten Erbsen und Bohnen und 500 g im eigenen Saft erwärmten Spargel garnieren. Mit je einem Stückchen Zitronenbutter belegen.

Kalbsmedaillons

8 Kalbsmedaillons (à 80 g, à 2,5 cm dick), 1 EL Öl, 1 EL Kognak, Salz, 8 Champignons, Zitronensaft, 40 g Butter, Petersilie

Die Medaillons mit einer Mischung von Öl und Kognak einreiben, gut in Alu-Folie verpackt 2–3 Stunden ruhen lassen. Die Medaillons danach trockentupfen, auf den heißen, gut gefetteten Rost legen, 3–5 Minuten pro Seite grillen. Salzen. In der Zwischenzeit mit etwas Zitronensaft beträufelte Champignonköpfe in Butter dämpfen (bei geschlossenem Topf). Die Medaillons auf einer gewärmten Platte anrichten, mit den Champignons belegen und mit gehackter Petersilie bestreuen.

Kalbsmedaillons auf Curryreis

8 Kalbsmedaillons (à 80 g), Salz, Öl, 20 g Butter, Mandeln, Rosinen, 1 Apfel, 250 g Curryreis, schwarze Oliven, 1 Orange, Kräusel-Petersilie

Die Kalbsmedaillons ölen und bei guter Hitze auf jeder Seite 2–3 Minuten grillen. Salzen. Die Medaillons werden auf einem hohen, gestürzten Sockel von Curryreis angerichtet, und man streut ein rasch erhitztes Gemisch von Mandelsplittern, Rosinen und etwas geriebenem Apfel darüber. Auch der Reis wird mit einem Rosinengemisch und schwarzen Oliven garniert. Zum Schluß die Platte noch mit halben Orangenscheiben und Zierpetersilie verzieren.

Kalbsmedaillons auf englische Art

8 Kalbsmedaillons (à 60 g, à 2,5 cm dick), 2 EL Öl, 2 Zitronen, 100 g Kräuterbutter

Die Medaillons mit Haushaltspapier abtupfen, mit dem Handballen etwas flachdrücken. Gut mit Öl einpinseln. Auf dem heißen, gut gefetteten Rost oder unter dem vorgeheizten Grill von jeder Seite etwa 4 Minuten grillen. Warmhalten. Zitronen schälen und in dünne Scheiben schneiden. Auf jedes Medaillon erst eine Scheibe Zitrone, dann eine Scheibe Kräuterbutter legen und servieren.

Kalbsmedaillons auf indische Art

20 g Butter, 4 Bananen, 4 EL Kokosraspeln, 8 Kalbsmedaillons (à 60 g, à 2,5 cm dick), 2 EL Öl, 1 TL Ingwerpulver, Salz, weißer Pfeffer, 1 Prise Nelkenpulver

Alu-Folie mit Butter gut ausstreichen. Bananen schälen und mit Kokosraspel bestreuen. Vorbereitete Bananen in die Alu-Folie einschlagen. 12 Minuten, bevor die Medaillons gegrillt werden, auf den Rost oder unter den vorgeheizten Grill legen. Bananen sind dann zur gleichen Zeit wie die Medaillons fertig. Die Medaillons mit Haushaltspapier abtupfen, mit dem Handballen etwas flachdrücken. Einölen, salzen, pfeffern und etwas Ingwer- und Nelkenpulver darüberstreuen. Vorbereitete Medaillons auf dem heißen, gut gefetteten Rost oder unter dem vorgeheizten Grill von jeder Seite etwa 4 Minuten grillen. Mit den Bananen servieren.

GEFLÜGEL

Man verwende zum Grillen stets frisches Geflügel, es ist besser in Konsistenz und Geschmack als Tiefkühlware. Tiefkühlware muß immer stets vollkommen frei von Schneebildung und rötlichem Fleischwasser sein, wenn es zum Grillen verwendet werden soll.

Hähnchen vom Rost

2 Hähnchen (à 800 g), 5 EL Olivenöl, 1 Zitrone, Salz, Pfeffer

Das Hähnchen ausnehmen, absengen, innen und außen gut waschen und trocknen. Vom Rücken aus spalten, die Rückenknochen abhacken, flachklopfen, die Keulen vorn durch die Brusthaut stekken, die Flügel auf dem Rücken flach andrücken. Innen und außen salzen und leicht pfeffern. Mit Öl und Zitronensaft, beides verrührt, begießen und ½ Stunde ziehen lassen. Dann auf dem heißen, geölten Rost goldgelb grillen (pro Seite 15–20 Minuten). Dabei mehrmals mit flüssiger Butter bestreichen. Vor dem Servieren mit Zitronenscheiben oder Scheiben von Zitronenbutter belegen.

Hähnchen im Kontaktgrill

2 Brathähnchen (à 800 g), 2 EL Speiseöl, 30 g Butter, Salz, Pfeffer

Für den Kontaktgrill muß das Geflügel so vorbereitet werden, daß es flach wie ein dickes Steak wird: Hähnchen am Rücken mit einem scharfen Messer durch das Rückgrat hindurch aufschneiden. Dann das Rückgrat entfernen. Hähnchen umdrehen und mit einem schweren Hackmesser flachschlagen. Grillgerät einölen (falls es keine Teflon-Beschichtung hat) und stark erhitzen. Hähnchen auf jeder Seite etwa 5 Minuten grillen. Anschließend im vorgeheizten Backofen bei 200 Grad etwa 20–25 Minuten fertiggaren. Währenddessen immer wieder mit Butter bestreichen. Erst zum Schluß leicht salzen und pfeffern.
Beilagen: Stangenweißbrot, Soßen, Salate.

Huhn auf englische Art

1 Huhn (1500 g), Salz, weißer Pfeffer, 30 g Butter, 3 EL Brösel, Cayennepfeffer, 125 g durchwachsener Speck, Kresse

Das küchenfertige Huhn der Länge nach halbieren, waschen, trokkentupfen, salzen und mit Pfeffer einreiben. In den vorgeheizten Grill geben und ca. 40 Minuten auf dem Rost braten. Mehrmals mit zerlassener Butter bestreichen und wenden. Aus dem Ofen nehmen, mit Bröseln und Cayennepfeffer, gut vermischt, bestreuen, mit Butterflocken bedeckt noch einmal 10 Minuten überkrusten. Mit Kresse und in einer Pfanne goldgelb gebratenen Speckscheiben garniert anrichten.
Beilagen: Grüner Salat, Pommes frites; Weißwein als Getränk.

Florentiner Hähnchen

Die Hühnerteile waschen, trockentupfen, salzen und auf je ein Stück geölte Alu-Folie legen. Darauf die Mischung aus den übrigen fein gehackten Zutaten geben. Obenauf je ein Lorbeerblatt legen. Die Folien gut verschließen und 25–30 Minuten grillen.

1 Hähnchen, geviertelt, Salz, 4 EL Öl, 1 Zwiebel, 2 Knoblauchzehen, 4 Tomaten, 1 TL Majoran, 1/4 TL Thymian, 1/2 TL Basilikum, etwas Selleriesamen, 3 grüne, gehackte Oliven, Salz, Pfeffer, 4 kleine Lorbeerblätter

Hawaii-Chicken

Ananaswürfel und Weintrauben in das mit Salz und Ingwer gewürzte Hähnchen füllen. Die Öffnung fest zustecken, während des Grillens das Hähnchen immer wieder mit der Beizflüssigkeit bepinseln.
Beilage: Früchtereis. Als Getränk herber Weißwein.

1 Hähnchen, 1 kleine Dose Ananas, würfelig geschnitten, 250 g grüne Weintrauben, Salz, Ingwer; Beize: 1/2 Tasse Ananassaft, 2 EL Zucker, 2 EL Zitronensaft, 1 EL Senf

Hühnerkeule auf italienische Art

Aus Öl mit Weißwein, Salz, Pfeffer und Rosmarin eine Marinade zubereiten und aufkochen lassen. Die Keulen in die ausgekühlte Marinade legen und zugedeckt 1 Stunde durchziehen lassen. Die Keulen aus der Marinade nehmen und mit Haushaltspapier trokkentupfen. Zuerst mit der Innenseite auf den Grillrost legen und über milder Glut 25 Minuten garen. Die Keulen während des Grillens etwa alle 5 Minuten wenden und mit der Marinade bepinseln. Mit geviertelten Artischockenböden auf italienische Art garniert anrichten.
Beilagen: Salat, Stangenweißbrot oder Reis.

1 Tasse Öl, 1/4 Tasse Weißwein, je 1 Prise Salz und Pfeffer, 1 TL getrockneter Rosmarin, 8 Hühnerkeulen

Hähnchen auf kretische Art

Die Knoblauchzehen fein zerstampfen, mit Öl und Zitronensaft fein vermischen. Das Hähnchen innen und außen salzen und mit der Mischung aus Knoblauch, Öl und Zitronensaft einreiben. Dann 25–30 Minuten grillen, dabei immer wieder mit Öl bepinseln.
Beilagen: Kopfsalat mit Gurkenwürfeln, Tomatenachteln, Zwiebeln und grünen und schwarzen Oliven.

1 Hähnchen, Salz, 4 Knoblauchzehen, 2 EL Olivenöl, 1 EL Zitronensaft

Hähnchenviertel Milva

2 bratfertige Hähnchen, Salz, Pfeffer, 10 EL Öl, 4 EL Zitronensaft, 2 TL Senf, 125 g Butter, 1½ TL Rosenpaprikapulver, 1 rote Paprikaschote

Das Brathähnchen vierteln, kalt abbrausen und mit Haushaltspapier trockentupfen. Salz, Pfeffer, Öl, Zitronensaft und Senf miteinander verrühren. Diese Marinade über die Hähnchenviertel gießen, zugedeckt 2 Stunden durchziehen lassen, hin und wieder in der Marinade wenden. Butter im Wasserbad weich werden lassen, mit dem Paprikapulver verrühren. Die Paprikaschote halbieren, entkernen, waschen und in sehr kleine Würfel schneiden. Paprikawürfel mit der Butter verkneten. Butter im Kühlschrank fest werden lassen.
Hähnchenviertel aus der Marinade nehmen, mit Haushaltspapier trockentupfen. Auf dem Rost oder im vorgeheizten Grill 20–30 Minuten grillen, dabei mehrmals wenden und mit Marinade bepinseln.
Beilagen: Salat, Stangenweißbrot.

Pilzhuhn

1 Huhn, geviertelt, Salz, 4 EL Öl, 1 würfelig geschnittene Zwiebel, 4 EL gehackte Petersilie, 2 EL Estragon und ½ TL Thymian, alles gehackt, 1 kleine Dose Pilze, Salz, Pfeffer

Die Stücke auf je ein gut geöltes Stück Alu-Folie legen. Die Zwiebel im heißen Öl dünsten, dann die Pilze mitdünsten, mit Petersilie, Estragon, Thymian, Salz und Pfeffer würzen und die Mischung über die Hühnerviertel legen. Das Paket sorgfältig zusammenkniffen und im vorgeheizten Grill 25–30 Minuten grillen.
Beilage: Reis, mit Curry und/oder Tomatenmark gewürzt.

Huhn auf Piratenart

1 Hähnchen, Salz; Marinade: 4 EL Öl, 2 EL Zitronensaft, 1 TL Salz, 2 TL Worcestersoße, 1 TL Tomatenmark, 6 Tropfen Tabasco, 1 TL Paprika, edelsüß, 1 TL Senfpulver oder Senf, 1 kleine Zwiebel, 2 zerdrückte Knoblauchzehen

Das bratfertige Huhn innen und außen salzen, 1 Stunde in die Marinade legen und während des Grillens ständig mit der Marinade bepinseln.

Hähnchen auf provenzalische Art

1 Hähnchen, Salz, 2 EL Olivenöl, 1 würfelig geschnittene Zwiebel, 1 grüne Paprikaschote, 2 feinzerdrückte Knoblauchzehen, 10 grüne und 10 schwarze Oliven, 4 würfelig geschnittene Tomaten, etwas Rosmarin, Oregano, Salz, Öl zum Bepinseln

Das Öl erhitzen, darin die feingehackte Zwiebel und die in Streifen geschnittene Paprikaschote kurz dünsten. Die restlichen Zutaten beigeben und das gesalzene Hähnchen damit füllen. Zustecken. Während des Grillens am Holzkohlenfeuer immer wieder mit Öl bepinseln. Am Ende der Garzeit noch einen angefeuchteten Zweig Rosmarin in die Glut geben.

Hähnchen auf Tatarenart

Die küchenfertigen Hähnchen vom Rücken her spalten, den Brustknochen auslösen. Das Fleisch mit dem Handballen flachdrücken, abspülen und gut trocknen. Mit Senf, Salz, Zitronensaft und etwas Wasser, alles gut verrührt, bestreichen und je Seite 4–5 Minuten im vorgeheizten Grill grillen. Mit Zitronenachteln und Kresse garniert anrichten.
Beilagen: Soße tatare, Petersilienkartoffeln, Feldsalat. Als Getränk Weißwein.

2 Hähnchen (à 600 g), 1 TL Senf, Salz, Saft von 1/2 Zitrone, 2 EL Wasser, 4 EL Brösel, 60 g Butter, 1/2 Zitrone, Kresse

Hühnerkeule auf Teufelsart

Die Keulen von gebratenen oder gekochten Hühnern pfeffern, mit Senf bestreichen, durch flüssige Butter ziehen, in Bröseln wälzen und kurz grillen. Extra Teufelssoße servieren.

4 Hühnerkeulen, 1 TL Senf, Salz, Pfeffer, 30 g flüssige Butter, Brösel, Teufelssoße

Putenkeulen vom Grill

Putenkeulen, die vielfach tiefgekühlt angeboten werden, sind fettarm und relativ preisgünstig, haben aber eine ziemlich lange Garzeit. Nur wenn Sie sehr viel Geduld haben, sollten Sie das Fleisch von Beginn an auf dem Rost garen. Sonst bewährt sich besser folgende Methode: Die nach Vorschrift aufgetauten Putenkeulen mit Hühnerbrühe und dem geputzten, gewaschenen Suppengrün in einem Schnellkochtopf 12 Minuten unter Druck vorgaren. Wer keinen Schnellkochtopf hat, muß das Fleisch, knapp mit Hühnerbrühe bedeckt, mindestens 60 Minuten kochen.
Fleisch gut abtropfen lassen, erst mit Zitronensaft beizen, dann mit Öl bepinseln und auf dem Rost ca. 30 Minuten unter mehrfachem Wenden rösten, so daß die Haut rundherum schön braun und das Fleisch gut heiß wird. Nach der Hälfte der Grillzeit mit Rosmarin würzen. Erst am Schluß salzen und pfeffern.
Beilagen: Kartoffelsalat mit Pfirsichschnitten und Walnüssen, Kopfsalat. Als Getränk Rosé oder Bier.

4 Putenkeulen, 1/2 l Hühnerbrühe (eventuell Würfel), 1 Bund Suppengrün; Saft von 1 Zitrone, Öl zum Bepinseln, Rosmarin, Salz, Pfeffer

Perlhuhn mit Bananen

1 junges Perlhuhn, Salz, Paprika, Öl oder Butter, Petersilie, 4 Bananen, Pfeffersoße, Johannisbeergelee

Das küchenfertige Huhn halbieren, salzen, mit Paprika einreiben. Plattiert auf den heißen, geölten Grillrost legen. Mit leicht gesalzenem Öl oder flüssiger Butter rundum bestreichen und 40–50 Minuten bei nicht zu starker Hitze grillen. Während des Grillens wiederholt mit dem abtropfenden Fett bestreichen und das Huhn wenden.
Beilagen: Gegrillte Bananen, Pfeffersoße, mit Johannisbeergelee vermischt.

Ente Bigarade

1 junge Ente (ca. 1500 g), Salz, 3/8 l Wasser, 2 EL Kognak

Das Brustbein der küchenfertigen Ente eindrücken, das Tier innen leicht salzen. Mit der Brust nach unten auf den heißen, geölten Rost legen. In die Fettpfanne heißes Wasser gießen und bei halber Hitze 20 Minuten dämpfen lassen. Dann wenden, mit einer Nadel vorsichtig die Haut anstechen (das Fleisch darf nicht verletzt werden) und 20 Minuten weitergrillen. Mit dem abtropfenden Fett immer wieder bestreichen. Dann auf volle Hitze schalten und das Tier 10–15 Minuten knusprig bräunen. Dabei wiederholt mit Fett und etwas Kognak bestreichen.
Beilagen: Gegrillte Orangenscheiben, Apfelmuß, gedünsteter Reis mit Champignons, Madeirasoße.

Ente auf chinesische Art

1 fleischige Ente, 3 EL Honig, 1/8 l Wasser, 2 EL Zitronensaft, Salz, Pfeffer, geriebene Zitronenschale

Honig, Wasser, Zitronensaft und geriebene Zitronenschale und Pfeffer erwärmen, damit die Fleischente bepinseln und die Nacht über im Kühlen stehen lassen. Dann salzen und grillen, dabei immer wieder mit der Honigmischung bepinseln. Grillzeit: 50 Minuten.

Ente auf Nizza-Art

1 fleischige junge Ente, 1 Tasse Reis, Salz, 2 Tassen Wasser, 2 EL Olivenöl, 1 kleine gehackte Zwiebel, 1 rote und 1 grüne Paprikaschote, in Streifen geschnitten, 1 Tasse entsteinte Oliven, in Scheiben geschnitten, 50 g gehackte Salzmandeln; Olivenöl; 1 TL Rauchsalz, 3 EL Weißwein

Die Ente waschen, gut trocknen, salzen. Reis auf die übliche Weise garen, die gehackten Zwiebeln in heißem Öl andünsten, die Paprikaschoten dazugeben und mitdünsten, mit den übrigen Zutaten (Oliven, Salzmandeln) unter den garen Reis mischen, diese Mischung locker in die Ente füllen und die Öffnung gut zustecken. Während des Grillens die Ente zuerst mit Olivenöl, dann mit einer Beize aus Rauchsalz und Weißwein bepinseln.

Ente auf Maltaiser Art

1 fleischige Ente, Salz, Pfeffer, Thymian oder Beifuß, 1 Orange, 6 EL Apfelmus, 1/8 l Wein (Riesling)

Alle Fett aus dem Inneren entfernen und auslassen; damit während des Grillens die Ente bepinseln. Die bratfertige Ente mit Salz und Pfeffer und etwa Thymian oder Beifuß gut einreiben, auch Thymian oder Beifuß in das Innere legen, ebenso eine Orange, mit der Schale in Scheiben geschnitten. Kein zusätzliches Fett verwenden!

Garzeit: pro Kilogramm 50 Minuten. Ab und zu mit der Gabel die Haut stechen, damit das Fett heraustropfen kann. In den letzten 10 Minuten die Ente mit einer starken Salzlösung bepinseln, damit die Haut knusprig braun wird. Entensaft entfetten und mit Apfelmus, Blutorangensaft, blanchierten dünnen Streifen von Blutapfelsine und Weißwein vermischen.

Puterbrust auf Mailänder Art

4 große oder 8 kleine Puter-(oder Puten-)Schnitzel, 2 EL Öl, Pfeffer, Salz, Saft von 1/2 Zitrone, 400 g frische Champignons, 1 Zwiebel, 2 EL Butter, 1/2 Tasse Weißwein, 1 Packung Holländische Soße, 4 EL Parmesankäse

Puterschnitzel kalt abbrausen. Mit Haushaltspapier trockentupfen. Gut mit Öl bestreichen und 30 Minuten ruhen lassen. Puterschnitzel in der stark erhitzten Grillpfanne von jeder Seite etwa 8 Minuten grillen (auf dem Rost oder unter dem Elektrogrill jede Seite etwa 10 Minuten grillen). Puterschnitzel anschließend pfeffern, salzen und mit Zitronensaft beträufeln. Inzwischen Champignons putzen und vierteln. Die geschälte und gehackte Zwiebel in der Butter glasig dünsten. Weißwein und Pilze dazugeben und 8 Minuten köcheln lassen. Champignons abtropfen lassen. Holländische Soße nach Packungsanweisung zubereiten. Pilze in die Soße geben. Puterschnitzel in eine feuerfeste Form legen, Champignons und Soße darübergeben und etwas Parmesankäse darüberstreuen. Im vorgeheizten Grill 3–4 Minuten überbacken.

Beilagen: Risotto, gegrilltes Obst, Gemüse.

Puterkeulen und Puterschnitzel auf amerikanische Art

2 Puterkeulen, 4 Puterschnitzel (à 150 g), Salz, 1/2 TL Majoran (getrocknet), schwarzer Pfeffer, 2 EL Öl, 1 Prise Cayennepfeffer

Puterkeulen mit der Hälfte des Salzes, dem Majoran und schwarzem Pfeffer von allen Seiten gut einreiben. Zwei genügend große Stücke Alu-Folie mit etwas Öl bestreichen und die Puterkeulen in die Alu-Folie locker einpacken. Folie gut verschließen. Puterkeulen etwa 45 Minuten in der Alu-Folie auf dem Holzkohlengrill

oder im Elektrogrill unter öfterem Wenden grillen. Puterschnitzel von beiden Seiten gut mit Öl einreiben und von jeder Seite 4 Minuten grillen. Puterkeulen aus der Alu-Folie nehmen, mit dem restlichen Öl von beiden Seiten gut bestreichen und über dem offenen Feuer noch gut bräunen. Puterschnitzel vor dem Servieren mit Salz und Cayennepfeffer einreiben.
Beilagen: Gemischter Salat, Stangenweißbrot.

Tauben auf Neapler Art

4 junge Tauben, Salz, Pfeffer, 60 g Butter, 2 EL Öl, 1/8 l heißes Wasser

Die küchenfertigen Tauben innen salzen, außen mit flüssiger Butter bestreichen und mit der Brust auf den heißen, geölten Rost legen. Ca. 10 Minuten grillen. Dabei wiederholt mit Öl bestreichen, nach halber Grillzeit wenden. In die Fettpfanne kann man zu Beginn des Grillens 1/8 l heißes Wasser schütten.
Mit Makkaroni auf Neapler Art servieren.

Taube Venaissan

4 junge Tauben, Salz, Pfeffer, 1 EL englischer Senf, 1 EL gehacktes Petersiliengrün, 3 gehackte Salbeiblätter, 1 zerdrückte Knoblauchzehe, 1 EL feingehackter roher Schinken, 120 g Brösel (Reibbrot), 6 EL Öl, 500 g geschälte rohe Kartoffeln, 60 g Gänseschmalz, 1/4 l Teufelssoße

Die Tauben vom Rücken her aufschneiden, den Rückgratknochen abhacken, die inneren Knochen auslösen, dann plattieren. 20 g Brösel, Salbei, Petersiliengrün, Knoblauch, Schinken mit Senf und Wasser zu einer Paste verrühren. Die Taubenhälften salzen und pfeffern und mit der Paste bestreichen, in den restlichen Bröseln wälzen, mit Öl bestreichen und bei starker Hitze auf dem Rost grillen. Wiederholt wenden und mit Öl bestreichen. Kartoffeln in dünne Scheiben schneiden, salzen, pfeffern und in heißem Gänseschmalz braten. Etwas Fett abgießen, mit einigen Tropfen Zitronensaft beträufeln und anrichten. Die Kartoffeln und Teufelssoße extra zu den Tauben servieren.

WILD UND WILD-GEFLÜGEL

Zum Grillen eignen sich Fleischstücke von Hirsch, Reh, Hase, Wildschwein, Bär, Gams, Elch, Fasan, Rebhuhn, Wachteln. Man verwende aber jeweils nur den Rücken oder die Keule von jungen Tieren zum Grillen.
Das Fleisch muß mindestens ½ Stunde, maximal aber 8 Tage an einem kühlen Ort in einer Beize liegen; dabei das Fleisch täglich einmal wenden. Je kleiner dabei das Gefäß ist, desto weniger Beize benötigt man. Die Beize muß immer gut über die eingelegten Fleischstücke reichen.
Salzen immer erst nach dem Grillen, vor allem aber nie die Beize salzen.

Beizen zum Wild vom Grill

Butterbeize

125 g Butter, 2 EL Öl, 2 gehackte Zwiebeln, 2 zerdrückte Knoblauchzehen, 1 grüne Paprikaschote, in Streifen geschnitten, $^{1}/_{2}$ Tasse würfelig geschnittene Sellerie, Saft und Schale einer halben Zitrone, 1 Lorbeerblatt, $^{1}/_{4}$–$^{1}/_{2}$ l Rotwein.

Buttermilchbeize

1 l Buttermilch, 8 Pfefferkörner, 1 Zitrone mit Schale, in Scheiben geschnitten, 8 leicht zerdrückte Wacholderbeeren.

Kräuterbeize

4 EL Öl, 2 EL Kräuteressig, $^{1}/_{4}$ Zwiebel, 4 leicht zerdrückte Wacholderbeeren, 2 kleine Lorbeerblätter, etwas Thymian, Majoran, Rosmarin, Zitronenmelisse, Estragon, Petersilie.

Rotweinbeize

$^{1}/_{2}$ l Rotwein, $^{1}/_{4}$ l Wasser, $^{1}/_{4}$ l Weinessig, 4 Senfkörner, 4 kleine Lorbeerblätter, 6 leicht zerdrückte Wacholderbeeren, 6 zerdrückte Pfefferkörner, 1 Zwiebel, in Scheiben geschnitten, etwas Thymian, Majoran und Rosmarin.

Sherrybeize

$^{1}/_{8}$ l trockener Sherry, $^{1}/_{4}$ l Rotwein, 1 EL Öl, 1 TL Zitronensaft, $^{1}/_{4}$ TL zerdrückte Pfefferkörner, 8 zerdrückte Wacholderbeeren, 2 Nelken, 2 Lorbeerblätter, $^{1}/_{4}$ Zwiebel.

Weißweinbeize

1 l trockener Weißwein, 1 Glas Kognak, 4 Lorbeerblätter, $^{1}/_{8}$ l Öl.

Reh- oder Hirschrücken, gegrillt

Den bratfertigen Rehrücken gut häuten, spicken, pfeffern und mit Öl bestreichen und 1/2 Stunde rasten lassen. Dann erneut mit Öl bestreichen und im vorgeheizten Grill 40–50 Minuten auf dem heißen, geölten Rost innen rosa braten. Dabei wiederholt mit heißem Öl bestreichen. Zum Schluß salzen.

1 Reh- oder Hirschrücken (1000 g), 80 g Speck, Pfeffer, Salz, 2 EL Öl, 1 EL gehackte Kräuter

Rehrücken mit Bananen und Sauerkirschen

Die Wirbelsäule des Rückens mit einem scharfen Messer einschneiden (damit das Hochbiegen vermieden wird). Fleisch in einer der oben angeführten Beizen beizen. Grillen im Grillkorb oder auf dem Spieß.
Grillzeit: 60 Minuten – erst auf der Knochenseite, dann auch auf der Fleischseite. Zuletzt die halbierten geschälten Bananen der Länge nach mit Butter bepinseln, dann grillen und seitlich neben das angerichtete Fleisch legen. Die Kirschen in Butter erwärmen und auf den Rehrücken garnieren.

1 Rehrücken, Beize, 100 g Butter, 4 Bananen, 20 g Butter, 3 EL Sauerkirschen

Rehrücken Diana

Aus Rotwein, Wasser, Essig, Lorbeerblättern, leicht zerdrückten Wacholderbeeren und Pfefferkörnern, geschälten und in Scheiben geschnittenen Zwiebeln, Thymian und Rosmarin eine Beize bereiten. Rehrücken 2–3 Tage in die Beize legen, dabei mehrmals wenden.
Rehrücken aus der Beize nehmen, abtropfen lassen und mit Haushaltspapier trockentupfen. Beize aufbewahren. Extra starke Alu-Folie mit Butter bestreichen. Rücken mit der Wölbung nach oben darauflegen. Mit Speckscheiben belegen. Folie oben und an den Kanten fest verschließen. Das Fleischstück im Elektrogrill 1–1 1/2 Stunden garen. Dann die Folie öffnen. Auf der Unterseite einen Schlitz einschneiden, den Bratensaft in einem Topf auffangen. Fleisch auf höchster Stufe weiterbräunen.
Inzwischen aufgefangenen Bratensaft, 2–3 Tassen Beize, Fleischbrühe und zerstoßene Wacholderbeeren aufkochen. Stärkemehl in der Sahne verrühren. Zur Soße geben, noch einmal aufkochen lassen. Salzen, pfeffern, mit Zucker und Johannisbeergelee abschmecken. Soße getrennt zum Rehrücken servieren.
Beilagen: Grillbirnen, Spätzle oder Maronenpüree.

Beize: 1/2 l Rotwein, 1/4 l Wasser, 1/4 l Essig, 3 Lorbeerblätter, 10 Wacholderbeeren, 10 Pfefferkörner, 3 Zwiebeln, 1 EL Thymian, 1 EL Rosmarin; 1 Rehrükken, 20 g Butter, 150 g Räucherspeck in dünnen Scheiben, 1 Tasse Fleischbrühe (Würfel), 10 Wacholderbeeren, 1/4 l Sahne, 1 EL Stärkemehl, Salz, Pfeffer, 2 TL Zucker, 3 EL Johannisbeergelee

Rehfilet Dubarry

8 Rehfilets (à 150 g), 40 g Butter oder 2 EL Öl, 4 TL Kognak, 1–2 Äpfel, Salz, Pfeffer, Preiselbeerkompott oder Johannisbeergelee

Rehfilets sind die kleinen Muskeln unter dem Rücken, werden meist gespickt. Da sie sehr klein sind, gibt man 2–3 für eine Portion.
Die Filetstücke mit dem Handballen leicht drücken, mit Butter oder Öl bestreichen, auf den heißen, geölten Bratrost legen und auf jeder Seite 5–6 Minuten grillen. Zum Schluß leicht salzen und pfeffern und anrichten. Die geschälten, entkernten Äpfel in Scheiben schneiden und, mit wenig Öl bepinselt und mit Koknak beträufelt, in den letzten Minuten auf dem Rost mitbraten. Dann je einen Apfelring auf eine Filetscheibe legen, obenauf einen Tupf Preiselbeerkompott geben. Als Garnierung kleine überkrustete Blumenkohlkugeln.
Beilage: Brot oder Kartoffelbrei mit Pilzen.

Hirsch- oder Rehfilet mit Kastanien und Rotkohl

8 Rehfiletscheiben (à 150 g), 120 g fetter Räucherspeck, Salz, Pfeffer, Öl

Die Filets werden leicht geklopft, mit Speckstreifen gespickt, mit Salz und Pfeffer eingerieben, mit Öl beträufelt und auf dem heißen, geölten Rost saftig zartrosa gebraten. Auf einem Sockel aus Rotkohl angerichtet, mit glasierten Kastanien garniert.
Kastanien: Die Kastanien in der Schale weichkochen, dann schälen. In heißer Butter etwas Zucker bräunen, die Maronen beigeben und gut durchschwenken.
Rotkohl: Würfelig geschnittenen Speck glasig rösten, feingeschnittene Zwiebel beigeben, hell rösten, den geschnittenen Rotkohl beigeben, mit Zucker, Salz, Zitronensaft, gehacktem Kümmel und Essig würzen, mit etwas Kalbsbrühe oder Wasser aufgießen und zugedeckt weichdünsten. Zum Schluß Rotwein und 1 TL Mehl glattrühren, zum Kohl geben und gut verrühren.

Rehschnitzel mit Birnen und Preiselbeerkompott

4 Rehschnitzel (à 125 g), 4 EL Öl, Salbei, schwarzer Pfeffer, Paprikapulver, 1 TL Glutamat, Salz, Öl zum Braten, Birnenhälften (aus der Dose), 4 EL Preiselbeerkompott, 4 Walnußkerne

Öl, Salbei, Pfeffer, Paprikapulver, Glutamat und Salz gut vermischen und damit die leicht geklopften Rehschnitzel auf beiden Seiten einreiben. ½ Stunde zugedeckt im Kühlen ziehen lassen. Die Schnitzel im vorgeheizten Grill auf dem geölten Rost pro Seite 4 Minuten grillen. Auf vorgewärmter Platte mit Kräuterbutter anrichten.
Beilage: Birnen, mit Preiselbeerkompott gefüllt, mit je einem Walnußkern garniert.

Rehschnitzel auf Oberjägermeisterart

4 Rehschnitzel (à 150 g), schwarzer Pfeffer, 40 g Speck, Salz, 40 g Butter oder Öl, 1 Dose Mandarin-Orangen; Marinade: 2 EL Kognak, 2 EL Öl, 1 EL Orangen-Mandarinensaft, 2 EL Orangensaft, 1 EL feingeriebene Orangenschale, Thymian

Die Marinade kalt bereiten. Die leicht geklopften und gepfefferten Schnitzel mit dünnen Speckstreifchen spicken, mit der Marinade gut einstreichen und 1–2 Stunden ziehen lassen. Dann von der Marinade säubern, etwas trockentupfen, mit Öl bestreichen und auf jeder Seite auf dem heißen, geölten Rost 4–6 Minuten grillen. Dabei wenden und öfters mit der Marinade besteichen. Zum Schluß salzen. Die abgetropften Mandarin-Orangenspalten aus der Dose in gebräunter Butter erhitzen und damit die angerichteten Rehschnitzel garnieren. Verfeinert wird dieses Rezept, wenn man in der heißen Butter zuerst geschälte, gestiftelte Mandeln anbrennt und dann erst die Mandarinspalten dazugibt.

Hirsch- oder Rehkoteletts vom Rost

8 Koteletts (von Hirsch oder Reh), 500 g Buttermilchmarinade, Thymian, Pfeffer, 1 Zwiebel, Öl, Butter, Salz (Rauch- bzw. Holzkohlensalz)

Reh- oder Hirschkoteletts werden aus dem gespalteten Rippenstück des Rückens (wie Lammkoteletts) bereitet. Den oberen Teil des Knochens freilegen; meistens schneidet man es doppelt dick, stets mit zwei Knochen, von denen einer entfernt wird, wonach es leicht geklopft und rosa gegrillt wird.
Die Koteletts den Knochen entlang etwas ausschneiden und das Fleisch zurückschieben, den Knochen parieren. 1 Stunde in der Buttermilchbeize lassen. Herausnehmen, gut abtropfen lassen, trockentupfen, mit Thymian leicht einreiben, pfeffern, mit Zwiebelsaft beträufeln (oder mit Trockenzwiebelpulver würzen) und mit Öl bestreichen. Auf jeder Seite im vorgeheizten Grill pro Seite 6–10 Minuten grillen (insgesamt für Rehwild 12–16, für Hirschwild 16–20 Minuten). Vor dem Garwerden mit zerlassener Butter bestreichen und salzen. Wildkoteletts eignen sich vor allem für den Holzkohlengrill im Freien.
Beilagen: Grüne Salate, Kartoffelsalat.

Hirsch- oder Rehkotelett mit Kirschen

8 Koteletts (von Hirsch oder Reh), Buttermilchbeize, Öl, 8 Speckscheiben, Sauerkirschen, 20 g Butter, Zimt, Ingwer, gemahlen, 2 EL Kognak

Von den Koteletts den oberen Teil des Knochens freilegen. In der Beize 1 Stunde marinieren. Herausnehmen, trockentupfen und im vorgeheizten Grill pro Seite 6–10 Minuten grillen, wiederholt mit Öl bepinseln. Nach dem Wenden beim Grillen auf jedes Kotelett je eine Speckscheibe legen, mit den Zahnstocher feststecken und fertiggrillen. Als Garnitur nimmt man entsteinte Sauerkirschen, die in etwas heißer Butter, Kognak, Zimt und Ingwerpulver erhitzt werden. Dann rund um die Koteletts als Garnitur legen.

Hirschsteaks vom Rost

4 Hirschsteaks vom Rücken (à 125–150 g), 2 EL Speckstreifen, Salz, schwarzer Pfeffer, Petersilie, Kräuterbutter; Marinade: 3 EL Öl, gestoßene Pfeffer- und Wacholderkörner, Petersilie und Estragon, kleingehackt

Die Wildsteaks schneidet man aus der Keule von Gams, Hirsch oder Reh, die Medaillons aus dem Rücken oder Filet von Hirsch, Reh und Hase. Fleisch nur kurz beizen und etwas mit dem Handballen flachdrücken. Die Medaillons von jeder Seite 4–7 Minuten dicht am Grill rösten, die Steaks jeweils 8–10 Minuten auf jeder Seite grillen.
Die Steaks häuten, etwas flachdrücken, mit Speckstreifen umwickeln und binden. 2 Stunden in der kalt angemachten Marinade ziehen lassen. Herausnehmen, gut abtropfen lassen und jede Seite 5 Minuten im heißen Grill auf dem geölten Rost braten. Die Speckstreifen entfernen und noch etwa nachgrillen. Mit Scheiben von Kräuterbutter belegt anrichten.
Beilagen: Gedünsteter Reis, gegrillte Pfirsiche.

Hirschsteak Försterin

1 l Buttermilch, 1 Zitrone, 10 Pfefferkörner, 10 Wacholderbeeren; 4 Hirschsteaks (à 150–200 g), 1 EL Olivenöl, 1 EL Honig, 1 TL Ingwerpulver, Pfeffer, Salz, 2 Äpfel, 4 Scheiben Schinkenspeck, Preiselbeerkompott

Aus Buttermilch, der in Scheiben geschnittenen Zitrone, Pfefferkörnern und Wacholderbeeren eine Beize bereiten. Hirschsteaks für 24 Stunden in die Beize legen. Vor dem Zubereiten mit Haushaltspapier trockentupfen. Aus Öl, Honig, Ingwerpulver, Pfeffer und Salz eine Paste zubereiten; Steaks gründlich einreiben und eine halbe Stunde einziehen lassen. Steaks auf dem Rost oder unter dem vorgeheizten Grill von jeder Seite 7 Minuten grillen. Anschließend salzen.
Äpfel schälen, mit dem Apfelstecher Kerngehäuse entfernen und die Äpfel in Scheiben schneiden. Gleichzeitig mit den Steaks Äpfel und Schinkenspeckscheiben grillen.

Hirschsteak St. Hubertus

4 Hirschsteaks (à 150 g), 3 Wacholderbeeren, Salz, Paprikapulver, 3 EL Öl, 1 TL Thymian, getrocknet

Die Hirschsteaks waschen, mit Haushaltspapier trockentupfen. Wacholderbeeren mit einer Gabel zerdrücken. Salz, Paprikapulver, zerdrückte Wacholderbeeren und Öl verrühren. Hirschsteaks von beiden Seiten reichlich mit Öl bepinseln. Auf dem heißen, geölten Rost oder unter dem vorgeheizten Grill von jeder Seite 4–6 Minuten grillen. Anschließend jedes Hirschsteak mit einer Prise Thymian würzen.
Beilagen: Stangenweißbrot, Salat.

Hirschsteak auf Waidmannsart

Für die Beize das Wasser aufkochen. Möhren, Sellerie, Petersilienwurzel und Zwiebel putzen und zerkleinert knapp 30 Minuten darin garkochen. Gewürzkörner, Wacholderbeeren, Lorbeerblatt, Thymian, Majoran und Pfefferkörner sowie Essig und Rotwein zugeben. Erneut kurz aufkochen, kalt werden lassen und damit die Hirschsteaks 24 Stunden beizen (mehrmals wenden). Dann herausnehmen, mit Haushaltspapier trockentupfen. Aus Olivenöl, Senf, zerdrückten Wacholderbeeren, Pfeffer, Paprika, geschälter und geriebener Zwiebel und Worcestersoße eine Paste rühren. Steaks damit auf beiden Seiten und an den Rändern gut einreiben. 1/2 Stunde ziehen lassen. Auf dem Rost oder unter dem vorgeheizten Grill von jeder Seite 7 Minuten grillen. Anschließend salzen.
Beilage: Gelbe Birnen mit Preiselbeerkompott.

3 Tassen Wasser, 2 Möhren, 1 Sellerieknolle, 1 Petersilienwurzel, 2 Zwiebeln, 6 Gewürzkörner, 6 Wacholderbeeren, 1 Lorbeerblatt, Thymian, Majoran, Pfefferkörner; 1 Tasse Essig, 2 Tassen Rotwein; 4 Hirschsteaks (à 150–180 g), 4 EL Olivenöl, 1 TL Senf, 5 Wacholderbeeren, Pfeffer, 1 TL Paprika, Salz, 1 Zwiebel, Worcestersoße

Hirschsteak mit flambierten Sauerkirschen

Die Hirschsteaks trockentupfen, mit Öl bestreichen und auf dem Rost oder unter dem vorgeheizten Grill pro Seite 6–8 Minuten grillen. Zuletzt salzen und pfeffern.
Die Sauerkirschen mit ganz wenig Flüssigkeit leicht erhitzen, den angewärmten Kognak darübergießen und flambieren. Noch brennend über die angerichteten Steaks geben und servieren.

8 Wildsteaks (à 150 g), Salz, Pfeffer, 4 EL Öl, 500 g Sauerkirschen (aus der Dose), 4 EL Kognak

Rehmedaillons, gegrillt

Die Rehmedaillons werden aus den Rückenfilets meist rund, aber auch oval geschnitten, etwas größer als die Nüßchen.
Ein Filet in gut daumendicke Scheiben schneiden. Gründlich mit Thymian, zerdrückten Wacholderbeeren und Öl einreiben und möglichst 2–3 Stunden durchziehen lassen. Dann kurz von beiden Seiten grillen; das Innere soll noch rosig bleiben, weil sonst das Fleisch trocken wird. Während des Grillens mehrmals mit Öl bepinseln. Erst nach dem Grillen salzen und pfeffern.
Beilagen: Champignons oder Pfifferlinge in Sahnesoße, Kartoffelpüree und Rotkohl oder gegrillte Äpfel mit Preiselbeerfüllung.

8 Rehmedaillons (à 80 g), Thymian, Wacholderbeeren, Öl, Salz, Pfeffer

Rehmedaillons mit Äpfeln und Orangen

8 Rehmedaillons (à 80 g), 8 Scheiben Räucherspeck, 3 EL Öl, Salz, schwarzer Pfeffer, 2 Orangen, 4 Äpfel, Preiselbeerkompott, Kartoffelkugeln; Marinade: 2 EL Essig, 5 EL Wasser, 1/8 l Rotwein, 6 Pfefferkörner, zerdrückt, 4 Wacholderkörner, 1 Zwiebel, Thymian

Marinade: Die Zutaten der Marinade kalt verrühren und darin die gewaschenen, getrockneten, in einen Spreckstreifen eingewickelten und gebundenen Medaillons legen und zugedeckt die Nacht über im Kühlschrank ziehen lassen.
Medaillons herausnehmen, abtropfen lassen, trockentupfen, mit Öl bestreichen und im vorgeheizten Grill auf dem Rost jede Seite 5 Minuten noch rosa grillen. Mehrmals mit dem abtropfenden Fett aus der Fettpfanne bestreichen. Zum Schluß salzen und pfeffern. Mit Kartoffelkugeln und in Weißwein pochierten halbierten Äpfeln, gefüllt mit Preiselbeerkompott, und mit Orangenscheiben garnieren.

Rehmedaillons mit Pilzen

8 Rehmedaillons (à 80 g), Salz, Pfeffer, 4 EL Öl, 250 g Champignons, 40 g Butter, Salz, Zitronensaft, Petersilie

Die Medaillons vorbereiten, auf dem Rost grillen, gleichzeitig die Champignons, in Scheiben geschnitten, mit Butter, Salz, Zitronensaft und gehackter Petersilie in Folie grillen.
An Stelle von Champignons eignen sich noch besser Pfifferlinge, Steinpilze oder Birkenpilze als Beigabe.
Beilagen: Kartoffelbrei, Rotkohl.

Rehnüßchen mit Birnen

8 Rehnüßchen (à 80 g), Buttermilch-Marinade, Pfeffer, 4 EL Öl, 30 g zerlassene Butter, Salz, 2 Birnen, halbiert (aus der Dose), 40 g Roquefort, 2 EL Sahne, 1 EL Butter

Die Rehnüßchen aus der Marinade nehmen, trocknen, pfeffern, ölen und pro Seite 5–8 Minuten im vorgeheizten Grill braten. Während des Grillens mit zerlassener Butter beträufeln, zum Schluß salzen. Die abgetropften Birnenhälften etwas aushöhlen, mit zerdrückte, und mit etwas Sahne verrührtem Roquefort-Käse füllen und mit Butterflocken obenauf die letzten 3 Minuten mitgrillen.

Reh- oder Hirschnüßchen auf Gastronomenart

8 Nüßchen (von Reh- oder Hirschwild, 2 cm dicke Scheiben aus dem ausgelösten Rücken), Buttermilch-Marinade, Pfeffer, 20 g Butter oder 2 EL Öl, Salz, Zwiebelpulver, 8 Ananasscheiben

Die Wildscheiben in Buttermilch-Marinade marinieren. Dann herausnehmen, gut abtropfen lassen, trockentupfen, leicht pfeffern, mit Öl beträufeln und 5–10 Minuten pro Seite grillen (insgesamt für Rehwild 10–16, für Hirschwild 14–20 Minuten). Während des Grillens mit Zwiebelpulver und Salz würzen. Auf gegrillten Ananasscheiben anrichten.
Beilagen: Maronenpüree, Champignons, gegrillt.

Hasenkotelett Saint Marc

Die Koteletts mit dem Handballen etwas breitdrücken, formen, den Rand etwas einschneiden, leicht pfeffern, mit Öl bestreichen und 4–5 Minuten im heißen Grill jede Seite grillen. Dabei mehrmals mit heißem Öl bestreichen. Zum Schluß salzen. Garniert mit Maronenkroketten, Pfeffersoße und Preiselbeerkompott nebenbei.

4 Hasenkoteletts, Pfeffer, Salz, Öl

Fasan, gegrillt

Nur junge Fasane verwenden. Die Tiere müssen mindestens eine Woche abgehangen sein. Butter und die Gewürze in das Innere des Tieres geben, die Fasane außen mit Speckscheiben umwickeln. Im vorgeheizten Grill auf dem geölten Rost 40–45 Minuten grillen. In den letzten 5–10 Minuten die Fasane ohne Speckumhüllung grillen, damit sie gut bräunen können.
Man kann die Fasane auch in eine Schicht Wein- oder Nußblätter einhüllen und dann erst mit dem Speck umwickeln.
Beilagen: Flambierte Ananasscheiben, Rotkohl.

2 Fasane, 160 g Butter oder Speckwürfel, zerdrückte Wacholderbeeren, Salz, Pfeffer, 160 g Speck

Rebhuhn à la Crapaudine

Die bratfertigen Rebhühner halbieren. In heißem Fett die feingeschnittenen Zwiebeln anrösten, gehacktes Petersiliengrün beigeben, mit Salz und Pfeffer würzen, mit Zitronensaft verrühren, auskühlen lassen. Die leicht geklopften Rebhuhnhälften damit bestreichen und einige Zeit ziehen lassen. Dann mit zerlassener Butter beträufeln, im vorgeheizten Grill auf dem geölten Rost rasch braten. Mit Zitronensaft beträufeln und mit Soße tatare servieren.

4 Rebhühner (à 300 g), Salz, weißer Pfeffer, 3 EL Öl oder 30 g Butter, 2 mittlere Zwiebeln, Petersilie, Zitronensaft, 40 g Butter

Keklik (Rebhuhn auf türkische Art)

Bratfertige Hühner innen salzen und außen mit Weinblättern und Speckscheiben umwickeln, binden und mit Öl gut bepinseln. Im vorgeheizten Grill auf geöltem Rost rundum rasch braten und dabei mit dem abtropfenden Bratensaft bepinseln. Den Bratensaft mit angerührtem Mehl und saurer Sahne kurz aufkochen, mit Paprika und Wein würzen und abschmecken. Die gegrillten, tranchierten Rebhühner mit Soße extra servieren.

4 Rebhühner, Weinblätter, dünne Speckscheiben, 3 EL Öl, Salz, zerlassene Butter, Mehl, 1/8 l saure Sahne, Weißwein, Paprika

HACKFLEISCH-SPEZIALITÄTEN

Vor der Erfindung des Fleischwolfs wurde das entbeinte Fleisch mit dem Hack- oder Wiegemesser auf einem Küchenbrett mit der Hand zerkleinert, daher noch heute der Name »Hackfleisch« (auch Gehacktes, Hack, Hackepeter, in Österreich »Faschiertes«). Der Küchenchef unterscheidet drei Arten des Hackfleisches, das *Schabefleisch* (Tatar, Beefsteak), ein schieres rohes Rinderhack, das *Hackfleisch* als Rinder-, Schweine- oder grobes Schweine- bzw. Hammelhack oder, je nach Landschaft, eine Mischung aus Rinder- und Schweinehack oder Hackfleisch aus den verschiedenen Rinderpartien; und das *zubereitete Hackfleisch* (Hackepeter, Mett etc.), das ist grobes oder feines Hack- oder Schabefleisch, mit Salz, Zwiebeln, Pfeffer oder einem anderen Gewürz gemischt. Auch für die weitere Zubereitung von Hackfleisch gibt es je nach Landschaft verschiedene Namen, wie Frikadelle, Frikandelle, Bulette, Fleischpflanzl, Fleischlaibchen, Brisolette, Bratklops u. a. m.; es sind immer abgeplattete runde oder ovale Klöße aus Fleisch (auch Geflügel, Wild oder Fisch), mit Eiern, Zwiebeln und gehackter Petersilie verarbeitetes Hackfleisch, mit Salz, Pfeffer und Muskatnuß gewürzt. Alle diese Gerichte sind seit langem ein fester Bestandteil der deutschen Küche.

Wichtig zu wissen ist, daß frisches Hackfleisch immer nur kurz haltbar ist. Im rohen Zustand soll man es noch am gleichen Tag verarbeiten und verzehren; es sollte nach dem Einkauf nicht länger als 12 Stunden im Kühlschrank gelagert werden. Angetautes oder aufgetautes Hackfleisch ist sofort zu verwenden. Man kann es aber auch sofort in das Gefriergerät verpacken; dabei empfiehlt es sich, das Hackfleisch sofort gebrauchsfertig zu mischen, zu würzen und auch schon zu formen, damit es gleich tiefgefroren in die Pfanne oder als Fülle verwendet werden kann. Noch ein Tip: Je feiner man das Fleisch zerkleinert, desto fester wird der spätere Fleischteig.

Hacksteak (Grundrezept)

Das Hackfleisch mit den Eiern, Bröseln und der feingewiegten Zwiebel vermengen, nach Wunsch eine mit etwas Salz zerdrückte Knoblauchzehe dazugeben, würzen und würzig abschmecken (je nach Geschmack zusätzlich mit Senf, Tomatenketchup, Kräutern, Chili-, Tabasco-, Worcestersoße). Mit den Händen oder mit einem Elektrogerät zu einer geschmeidigen Masse kneten, dabei etwas Wasser einarbeiten. Mit bemehlten Händen die 4–8 Steaks (oder Frikadellen, Klopse etc.) formen und mit Öl beträufeln. Auf heißem, geöltem Rost 8–10 Minuten braten.
Beilagen: Rotkohl, Wirsing, Salz- oder Bratkartoffeln, Kartoffelpüree, grüne Salate, feines Gemüse.

500–600 g gemischtes Hackfleisch (halb Rind-, halb Schweinefleisch), Salz, Pfeffer, 1–2 Zwiebeln, 1 Knoblauchzehe, 2 Eier, 3 EL Brösel, 2–3 EL Öl, 20 g Butter

Hacksteak mit Rosmarin

Die im Grundrezept erwähnte Hacksteakmasse kräftig mit frischem, feingehacktem Rosmarin würzen.

Hacksteak mit Kümmel

Die im Grundrezept erwähnte Hacksteakmasse zusätzlich mit feingehacktem Kümmel (1 TL) und nach Geschmack mit 1–2 EL Wacholder-Branntwein (oder Kirsch-Himbeergeist) würzen.

Hacksteak mit Oliven

Die im Grundrezept erwähnte Hacksteakmasse zusätzlich mit feingehackten, entsteinten Oliven vermischen. An den Ecken der geformten und auf einer Seite bereits gegrillten Steaks je eine halbe Olive einsetzen und mitgrillen.

Hacksteak mit Räucherspeck

Die im Grundrezept erwähnte Hacksteakmasse mit feinwürfelig geschnittenen, glasig ausgelassenem Speck vermischen.
Die geformten Steaks kann man außerdem in Bröseln panieren, mit flüssiger Butter beträufeln und dann erst grillen. Dabei mehrmals mit flüssiger Butter beträufeln.

Hacksteak Athen

250 g gehacktes Kalbfleisch, 250 g gemischtes Hackfleisch, Pfeffer, Salz, 1 Prise Thymian, 1 Bund Petersilie, 3 junge Sellerieblätter, 2 Zwiebeln, 100 g gekochter Reis, 4 EL Öl, 3 EL Tomatenmark, 20 g Mehl, 1/8 l heiße Fleischbrühe (Würfel), 1 Becher saure Sahne, 1 Glas Rotwein, Paprika, edelsüß, 60 g gekochter Schinken

Alles gehackte Fleisch in einer Schüssel mischen. Mit Pfeffer, Salz und Thymian würzen. Petersilie und Sellerieblätter waschen, gut abtropfen lassen, fein hacken und zum Fleisch geben, ebenso die geschälten und gehackten Zwiebeln. Alles mit dem gekochten Reis mischen. Flache Steaks daraus formen, gut einölen. Hacksteaks auf beiden Seiten etwa 5–10 Minuten grillen. Fettpfanne darunterschieben. Auf einem Teller warmstellen.
Bratenfond in der Fettpfanne mit etwas heißem Wasser auflösen. In einen Topf umgießen. Tomatenmark in den Bratenfond rühren. Mehl darüberstreuen. Unter Rühren durchschwitzen lassen. Fleischbrühe, saure Sahne und Rotwein in die Soße rühren. Gut durchkochen. Mit Paprika abschmecken. Gekochten Schinken in feine Streifen schneiden. Hacksteaks und Soße zusammen in eine vorgewärmte Schüssel geben. Mit den Schinkenstreifen garnieren.
Beilagen: Stangenweißbrot oder Reis, Salat.

Hacksteak auf bayrische Art

Die im Grundrezept erwähnte Hacksteakmasse mit einem eingeweichten, gut ausgedrückten Brötchen und der feingeschnittenen, in Butter angerösteten Zwiebel vermischen. Zu Steaks formen und 8–10 Minuten grillen.

Hacksteak auf indonesische Art

500 g Hackfleisch, 2 gekochte, geriebene Kartoffeln, 1 Ei, Salz, Sambal (= rote, gemahlene Pfefferschote) oder Rosenpaprika, Cayennepfeffer, Muskat, gemahlener Koriander, 3 EL Kokosflocken, in etwas heißem Wasser aufgeweicht; 2–3 EL Öl

Das Hackfleisch mit den Zutaten und Gewürzen zu einer geschmeidigen Masse verarbeiten. Steaks daraus formen, mit Öl bestreichen und 4–5 Minuten pro Seite im vorgeheizten Grill auf dem heißen, geölten Rost braten.

Hacksteak Kopenhagen

2 Zwiebeln, 4 Tomaten, 500 g Beefsteakhack, Salz, schwarzer Pfeffer, Paprika, rosenscharf, 3 EL Öl, 10 g Butter, 1 Ei, Petersilie, Zwiebelringe, Tomatenviertel

Geschälte Zwiebeln fein hacken. Tomaten waschen, häuten, entkernen und fein würfeln. Fleisch mit Zwiebel- und Tomatenwürfel mischen. Mit Salz, Pfeffer und Paprika pikant würzen. Fleischteig zu einem großen Kloß formen, gut einölen und in die Mitte unter den vorgeheizten Grill setzen. Butterflöckchen obenauf geben.

Fettpfanne darunterschieben und Fleisch 60 Minuten grillen. Mehrmals wenden und mit abgetropftem Fett bestreichen. Eventuell heißes Wasser zu dem Bratfond gießen.
Beilagen: Pommes frites, Meerrettichsahne, gemischter Salat.

Hacksteak Ohio

Brötchem in heißem Wasser einweichen. Geschälte Zwiebel klein würfeln. Brötchen gut ausdrücken und mit Zwiebelwürfeln, Ei, Salz und Paprikapulver zum Hackfleisch geben und einen geschmeidigen Teig daraus kneten. Ananas abtropfen lassen. Jede Scheibe mit reichlich Fleischteig einhüllen. Semmelbrösel und den geriebenen Käse miteinander mischen und die Hacksteaks von allen Seiten gut in diesem Semmelbrösel-Käse-Gemisch wenden.
Hacksteaks auf ein Stück Alu-Folie legen und auf dem Holzkohlengrill oder im Elektrogrill von jeder Seite 5 Minuten grillen.
Beilagen: Obst, Stangenweißbrot.

1 Brötchen, 1/4 l heißes Wasser, 1 Zwiebel, 1 Ei, Salz, Paprikapulver, 500 g gemischtes Hackfleisch (halb Rind, halb Schwein), 1 kleine Dose Ananas (4 Scheiben), 1/2 Tasse Semmelbrösel, 1/2 Tasse geriebener Käse

Zwiebelhacksteak

Die Fleischsorten und die Zwiebeln durch den Fleischwolf drehen, zerdrückten Knoblauch beigeben und gut verrühren. Mit Salz, Pfeffer, Paprika und Majoran würzen, das Ei und das gehackte Petersiliengrün dazumischen und alles gut verkneten. Abschmekken. Aus der Masse Steaks formen, mit Öl bestreichen und auf dem heißen, geölten Rost jede Seite 4 Minuten braten. Mit Petersiliengrün und Tomatenachteln garnieren.

300 g Rindfleisch (aus der Keule), 200 g Schweinefleisch, 250 g Zwiebeln, Salz, 1 Knoblauchzehe, schwarzer Pfeffer, Edelsüßpaprika, Majoran, 1 Ei, Petersiliengrün, 3 EL Öl

Zigeunerhacksteak

Hackfleisch, Ei, Brötchen, geschälte und fein gehackte Zwiebel mit Salz und Pfeffer in eine Schüssel geben. Mit der Gabel und sauberen Händen einen geschmeidigen Fleischteig kneten. Abschmekken und eventuell noch einmal nachwürzen. Aus dem Fleischteig vier Steaks formen. Das Öl in der Grillpfanne heiß werden lassen. Steaks darin (oder ohne Öl auf dem Holzkohlengrill) von beiden Seiten braun werden anbraten (je 4–5 Minuten).

375 g gemischtes Hackfleisch, 1 Ei, 1 eingeweichtes, ausgedrücktes Brötchen, 1 Zwiebel, Salz, Pfeffer, 2 EL Öl, Zigeunersoße (fertig gekauft)

Frikadellen (Grundrezept)

1 Brötchen (Semmel), ca. 1/4 l heißes Wasser, 500 g gemischtes Hackfleisch (halb Rind, halb Schwein), 2 Zwiebeln, Salz, Pfeffer, 2 Eier, Öl

Das Brötchen mit heißem Wasser einweichen. Hackfleisch in eine zweite Schüssel geben. Darauf die geschälten und fein gewürfelten Zwiebeln, Salz, Pfeffer, die aufgeschlagenen Eier und das ausgedrückte, zerpflückte Brötchen geben. Daraus mit der Gabel oder mit sauberen Händen einen Fleischteig kneten. Würzig abschmekken. Vier oder acht Frikadellen aus dem Teig kneten. Frikadellen aus dem Teig kneten. Frikadellen auf dem Holzkohlengrill, in der Grillpfanne von beiden Seiten insgesamt 10 Minuten grillen oder auf dem vorgeheizten Rost im Elektrogrill. Dann die Fettpfanne darunterschieben.

Frikadellen (oder Buletten) mit Ananas

Grundrezept Frikadellen, 8 Scheiben Ananas (aus der Dose), Öl, 30 g Butter, 70 g Senffrüchte

Frikadellen nach dem Grundrezept zubereiten. Acht Fleischklöße daraus formen. Etwas flachdrücken und, wie beim Grundrezept »Frikadellen« angegeben, grillen.
Ananas und Senffrüchte auf einem Sieb abtropfen lassen. Butter in einem kleinen Topf heiß werden lassen. Ananas und Senffrüchte in der heißen Butter etwa 8 Minuten braten. Je eine Scheibe Ananas auf eine Frikadelle legen und mit Senffrüchten garnieren.

Frikadellen mit Apfelsinen

Grundrezept Frikadellen, 2 Apfelsinen, 1/8 l Sahne, 2 EL geriebener Meerrettich (Glas), Salz, weißer Pfeffer, Zucker, 20 g Butter

Frikadellen nach dem Grundrezept zubereiten. Acht Fleischklöße daraus formen. Etwas flachdrücken und, wie beim Grundrezept »Frikadellen« angegeben, grillen.
Apfelsinen schälen, weiße Innenhäute sauber entfernen (sie schmecken bitter). Apfelsinen in acht Scheiben schneiden. Sahne steifschlagen und mit Meerrettich, Salz, weißem Pfeffer und einer Prise Zucker würzen. Butter in einem kleinen Topf heiß werden lassen. Apfelsinenscheiben darin 5 Minuten braten, anschließend auf den Frikadellen verteilen. Jede Scheibe mit etwas Meerrettichsahne garnieren.

Frikadellen mit Champignons

Frikadellen nach dem Grundrezept zubereiten. Vier oder acht Fleischklöße formen. Etwas flachdrücken und, wie beim Grundrezept »Frikadellen« angegeben, grillen.
Champignons auf einem Sieb abtropfen lassen. Butter in einem kleinen Topf heiß werden lassen. Champignons zugeben und etwa 10 Minuten garen lassen. Mit Salz und Pfeffer abschmecken. Champignons auf den Frikadellen verteilen.

Grundrezept Frikadellen, 1 Dose Champignons (mittelgroße), 30 g Butter, Salz, weißer Pfeffer

Frikadellen mit Mais, Schinken und Paprika

Frikadellen nach dem Grundrezept zubereiten. Vier oder acht Fleischklöße daraus zubereiten. Etwas flachdrücken und, wie beim Grundrezept »Frikadellen« angegeben, grillen.
Maiskörner in einem Sieb abtropfen lassen. Paprikaschoten putzen, waschen und in Streifen schneiden. Schinken würfeln. Butter in einem Topf heiß werden lassen. Maiskörner, Paprika und Schinken darin 10 Minuten braten. Anschließend salzen, pfeffern und auf den Frikadellen verteilen.

Grundrezept Frikadellen, 1 Dose Maiskörner, je ½ rote und grüne Paprikaschote, 100 g roher Schinken, 30 g Butter, Salz, weißer Pfeffer

Frikadellen mit Roquefort

Frikadellen nach dem Grundrezept zubereiten. Acht Fleischklöße daraus herstellen. Etwas flachdrücken und, wie beim Grundrezept »Frikadellen« angegeben, grillen.
Roquefort in 8 gleichmäßige Stücke teilen. Nach 5 Minuten Grillzeit auf die Frikadellen legen. Noch 5 Minuten weitergrillen. Salatblätter waschen, gut abtropfen lassen. Frikadellen mit Roquefort darauf anrichten.

Grundrezept Frikadellen, 150 g Roquefort, 8 Herzblätter von 1 Kopfsalat

Frikadellen mit Schafskäse und Oliven

Frikadellen nach dem Grundrezept zubereiten. Acht Fleischklöße daraus herstellen. Etwas flachdrücken und, wie beim Grundrezept »Frikadellen« angegeben, grillen.
Ananas auf einem Sieb abtropfen lassen. Butter in einem kleinen Topf heiß werden lassen. Ananasscheiben darin 6 Minuten braten. Inzwischen Schafskäse zerbröseln. Mit Salz und Paprika würzen. Frikadellen mit je einer Scheibe Ananas belegen. In die Mitte Schafskäse geben. Obenauf mit je einer schwarzen Olive garnieren.

Grundrezept Frikadellen, 1 Dose Ananas (8 Scheiben), 30 g Butter, 150 g Schafskäse, Salz, Paprika, edelsüß, 8 schwarze Oliven

Frikadellen mit Tomaten und Ei

Grundrezept Frikadellen, 2 Tomaten; Salz, Pfeffer, 2 Eier, ½ Bund Petersilie

Frikadellen nach dem Grundrezept zubereiten. Acht Fleischklöße daraus formen. Etwas flachdrücken und, wie beim Grundrezept »Frikadellen« angegeben, grillen.
Tomaten waschen und Stengelansätze herausschneiden. Tomaten in 8 Scheiben schneiden. Frikadellen damit belegen. Leicht salzen und pfeffern.
Hartgekochte Eier in Scheiben schneiden. Eisscheiben auf die Tomaten legen. Gewaschene Petersilie trockentupfen, kleine Sträußchen davon abzupfen und auf die Frikadellen legen.

Frikadellen mit Zwiebeln

Grundrezept Frikadellen, 3 Zwiebeln, ½ Tasse Milch, 1 EL Mehl, 30 g Butter

Frikadellen nach dem Grundrezept zubereiten. Vier oder acht Fleischklöße daraus zubereiten. Etwas flachdrücken und, wie beim Grundrezept »Frikadellen« angegeben, grillen.
Zwiebeln schälen und in Scheiben schneiden. Zwiebelscheiben erst in Milch, dann in Mehl wenden. Butter in einem kleinen Topf sehr heiß werden lassen. Zwiebelscheiben darin sehr kroß braten und auf den Frikadellen anrichten.

Frikadellen Puerto Rico

500 g gemischtes Hackfleisch (halb Rind, halb Schwein), 1 große Zwiebel, 1 grüne Paprikaschote, 100 g Kokosraspeln, Salz, Pfeffer, 1 Prise, Chilipulver, ½ Bund Petersilie, 5 EL Tomatenketchup, 2 EL Semmelbrösel

Das Hackfleisch in eine Schüssel geben. Geschälte Zwiebel fein würfeln, Paprikaschote halbieren, entkernen, waschen und fein würfeln. Zusammen mit den Kokosraspeln (2 EL zum Panieren aufheben), Salz, Pfeffer und Chilipulver, gewaschener, abgetropfter und gehackter Petersilie, Tomatenketchup und Semmelbröseln zu einem Fleischteig vermischen. Acht Frikadellen formen. In den restlichen Kokosraspeln wälzen. Frikadellen auf dem Holzkohlengrill oder in der Grillpfanne von beiden Seiten insgesamt 10 Minuten grillen.

Frikadellen auf russische Art

1 Zwiebel, 2 EL Butter, 500 g gemischtes Hackfleisch (halb Rind, halb Schwein), Salz, Pfeffer, geriebene Muskatnuß, 2 Eier, ⅛ l saure Sahne

Geschälte Zwiebel klein würfeln. Butter in einem kleinen Topf schmelzen lassen. Hackfleisch mit 1 EL der geschmolzenen Butter, 1 EL Zwiebelwürfeln, Salz, Pfeffer, Muskatnuß und Eiern zu einem geschmeidigen Teig verarbeiten. Restliche Zwiebelwürfel in die geschmolzene Butter geben und braun anbraten. Aus dem Hackfleischteig mit feuchten Händen kleine ovale Frikadellen

formen und auf dem Holzkohlengrill oder in der Grillpfanne von beiden Seiten insgesamt 10 Minuten grillen.
Saure Sahne mit den angegebenen Zwiebelwürfeln und der heißen Butter verrühren. Diese Soße extra zu den russischen Frikadellen servieren.
Beilage: Kartoffelsalat.

Rinderhacksteak

500 g Rinderhack, Salz, Pfeffer, 1 EL Grillsenf, 1 EL Ketchup, 1 EL feingehackte Zwiebel; 2–3 EL Öl

Das Hackfleisch mit allen Zutaten vermengen und unter ständigem Rühren oder Kneten etwas kaltes Wasser einarbeiten, bis sich eine halbweiche, aber zähe Masse ergibt. Aus dieser Masse runde, flache Steaks formen, auf beiden Seiten ölen und 4–5 Minuten pro Seite grillen.
Beilagen: Essiggemüse, Tomaten- und Gurkenscheiben, gehackte Zwiebel, Senf. Bier als Getränk.

Deutsches Beefsteak

2 Brötchen, 1 Zwiebel, 20 g Margarine, 500 g Beefsteakhack, Salz, Pfeffer, 2–3 EL Öl, 4 Zwiebeln

Brötchen in Wasser einweichen. Geschälte Zwiebel würfeln und in heißer Margarine anrösten. Mit den gut ausgedrückten Brötchen in eine Schüssel geben und mit dem Beefsteakhack mischen. Mit Salz und Pfeffer würzen. Aus dem Fleischteig 4 runde, abgeflachte Steaks formen. Von allen Seiten gut einölen. Beefsteaks auf dem Rost oder unter dem vorgeheizten Grill auf jeder Seite 5 Minuten grillen. Herunternehmen und warmstellen.
Zwiebel schälen, in Ringe schneiden. Im Bratfett in der Fettpfanne goldgelb braten. Beefsteaks anrichten, mit Zwiebelringen garnieren.
Deutsches Beefsteak und Frikadellen sind nicht dasselbe. Das Deutsche Beefsteak wird grundsätzlich nur aus Rinderhackfleisch mit eingeweichtem Brot und angeschwitzten Zwiebeln bereitet. Frikadellen enthalten dagegen außerdem noch Eier. Sie können statt aus Rinderhackfleisch auch aus Schweine- oder Kalbshackfleisch zubereitet werden.

Beefsteak tatar

500 g Beefsteakhack, 1 Zwiebel, 1 TL Fett, Petersiliengrün, Salz, Pfeffer, Majoran, Öl

Das Hackfleisch mit in Fett gerösteter, feingeschnittener Zwiebel und gehacktem Petersiliengrün vermischen, mit Salz, Pfeffer und Majoran pikant würzen, abschmecken, kleine runde oder eckige Beefsteaks (ca. 2 cm dick) formen, mit Öl beträufeln und im heißen Grill auf dem geölten, heißen Rost (eventuell eine gefettete Alu-Folie unterlegen) pro Seite 3–4 Minuten innen rosa braten.

Kotelett Pojarski

500 g Hackfleisch (gemischt), Salz, weißer Pfeffer, Muskat, 1 Ei, ca. 1/8 l Sahne, 40 g Butter

Das Hackfleisch mit Salz, wenig weißem Pfeffer und frisch gemahlenem Muskat würzen. Ei und Sahne in die Masse einarbeiten, bis die Masse eine gute Bindung bekommt, diese zu Koteletts formen und rasch grillen, öfter mit flüssiger Butter beträufeln und bei mäßiger Hitze garen.
Beilagen: Zuckererbsen, Kartoffelpüree und grüner Salat oder gesäuerte rote Beete (rote Beete werden in Essigwasser gekocht, wenn sie gar sind geschält, in kleine Stücke geschnitten, sodann in einer gebutterten Pfanne mit Dillspitzen heiß geschwenkt).

Hamburger

500 g Rinderhackfleisch, 1 Zwiebel, 1 TL feingewiegte Kapern, Salz, Pfeffer, 1 TL Senf, Worcestershiresoße, 1–2 Eier, 1–2 TL Tomatenketchup, 1/2 TL Selleriesalz; 4 Brötchen (Semmeln)

Das durch die große Scheibe des Fleischwolfes gedrehte Rindfleisch mit Salz und Pfeffer würzen. Feingeschnittene Zwiebel, Kapern, Senf, Worcestershiresoße, rohe Eier, Tomatenketchup, nach Geschmack auch etwas Selleriesalz und Knoblauch dazugeben und gut kneten. Nachwürzen. Steaks bzw. Frikadellen daraus formen, mit Öl beträufeln und 3–4 Minuten je Seite saftig grillen. Auf überbackenen Milchbrötchen servieren. Oder: Die 4 Brötchen halbieren, am Rand des Grillgerätes leicht anrösten. Auf die untere Brötchenhälfte je 1 Salatblatt legen, einige Zwiebelringe und darauf die gegrillten Hamburger und einige Scheiben Gurken. Mit der zweiten Brötchenhälfte bedecken.
Beilagen: Pommes chips, Tomatenketchup, Salz, Pfeffer, Senf, Grillsoßen.

Hamburger auf amerikanische Art

500 g gehacktes Rindfleisch, 1 Ei, 1 EL feingehackte Zwiebeln, schwarzer Pfeffer, Salz, Öl zum Bepinseln, 4 weiche, runde Brötchen, Mixed Pickles und Tomatenketchup

Die Zutaten für den Hackteig sorgfältig miteinander verrühren und in 4 Portionen teilen. Dann zu flachen Küchlein (Frikadellen) ausformen. Mit Öl bepinseln und grillen. In je einem aufgeschnittenen weichen Brötchen servieren und mit reichlich feingehackten Mixed Pickles und Tomatenketchup würzen.

Barbecue-Hamburger

Aus Zwiebelwürfeln, Rinderhackfleisch, Salz, Pfeffer und Dosenmilch einen geschmeidigen Fleischteig zubereiten. Aus dem Teig mit feuchten Händen etwa handtellergroße Steaks formen. Die Steaks oben mit dem Messerrücken gitterartig einkerben, damit sie möglichst locker und saftig bleiben. Steaks vorsichtig auf den Grill legen und von jeder Seite 5 Minuten grillen. Steaks während des Grillens immer wieder mit Barbecuesoße bestreichen.
Beilagen: Stangenweißbrot, Salate, Barnecuesoße.

2 feinwürfelig geschnittene Zwiebeln, 500 g mageres Rinderhackfleisch, Salz, Pfeffer, 2 EL Dosenmilch, Barbecuesoße (fertig gekauft)

Cheeseburger

Cheeseburger sind eine Weiterentwicklung der beliebten Hamburger. Die Zwiebel fein hacken. Das gehackte Rindfleisch mit der Zwiebel, dem Eigelb, dem Pfeffer, Oregano und Senf vermischen und gut durchkneten. Aus dem Fleischteig vier Frikadellen formen, mit Öl bestreichen, auf den heißen Grill legen und 5 Minuten pro Seite grillen, mit Käsestreifen (und eventuell auch noch mit Tomatenscheiben) belegen und den Käse im heißen Grill zum Schmelzen bringen. Zuletzt mit Paprika bestreichen. Zwischen aufgeschnittene Milchbrötchen legen und heiß servieren.

350 g Rinderhack, 1 Zwiebel, 1 Eigelb, Salz, Pfeffer, Oregano, 1 TL Senf, 4 Scheiben Emmentaler oder Chesterkäse in Streifen, Edelsüßpaprika, Öl zum Bestreichen

Cheeseburger, garniert

Rinderhackfleisch in einer Schüssel mit dem Eigelb mischen. Mit Zwiebelsalz und frisch gemahlenem Pfeffer würzen. Runde Frikadellen daraus formen und von beiden Seiten mit Öl bestreichen. Auf dem heißen, geölten Rost oder unter dem vorgeheizten Grill auf einer Seite 4 Minuten grillen und umdrehen. Auf die gegrillte, obenliegende Seite eine Käsescheibe legen. Nach weiteren 4 Minuten sind die Cheeseburger fertig. Auf Tellern mit Tomatenekken, Zwiebelringen und Cornichons anrichten. Dazu frische Brötchen oder Toast, Tomatenketchup und auch Senf reichen.

375 g Rinderhackfleisch, 1 Eigelb, Zwiebelsalz, Pfeffer, Öl, 4 Scheiben Chesterkäse

Chickenburger

Hackfleisch und Eigelb gut vermischen, salzen, pfeffern, mit Zitronenmelisse, Pfefferminze und Ingwer würzen und gut durchkneten, eventuell etwas Fleischbrühe einkneten, aus der Farce 4 Frikadellen formen, mit Öl bepinseln, auf dem heißen, geölten Rost 4–5 Minuten pro Seite grillen.

200 g Hackfleisch vom Kalb, 200 g Geflügelfleisch (gekocht), feingehackt, 1 Eigelb, Salz, Pfeffer, Zitronenmelisse, Pfefferminz, Ingwer, Öl

Chiveburger

375 g Rinderhackfleisch, 1/2 Tasse Dosenmilch, 1 Ei, Salz, Pfeffer, 1/2 TL Senf, 1/2 Zwiebel, 1/2 Tasse feinzerbröckelte Cracker, Öl, 1/2 Tasse dicke Mayonnaise, 1 Bund Schnittlauch

Chiveburger können nur im Elektrogrill zubereitet werden, weil ein Überbacken im Gartengrill nicht möglich ist. Hackfleisch mit Dosenmilch und Ei vermischen. Mit wenig Salz, frisch gemahlenem Pfeffer und Senf abschmecken. Geschälte Zwiebel fein würfeln. Cracker zerbröseln. Zwiebel und Cracker unter den Fleischteig mischen. Gut mengen, 4 Frikadellen daraus formen und gut einölen. Hacksteaks unter dem vorgeheizten Grill von beiden Seiten jeweils 6–8 Minuten grillen. Inzwischen gewaschenen, abgetropften Schnittlauch in feine Röllchen schneiden und unter die Mayonnaise mischen. Schnittlauch-Mayonnaise auf die 4 gegrillten Hacksteaks streichen. Nochmals unter den Grill schieben und weitergrillen, bis die Mayonnaise anfängt, Blasen zu schlagen.
Chiveburger zu frisch geröstetem Weißbrot reichen. Außerdem Tomatensaft, Salz und Pfeffer bereitstellen.

Hackfleischkuchen

500 g Rinderhackfleisch, Salz, Pfeffer, 1 EL geriebener Meerrettich (Glas), 3 Eier, 1 Tasse gemischte, frische, kleingeschnittene Kräuter, 4–6 EL Semmelbrösel, 1 EL Öl, 2 EL Bier

Rinderhackfleisch mit Salz, Pfeffer, Meerrettich, Eiern, Kräutern und soviel Semmelbrösel zu einem geschmeidigen Teig verkneten, daß sich aus der Masse ein zusammenhängender Fladen formen läßt.
Ein großes Stück Alu-Folie mit Öl bestreichen. Das Hackfleisch als runden, dünnen Fladen auf die Alu-Folie streichen. Folie zusammenschlagen und den Hackfleischkuchen von beiden Seiten auf dem Holzkohlengrill etwa 4 Minuten grillen. Alu-Folie dann entfernen und den Hackfleischkuchen ohne Folie von jeder Seite weitere 3 Minuten grillen und dabei wiederholt mit Bier bestreichen.
Beilagen: Salbei-Tomaten, Knoblauchbrot.

Hausmacher-Netzchen

1 Schweinenetz, 300 g fettes Schweinefleisch, 200 g Rindfleisch, 1 Zwiebel, 10 g Fett, Petersiliengrün, 1 Ei, Salz, Pfeffer, 1 Knoblauchzehe, 150 g Räucherspeck

Rind- und Schweinefleisch durch den Fleischwolf drehen. Die feingeschnittene Zwiebel in Fett goldgelb rösten, gehacktes Petersiliengrün beigeben und ausgekühlt zum Hackfleisch geben. Mit Ei, Salz, Pfeffer, fein zerdrücktem Knoblauch und etwas Wasser gut durchkneten. Zum Schluß den kleinwürfelig geschnittenen Speck daruntermengen. Das Schweinenetz für kurze Zeit in lauwarmes Wasser geben, herausnehmen und gut abgetropft auflegen.

Pro Portion 2 Stück länglich geformte Farcerollen auflegen, in die zurechtgeschnittenen Schweinenetzflecken einrollen und am Rost saftig braten.
Beilagen: Kartoffelpüree, englisches Gemüse, Salate.

Ingwerbällchen

Hackfleisch mit Eiern, Semmelbrösel, Zitronenschale, Zitronensaft, Currypulver, Salz und Pfeffer zu einem geschmeidigen Teig kneten. Mit feuchten Händen etwa tischtennisballgroße Fleischbällchen formen und diese in Öl rollen. Eingeölte Fleischbällchen auf dem Holzkohlengrill oder im Elektrogrill unter ständigem Wenden bei nicht zu starker Hitze etwa 10 Minuten von allen Seiten grillen.
Beilagen: Salate, verschiedene Soßen.

250 g gemischtes Hackfleisch (Rind und Schwein), 125 g Rinderhackfleisch, 2 Eier, 2 EL Semmelbrösel, abgeriebene Schale und Saft von 1/2 Zitrone, 2 TL Currypulver, Salz, Pfeffer, 1/2 eingelegte Ingwerknolle, 3 EL Öl

Mititei mit Auberginen

Hackfleisch mit dem Ei und einigen Löffeln Wasser binden, die zerdrückten Knoblauchzehen dazurühren, mit Salz und Pfeffer kräftig würzen. Mindestens 2 Stunden rasten lassen. Dann die Farce zu 6 cm langen und 3 cm dicken Röllchen formen und mit wenig Öl am Grill garen.
Auberginen-Beilage: Auberginen schälen, in große Würfel schneiden, in Butter leicht anschmoren, die kleinwürfelig geschnittenen Paprikaschoten beigeben und mitdünsten. Tomaten entkernen, eventuell schälen, in Streifen schneiden, Dille hacken und alles mit Salz, Pfeffer und etwas Zitronensaft zum vorgedünsteten Gemüse geben. Nochmals kurz aufkochen lassen.
Beilage: Stäbchenkartoffeln.

600 g Rinderhack, 1 Ei, Wasser, Salz, Pfeffer, 6 Knoblauchzehen, Öl, Auberginen: 4 Auberginen, 1 Bund Dill, 2 grüne oder rote Paprikaschoten, 2 Tomaten, 2 EL Butter oder Schweineschmalz, Salz, Pfeffer, Zitronensaft

Ćevapčići

Rinderhackfleisch (und gehacktes Kalbfleisch) in eine große Schüssel geben. Petersilie waschen, abtropfen lassen und fein wiegen. Geschälte Knoblauchzehe würfeln und mit der Gabel zerdrücken. Butter in einem kleinen Töpfchen schmelzen lassen. Die feingewiegte Petersilie, Knoblauchstückchen, geschmolzene Butter, Mehl, Salz, Pfeffer und Paprikapulver und eventuell Majoran zum Fleisch geben und alles zu einem geschmeidigen Teig verkneten und abschmecken. Mit feuchten Händen etwa 4 cm

500 g Rinderhackfleisch (oder 400 g Rinderhack und 200 g Kalbfleisch, gehackt), 1 Bund Petersilie, 1 Knoblauchzehe, 2 EL Butter, 1 EL Mehl, Salz, schwarzer Pfeffer, Paprikapulver, eventuell Majoran, 2 EL Öl, 4 Zwiebeln

lange, fingerdicke Würstchen aus dem Fleischteig formen. Hackfleischwürstchen mit Öl bepinseln und auf dem heißen Grill unter ständigem Wenden insgesamt etwa 6 Minuten grillen. Zwischendurch immer wieder mit Öl bepinseln. Geschälte Zwiebeln fein hacken und extra zu den gegrillten Ćevapčići reichen.
Beilagen: Stangenweißbrot, Peperoni, Oliven, feingehackte Zwiebeln, Senf, Gewürzgurken.

Ćevapčići auf Balkanart

400 g Rindfleisch und 100 g Hammel- oder Schweinefleisch aus der Lende, 10 g Butter, 1 EL feingehackte Zwiebeln, Salz, Paprika, Muskat, Pfeffer, Öl

Hammel- und Rindfleisch (oder Schweine- und Rindfleisch) durch den Fleischwolf drehen, mit der Butter vermengen, geschnittene Zwiebel dazugeben, mit Salz, Paprika, Muskat und Pfeffer kräftig würzen, nach und nach ca. $^1/_8$ l Wasser beigeben und sehr gut durchkneten. Aus der Masse 5 cm lange daumenstarke Würstchen (à ca. 40 g) formen. Mit Öl beträufeln und am Grill braten, dabei ab und zu wenden. Eventuell zusätzlich nochmals mit Öl bestreichen. Insgesamt ca. 10 Minuten grillen.
Beilagen: Rohe, geschnittene Zwiebel, Pfeffer, Senf, eventuell Peperoni, Pommes frites, Weißbrot, serbischer Reis. Als Getränk Rotwein.

INNEREIEN

Kalbsbries auf Marschallart

Kalbsbriesscheiben salzen, mit Zitronensaft beträufeln, mit geklärter Butter bestreichen, beidseitig grillen und anrichten. Rohschinkenscheiben beölen, kurz am Grill anwärmen, darinnen 2–3 Stück Spargel einrollen und auf die Briesscheiben legen. Salatblätter, mit Rühreiern gefüllt, an der Seite als Garnitur geben. Mit Butterreis servieren.

8 Scheiben blanchierte Kalbsmilcher (Bries), Salz, Zitronensaft, Butter, 8 Scheiben Rohschinken, Spargelspitzen, junge Salatblätter, Rühreier von 6 Eiern

Kalbsherz auf Burgunder Art

Kalbsherzen halbieren, Adern und Blut entfernen. Kalbsherzen gründlich unter fließendem kalten Wasser waschen und mit Haushaltspapier trockentupfen. Kalbsherzen gut mit Öl bestreichen und mit Salz, Pfeffer und Rosmarin einreiben. Speck in feine Scheiben schneiden, Kalbsherzen mit den Speckscheiben umwickeln. Speckscheiben mit Holzspießchen oder Küchengarn befestigen. Geschälte Zwiebel in Scheiben schneiden. Restliches Öl mit Paprikapulver verrühren. Zwiebelscheiben in das gewürzte Öl tauchen und am Rand vom Rost von beiden Seiten knusprig braun grillen. Kalbsherzen ebenfalls auf dem heißen, geölten Rost insgesamt 25 Minuten über mittelheißer Glut grillen. Mehrmals wenden.
Beilagen: Glacierte Zwiebeln, gegrillte Champignons, Mexikanischer Mais. Rotwein.

2 Kalbsherzen, 2 EL Öl, Salz, weißer Pfeffer und Rosmarin (getrocknet), 150 g Speck, 1 Zwiebel, 2 TL Paprikapulver, edelsüß

Kalbsleber natur

Die Leber in 1–1½ cm dicke Scheiben schneiden, enthäuten, mit Öl bepinseln und kurz auf dem Rost oder im vorgeheizten Grill 2–3 Minuten pro Seite grillen. Die Leber muß innen noch zart rosa sein und saftig bleiben. Leber erst nach dem Grillen würzen, und zwar mit Salz, Rosmarin, eventuell mit einem frischen Lorbeer- oder Salbeiblatt. Mit Butterflöckchen belegt auf vorgewärmter Platte anrichten.
Beilage: Meerrettich, mit Schlagsahne und geriebenem Apfel vermischt.

4 Kalbsleberfilets (à 200 g), 2 EL Öl oder zerlassene Butter, Salz, Rosmarin (oder Lorbeerblatt, Salbei), Butter

Kalbsleber mit Äpfeln

4 Scheiben Kalbsleber (à 200 g, à ca. 1 cm dick), 2 EL Öl, weißer Pfeffer, getrockneter Majoran, 2 Äpfel, 1/2 TL Honig, 1 EL Bier, Salz

Von Häuten und Sehnen befreite Leber kurz kalt abbrausen und trockentupfen. Öl mit Pfeffer und Majoran verrühren. Geschälte Äpfel in Scheiben schneiden und das Kerngehäuse entfernen. Honig mit Bier verrühren. Die Leberscheiben mit gewürztem Öl bestreichen und auf dem Rost oder unter dem vorgeheizten Grill von jeder Seite 3–4 Minuten grillen. Die Apfelscheiben mit der Honig-Bier-Soße bestreichen. Ebenfalls von jeder Seite 4 Minuten grillen. Gegrillte Leber salzen. Apfelscheiben auf der Leber anrichten und mit Kartoffelpüree servieren.

Kalbsleber auf Bamberger Art

4 Scheiben Kalbsleber (à 200 g), Pfeffer, 2 EL Öl, Salz, 80 g Frühstückspeck, 1 Zwiebel, 2 Äpfel, 8 Tomaten, 20 g Butter

Kalbsleber enthäuten, in Tranchen schneiden, diese schwach pfeffern, mit Öl bestreichen und rasch angrillen. Die Leber in der Mitte noch ein wenig rosa halten. Zum Schluß salzen.
Garnitur: Angerösteten, kleinwürfelig geschnittenen Speck und Zwiebel über gebratene, entkernte Apfelscheiben streuen.
Beilage: Gegrillte Tomaten. Die Tomaten werden kreuzweise eingeschnitten, gesalzen, mit Butterflocken belegt und bei halber Oberhitze gar gemacht.

Kalbsleber auf Berliner Art

600 g Kalbsleber, Milch, Öl, 4 Scheiben durchwachsener Speck, 8 Apfelscheiben, Salz, Pfeffer

Die Kalbsleber enthäuten, 1 Stunde in Milch legen, herausnehmen, abtropfen lassen und abtrocknen, in 8 schwach kleinfingerdicke Scheiben schneiden, pfeffern, mit Öl bestreichen und am Rost jede Seite 1 1/2 Minuten grillen, dann salzen und anrichten. Die geschälten und ausgestochenen Apfelscheiben mit Öl bestreichen und zusammen mit den Speckscheiben grillen. Auf jedes Leberstück 1 Apfelscheiben auflegen und pro Portion 1 Speckscheibe darüberlegen. Man kann auch in Butter angeröstete Zwiebelzunge darauflegen.

Kalbsleber auf italienische Art

4 Leberscheiben (à 200 g), 2 EL Öl, 1 TL Oregano, Pfeffer, 1 EL Tomatenmark, 80 g Frühstücksspeck, Salz

Die Leber von allen Häuten und Sehnen befreien, kurz kalt abbrausen, mit Haushaltspapier trockentupfen, mit Öl einstreichen, pfeffern, mit Oregano würzen und im vorgeheizten Grill 2–3 Minuten grillen. Wenden, etwas Tomatenmark daraufstreichen und mit einigen Speckscheiben belegen. Noch rund 4 Minuten grillen. Zuletzt salzen.

Hähnchenviertel
Milva

Rezept Seite 96

Putenkeulen vom Grill

Rezept Seite 97

Rehrücken mit
Bananen und
Sauerkirschen

Rezept Seite 103

Hirschsteak Försterin

Rezept Seite 106

ıacksteak Athen

ɛezept Seite 112

Kotelett Pojarsk

Rezept Seite 11

:evapčići

:ezept Seite 121

Kalbsbries auf
Marschallart

Rezept Seite 12

Kalbsleber auf Florentiner Art

Verlesenen Spinat 2–3 Minuten in kochendes Salzwasser geben, herausnehmen, gut abtropfen lassen und in eine flache Kasserolle geben. Mit Madeira übergießen und 8–10 Minuten zugedeckt dünsten. Vorbereitete Leberscheiben mit grob gemahlenem Pfeffer bestreuen, auf dem heißen, geölten Rost 3–4 Minuten pro Seite grillen. Salzen. Den Spinat auf eine gewärmte Fleischplatte legen. Butterflöckchen darauf verteilen und zuletzt die gegrillte Leber darauflegen.

4 Scheiben Kalbsleber (à 200 g), Pfeffer, 800 g Spinat, 1/8 l Madeira, 15 g Butter, Salz

Kalbsleber auf Turiner Art

Die Leberscheiben von Sehnen und Häutchen befreien, kalt abbrausen und trockentupfen. Butter in einem kleinen Topf schmelzen lassen und auf die Leberscheiben träufeln. Salz mit Oregano und Thymian mischen und auf die Leberscheiben streuen. Speck in dünne Scheiben schneiden. Leberscheiben aufrollen, je 1–2 Scheiben Speck um die Leberröllchen wickeln und mit Küchengarn festbinden. Leberröllchen mit Öl bestreichen und auf dem heißen, geölten Rost oder unter dem vorgeheizten Grill unter ständigem Wenden und wiederholtem Bestreichen mit Öl insgesamt 8 Minuten grillen. Auf Risotto anrichten.
Beilage: Salbeitomaten.

4 Scheiben Kalbsleber (à 200 g), 20 g Butter, Salz, Oregano (getrocknet) und Thymian (getrocknet), 200 g durchwachsener Speck, 2 EL Öl

Rehleber, gespickt

Die Leber einige Stunden in Milch marinieren, herausnehmen, gut abtropfen, von Haut und Sehnen befreien und in Scheiben schneiden. Mit feinen Speckscheiben spicken, pfeffern, mit Öl bestreichen und je Seite im vorgeheizten Grill oder auf dem heißen, geölten Rost 2–3 Minuten braten. Zum Schluß salzen und mit Madeira beträufeln.

2 Rehlebern, Milch, 80 g Speck, 2 EL Madeira, Salz, Pfeffer, 2 EL Öl

Kalbsnieren vom Grill

Die Kalbsnieren sorgfältig vom Fett befreien, der Länge nach halbieren, doch so, daß sie an der Außenseite noch zusammenhalten. Fett und Röhren weitgehend entfernen und die Nieren 30 Minuten wässern oder in Milch oder Buttermilch legen. Damit sie sich während des Grillens nicht wölben, zwei oder drei Holzspieße flach durch die Nierenhälften stecken. Dann rundherum mit Öl bepinseln und auf einem sehr heißen Rost von jeder Seite 4–6 Minuten

2 kleine Kalbsnieren, Öl zum Bepinseln, Salz, Pfeffer, Thymian

grillen. Sie dürfen innen noch ein wenig rosig sein. Jeder würzt die Niere auf dem Teller mit Salz und frisch gemahlenem Pfeffer (und Thymian). Nach Belieben können die Nieren noch mit angewärmtem Kognak, Weinbrand oder Calvados flambiert werden.
Beilagen: Weißbrot oder Reis mit Zwiebelringen oder Champignons, Salat.

Kalbsnieren auf amerikanische Art

2 Kalbsnieren, Salz, Pfeffer, 2 EL Öl, 8 Tomaten, Speckscheiben, Kräuterbutter

Die Nieren der Länge nach so halbieren, daß sie noch zusammenhalten. Fett und Röhren sorgfältig entfernen. 30 Minuten in Milch legen. Herausnehmen, trockentupfen, zwei oder drei Holzspieße flach durch die Nierenhälften stecken, rundum mit Öl bepinseln und auf sehr heißem, geöltem Rost je Seite 4–6 Minuten (innen noch rosa) grillen. Zuletzt würzen und mit gegrillten Tomaten, knusprig gegrillten Speckscheiben und Kräuterbutter anrichten.

Nieren auf Curryreis

2–4 Kalbs- oder Schweinenieren, 4 Tomaten, 2 Bananen, 2 EL Öl, Salz, Pfeffer, Zitronensaft, Curryreis

Die Kalbsnieren der Länge nach noch zusammenhängend halbieren, von Fett und Röhren befreien, 30 Minuten in Milch legen. Dann trockentupfen und in 1/2 cm dicke Scheiben schneiden. Mit Öl bestreichen und rasch beidseitig grillen. Salzen und pfeffern. Die Tomaten halbieren, salzen, pfeffern und beölt beidseitig grillen. Die Bananen schälen und der Länge nach halbieren, mit Zitronensaft beträufeln, mit Öl bestreichen und grillen. Auf einer Platte Curryreis anrichten, in die Mitte die Tomate setzen und rundherum die Nierenscheiben legen. Auf einer Seite mit den gegrillten Bananen garnieren.

Kalbsnieren Gourmet

2 Kalbsnieren, 2 EL Öl, Salz, Pfeffer, Senf, Zitronensaft, Petersilie, 1–2 EL Kognak

Die Nieren der Länge nach so halbieren, daß sie noch zusammenhängen. Fett und Röhren sorgfältig entfernen. 30 Minuten wässern oder in Buttermilch legen. Herausnehmen, trockentupfen. Rundum mit Öl bepinseln und auf sehr heißem, geöltem Rost je Seite 4–6 Minuten grillen. Zuletzt mit Salz, Senf, Zitronensaft und gehackter Petersilie würzen. Den vorgewärmten Kognak darübergießen und flambieren.

Kalbsnieren auf Tiroler Art

Kalbsnieren längs halbieren. Sehnen und Röhren abschneiden. Nieren unter fließendem kaltem Wasser gründlich abbrausen, dann trockentupfen. Speck in Scheiben schneiden. Speckscheiben halbieren. Geschälte Zwiebel in Ringe schneiden. Kalbsnieren auf der Schnittseite mit Salz einreiben. Speckscheiben auf den heißen, geölten Rost oder unter den vorgeheizten Grill legen. Kalbsnieren mit der Schnittseite auf die Speckscheiben geben und 5 Minuten grillen. Kalbsnieren wenden und nochmals 5–7 Minuten grillen. Zuletzt mit Pfeffer und Paprikapulver würzen. Tomaten kreuzweise einschneiden, salzen, mit Öl bestreichen und mit den Zwiebelringen auf dem Rand des Grillrostes von beiden Seiten grillen und mit dem Speck zu den Kalbsnieren servieren.
Beilagen: Salat, Stangenbrot.

2 ganze Kalbsnieren, 150 g durchwachsener Speck, 4 Tomaten, 1 Zwiebel, Salz, weißer Pfeffer, 1/2 TL Paprikapulver, 2 EL Öl

Hammelniere Chateaubriand

Die bratfertigen Nieren halbieren, aber nicht ganz trennen, von allen Äderchen und Häutchen befreien. 2 Stunden wässern, das Wasser mehrmals erneuern. Herausnehmen, gut abtropfen lassen, trockentupfen, mit Rosmarin würzen, mit Öl bestreichen und grillen. Zum Schluß salzen und pfeffern. Mit Strohkartoffeln und Brunnenkresse garnieren. Extra dazu wird eine Chateaubriandsoße serviert.

4 Hammelnieren, Salz, Pfeffer, Rosmarin, Öl

Hammelnieren Chipolata

Die Hammelnieren längs so halbieren, daß sie noch zusammenhängen. 1 Stunde in Milch legen. Herausnehmen, trockentupfen, von Sehnen, Fett und Röhren befreien. Rundum mit Öl bepinseln und auf sehr heißem, geöltem Rost je Seite 5–7 Minuten grillen. Sie werden mit kleinen, gegrillten Bratwürstchen, glasierten Zwiebelchen, Maronen und gebratenen Speckscheiben garniert.

4 Hammelnieren, Salz, Pfeffer, Öl, 2 Bratwürstchen, 4 EL Zwiebelchen, 80 g Speck, 200 g Maronen

WÜRSTE

Würste zu grillen gehört zu den leichten Dingen, an die sich selbst der Anfänger ohne Bangen wagen kann, zudem kann man die Würste auch fast überall verwenden, für eine Gartenparty, im Freien, zum Mitnehmen im Grünen oder zu einem »Lagerfeuer«; im Freien werden sie vorwiegend auf dem Grillrost des Holzkohlenfeuers zubereitet, man kann sie aber auch auf kleine Spießchen stecken und direkt über die Flamme bzw. Glut halten, ebenso aber auch im Kontakt- oder Elektrogrill. Auf dem Rost gegrillt sollten die Würste nicht zu nahe der Glut gegrillt werden. Vor dem Grillen entfernt man meistens die Haut oder schneidet sie mehrmals ein oder überbrüht sie mit kochendheißem Wasser, damit verhindert man das Aufspringen der Haut. Nach dem Brühen immer gut abtrocknen, mit Öl bepinseln und von allen Seiten schön braun grillen. Bei allen folgenden Rezepten für Wurstgrilladen kann man die Wurstsorten beliebig austauschen und so immer wieder neue Varianten auf den Tisch bringen.

Bratwurst auf Göteborger Art

Die Bratwürste 3–4 Minuten in kochendheißem Wasser ziehen lassen, herausnehmen, gut abtrocknen. Ei mit Senf, Pfeffer und Zucker verrühren, die Würste rundum ölen und 2–4 Minuten auf dem heißen, geölten Rost grillen, wenden und nochmals 2–4 Minuten grillen. Währen des Grillens vorsichtig immer wieder mit der Ei-Senf-Mischung bestreichen.
Beilage: Rotkohl oder Kartoffelsalat.

4 Bratwürste, 1 Ei, 1 EL scharfer Senf, 1 Prise Zucker und Pfeffer, Öl

Berner Würste

Die Würste der Länge nach durchschneiden, die Käsestreifen in die Mitte einlegen und mit je zwei Speckstreifen umwickeln. Mit Zahnstochern feststecken. Auf dem heißen Rost oder im vorgeheizten Grill 5–8 Minuten pro Seite grillen. Leicht salzen und pfeffern.
Beilagen: Kartoffelsalat, gegrillte Tomaten. Bier.

4 Fleischwürste, 4 Scheiben Emmentaler Käse, 8 Speckstreifen, Salz, Pfeffer

Bockwurst, gegrillt

Die Bockwürste einige Male einschneiden, in die Würste den in Streifen geschnittenen Käse hineinstecken. Würste mit Öl bestreichen und unter dem heißen Grill oder auf dem heißen, geölten Rost rundum 10 Minuten grillen (bis der Käse schmilzt).
Beilagen: Tomatenketchup, Senf, Stangenbrot. Bier als Getränk.

4 Bockwürste, 80 g Käse, Öl

Bockwurst im Schinkenmantel

Blätterteigscheiben auftauen lassen, je eine Wurst in eine Teigscheibe rollen, Eigelb mit etwas Salz verquirlen, die Oberseite der Teigrolle damit einstreichen. Um jede Wurst eine Scheibe Schinken rollen, mit Holzspießchen feststecken und im Grilltoaster 15 Minuten grillen.
Beilage: Tomaten- oder Curryketchup.

1 Paket Tiefkühl-Blätterteig, 4 Bockwürste, 1 Eigelb, Salz, 4 Scheiben Schinken

Bockwurst-Schaschlik

4 Bockwürste, 2 Zwiebeln, 1 kleine Salatgurke, 2 rote Paprikaschoten, 100 g durchwachsener Speck, Öl

Würste in dickere Scheiben schneiden, geschälte Zwiebeln in Achteln, die Salatgurke in Scheiben, die gereinigten, entkernten Paprikaschoten in Schnitzel schneiden, den Speck in Scheiben schneiden. Mit Öl bepinseln und auf dem Rost im Ofen grillen (ca. 15 Minuten), dabei mehrmals wenden. Beilagen: Schaschlik- oder Currysoßen, Stangenbrot. Bier oder Rotwein.

Bockwurst-Spießchen

4 Bockwürste, 4 Scheiben Ananas (aus der Dose), 4 Scheiben Schweizer Emmentaler, Öl, Salz, Pfeffer

Bockwurst, abgetropfte Ananasscheibn und Käse in gleichmäßige Würfel bzw. Stücke schneiden. Abwechselnd auf Spieße stecken, mit Öl bepinseln und unter dem Grill etwa 10 Minuten überbakken, bis der Käse zu schmelzen beginnt. Leicht salzen und pfeffern.
Beilagen: Grillsoße, Tomatenketchup, Schwarzbrot. Bier.

Bratwurst vom Rost

4 Bratwürste, 3 EL Öl, 1 Paket Pommes frites, Öl, Tomaten- oder Curryketchup

Die Bratwürste mit kochendem Wasser überbrühen. Trocknen, dann mit Öl einstreichen. Den Bratrost mit Öl bestreichen oder eine Alu-Folie auslegen, diese mit Öl bestreichen. Dann die Bratwürste darauflegen und in den heißen Ofen schieben. Fettpfanne zur Vorsicht darunterstellen. Auf jeder Seite etwa 10 Minuten grillen. Pommes frites in heißem Fett fritieren und damit die Bratwürste anrichten. Dazu Ketchup.

Bratwurst, gefüllt

4 Bratwürste, Schnittlauch, Senf, 2 Scheiben Chesterkäse, 4 Speckscheiben

Bratwürste mit heißem Wasser überbrühen und 5 Minuten darin ziehen lassen. Herausnehmen und abtrocknen und längs so weit einschneiden, daß die Würste noch etwas zusammenhängen. Senf auf die Schnittfläche streichen, feingeschnittenen Schnittlauch daraufstreuen und in jede Bratwurst eine halbe Käsescheibe legen. Dann jede Bratwurst mit einer Speckscheibe umwickeln, mit Holzspießchen feststecken und auf dem Grill oder in der Grillpfanne rundum etwa 5 Minuten grillen.
Beilagen: Salat, Senf, Brot, Soßen.

Fleischwurstring, gefüllt

Fleischwurst in kochendheißem Wasser 8 Minuten ziehen lassen. Käse, die geschälte Zwiebel, die Paprikaschoten und den Speck in kleine Stücke bzw. Scheiben schneiden. Wurst gut abtrocknen, in Abständen von 2 cm tief einschneiden, in die Einschnitte abwechselnd oder zusammen Käse-, Zwiebel-, Paprika- und Speckstücke stecken. Die Wurst samt Füllung rundum gut einölen und auf dem heißen, geölten Rost oder im vorgeheizten Grill etwa 15 Minuten grillen. Zuletzt mit grobgemahlenem Pfeffer und Currypulver bestreuen.
Beilagen: Brötchen oder Nudelsalat, Currysoße.

500 g Fleischwurst (Rind), 50 g Schweizer Käse, 1 Zwiebel, 1 grüne und 1 rote Paprikaschote, 1 Gewürzgurke, 100 g durchwachsener Speck, schwarzer Pfeffer, Currypulver

Kalbsbratwürstel

Sind eine ganz besondere Delikatesse, die sich neben den etwas schärferen Würsten sehr gut behaupten. Sie sind auch für den Anfänger am Grill immer ein voller Erfolg.
Die Kalbsbratwürste mit kochendem Wasser überbrühen, 2 Minuten darin ziehen lassen. Gut abtrocknen und mit wenig Öl einpinseln. Auf den heißen, geölten Rost legen (oder auf einem kleinen Spieß direkt über die Glut halten) und 8–10 Minuten grillen. Nach der halben Grillzeit wenden. Zwiebel, in dünne Streifen geschnitten, braun mitrösten.
Beilagen: Kartoffelsalat, Pommes frites oder Bratkartoffeln, Senf. Bier.

4 große Kalbsbratwürste, Öl, 1 Zwiebel

Kalbsbratwurst im Mantel

Kalbsbratwürste enthäuten, rundherum mit Paprikapulver bestreuen, dann in Schinkenscheiben einwickeln. Das Ende der Schinkenscheiben mit Zahnstocher feststecken. Auf dem heißen Grill pro Seite 4–5 Minuten grillen.
Beilagen: Salz- oder Bratkartoffeln, Soße tatare, Salat.

4 Kalbsbratwürste, Edelsüßpaprika, 4 Scheiben roher Schinken

Käse-Würstchen

Wiener Würstchen der Länge nach bis zur Hälfte aufschneiden, Käse, in Streifen geschnitten, hineinlegen, die Würstchen zusammenlegen, mit je einer Speckscheibe umwickeln und mit Holzspießchen feststecken. Mit etwas Paprikapulver bestreuen. Auf dem geölten, heißen Rost oder im vorgeheizten Grill rundum 8–10

8 Wiener Würstchen, 150 g Goudakäse, 8 Scheiben dünner Rauchspeck, Paprikapulver

Minuten grillen. Beim Holzkohlengrill die Käseseite zuerst nach unten legen, 2–3 Minuten angrillen lassen, dann die Würstchen drehen. Auf dem Elektrogrill die Würstchen mit dem Käse zuerst nach unten auflegen.
Beilagen: Senfgurken, Chilischoten, Perlzwiebeln, Mixed Pickles.

Käse-Wurst-Ring

800 g Fleischwurst (im Ring), 100 g Käseschnitten, 2 Zwiebeln, 200 g durchwachsener Speck, 2 EL Öl, 1 TL Paprika, edelsüß

Fleischwurst kurz kalt abbrausen, trockenwischen und in Abständen von 2 cm tief einschneiden. Käsescheiben in 1 cm dicke und 2 cm lange Streifen schneiden. Geschälte Zwiebeln achteln, diese nochmals halbieren. Speck in Scheiben schneiden, auch halbieren. Öl mit Paprikapulver verrühren. Käsestreifen, Zwiebelstücke und Speckscheiben abwechselnd in die Einschnitte der Fleischwurst stecken. Die Wurst und die Füllung mit dem gewürzten Öl bestreichen. Fleischwurst auf dem Rost oder im Grill rundum etwa 15 Minuten grillen.
Beilagen: Tomatenketchup, Salate.

Miami-Steak

4 Scheiben Jagdwurst (à 1 cm dick), 1 EL Öl, 2 EL Preiselbeerkonfitüre, 1 EL Kirschwasser, 2 Pfirsichhälften (aus der Dose)

Jagdwurstscheiben mit Öl bepinseln, auf dem heißen, geölten Rost oder unter dem vorgeheizten Grill von beiden Seiten etwa 4 Minuten grillen. Preiselbeerkonfitüre mit Kirschwasser verrühren, die Pfirsichhälften abtropfen lassen und in Scheiben schneiden. Die gegrillten Wurstscheiben mit Preiselbeerkonfitüre bestreichen und mit Pfirsichscheiben belegen.
Beilagen: Mischbrot, Salat.

Pariser Wurst, gefüllt

8 Scheiben Pariser Fleischwurst (ca. 1/2 cm dick), Öl, 2 Zwiebeln, 4 Chester-Scheibletten

Pariser Wurst schälen, leicht einölen, die Hälfte der Wurstscheiben mit feingeschnittener Zwiebel belegen, je eine Käsescheibe darauflegen, nochmals Zwiebelstückchen daraufgeben und mit der restlichen Wurstscheibe abdecken. Feststecken. Auf dem heißen, geölten Rost pro Seite 4–5 Minuten grillen.
Beilagen: Bratkartoffeln, grüner, Rote-Beete-Salat, Mixed Pickles.

Rostbratwürstchen

Die Würstchen einölen, auf den heißen, geölten Rost legen und beide Seiten etwa 3–4 Minuten grillen. Die gewaschene, getrocknete Gurke in Scheiben schneiden, diese mit Öl bepinseln und mitgrillen.
Beilagen: Silberzwiebeln, Senf, Gewürzgurken, Bauernbrot. Bier.

12 Rostbratwürstchen, 2 EL Öl, 1 kleinere Salatgurke, Perlzwiebeln (aus dem Glas), Gewürzgurken

Salami-Taler

Salamischeiben mit der Haut auf dem Holzkohlengrill, im Elektrogrill oder in der Grillpfanne bei milder Hitze etwa 4–5 Minuten von einer Seite grillen, bis sie sich wölben. Inzwischen die Eier mit Salz und Pfeffer verquirlen. Das Öl in einer Pfanne erhitzen, die Eiermasse in die Pfanne gießen, den kleingeschnittenen Schnittlauch darüberstreuen und unter Umwenden zu Rühreiern stocken lassen. Die Salamischeiben auf einer Platte anrichten, mit dem Rührei füllen.
Beilagen: Stangenweißbrot, Paprikasalat.

12 Scheiben Salami (nicht zu dünn geschnitten), 4 Eier, Salz, Pfeffer, 1 EL Öl, Schnittlauch

Schinkenwurst auf spanische Art

Schinkenwurstscheiben dünn mit Öl bepinseln, auf dem Holzkohlengrill oder im Elektrogrill bei milder Hitze auf beiden Seiten 3 Minuten grillen. Restliches Öl mit Ananasraspeln und geriebenen Mandeln verrühren. Diese Füllung auf 4 Wurstscheiben verteilen und die weiteren 4 Scheiben darauflegen. Jeweils 2 gefüllte Schinkenwurstscheiben in ein Stück Alu-Folie verpacken und darin auf dem Holzkohlengrill oder im Elektrogrill noch einmal 5 Minuten grillen.
Beilagen: Getoastetes Weißbrot oder Stangenweißbrot, grüner Salat.

8 Scheiben Schinkenwurst (à ½ cm dick), 1 EL Öl, 4 EL Ananasraspeln (aus der Dose), 4 EL geriebener Käse, 1 EL geriebene Mandeln

Wiener Würstchen mit Käse

Die Würstchen kurz mit heißem Wasser überbrühen. Trocknen, mit Öl bepinseln, jedes fünfmal quer bis zu Hälfte einschneiden, in jeden Einscnitt ein Stück Käse, ein Stück Speck und einen Paprikastreifen, wieder Speck und abschließend Käse stecken. Die Würstchen auf eine gefettete Alu-Folie legen und auf dem Grill so lange braten, bis der Käse cremig zerfließt und die Würstchen gar sind.

8 Frankfurter Würstchen (»Wiener«), 4 Scheiben Käse, 125 g Speck, 2 rote Paprikaschoten, Öl

Wiener Würstchen mit Speck

8 Wiener Würstchen, 8 Scheiben Frühstücksspeck

Würstchen 1 Minute lang in kochendheißes Wasser legen, herausnehmen, gut abtrocknen. Die Enden der Würste etwa 1–2 cm tief kreuzweise einschneiden, die Speckstreifen um das ganze Mittelstück der Wurst wickeln, mit Zahnstochern feststecken. Auf dem heißen, geölten Rost oder an kleinen Spießen direkt über der Flamme oder im vorgeheizten Grill 2–3 Minuten pro Seite grillen.
Beilagen: Kartoffelsalat, grüner Salat.

Würstchen vom Grill

4 Wiener Würstchen, Öl

Würste geölt auf den heißen, geölten Rost legen oder auf lange Holzstäbchen stecken. Vorheriges Überbrühen der Würste verhindert das Platzen.
Wiener Würstchen der Länge nach eventuell einkerben, mit je einem Käsestreifen füllen, mit Senf oder Ketchup würzen, mit Speck umwickeln.
Für den Mixed Grill die Wiener an beiden Enden kreuzweise einkerben, damit sich die Enden einringeln.

Würstchengrill auf bäuerliche Art

Regensburger Würste, Bratwürste, Wiener und Bergische Mettwurst, Fleischwurst, Nürnberger Bratwürstel, Öl

Alle Würstchen mit heißem Wasser überbrühen, trocknen, einölen und auf dem heißen Rost etwa 8 Minuten von jeder Seite grillen. Mehrfach dabei wenden und bei Bedarf mit Öl bepinseln.
Beilagen: Gegrillte Gemüsesorten, Soßen, Brotsorten. Bier.

Würstchen-Grillparty

(8–10 Portionen)

4 Debrecziner, 4 Kalbsbratwürstchen, 8 Nürnberger Bratwürstchen, 8 Cipolata, 4 Frankfurter (»Wiener«), 100 g Speckscheiben, 4 EL Öl, 100 g Käsescheiben, 4 Tomaten, Gewürzgurken, rotgefüllte Oliven, 1/2 Salatgurke, Petersilie, Senfsorten, geriebener Meerrettich, Tomatenketchup, fertige Würzsoßen

Alle Würstchen mit kochendheißem Wasser überbrühen und 6–8 Minuten darin ziehen lassen, herausnehmen, gut trocknen, mit Öl bepinseln. Kleine Würstchen der Länge nach halbieren, mit kleinen Käsestreifen und Tomatenstreifen füllen. Mit je einem Streifen Speck umwickeln. Die Würstchen auf dem Grilltoast des Elektrogrills unter öfterem Wenden und Bepinseln mit Öl etwa 8 Minuten grillen. Auf einer Platte hübsch anrichten, mit den Gewürzgurken, den restlichen Käsescheiben, Tomatenscheiben und Oliven garnie-

ren. Salatgurke, in Scheiben geschnitten, ebenfalls dazugeben. Mit Petersilie verzieren.
Beilagen: Senfsorten, geriebener Meerrettich, Tomatenketchup, Würzsoßen, Brotsorten. Bier.

Würstchenpalette

2 Paar Wiener Würstchen (»Frankfurter«), 1 Stück Knackwurst, 1 Paar Debrecziner, 100 g magerer Speck, eventuell Zwiebeln, grüner Paprika, Öl, Ketchup, Chilisoße, Senf

Dieses Gericht kann beliebig auch aus anderen Wurstarten zusammengestellt sein. Die Würste in 3 cm dicke Stücke schneiden. Abwechselnd mit dünnen Speckscheiben, Zwiebel- und Paprikastücken auf den heißen, geölten Rost legen und grillen. Während des Grillens das Grillgut mit einer Ölsoße (Öl, Ketchup, Chilisoße und Senf glattrühren) zweimal bestreichen.

Wurstschnitzel, gefüllt

8 dickere Scheiben Schinkenwurst oder Fleischwurst (»Extra«, »Pariser«), à ½ cm dick, 1 TL scharfer Senf, 2 Zwiebeln, 1 grüne Paprikaschote, 2 EL Kapern, 4 Scheiben Chesterkäse, 2 EL Öl, Salz, Pfeffer

Die Wurstscheiben dünn mit dem scharfen Senf bestreichen, die geschälten, in feine Streifen geschnittenen Zwiebeln, die entkernte, in Ringe geschnittene Paprikaschote, die leicht zerdrückten Kapern und die würfelig geschnittenen Käsescheiben vermengen, eine kleine Portion davon auf vier Wurstscheiben häufen, leicht würzen und die anderen Wurstscheiben darauflegen. Die Außenseiten der Wurstscheiben mit Öl bepinseln und auf dem Rost oder im vorgeheizten Grill pro Seite etwa 4 Minuten grillen.
Beilage: Gemischter Salat.

Wurstschüsselchen, gefüllt

8 Scheiben Fleischwurst oder Bierwurst, je 1 cm dick, 2 EL Öl, Petersilie, ¼ Sellerieknolle, 2 Äpfel, 1 EL geriebener Meerrettich, 1 TL Zitronensaft, Prise Zucker, Salz, Paprikapulver, 4 EL Quark, 2–3 EL Sahne

Geschälte Sellerieknolle waschen und raspeln. Geschälte, halbierte und entkernte Äpfel ebenso raspeln, beides mit geriebenem Meerrettich, Zitronensaft, Prise Zucker, Salz und Paprikapulver verrühren, ebenso Quark und Sahne einrühren und abschmekken.
Bierwurstscheiben mit der Haut auf dem Holzkohlengrill, dem Elektrogrill oder in der Grillpfanne so lange grillen, bis sich die Wurstscheiben leicht wölben. Öl und feingehackte Petersilie mischen und mit diesem Ölgemisch die Wurstschüsselchen ausstreichen. Dann die restliche Petersilie-Öl-Mischung unter die Füllung mischen und die garen Wurstschüsselchen damit füllen. Man kann diese Wurstschüsselchen auch mit einem mit Mayonnaise angemachten Gemüse- oder Wurstsalat, mit Reissalat, mit in Butter geschwenkten Erbsen oder Spargelspitzen, mit Pußtasalat, Möhrensalat etc. füllen.
Beilagen: Brot, grüner Salat, Tomaten-, Gurkensalat.

FISCHE, SCHALEN- UND KRUSTENTIERE

Dazu eignet sich in erster Linie der Holzkohlengrill, hier benötigt man mittlere Hitze, auch Scherenrost verwendet man gern. Der Tischgrill muß glühendheiß vorgeheizt werden. Zum Grillen nimmt man vor allem kleinere, fettreiche Fischsorten (Makrelen, Heringe, Forellen, Renken, Schollen, Rotbarben, Aale, Barsche). Scheiben von Fischen verwendet man besonders von größeren Fischen (Salm, Rotbarsch, Kabeljau, Schellfisch, Heilbutt, Steinbutt, Hering, Lachs, Hecht, Thunfisch, Zander).

Kleine Fische werden als Portionsfische gegrillt, pro Person rechnet man 200–250 g, große Fische schneidet man in Scheiben von 2½–3 cm Dicke. Filets lassen sich im Elektrogrill gut grillen. Fische ½ Stunde in Zitronensaft oder Weinessig legen, damit sich die Poren schließen, das Fleisch fest und schmackhafter wird. Den Rost immer glühendheiß werden lassen, gründlich ölen, dann erst die gut geölten Fische darauflegen, sonst bleibt die Haut kleben. Während des Grillens salzen und mehrmals mit Öl bestreichen.

Fische lassen sich leicht im Korbgrill garen, es entfällt damit das etwas schwierige Wenden.

Da die Fischfilets auf dem Rost leicht zerfallen, verwenden man besser den Elektrogrill. Wenn Fische am Spieß gegrillt werden, umwickle man sie mit Küchengarn.

Tiefgefrorene Fischschnitten zumindest antauen! Grillzeit pro Seite (je nach Dicke des Grillgutes und Stärke der Hitze) 6–10 Minuten.

Beilagen: Frisches Weißbrot, körniger Reis, neue Kartoffeln, Kartoffelsalat, frische Salate, gegrillte Tomaten, gegrillte Zwiebelscheiben, Butter, mit leicht geschlagener süßer Sahne, mit Zitronensaft, Kräutern aller Art, Sardellenpaste, Senf, Kaviar, Meerrettich, Tomatenketchup, Kapern oder Paprika, Holländische Soße, Soße béarnaise.

Aal mit Dill

Aal küchenfertig vom Fischhändler beziehen. Oder: Aal töten, ausnehmen, in fingerlange Stücke schneiden. Die Haut muß man nicht unbedingt entfernen. Die Stücke würzen, mit Dillzweiglein (an Stelle von Dill kann man auch Salbei verwenden) füllen und unter mehrfachem Wenden ca. 20–30 Minuten direkt auf dem heißen, geölten Rost grillen. Auf einem üppigen Bett von frischem Dill anrichten.
Beilage: Curryreis.

1 frischer Aal (800 g), 1 Zitrone (Saft), Salz, Öl, 1 Bund Dill

Aal in Asche

Den bratfertigen Aal in Portionsstücke teilen, portionsweise würzen und in je ein geöltes Alu-Folie-Stück oder stark gefettetes Papier hüllen, gut verschließen und die Paketchen direkt in die Glut legen. Grillzeit 15–20 Minuten.
Beilagen: Salat aus Gurkenwürfeln, Tomatenachteln, Paprika- und Zwiebelringe, mit Dill und mit einer französischen Marinade.

1 frischer Aal, Zitronensaft, Salz, Öl

Barsch, gefüllt

Fische ausnehmen, schuppen, waschen und mit Haushaltspapier trockentupfen. Innen mit Zitronensaft beträufeln. Champignons auf einem Sieb abtropfen lassen und blättrig schneiden. Petersilie waschen, gut abtropfen lassen und fein wiegen. Hartgekochtes Ei in kleine Würfel hacken. Blättrig geschnittene Champignons mit Parmesankäse, gewiegter Petersilie und Eiwürfeln mischen, mit Salz, Pfeffer und Paprika würzen und abschmecken. Diese Mischung in die Barsche füllen. Öffnungen vorsichtig mit Holzstäbchen zusammenstecken. Die Fische auf beiden Seiten mit Salz und Pfeffer würzen und mit Öl bepinseln. Auf dem heißen, geölten Rost 15–20 Minuten grillen. Fische nach der halben Zeit vorsichtig umdrehen und nochmals mit Öl bestreichen.
Beilagen: Reis, gemischter Salat.

4 Barsche, 2 EL Zitronensaft, 1 Dose Champignons, 2 EL geriebener Parmesankäse, Petersilie, 1 hartgekochtes Ei, Paprika edelsüß, Salz, Pfeffer, Öl

Barsch mit Fenchel

Die bratfertigen Fische etwas einschneiden, einige Fenchelstengel in die Bauchöffnung legen, mit Zitronensaft beträufeln, salzen und pfeffern, mit Öl bestreichen und auf dem gut geölten, heißen Rost braten. Beim Wenden wiederholt mit Öl bestreichen.

4 mittelgroße Barsche, einige Fenchelstengel, Salz, Pfeffer, 1 Zitrone, Öl

Man kann die Fische auch mit Zitronensaft, Pfeffer und Öl marinieren, dann salzen, mit Öl einstreichen, 15 Minuten auf dem heißen, geölten Rost braten und mit Senfbutter extra servieren.
Beilagen: Soße bordelaise, Gewürzbutter.

Fische vom Rost

4 frische Fische (Forellen, Felchen, Schleien, Makrelen, Heringe), Salz, Saft von 1 Zitrone, 6 EL Öl, 1 große Zwiebel, 60 g Speck, 1 Bund Petersilie, Zitronenscheiben

Die Fische ausnehmen, innen und außen kalt waschen und abtrocknen. Innen mit Salz und Zitronensaft würzen, außen nur mit Zitronensaft beträufeln. 10 Minuten ziehen lassen. Dann außen nochmals trockentupfen, mit Öl innen und außen einpinseln. Das Öl kann man vorher beliebig würzen, z. B. mit Salz, Pfeffer, Thymian und Rosmarin. In die Bauchhöhle der Fische Zwiebelscheiben, Speckstreifen und ein Kräutersträußchen (Petersilie) legen. Fische dann auf dem heißen, geölten Rost von jeder Seite 6–7 Minuten grillen. Zwischendurch häufig mit dem (gewürzten) Öl bepinseln. Mit Petersilie und Zitronenscheiben servieren.
Beilagen: Kartoffeln, Kopfsalat. Weißwein als Getränk.

Fisch auf Amsterdamer Art

4 Scheiben Fisch (à 200 g), 1 Zitrone, 2 EL geriebener Käse, Salz, Pfeffer, 6 EL Öl

Die Fischscheiben kalt waschen, trockentupfen, mit Zitronensaft beträufeln und 30 Minuten ziehen lassen. Dann salzen, pfeffern, mit Öl bestreichen und im vorgeheizten Grill auf den geölten Rost legen. Die eine Seite goldgelb braten, wenden, mit Käse bestreichen und überkrusten.
Beilagen: Remouladen- oder Quarkremouladensoße, Bratkartoffeln, Kopfsalat.

Fisch im roten Rock

4 Scheiben Fisch (à 200–250 g), Zitronensaft, Salz, 4 EL Öl, 1 würfelig geschnittene Zwiebel, 1 EL gehackte Petersilie, 4 EL Tomatenmark, 2 EL Paniermehl, 1 EL Reibkäse, 20 g Butter

Fischfilet waschen, trockentupfen, mit Zitronensaft säuern und 15 Minuten ziehen lassen. Dann salzen. Gehackte Zwiebel kurz in heißem Öl anschwitzen, Petersilie und Tomatenmark beigeben. Diese Mischung etwas überkühlt auf zwei Fischscheiben streichen, die beiden restlichen darüberlegen. Obenauf Paniermehl, Reibkäse und einige Butterflocken geben. Entweder in einer feuerfesten Form oder in der Folie grillen. Man kann auch noch zerdrückten Knoblauch, feingehackte Oliven, Peperoni und Tomatenwürfel dazugeben.

Fischfilet mit Krabbenbutter

Die Fischfilets unter fließendem kaltem Wasser abspülen. Mit Haushaltspapier trockentupfen und auf beiden Seiten mit Zitronensaft beträufeln. Eine halbe Stunde lang kühl durchziehen lassen. Anschließend nochmals trockentupfen. Dann salzen und pfeffern und gründlich mit Öl bepinseln. Die Fischfilets auf den geölten Rost des vorgeheizten Grills legen und auf beiden Seiten jeweils 5–7 Minuten grillen. Dann warmstellen. In der Zwischenzeit Butter schaumig rühren. Feingehackte Walnüsse und geriebenen Käse an die Butter geben. Mit Currypulver und einem Schuß Sherry würzen und abschmecken. Krabben auf ein Sieb schütten. Kurz mit kaltem Wasser überbrausen, abtropfen lassen und trockentupfen. Krabben vorsichtig unter die Butterpaste mischen. Die Krabben dürfen nicht zerfallen. Paste auf den Fischfilets verteilen. Filets unter den Grill zurückschieben. Noch einmal 3–5 Minuten grillen. Sobald die Krabbenbutter sich zu verfärben beginnt, herausnehmen und sofort servieren.
Beilagen: Reis, frischer Salat.

4 Scheiben Fischfilet (à 250 g), Saft von ½ Zitrone, 3 EL Öl, Salz, Pfeffer, 100 g gehackte Walnüsse, 1 EL Butter, 100 g geriebener Emmentaler Käse, 1 Dose Krabben, 1 Msp. Currypulver, Sherry

Fischfilet mit Soße béarnaise

Die Fischfilets kalt waschen, trockentupfen, mit Zitronensaft beträufeln und 15 Minuten ziehen lassen. Fischfilets nochmals trokkentupfen, leicht salzen, in Mehl wenden, mit zerlassener Butter oder Öl einpinseln. Tomaten kreuzweise oben einschneiden, salzen und pfeffern. Fischfilets und Tomaten auf heißem, geöltem Grillrost 4–5 Minuten grillen. Filets wenden und weitere 4 Minuten grillen. Mit Zitronenscheiben, Petersilie und gegrillten Tomaten, etwas Soße béarnaise übergossen, anrichten. Restliche Soße gesondert servieren.
Soße béarnaise: Schalotten fein hacken, mit Estragonessig, Pfefferkörnern, flüssigem Fleischextrakt in einem Topf kurz aufkochen. Durch ein Sieb passieren. Den Zwiebelbrei aufheben. In einem anderen Topf 3 Eigelb mit 1 EL warmem Wasser verquirlen, ins Wasserbad stellen und langsam erhitzen, dabei immer schlagen, bis das Eigelb leicht cremig wird. Butter in einer Pfanne erhitzen und nach und nach unter die Eigelbcreme rühren, zuletzt auch noch die Zwiebelmasse dazugeben und verrühren. Mit Salz, Cayennepfeffer und fein zerstoßenem Estragon abschmecken.

4 Fischfilets vom Hecht, 2 EL Zitronensaft, Salz, 4 EL Öl oder 30 g Butter; Soße béarnaise: 3 Schalotten, 2 EL Estragonessig, 3 Pfefferkörner, 2 TL Fleischextrakt, 3 Eigelb, 1 EL warmes Wasser, 100 g Butter, Salz, Cayennepfeffer, 1 EL Estragon, trocken; 20 g Mehl, 20 g Butter, Salz, weißer Pfeffer, 4 Tomaten, 1 Zitrone, Petersilie

Fischfilet in Folie

4 Koteletts oder Filets (von Kabeljau oder Heilbutt, Steinbutt oder Schellfisch), Salz, Zitronensaft, 1 Tomate, 1 Zwiebel, 4 Lorbeerblätter, 1 EL Kräuterbutter, Pfeffer, Alu-Folie

Fischstücke waschen, trockentupfen und mit Zitronensaft beträufeln, 15 Minuten ziehen lassen. Dann nochmals trockentupfen, salzen, jeweils auf ein gefettetes Stück Alu-Folie legen, mit Tomaten- und Zwiebelscheiben belegen, ein kleines Stück Lorbeerblatt, Pfeffer und ein Stück Kräuterbutter darüber verteilen. Die Folien gut schließen und auf dem heißen Rost ca. 10 Minuten grillen.

Fischstäbchen mit Käse

1–2 Pakete tiefgefrorene Fischstäbchen, Scheibletten-Käse, Edelsüßpaprika, Salz, Pfeffer, 1 Zitrone, Öl

Die leicht angetauten Fischstäbchen mit Zitronensaft beträufeln, kurz ziehen lassen, trockentupfen und mit Öl beträufeln. Auf jeder Seite 5–7 Minuten grillen, dann Streifen der Käsescheiben auf die Stäbchen legen, wenig salzen und pfeffern und kurz übergrillen, bis der Käse geschmolzen ist. Mit Paprikapulver bestreuen. Statt mit Käsestreifen kann man die Fischstäbchen auch mit Sardellenfiletstreifen belegen und übergrillen oder mit Tomatenachteln belegen, die mit Salz und Majoran gewürzt werden, und mit Butterflocken belegen oder mit Öl beträufeln und grillen.
Beilage: Mayonnaisesalat.

Fischstäbchen mit Tomaten

1–2 Pakete Fischstäbchen (tiefgefroren), Zitrone, 4 Tomaten, Salz, Majoran, 30 g Butter

Angetaute Fischstäbchen mit Zitronensaft beträufeln, trockentupfen und ölen. Auf einer Seite 5–7 Minuten grillen, dann wenden. Tomaten in Scheiben schneiden und über die Fischstäbchen verteilen. Mit etwas Salz und Majoran würzen, kleine Butterflöckchen daraufsetzen und in etwa 7 Minuten fertiggrillen.

Forelle mit Würzbutter

4 frische oder tiefgekühlte mittelgroße Forellen, Salz, 1 TL Mehl, Öl, Zitronenscheiben; Würzbutter: 80 g Butter, 1 EL gehackter Dill, Salz, 2 TL Senf, Zitronensaft, einige Tropfen Worcestershiresoße

Frische Forellen ausnehmen und waschen. Tiefkühlware nur leicht antauen lassen. Trockentupfen, mit etwas Zitronensaft beträufeln und 15 Minuten ziehen lassen. Dann Forellen nochmals trockentupfen, innen salzen und mit etwas Würzbutter füllen. Außen auf jeder Seite dreinmal einschneiden, salzen (eventuell mit etwas Mehl stauben), ölen, auf den mit wenig Öl bepinselten Rost legen. Vorsichtig einmal wenden. Pro Seite 5–6 Minuten grillen. Wäh-

rend des Grillens öfter mit Würzbutter (oder Öl) bestreichen. Mit Zitronenscheiben im Maul und mit gehacktem Dill bestreut servieren.
Würzbutter: Butter schaumig rühren, alle übrigen Zutaten einmengen und pikant abschmecken.
Auf die gleiche Weise kann man Äsche, Barsch, Felchen, Schleie, Makrelen, Seezunge und andere kleine Fische bereiten.

Forelle auf Budapester Art

Die küchenfertigen Fische innen und außen mit gekochten Kräutern, Gewürzen und Zitronensaft gut einreiben. 1 Stunde zugedeckt ziehen lassen. Fische mit Öl bepinseln, auf heißem, gut geöltem Rost pro Seite 5–6 Minuten grillen. Dabei mit Edelsüßpaprika leicht bestäuben und mehrmals mit Öl bepinseln.

4 mittelgroße Forellen (à 250 g), Petersilie, Majoran, Edelsüßpaprika, Pfeffer, Salz, Zitronensaft, 1/8 l Öl

Forelle auf Hoteliersart

Die Forellen ausnehmen, waschen, trocknen. Tiefgekühlte auftauen lassen. Innen und außen mit Zitronensaft beträufeln. Petersilie waschen, trockentupfen. In jeden Fisch einen Stengen legen. 30 Minuten ziehen lassen. Abtrocknen, salzen und pfeffern, je 1 Stengel Dill, Rosmarin und Estragon in die Fische legen. Fische dann mit Mehl bestäuben, mit zerlassener Butter beträufeln und in Semmelbrösel wenden. Fische auf dem heißen, geölten Rost auf beiden Seiten 5–7 Minuten grillen. Inzwischen die Butter für die Soße in einer Pfanne erhitzen. Abschäumen, mit Salz und Zitronensaft würzen. Petersilie waschen, trockentupfen. Etwa 5 Stengel fein hacken und in die Buttersoße rühren. Fisch vom Rost nehmen. Auf einer vorgewärmten Platte anrichten. Mit der restlichen Petersilie und Zitronenrädern garnieren. Buttersoße in einer kleinen Sauciere reichen.
Beilage: Petersilienkartoffeln.

4 frische oder tiefgekühlte Forellen (à 250 g), 1 Zitrone, Petersilie, Salz, Pfeffer, Dill, Rosmarin und Estragon, 1 EL Mehl, 30 g Butter, 2 EL Semmelbrösel, 100 g Butter, Salz, 2 TL Zitronensaft, 1 Bund Petersilie, 1 Zitrone

Forelle auf Kenia-Art

Frische Forellen ausnehmen, innen und außen waschen. Tiefkühlware auftauen lassen. Mit Haushaltspapier trockentupfen. Mit Zitronensaft beträufeln, 15 Minuten ziehen lassen, dann trockentupfen, mit Salz und Pfeffer innen und außen einreiben. Gut einölen. Forellen auf dem heißen, geölten Rost oder im Grill auf jeder

4 frische oder tiefgekühlte Forellen (à 250 g), 1 Zitrone, Salz, schwarzer Pfeffer, 4 EL Öl, 2 Bananen, 2 EL Tomatenketchup, 1/2 Bund Petersilie, 20 g Butter

Seite je 5–7 Minuten goldbraun grillen. Auf vorgewärmter Platte anrichten. Geschälte, halbierte Bananen 5 Minuten auf Alu-Folie am Rand des Rostes grillen. Auf den Forellen anrichten. Mit Tomatenketchup beträufeln. Petersilie waschen, trockentupfen und fein hacken. Forellen damit bestreuen. Mit der gebräunten Butter übergießen und servieren.
Beilage: Reis oder Stangenweißbrot.

Forelle auf Klosterart

4 mittelgroße Forellen, 1 Zitrone, Salz, weißer Pfeffer, 40 g Butter, 20 g Mehl, Petersiliengrün, ½ Tasse geschälte, blättrig geschnittene Mandeln

Forellen ausnehmen, schuppen, waschen bzw. auftauen. Innen und außen mit Zitronensaft einreiben und 15 Minuten ziehen lassen. Trockentupfen, außen leicht pfeffern, einige Stämmchen gewaschenes, abgetropftes Petersiliengrün in die Bauchöffnung der Fische legen. Mit zerlassenei Butter gut beträufeln, in Mehl wenden, auf der einen Seite ca. 10 Minuten grillen, wenden, angrillen, bis sich die Mandelsplitter wie ein Schuppenmuster aufstreuen und eindrücken lassen. Mit zerlassener Butter bepinseln und fertiggrillen (insgesamt 16–20 Minuten).
Beilagen: Kopfsalat, Bratkartoffeln. Weißwein.

Kräuterforelle

4 frische Forellen, 1 Zitrone, Salz, Pfeffer, 1 Bund Petersilie, je 4 Zweiglein Rosmarin, Thymian, etwas Dill, 4 EL Öl, Alu-Folie

Die Forellen ausnehmen, kalt waschen, trockentupfen, innen mit dem Saft einer Zitrone beträufeln. 30 Minuten ziehen lassen. Dann nochmals trockentupfen und außen mit Salz und Pfeffer würzen, in jeden Fischbauch je einen Streifen Zitronenschale, etwas Petersilie, Rosmarin, Thymian und Dill legen. 4 große rechteckige Alu-Folien-Stücke mit Öl bestreichen, die Forellen darauflegen und einpacken. Auf dem Holzkohlengrill beidseitig 7–8 Minuten grillen.

Forelle im Speckhemd

4 mittelgroße Forellen, 2 EL Weinessig oder Zitronensaft, 1 Bund Petersilie, Estragon und Dill, Salz, 8 große, dünne Scheiben (ca. 150 g) Frühstücksspeck, Öl zum Bepinseln, 1 Zitrone

Forellen, soweit nicht frisch, sondern tiefgekühlt, fast völlig auftauen lassen. Nur ganz kleine Fische können auch in gefrorenem Zustand auf dem Grill gegart werden, ohne daß die äußere Haut verbrennt. Frische Fische putzen und waschen. Von allen Seiten mit Essig oder mit Zitronensaft beträufeln. Die gewaschenen Kräuter in die Bauchhöhle geben. Trockenkräuter sollten mög-

lichst in etwas Weißwein 10 Minuten quellen. Dann leicht salzen und jeden Fisch mit Speckstreifen diagonal umwickeln und mit einem Hölzchen die beiden Enden befestigen. Nicht zu dicht über bzw. unter der Heizquelle von jeder Seite 10 Minuten grillen. Das Innere soll gar und der Speck muß knusprig sein. Mit Zitronenschnitten garnieren.
Egli, Felchen, Heringe, kleine Huchen, Makrelen und ähnliche Portionsfische können auf die gleiche Art zubereitet werden.
Beilagen: Petersilienkartoffeln, Meerrettich- oder Senfsahne, gemischter grüner Salat.

Forelle mit Kräutern

4 mittelgroße Forellen, 1/4 TL Majoran, 1/4 TL Beifuß, 1 Bund Petersilie, 1/2 Bund Petersilie, 1/2 TL Salz, 1/4 TL Paprika, 1 Msp. schwarzer Pfeffer, 1/4 l Öl, 1 Zitrone

Die ausgenommenen Forellen waschen, trockentupfen, mit Zitronensaft beträufeln und 15 Minuten ziehen lassen, dann nochmals trockentupfen. Den Majoran und den Beifuß mit den Fingerspitzen fein zerreiben und die Petersilie hacken. Mit dem Salz, Paprika und Pfeffer zu dem Öl geben. Die vorbereiteten Forellen nur auf jeder Seite eine halbe Stunde in dieser Marinade ziehen lassen. Die Fische aus der Marinade nehmen, abtropfen lassen. Mit Öl bepinseln und auf dem heißen Rost pro Seite 5–6 Minuten grillen. Während des Grillens mit Öl bepinseln (oder mit Würzbutter bestreichen).

Forelle mit Currybutter

100 g Butter, Salz, 1 TL Currypulver, 1 Prise Zucker, 4 EL Tomatenmark, 4 frische Forellen, Salz, Pfeffer, 2 EL Öl, 200 g durchwachsener Speck in Scheiben

Butter mir Currypulver, Salz, Zucker und Tomatenmark zu einer geschmeidigen Masse verkneten. Die Buttermasse in Pergamentpapier oder in Alu-Folie legen, zu einer Rolle formen und im Kühlschrank gut fest werden lassen. Forelle vorsichtig innen und außen waschen und mit Haushaltspapier trockentupfen. Salz mit Pfeffer und Öl verrühren. Forellen innen mit dem gewürzten Öl ausstreichen. Den Speck um die Forellen schlagen und mit Küchengarn festbinden oder mit Holzzahnstochern feststecken. Forellen auf dem Holzkohlengrill über milder Glut von allen Seiten so lange grillen, bis der Speck knusprig und leicht bräunlich ist. Elektrogrill auf halbe Temperaturstufe einschalten, Forellen darin unter öfterem Wenden etwa 12 Minuten grillen.
Beilagen: Stangenweißbrot, Currybutter.

Forelle mit Mandelsoße

4 Lachs- oder Regenbogenforellen, 1 Zitrone (Saft), Salz, 1 Bund Petersilie, Öl oder Butter; Mandelsoße: 60 g Butter, 100 g Mandeln, 1 Zitrone, 1 EL gehackte Petersilie

Küchenfertige Forellen kurz waschen, mit Zitronensaft beträufeln, 15 Minuten ziehen lassen. Trockentupfen. Einige Petersilienstengel in die Bauchhöhle legen (kann durch Estragon, Dill, Minze, Zitronenmelisse, Liebstöckel und andere Kräuter ergänzt werden). Salzen. Jede Forelle in ein großes Stück gebutterte oder geölte Alu-Folie wickeln, die Enden spitz zusammendrehen. Ca. 10 Minuten auf jeder Seite nicht zu dicht über bzw. unter der Heizquelle grillen. In der Folie servieren.
Mandelsoße: Butter erhitzen, geschälte, grob zerhackte Mandeln darin hell rösten, den Saft einer Zitrone und gehackte Petersilie beigeben.
An Stelle von Forellen können auch Renken, Felchen, Makrelen oder frische grüne Heringe verwendet werden.
Beilagen: Schwenkkartoffeln, Salat.

Forellen mit Salbei

4 Forellen, 1 Zitrone, Salz, Pfeffer, Öl, 4 Salbeiblätter, 4 Scheiben Frühstücksspeck

Küchenfertige Forellen mit Zitronensaft säuern, 15 Minuten ziehen lassen, dann trockentupfen, salzen, pfeffern und einölen. 10 Minuten grillen. Wenden, je ein Salbeiblatt und eine Scheibe Frühstückspeck auflegen und noch einmal rund 10 Minuten grillen, bis der Speck knusprig braun ist.

Geräuchertes Forellenfilet

4 geräucherte Forellen oder -filets, 50 g Butter, 1 EL Zitronensaft, 1/2 TL getrockneter Estragon, 1/2 Zitrone

Ganze Forellen filetieren. Die Butter schaumig rühren und mit Zitronensaft und Estragon abschmecken. Forellenfilets damit bestreichen und von jeder Seite 3–4 Minuten auf dem vorgeheizten Grillrost heiß werden lassen. Mit Zitronenachteln garnieren.
Beilagen: Meerrettichsahne, Toast.

Hecht, gespickt

1 Hecht (ohne Kopf und Schwanz, ca. 1200 g), 6 EL Öl, Salz, Pfeffer, 1 Zitrone, 20 g Butter

Hecht schuppen, ausnehmen, waschen und mit Haushaltspapier trockentupfen. In daumendicke Scheiben schneiden, mit Zitronensaft beträufeln und 1/2 Stunde im Kühlen ziehen lassen. Dann gut trockentupfen, salzen, pfeffern, mit zerlassener Butter beträufeln und je Seite 5–6 Minuten im heißen Grill auf dem geölten Rost braten. Alle Filets und Scheiben von Fischen mit festem Fleisch, wie Lachsschnitten, Heilbuttschnitten und Steinbuttschnitten, können auf diese Art zubereitet werden.

Heilbutt mit Champignons

4 Scheiben Heilbutt (à 200 g), Salz, Pfeffer, 2 TL Zitronensaft, 2 EL Öl, 400 g Champignons (Dose), 1 EL Butter in Flöckchen, 2 EL kleingeschnittene Petersilie

Die Heilbuttscheiben kurz kalt abbrausen, mit Haushaltspapier trockentupfen und mit Zitronensaft von beiden Seiten würzen. 10 Minuten ziehen lassen, dann nochmals trockentupfen, beidseitig salzen und pfeffern. Vier Stücke Alu-Folie zu vier Schüsseln formen. Boden der Schüsseln mit Öl bestreichen. Die Champignons abtropfen lassen, große Köpfe halbieren. Den Grill auf höchster Temperaturstufe vorheizen. Heilbuttscheiben in die vorbereiteten Alu-Folienschalen legen, mit den Butterflöckchen belegen und die Champignons darauf verteilen. Die Heilbuttscheiben im vorgeheizten Elektrogrill oder auf dem geölten, heißen Rost bei mittlerer Hitze 15 Minuten garen. Die gegrillten Heilbuttscheiben mit Petersilie bestreuen und in der Folie servieren.

Heilbutt mit Rosmarin

4 Heilbuttscheiben (à 200g), ½ Zitrone (Saft), Salz, Pfeffer, Zwiebelpulver, 1 TL Rosmarin, 3 EL Öl

Die Heilbuttscheiben kurz kalt waschen, trockentupfen, auf beiden Seiten mit Zitronensaft einreiben. 15 Minuten ziehen lassen, dann trockentupfen und auf beiden Seiten mit Salz, Pfeffer, Zwiebelpulver und Rosmarin würzen und mit Olivenöl beträufeln. Unter öfterem Bepinseln mit Öl auf jeder Seite 8–12 Minuten im vorgeheizten Elektrogrill oder auf dem geölten, heißen Rost grillen.

Heilbuttscheiben à la Mornay

4 Heilbuttschnitten (à 2½–3 cm dick), 2 EL Zitronensaft, Salz, Öl, 4 EL Reibkäse (halb Emmentaler, halb Parmesan), Paprika, edelsüß

Fischfleisch kalt waschen, trockentupfen, mit Zitronensaft säuern, 10 Minuten ziehen lassen, trockentupfen, dann salzen und mit Öl tüchtig einreiben. 4–6 Minuten auf jeder Seite auf dem heißen, geölten Rost grillen. Nach dem Wenden die Käsemischung auf die Schnitten geben. Leicht mit Paprika bestäuben. Nach Belieben mit Oliven garniert anrichten.

Hering auf flämische Art

4 Heringe, 2 EL Essig (oder Zitronensaft), Salz, Mehl; Fülle: 2 Brötchen, 1 Ei, 2 EL Bouillon, Salz, Pfeffer, Muskat, Petersiliengrün, Brösel; Soße: 1 Zwiebel, 1/2 Tasse Tomatenketchup, 2 Essiggurken, 1 EL Milch, Salz, Paprika, Spur Zucker, Senf, Essig

Heringe vom Rücken her ausnehmen, waschen, mit Zitronensaft etwas säuern und 10 Minuten ziehen lassen. Dann trockentupfen und innen salzen und mit Mehl bestäuben.
Fülle: Die eingeweichten Brötchen mit etwas Bouillon zu einem festen Brei zerstampfen, das Ei dazurühren, mit Salz, Pfeffer, geriebenem Muskat und gehacktem Petersiliengrün würzen, mit etwas Böseln binden. Diese Farce in die Heringe locker einfüllen, die Heringsrücken zusammenstecken oder -nähen, mit dem Rükken nach unten im vorgeheizten Grill auf geöltem, heißen Rost rundum braten, dabei immer wieder wenden und mit Öl bestreichen.
Soße: Die in Scheiben geschnittene Zwiebel in ganz wenig Wasser weichkochen, zerdrücken, mit Tomatenketchup und feingewiegten Essiggurken und etwa Milch gut verrühren, mit Salz, einer Prise Zucker und Paprika würzen, mit Essig und Senf abschmecken. Extra zum Fisch servieren.

Heringe auf Haushofmeisterart

4 grüne Heringe (à 200 g), 80 g Kräuterbutter, Zitrone, Mehl, Öl, Salz, Petersilie

Die vorbereiteten Fische (ausgenommen, gewaschen und trockengetupft) in kochendem, leicht gesalzenem Wasser 5 Minuten ziehen lassen. Herausnehmen, gut abtropfen lassen und trockentupfen, in Mehl wenden, ölen und auf geöltem Rost auf beiden Seiten je 8 Minuten grillen. Dabei wiederholt mit Öl bestreichen. Beim Wenden eine halbe Drehung machen, damit ein Kreuzmuster eingebrannt wird. Mit Petersiliengrün garniert servieren.
Beilagen: Butterkartoffeln, Senfsoße, grüner Salat.

Hering auf Teufelsart

4 Heringe (à 200 g), 1 Zitrone, Salz, Cayennepfeffer, Senf, 4 EL Öl, Brösel, 1/4 l Ravigotesoße (weiße Kräutersoße)

Die vorbereiteten Heringe leicht einschneiden, mit Zitronensaft beträufeln und 15 Minuten ziehen lassen. Dann trockentupfen, innen und außen salzen, pfeffern, mit Senf dünn bestreichen, in Reibbrot (Böseln) panieren, gut andrücken, ölen und auf dem heißen, gut geölten Rost (jede Seite ca. 8 Minuten) grillen, dabei mehrmals mit Öl beträufeln. Mit gehacktem Petersiliengrün bestreut anrichten. Extra eine scharfe Ravigotesoße servieren.

Heringsröllchen Olaf

Die Filets mit Zitronensaft beträufeln, 10 Minuten ziehen lassen, abtrocknen, salzen, pfeffern, mit Senf bestreichen, fein gehackte Zwiebel daraufstreuen und mit je einer kleinen Gewürzgurke zusammenrollen. Mit Zahnstochern feststecken und leicht durch Mehl ziehen. Auf dem geölten, heißen Grillrost rund 15–20 Minuten grillen, dabei öfters wenden und mit Öl einstreichen.

8 Heringsfilets, Zitronensaft, Salz, 2 EL Meerrettich, 4 Schinkenscheiben, Mehl, Öl

Heringsröllchen Sven

Die Heringsfilets mit Salz und Zitronensaft einreiben, mit feingeriebenem Meerrettich bestreichen und je eine halbe Schinkenscheibe darauflegen. Zu Röllchen formen und zusammenstecken. Durch Mehl ziehen und auf dem geölten, heißen Grillrost ca. 15–20 Minuten allseitig grillen, dabei öfters mit dem herabtropfenden Fett bepinseln.

8 Heringsfilets, 1 Zitrone, Salz, Pfeffer, 1 EL Senf, 1 Zwiebel, 8 Gewürzgurken, Mehl, Öl

Kabeljaufilet auf portugiesische Art

Die kalt gespülten, getrockneten Filets leicht pfeffern, salzen (eventuell mehlen), mit Öl bepinseln und auf den heißen, geölten Grillrost legen. Nach 8 Minuten wenden und weitere 8 Minuten grillen. Während des Grillens öfter mit Öl bestreichen. Die Fischfilets anrichten, zerlassene Butter darüberträufeln. Mit Petersiliengrün und Zitronenachteln garnieren. Nebenbei Sardellenbutter oder Kräuterbutter.
Oder: *Kabeljaufilet auf englische Art* mit zerlassener Butter, Salzkartoffeln servieren.
Man kann die gegrillten Kabeljaufilets auch mit in Butter geschwenkten, grobgeschnittenen Zwiebeln, Pfifferlingen und zerkleinerten Salzgurken garnieren *(Kabeljaufilet auf Zarenart).*
Beilagen: Petersilienkartoffeln, Kopfsalat.

4 Kabeljaufilets (à 250 g), 8 EL Öl, Salz, Pfeffer, Zitrone, 30 g Butter, Petersiliengrün

Kabeljau auf Baseler Art

Die Fischstücke kalt abbrausen und mit Haushaltspapier trockentupfen. Fischstücke von allen Seiten mit Salz, Pfeffer und Zitronensaft einreiben. Zwiebel schälen und in Ringe schneiden. Tomaten waschen, abtrocknen und in dicke Scheiben schneiden. Grill auf

4 Kabeljaustücke, Salz, Pfeffer, 1 TL Zitronensaft, 1 Zwiebel, 6 Tomaten, 1 EL Öl, 2 EL Butterflöckchen, 3 EL kleingeschnittene Petersilie

höchste Temperaturstufe vorheizen. Je ein großes Stück Alu-Folie in Länge der Fischstücke zu einer Art Schale formen und den Boden mit Öl bestreichen. Die Fischstücke auf die Folie legen, die Tomatenscheiben auf beiden Seiten der Fischstücke anordnen, mit Zwiebelringen belegen und mit den Butterflöckchen bedecken. Im Elektrogrill oder auf dem Holzkohlengrill 15 Minuten grillen. Die Fischstücke mit Petersilie bestreuen und in der Folie servieren.
Beilage: Kartoffelpüree.

Karpfen vom Rost

1 Karpfen (1000–1500 g) oder 4 Karpfenscheiben (à 300 g), Zitrone, Salz, Edelsüßpaprika, Petersiliengrün, Öl

Den ausgenommenen, geschuppten und kalt gespülten Karpfen trockentupfen, mit Zitronensaft beträufeln und 1/2 Stunde ziehen lassen. Dann wieder trockentupfen, mit Öl einpinseln und auf dem heißen, geölten Rost nicht zu stark auf beiden Seiten je 8–10 Minuten grillen. Dabei leicht mit Salz und Paprika bestäuben und mehrmals mit Öl beträufeln.
Beilagen: Béarner Soße, Mayonnaise, Salzkartoffeln.

Lachs, gegrillt

4 Scheiben Lachs (à 200 g), Saft von 1 Zitrone, Öl, Salz, 1 Zitrone

Die angetauten Lachsscheiben von beiden Seiten erst mit Zitronensaft, dann mit Öl bepinseln, Grill gut vorheizen, den Rost mit Öl bepinseln und ebenfalls heiß werden lassen. Von jeder Seite 7–10 Minuten grillen. Nach jeweils der Hälfte der Grillzeit um 90 Grad drehen, damit sich ein schönes Rautenmuster bildet. Erst nach dem Grillen salzen. Mit Zitronenvierteln garnieren.
Beilagen: Kräuterbutter, Meerschaum- oder Zitronensoße und neue Kartoffeln (mit etwas Dill gegart), Kopf- oder Gurkensalat. Als Getränk leichter Rheinwein.

Lachs auf kanadische Art

4 Lachsscheiben (tiefgekühlt), 1 Zitrone (Saft), Salz, Öl, Estragon oder Rosmarin, Zitronenscheiben

Die Lachsscheiben mit Zitronensaft beträufeln, 10 Minuten ziehen lassen, trockentupfen, dann salzen und auf dem heißen, geölten Rost oder auf Folie auf jeder Seite 6–8 Minuten grillen. Nach dem Wenden gehackte Kräuter und Zitronenscheiben auf die Fischscheiben geben. Mehrmals mit Öl beträufeln.
Beilagen: Lockerer Reis, neue Kartoffeln, Gurkensalat, Soße béarnaise. Riesling als Getränk.

Lachs Fayot

4 Lachsscheiben (à 250 g), 1 Zitrone, Salz, Pfeffer, 40 g Butter oder 5 EL Öl, 400 g Nußkartoffeln, 1/4 l Fayot-Soße

Die bratfertigen, trockengetupften Scheiben mit Zitronensaft leicht einreiben, 10 Minuten ziehen lassen, wieder trockentupfen, dann salzen, pfeffern, mit Öl bestreichen und auf dem heißen, geölten Rost jede Seite 6–8 Minuten grillen, bis sich die Mittelgräte leicht herausziehen läßt. Mit Nußkartoffeln anrichten, dazu extra die Fayotsoße reichen.
Die Lachsscheiben kann man zuvor auch 1/4 Stunde marinieren, und zwar in Pfeffer, gehackten Zwiebeln, gehacktem Petersiliengrün, Zitronensaft und Öl. Während des Grillens werden die Lachsscheiben wiederholt mit der Marinade bestrichen. Man serviert dann dazu Sardellenbutter.
Die Fayotsoße ist eine mit aufgelöster Fleischglace vermischte Soße béarnaise, die sich auch für am Rost gebratenes Fleisch sehr gut eignet.
Beilagen: Petersilienkartoffeln, Tomatensalat.

Makrelen auf Mailänder Art

4 Makrelen, 4 Lorbeerblätter, Rosmarin, Thymian, Öl, Salz; Marinade: 1/8 l Rotwein, 1 EL Essig, 1 EL Senf, 8–10 zerstoßene Pfefferkörner, etwas Rosmarin, Thymian, 1 TL Zucker

Fische säubern, 1 Stunde in der Marinade marinieren, dann gut abtropfen lassen, trockentupfen, Lorbeerblatt, Thymian und Rosmarin in die Bauchhöhle geben, mit Öl bepinseln und salzen. 8–10 Minuten (je nach Größe) von jeder Seite grillen. Dabei mehrmals mit Öl beträufeln. Beim Holzkohlengrill gibt man gegen Ende der Grillzeit einige feuchte Zweige Thymian, Lorbeerblätter oder Rosmarin in die Glut.

Makrelen Rosalie

4 Makrelen, 1 EL Zitronensaft, Salz, weißer Pfeffer, 1 Zwiebel, 80 g Champignons (Dose), 1 Knoblauchzehe, 4 TL Butter, 2 EL Nußöl, 1 Bund Petersilie

Makrelen unter fließendem kaltem Wasser vorsichtig innen und außen abspülen, mit Haushaltspapier trockentupfen. Zitronensaft mit Salz und Pfeffer verrühren. Makrelen innen mit dem gewürzten Zitronensaft einreiben. Mit gehackter Zwiebel, blättrig geschnittenen Champignons, gehackter Petersilie und zerdrückter Knoblauchzehe füllen. In jede Makrele 1 TL Butter geben. Makrelen mit Öl bestreichen und auf dem heißen, geölten Rost über mittlerer Glut oder im vorgeheizten Grill 10–15 Minuten goldbraun grillen. Dabei mehrmals wenden und mit Öl bestreichen.

Matjesrolle mit Tomaten

8 Matjesfilets, Milch, 8 Tomaten, 8 TL feingehackte Zwiebeln, Basilikum, Salz, Pfeffer, Butter

Die Matjesfilets eine halbe Stunde in Milch legen, herausnehmen, trockentupfen. Tomaten oben kreuzweise einschneiden und je 1 TL feingehackte Zwiebeln und etwas Basilikum hineingeben, salzen, pfeffern, in je ein Filet einwickeln. Mit Butterflöckchen 10 Minuten grillen.

Mixed Fisch-Grill

Pro Person 500 g Fisch (möglichst viele Sorten) und Schalentiere, Zitronensaft, Öl, 125 g Butter, 1/2 Tasse Zitronensaft, 2 TL Worcestersoße, 1/2 Tasse Tomatenketchup, 1 Zwiebel, 1 Prise Knoblauchpulver, Salz, Pfeffer

Tiefgefrorene Fische nach Vorschrift auftauen lassen. Aufgetaute und frische Fische unter fließendem kaltem Wasser gründlich waschen. Mit Haushaltspapier trockentupfen. Schalentiere gründlich säubern und waschen. Fische innen und außen mit Zitronensaft beträufeln. Beiseite stellen und 30 Minuten ziehen lassen. Rost gründlich einpinseln. Aus geschmolzener Butter, Zitronensaft, Worcestersoße, Tomatenketchup, geschälter und geriebener Zwiebel eine Soße rühren. Mit Knoblauchpulver, Salz und Pfeffer abschmecken. Fisch und Schalentiere damit gründlich bestreichen. Fisch und Schalentiere am besten auf dem Holzkohlengrill über mittlerer Glut grillen. Fisch nur einmal wenden, sonst zerfällt er. Nach dem Wenden wieder mit dem Kräuter-Würzöl bestreichen. Die Fische sind gar, wenn sich die Rückenflossen leicht herausziehen lassen. Bei Fischfilet liegt die Garzeit bei insgesamt 10–12 Minuten, wenn das Fischfilet etwa 2 cm dick ist.
Beilagen: Salat, Stangenweißbrot.

Sardinen auf Antiber Art

16 Sardinen, Salz, Zitronensaft, 20 g Butter, 16 kleine Tomaten, 1–2 Knoblauchzehen, 1 Bund Petersilie

Küchenfertige Sardinen waschen (tiefgekühlte Fische vor Verwendung auftauen), abtrocknen und leicht salzen. Je nach Wunsch die Köpfe entfernen. Auf heißem geöltem Rost 1–2 Minuten pro Seite grillen. Auf gegrillten Tomaten mit Knoblauch und gehackter Petersilie anrichten, mit etwas Zitronensaft beträufeln und etwas frische oder zerlassene Butter darübergießen.

Schleie auf Haushofmeisterart

Die küchenfertigen Fische waschen, abtrocknen, den schwarzen Streifen am Rücken entfernen, innen und außen mit Pfeffer einreiben, mit Zitronensaft und mit Öl beträufeln. Auf dem heißen geölten Rost jede Seite 6–7 Minuten grillen. Nach dem Wenden mit Öl bestreichen. Mit geachtelten Tomaten und Haushofmeisterbutter garniert anrichten.
Beilagen: Salzkartoffeln, grüner Salat. Weißwein.

4 Schleien (à 400 g), Pfeffer, 1 Zitrone, 6 EL Öl, Salz, 4 Tomaten, Haushofmeister-Butter (aus 120 g Butter, 1 EL Zitronensaft, 2 EL gehacktes Petersiliengrün, Salz, Pfeffer)

Scholle auf Nizza-Art

Küchenfertige Schollen unter fließendem kaltem Wasser innen und außen gründlich abspülen und mit Haushaltspapier trockentupfen. Zitronensaft mit Salz und Pfeffer verrühren. Die Schollen innen und außen damit gut einreiben. Speckscheiben in Stifte schneiden. Öl in einer Pfanne erhitzen und die Speckstifte unter Rühren darin ausbraten.
Vier Stück Alu-Folie zu vier Schalen formen. Auf jede Schale etwas Öl und Speckfett mit den Speckwürfeln geben. Schollen darauflegen. Restliches Öl und Speckfett darübergießen. Schollen mit Petersilie bestreuen. Folie schließen und jedes Schollenpaket auf dem Rost etwa 15 Minuten grillen. Häufig wenden. Im Grill die letzten 5 Minuten die Folie oben öffnen und die Schollen noch etwas bräunen lassen. Die 8 Tomaten oben einritzen, je einen Streifen Sardellenfilet obenauf legen, mit Salz und etwas gehacktem Knoblauch würzen, mit Öl bepinseln und am Rostrand mitgrillen. Je Scholle mit 1 Zitronenachtel in der Folie, den Tomaten mit Sardellenfilets und entsteinten Oliven servieren.
Beilagen: Kartoffeln aus der Glut, Salat, Sardellenbutter.

4 Schollen (à 200 g), 1 Zitrone, Salz, weißer Pfeffer, 150 g durchwachsener Speck in Scheiben, 4 EL Öl, 8 kleine Tomaten, 1 Knoblauchzehe, Sardellenfilets, schwarze Oliven, 8 EL frische, kleingeschnittene Petersilie, ½ Zitrone, Sardellenbutter

Schollenfilet, gegrillt

Schollenfilets trockentupfen, mit Zitronensaft beträufeln und ½ Stunde im Kühlen ziehen lassen. Dann nochmals gut trockentupfen. Salzen und pfeffern, mit zerlassener Butter beträufeln und je Seite 5–6 Minuten im heißen Grill auf dem geölten Rost grillen. Mit Sardellenbutter belegt anrichten.

600 g Schollenfilets, 6 EL Öl, Salz, Pfeffer, 1 Zitrone, 20 g Butter, Sardellenbutter

Schwertfisch auf sizilianische Art

4 Schwertfischscheiben, 1 Zitrone, Pfeffer, Olivenöl, Salz, Mehl, Öl, 1 Zwiebel, 4 Tomaten, 12 Oliven

Die Fischschnitten mit Zitronensaft, Pfeffer und Olivenöl einreiben. 30 Minuten ziehen lassen. Dann salzen, leicht in Mehl wenden und auf geöltem, heißem Rost unter reichlichem Bestreichen mit Öl auf jeder Seite etwa 10 Minuten grillen. In einer Pfanne feingeschnittenen Zwiebel, feingehackten Knoblauch, die geschälten, entkernten und kleingeschnittenen Tomaten und zuletzt die entsteinten und blättrig geschnittenen Oliven in reichlich Olivenöl braten. Die gegrillten Fischscheiben auf einer heißen Platte mit dem Gemüse garniert anrichten.

Seezungenfilet Cecilie

8 Seezungenfilets (à 50 g); Fischsud: 1/2 l Wasser, 1/2 l Weißwein, 1 geschnittene Zwiebel, 1 Lorbeerblatt, Petersilie, Salz, einige Pfefferkörner, 1 EL Butter; 250 g gekochte Spargelspitzen (auch aus der Dose), 3 EL Butter, 1 EL Mehl, Sahne

Wasser, Weißwein, Zwiebel, Lorbeerblatt, Petersilie, Salz, Pfefferkörner, Butter 10 Minuten kochen. (Falls Sie die Seezungen selbst filetiert haben, auch die Gräten mitkochen.) Die Fischfilets dann 10–15 Minuten ganz schwach darin ziehen lassen. In eine gebutterte Form legen, mit gekochten Spargelspitzen garnieren, mit Soße überziehen und im Tischgrill übergolden. Zur Soße den Fischfond passieren, ein Stück Butter, das in Sahne verrührte Mehl dazugeben und durchkochen lassen.

Seezunge Colbert

4 Seezungen (à 350 g), Zitronensaft, Salz, zerlassene Butter, Mehl zum Panieren, 60 g Kräuterbutter

Bratfertige Seezungen mit Zitronensaft einreiben, 1/2 Stunde ziehen lassen, dann von innen salzen, mit geschmolzener Butter bestreichen und leicht in Mehl wälzen. Etwa 8 Minuten auf jeder Seite grillen. Dann mit einer Gabel die Mittelgräte herausnehmen und dafür schaumig gerührte Kräuterbutter hineinstreichen.

Seezunge auf Feinschmeckerart

4 Seezungen (à 350 g), 1 Zitrone (Saft), Salz, 200 g Krabben, 200 g Champignons; 1/4 l Schlagsahne, einige Tropfen Worcestersoße, 1/2 TL Zitronensaft, weißer Pfeffer, Salz

Seezungen mit Zitronensaft säuern, 10 Minuten ziehen lassen, trockentupfen. Dann salzen, in eine feuerfeste Form legen. Die in Scheiben geschnittenen Champignons und die Krabben daraufgeben. Das Gericht 8 Minuten unter den Grill stellen. Sahne schlagen, mit den restlichen Zutaten abschmecken und über die Fische gießen. Weitere 10 Minuten grillen.
Beilagen: Reis mit Dill, Kopfsalat. Moselwein als Getränk.

Steckerlfische

4–8 Weißfische (Schleien, Barben, Elritzen, Plötzen), Makrelen oder Heringe, Salz, Pfeffer, Paprikapulver, Cayennepfeffer, Knoblauchpulver, Zwiebelsalz, geriebene Zitronenschale nach Wahl, frische oder getrocknete Kräuter (Rosmarin, Thymian, Oregano, Estragon, Salbei, Petersilie), Öl

Werden im Freien über Holzkohlenglut oder auf einem bis auf die Restglut heruntergebrannten Feuer gegrillt. Die Stöcke mit den Fischen schräg im Neigungswinkel von 45 Grad so in den Boden stecken, daß die Fische über dem offenen Feuer unter häufigem Drehen in ca. 10 Minuten knusprig braun werden. Sie dürfen nicht in die Glut kippen.

Fische schuppen, ausnehmen, gut waschen und mit Haushaltspapier trockentupfen. Den Kopf nach Wunsch abtrennen. Dann nach Wahl innen und außen würzen. Entweder die Gewürze direkt auf die Fische streuen oder Öl mit den gewünschten Kräutern verrühren. Kräuteröl innen und außen auf die Fische streichen. Vorbereitete Fische mit 1 m langen Ruten oder nicht zu dicken Stökken durch das Maul bis zum Schwanz durchstecken und grillen. Die Grillzeit richtet sich nach Art und Größe der Fische. Fertig sind sie, wenn die Haut schön knusprig und braun ist (ca. 10 Minuten).

Thunfisch Elba

Je nach Größe 2 oder 4 Thunfisch-Scheiben, Zitronensaft, Salz, Pfeffer, zerlassene Butter oder Öl; 3 EL Öl, 1 große Zwiebel, 2 Tomaten, 2 Knoblauchzehen, 1 Dose (200 g) Miesmuscheln, Rosmarin, 2 EL Sherry

Die Thunfischfilets mit Zitronensaft beträufeln, 15 Minuten ziehen lassen, dann trockentupfen. Salzen, pfeffern, mit reichlich Öl oder zerschmolzener Butter bepinseln und auf jeder Seite ca. 10 Minuten grillen, dabei mehrmals mit Öl oder Butter bepinseln. In 3 EL Öl eine feingehackte Zwiebel, 2–3 kleingeschnittene Tomaten und feingehackte Knoblauchzehe weichdünsten, mit Salz und einer Spur Rosmarin würzen. Die abgetropften Miesmuscheln vorsichtig unter das Gemüse rühren und mit etwas Sherry abrunden. Um die angerichteten gegrillten Thunfischscheiben garnieren.

Thunfisch Choggiola

4 Scheiben frischer Thunfisch, Zitrone (Saft), 2 EL scharfer Senf, 1 EL Mehl, Salz, Pfeffer, 2 Zwiebeln, 4 Tomaten, 1 Knoblauchzehe

Senf mit Mehl, Prise Salz und etwas Pfeffer zu einer Paste vermischen. Die Thunfischscheiben mit Zitronensaft beträufeln, 10 Minuten im Kühlen marinieren, dann trockentupfen und mit der Paste einstreichen. Die Scheiben in einen großen Grillkorb legen, den Korb schließen und das Feuer lebhaft halten. Nach dem Wenden die andere Seite der Scheiben ebenfalls mit der Paste bestreichen. In wenigen Minuten sind beide Seiten goldbraun gegrillt. Dazu Zwiebelscheiben und Tomatenscheiben, mit Salz, Zitronensaft und feingehacktem Knoblauch gewürzt und mit Öl beträufelt, mitgrillen und die Thunfischscheiben damit garnieren und anrichten.

Zander auf ungarische Art

4 Zander, 1 Zitrone, Salz, frisch gemahlener Pfeffer, 1/2 TL Paprikapulver, 2 EL Kapern, 1/2 TL Rosmarin (getrocknet), 8 TL Butter

Die Fische am besten vom Fischhändler ausnehmen lassen, zu Hause mehrmals mit kaltem Wasser gründlich waschen. Mit Haushaltspapier trockentupfen. Dann Salz, Pfeffer, Paprikapulver, leicht zerhackte Kapern und Rosmarin mischen. Die Fische innen mit dieser Würzmischung bestreichen. In jeden Zander 1 TL Butter geben. Fische auf dem heißen, geölten Rost über mittlerer Glut insgesamt 10–15 Minuten grillen; im vorgeheizten Grill insgesamt 15–18 Minuten grillen. Während des Grillens mehrmals mit der Würzmischung und Öl bestreichen.
Beilagen: Kartoffelsalat, Paprikasalat.

Austern, gegrillt

24 Austern, Zitronensaft, Frühstücksspeck

Die gut gebürsteten Austernschalen mit dem Austernbrecher (oder mit einem sehr starken Messer) öffnen, die Austern auslösen, mit etwas Zitronensaft beträufeln, jede in eine kleine Scheibe Frühstücksspeck hüllen; auf einen Zahnstocher stecken und allseitig 3–4 Minuten goldbraun grillen.
Beilagen: Kräuterbutter, Weißbrot.

Hummer vom Grill

2 Hummer (à 500 g), 1/2 TL Thymian, 2 Lorbeerblätter, 150 g Butter, Salz

Lebende Hummer in einen großen Topf mit kochendem Wasser legen, dem Thymian und Lorbeerblätter beigegeben wurde. 10 Minuten kochen lassen, dann herausnehmen, die Hummer der Länge nach halbieren und das Fleisch vorsichtig herausnehmen. Die Hälfte der geschmolzenen Butter in die Hummernschalen gießen, salzen und das Hummernfleisch wieder hineinlegen. Mit Fleischseite nach oben auf den heißen Grill legen, 5 Minuten bräunen lassen, dabei wiederholt mit restlicher flüssiger Butter bepinseln.

Krabben, gegrillt

Frische Krabben in der Schale, Zitrone, Pfeffer, Alu-Folie

Die Krabben in der Schale in Alu-Folie wickeln, direkt im Holzkohlenfeuer 20 Minuten grillen. Die Schalen dann öffnen, die Krabben herausziehen, mit Zitronensaft beträufeln und mit Pfeffer würzen.

Krabben auf Kampener Art

Die Krabben gut reinigen, auf ein engmaschiges Gitter verteilen oder auf eine Folie geben. Butter schaumig rühren, Zitronensaft, Knoblauch, Schalotten (oder Zwiebel), Salz und Petersilie dazugeben und zu einer streichfähigen Paste verrühren. Diese Buttermischung auf die Krabben verteilen. Dann 8 Minuten grillen. Mit gehackter Petersilie bestreuen.
Beilagen: Französisches Weißbrot, Roséwein.

500 g Krabben oder Scampi, 120 g Butter, 1 TL Zitronensaft, $^1/_4$ TL feingehackter Knoblauch, 1 EL Schalotten oder 4 EL feingewürfelte Zwiebeln, Salz, gehackte Petersilie

Languste, gegrillt

Wasser mit Salz aufkochen. 1 Languste mit dem Kopf voran schnell in das sprudelnde Wasser gleiten lassen, sofort den Deckel auf den Topf geben und das Wasser wieder sprudelnd zum Kochen bringen. Hitze etwas zurückstellen und die Languste 10 Minuten kochen lassen. Languste aus dem Wasser heben. Wasser wieder zum Kochen bringen und die zweite Languste ebenso kochen. Beide Langusten mit einem sehr scharfen Messer längs halbieren, die roten Korallen unten entfernen. Aufgeschnittene Langusten mit Salz und Pfeffer bestreuen. Auf jede Langustenhälfte 1 EL Butterflocken geben. Langusten zunächst mit der Schnittseite nach oben auf den Rost legen und bei mittlerer Glut einige Minuten grillen. Langusten wenden und mit der Schnittfläche nach unten so lange grillen, bis sie etwas Farbe angenommen haben. Mit Zitronenscheiben garniert anrichten.
Beilagen: Getoastetes Weißbrot, Butter.

5 l Wasser, 2 EL Salz, 2 Langusten (à 500–600 g), Salz, weißer Pfeffer, 4 EL Butterflocken, 2 Zitronen

Languste auf Teufelsart

Die lebenden Langusten im siedenden, leicht gesalzenen Wasser, in dem etwas Suppengrün mitgekocht wird, töten. Etwa 10 Minuten kochen lassen, herausnehmen, der Länge nach halbieren. Darm entfernen, das Fleisch salzen, pfeffern, mit Öl bestreichen und langsam 20 Minuten auf dem Rost garen. Mit Petersiliengrün und Zitronenvierteln anrichten. Dazu extra Teufelssoße.

2 Langusten (à 600–700 g) oder 2 Dosen Langustenschwänze, Suppengrün, Salz, Pfeffer, Zitrone, 2 EL Öl, Petersilie, Teufelssoße

Muscheln auf französische Art

1000 g Miesmuscheln, Salz, Kräuterbutter, Semmelbrösel

Miesmuscheln einzeln unter fließendem Wasser gut abbürsten (geöffnete Tiere wegwerfen), in kochendes Salzwasser werfen. Sobald sie sich öffnen, herausheben. Die Schalen auseinanderbrechen, das Muscheltier herauslösen und in eine Schalenhälfte zurücklegen. Ein Flöckchen Kräuterbutter in jede Muschel setzen und die Schalen dicht nebeneinander in die mit Salz ausgestreute Abtropfpfanne stellen. Mit Semmelbröseln bestreuen und im Grilltoast 5 Minuten goldbraun überkrusten.

Muscheln auf italienische Art

1000 g Miesmuscheln, Salz, 3 EL Olivenöl, 2–3 Tomaten, Salz, Pfeffer, Thymian, Semmelbrösel

Muscheln bürsten und waschen (geöffnete wegwerfen), in kochendes Salzwasser werfen, bis sie sich öffnen, dann sofort herausnehmen. Die Schalen auseinanderbrechen und die Muscheln herauslösen. In Olivenöl 2–3 abgezogene und kleingeschnittene Tomaten weichdünsten. Mit Pfeffer, etwas Thymian und Salz würzen, das restliche Olivenöl dazurühren. Die Muscheln in je eine Schalenhälfte zurücklegen, dicht an dicht auf die mit 1 cm Salz bedeckte Abtropfpfanne stellen, überall etwas von der Tomaten-Öl-Mischung hineingeben, mit Semmelbröseln bestreuen und 3–4 Minuten überbacken.

Schnecken auf Küchenmeisterart

24 Schnecken (oder 1 Dose Schnecken), 24 kleine durchwachsene Speckscheiben, 120 g Schneckenbutter, Salz, Cayennepfeffer, Zitrone, Öl

Die küchenfertigen Schnecken mit Salz, Pfeffer, Zitronensaft und Öl 1 Stunde marinieren. Dann gut abtrocknen; jede Schnecke in eine dünne, mit Cayennepfeffer gewürzte Speckscheibe hüllen und zu 6 Stück auf kleine Spieße oder Holzstäbchen stecken, mit wenig Öl beträufeln und auf dem heißen Grill 3–4 Minuten braten. Die Schnecken abstreifen und in Schneckentöpfchen geben, mit halbzerlassener Schneckenbutter übergießen und sehr heiß überkrusten.

GROSSE BRATSPIESSE

Die Zubereitungsart der großen Spießgerichte (französ. brochettes) geht auf jene Zeit zurück, da noch Hirten und Soldaten ihre Fleischstücke etc. auf Speere und Schwerter spießten und über dem Lagerfeuer gebraten haben. Heute verwendet man bei ganzen Fischen, ganzen Jungtieren (Spanferkel, Lamm, Kitz), Geflügel und Wildgeflügel im ganzen und bei größeren Stükken (Braten) von Schlachttieren und Wild den großen Spieß. Großes Grillgut wird auf dem Drehspieß gegrillt.
Das Bratenstück immer so auf dem großen Spieß befestigen, daß es im Gleichgewicht ist, um ein gleichmäßiges Drehes des Spießes zu ermöglichen. Wenn der Spieß in den Drehlagern ruhig liegen bleibt, egal wie die Kurbel steht, ist das Stück richtig aufgespießt.
Den Spieß vor dem Aufstecken mit Öl bepinseln. Bei ganzen Tieren stößt man den Spieß durch das Maul bis zum Schwanz durch (bei Spanferkel, Geflügel, Wild oder Fisch), ist keine automatische Drehvorrichtung vorhanden, wird der Spieß etwa alle 2–3 Minuten mit der Hand gedreht. Große Stücke brauchen geringere Hitze und haben eine längere Grilldauer. Garprobe: Man schneidet jeweils ein kleines Stück vom Braten ab (eventuell an verschiedenen Stellen, um ganz sicher zu gehen).
Als Beilagen dienen Pommes frites, Weißbrot oder gedünsteter Reis, englisches Gemüse, Salate oder geschnittene Zwiebeln, Peperoni, Senf oder eingelegtes Pikantes.

Roastbeef vom Spieß

1000–1500 g Roastbeef, Butter oder 2 EL Öl, Salz, weißer Pfeffer

Das Fleischstück 2–3 Tage in Öl legen. Dann auf den großen Spieß stecken. Die ersten 2–3 Minuten dicht an der Wärmequelle grillen, damit sich die Poren sofort schließen, dann weitere 25 Minuten je Kilogramm Grillzeit! Zuletzt salzen. Man kann das Fleisch vor dem Grillen mit Senf und Tomatenketchup einstreichen und etwas Suppengrün in die Tropfschale geben. Dann kann man durch Zufügen von Brühe und etwas Rotwein oder Sherry eine gute Soße dazu gewinnen. Bei 45 Grad Celsius auf dem Fleischthermometer ist das Roastbeef saignant. 5 Minuten stehen lassen, dann erst aufschneiden.

Je größer das Fleischstück ist, desto saftiger wird der Spießbraten. Das Fleisch muß abgehangen und von einem jungen Tier sein. Das Roastbeef kurz kalt abbrausen, mit Haushaltspapier trockentupfen. Von allen Seiten gut klopfen bzw. mit dem Handballen bearbeiten. Das Fleisch ganz leicht mit Pfeffer einreiben, dann mit Öl einreiben und noch ein paar Stunden ziehen lassen. Dann auf den großen Grillspieß stecken (am besten so umschnüren, daß das Fleisch der Länge nach um den Spieß gewickelt ist, oder mit den Spießgabeln gut befestigen. Zuerst bei kräftiger Hitze rundum braten, dabei ständig mit zerlassener Butter oder mit Öl bestreichen und den Spieß ständig drehen. Dann die Hitze etwas drosseln und fertigbraten (insgesamt 35–40 Minuten), dabei immer wieder mit Öl oder Butter bestreichen. Vor dem Tranchieren den Braten noch 5–10 Minuten ruhen lassen, während dieser Zeit salzen und pfeffern.

Beilagen: Kräftiges Bauernbrot, gegrilltes Gemüse, Salate.

Roastbeef, gerollt

1000 g Roastbeef, Pfeffer, Paprika, 2 Zwiebeln, ½ Tasse Olivenöl, 2 EL Paprika, Salz, 2 EL frischer Rosmarin (oder 1 EL getrockneter)

Roastbeef mit Küchengarn in Form eines Rollbratens zusammenbinden. Innenseite mit Pfeffer, Paprika und geschälten, gehackten Zwiebeln würzen. Drehspieß durch die Mitte stecken und den Braten mit den Klammern an beiden Seiten befestigen. Unter ständigem Drehen das Fleisch bei mittlerer Hitze 40 Minuten grillen. Öl und Paprika verrühren. Mit der Mischung das Fleisch während des Grillens immer wieder bepinseln. Während der letzten 5 Grillminuten das Roastbeef salzen und frischen oder getrockneten Rosmarin darüberstreuen. Spieß herausziehen und Faden aufschneiden. Das Fleisch noch 5 Minuten ruhen lassen. Dann in dünne Scheiben schneiden.

Beilagen: Kartoffelkroketten, Soße béarnaise.

Roastbeef auf Jägerart

1000–1500 g Roastbeef, Öl, Salz, Pfeffer, 400 g Pfifferlinge, 1 kleine Zwiebel, 20 g Butter, 1/8 l Weißwein, 1 EL Tomatenmark, Petersilie

Roastbeef reinigen und abtrocknen, an der fettfreien Seite leicht einölen, mit frisch gemahlenem Pfeffer einreiben und die Nacht über, in Alu-Folie verpackt, ruhen lassen. Feingeschnittene Zwiebel in Butter andünsten. Das Fleisch auf den Drehspieß stecken und bei anfangs starker, später schwächerer Temperatur 35–50 Minuten grillen. Die gedünsteten Zwiebeln und die gereinigten, geschnittenen Pfifferlinge nach den ersten 10 Minuten in die Fettauffangschale geben. Den fertigen Braten (bei 45 Grad Celsius auf dem Fleischthermometer ist das Roastbeef saignant) salzen und noch 5 Minuten ruhen lassen, dann in dünne Scheiben schneiden und auf einer gewärmten Platte anrichten. Die Pfifferlinge mit Wein und Tomatenmark vermischen, kurz aufkochen und mit Salz, Pfeffer und gehackter Petersilie würzen. Die Soße separat zum Fleisch reichen.

Rinderfilet mit Kräutern und Speck am Spieß

1000 g Rinderfilet, Salz, Pfeffer, Kräuterspeckscheiben, Kräuter, Öl

Das Filetstück wird mit Öl bestrichen, mit frisch gemahlenem Pfeffer gewürzt, dann mit großflächigen, dünnen Kräuterscheiben umschließend umhüllt, gebunden und am großen Grillspieß rosa gebraten. Die verwendeten Kräuter bestehen aus einer Mischung von Rosmarin, Thymian, Majoran, Basilikum, Minze und Petersilie. Der geschmackliche Effekt ist wesentlich größer, wenn möglichst frische Kräuter verwendet werden. Zuletzt salzen.

Rinderlende, gespickt

1000 g Rinderlende, 150 g Speck, 1 EL Senf, 2 EL Öl, Salz, weißer Pfeffer

Rinderlende vom Metzger häuten lassen. Abstehende Fleischteile abschneiden, die Lende gut in Form drücken und mit Küchengarn umwickeln. Speck in etwa 1/2 cm dünne lange Streifen schneiden. Die Rinderlende von allen Seiten im Abstand von ungefähr 1 cm mit der Spicknadel spicken. Senf mit Öl verrühren. Die Rinderlende auf den Drehspieß stecken und die Spießgabeln gut im Fleisch befestigen. Die Lende im Drehspieß über der Holzkohlenglut insgesamt 40–50 Minuten grillen. Die Lende während des Grillens wiederholt mit dem gewürzten Öl bestreichen. Fleisch nach dem Grillen 10 Minuten ruhen lassen. Währenddessen mit Salz und Pfeffer würzen.
Beilagen: Knoblauchbrot, Salat, gegrillte Tomaten.

Kalbsrollbraten

1000 g Kalbsbraten (gerollt), 150 g Schinkenspeck, Salz, Pfeffer

Kalbsbraten vom Metzger grillfertig zubereiten lassen. Fleisch salzen, pfeffern, mit Schinkenspeckscheiben umwickeln und mit Küchengarn gut verschnüren. Den Braten auf den Drehspieß stekken und je 500 Gramm etwa 30 Minuten grillen (Grillthermometer: 75 Grad). Nach dem Grillen Speck entfernen. Das Fleisch noch etwa 10 Minuten ruhen lassen, damit sich der Fleischsaft sammelt und nicht sofort beim Schneiden ausläuft.
Beilagen: Béchamelsoße, Kartoffeln, Salat.

Kalbsrollbraten, gefüllt

1000 g Kalbfleisch, Salz, weißer Pfeffer, 1 EL Senf, 1 EL Zitronensaft, 200 g Rinderhackfleisch, 1 Zwiebel, 1/2 Stange Lauch, 1 kleine Dose Champignons, 1 Bund Petersilie, 1 Eigelb, Salz, weißer Pfeffer, 10 Tropfen Tabasco, je 1 Prise zerriebener Salbei, Rosmarin und Zitronenmelisse, 4 EL Öl, 1/8 l dunkles Bier

Kalbfleisch kurz kalt abbrausen und mit Haushaltspapier trockentupfen. Salzen und pfeffern. Senf mit Zitronensaft in einer Tasse verrühren. Die Innenseite des Fleisches damit bestreichen. Für die Füllung Hackfleisch in eine Schüssel geben. Geschälte Zwiebel fein hacken. Lauch putzen, unter kaltem Wasser abspülen und sehr fein schneiden. Beides zum Fleisch geben. Champignons abtropfen lassen. Gewaschene Petersilie mit Haushaltspapier trockentupfen. Beides hacken und auch in die Schüssel geben. Eigelb zufügen. Mit Salz, Pfeffer, Tabasco und den Kräutern würzen. Alles sehr gut mischen. Auf das Kalbfleisch verteilen, zusammenrollen und mit Küchengarn zusammenbinden. Braten gut mit Öl bestreichen und auf den Spieß stecken. Kalbsrollbraten je 500 Gramm Fleisch 30 Minuten grillen. Immer wieder mit Öl bestreichen. Kurz vor Ende der Grillzeit mit Bier bestreichen, damit er eine schöne Kruste bekommt.
Beilagen: Stangenweißbrot, Gemüse.

Kalbskeule am Spieß

1 Kalbskeule (ca. 4–5 kg) für 12–16 Personen, Salz, saure Sahne, eventuell etwas Butter

Den Beinknochen ganz auslösen und den Spieß durchschieben. Das Fleisch durch Keile festklemmen, damit die Keule fest am Spieß aufsitzt. Herabhängendes Fleisch mit kleinen Holzspießchen feststecken. Ringsum kräftig mit Salz einreiben und über mittelstarkem Feuer braten. Sollte die Keule außenherum wenig Fett haben, muß man sie während des Bratens wiederholt mit flüssiger Butter bestreichen. In der letzten halben Stunde die Hitze verstärken, damit die Keule schön braun wird. Auf die noch heißen Portionen kann sich der Gast nach Wunsch saure Sahne gießen.
Beilage: Kräftiges Bauernbrot.

albsleber auf
erliner Art

Rezept Seite 124

Hammelniere
Chateaubriand

Rezept Seite 13

'orellen mit
albei

ezept Seite 152

Lachs gegrillt

Rezept Seite 15

Schollenfilet
gegrillt

Rezept Seite 159

Seezunge auf
Feinschmeckera

Rezept Seite 160

Hummer vom Grill

Rezept Seite 162

Schnecken auf
Küchenmeistera

Rezept Seite 16

Kalbsnierenbraten

1500 g Kalbsnierenstück (mit einer Niere, aber ohne Nierenfett und Lendchen), Salz, Pfeffer, 1 TL Thymian, 2 EL Öl

Vom Kalbsnierenstück die Niere entfernen, Fleisch vom Knochen ablösen. Niere entfetten und längs halbieren. Weiße Röhren und Sehnen entfernen. Niere waschen und wässern. Fleisch waschen, trockentupfen und mit der Hautseite nach unten legen. Fleischteil mit Salz und Pfeffer würzen. Kalbsniere abtrocknen und der Länge nach auf das Fleisch legen. Fleisch von der dicken Seite her aufrollen und mit Küchengarn mehrmals fest umwickeln. Mit Thymian einreiben. Kalbsnierenbraten auf den Grillspieß stecken, befestigen, mit Öl bestreichen und je 500 Gramm etwa 30–40 Minuten grillen (Grillthermometer: 75 Grad). Nach dem Grillen Fleisch noch 10 Minuten ruhen lassen, damit beim Anschneiden der Saft nicht herausläuft.
Beilagen: Salzkartoffeln, junges Gemüse (in der Fettpfanne mitgegrillt).

Kalbshaxe auf bayrische Art

2 Kalbshaxen, Salz, etwas dunkles Bier, 1/2 Tasse Öl

Den Spieß so durch die Kalbshaxe stecken, daß sie nicht »eiert«. Haxe rundherum mit feinem Salz einreiben. Anschließend mit Öl bepinseln. Spieß in die dafür vorgesehenen Halter des vorgeheizten Grillgerätes hängen und den Motor einschalten. Kalbshaxe unter ständigem Drehen ungefähr 2 1/2 Stunden grillen. Ab und zu mit Öl bepinseln. Zwanzig Minuten vor Ende der Garzeit die Haxe mit dunklem Bier bestreichen, damit die Haxe eine braune Kruste bekommt.
Beilagen: Sauerkraut, Kartoffelknödel.

Kalbshaxe auf französische Art

2 Kalbshaxen, 3/4 Tasse Öl, Salz, Pfeffer, 1 EL Senf, 1 EL Zucker, 2 EL Provencekräutermischung

Den Spieß so durch das Fleisch stecken, daß das Fleisch nicht »eiert«. Den Spieß diagonal am Knochen vorbeischieben oder den Knochen vom Metzger auslösen lassen. Haxe innen würzen und mit Küchengarn wieder in Form bringen. Während des Grillens die Haxe mit Öl bestreichen. Nach der Hälfte der Grillzeit Öl mit Senf, Salz, Pfeffer, Zucker und Provencekräutermischung verrühren. Haxe dann mit dem gewürzten Öl bestreichen. Die Grillzeit beträgt etwa 40 Minuten pro 500 Gramm Haxe. Fleisch nach Ende der Grillzeit 10 Minuten ruhen lassen.
Beilagen: Kräuterkartoffeln in der Folie, Weißkrautsalat.

Spanferkel am Spieß
(für 12 Personen)

1 Spanferkel (ca. 5000 g), 1 Knoblauchzehe, Salz, Pfeffer, 1 TL Thymian, 1/4 l Öl; 2 Zwiebeln, 1 Knoblauchzehe, 1/4 l Rotwein, 1 TL Worcestershiresoße, 1 EL Tomatenketchup, dunkles Bier

Zerdrückte Knoblauchzehe mit Salz, Pfeffer, Thymian und Öl mischen und das bratfertige Ferkel damit gut einreiben. Die Vorderbeine neben den Kopf, die Hinterbeine unter den Bauch binden. Ohren und Schwanz sollen mit Alu-Folie abgedeckt werden, damit sie nicht verbrennen. Das Ferkel auf einen großen Spieß stecken und 4–5 Stunden (Grillthermometer 90 Grad) über der Glut grillen. Die gehackten Zwiebeln und die zerdrückten Knoblauchzehen 5 Minuten in Rotwein erwärmen, dann abseihen. Die Worcestershiresoße dazurühren und das Ferkel während der ganzen Grillzeit immer wieder mit dem gewürzten Wein bepinseln. Während der letzten 20 Minuten kann man an Stelle des Weines dunkles Bier verwenden.

Spanferkel, gefüllt
(für 12 Personen)

1 bratfertiges Spanferkel (ca. 5000 g), mit Herz, Zunge und Leber, 1 EL Salz, 1 Lorbeerblatt, 2 Zwiebeln, 4 altbackene Brötchen, 2 rohe, grobe Bratwürste, 3 Eier, 2 TL schwarzer Pfeffer, 50 g abgezogene Pistazienkerne, 1/4 l Öl, 1/4 l Malzbier

Zwiebeln schälen. Das Herz und die Zunge mit 1 TL Salz, 1 Zwiebel und Lorbeerblatt in einen Topf geben, mit Wasser bedecken und 30 Minuten zugedeckt kochen lassen. Brötchen mit etwas Wasser einweichen. Die zweite Zwiebel in kleine Würfel schneiden. Die Brötchen ausdrücken.
Gekochtes Herz und Zunge mit der rohen Leber, Zwiebelwürfeln und Brötchenmasse durch den Fleischwolf (feine Scheibe) drehen. Bratwurstmasse zugeben. Eier, 1 gestrichener TL Salz, Pfeffer und Pistazien zugeben und alles gut durchmischen. Diese Füllung in das Spanferkel geben. Die Öffnung mit Küchengarn zunähen. Vorderhaxen des Spanferkels neben dem Kopf befestigen. Hinterbeine unter dem Bauch festbinden. Den großen Grillspieß neben dem Rückgrat durch den Braten treiben und die Spießgabeln in die Hinterbacken und in die Backen des Kopfes stecken; die Ohren und das Schwänzchen des Ferkels in Alu-Folie wickeln. Das Ferkel gleichmäßig mit Öl bestreichen und über der Holzkohlenglut am Drehspieß 4–5 Stunden grillen. Während der Grillzeit das Ferkel wiederholt mit Öl bestreichen. In der letzten halben Stunde das Ferkel von allen Seiten mit Malzbier bepinseln. Das Spanferkel auf einer großen Holzplatte servieren und erst bei Tisch tranchieren.
Beilagen: Brot- und Senfsorten, Rohkostplatte.

Schweinebraten vom Spieß

Marinade: Feingeschnittene Zwiebel und mit etwas Salz zerdrückte Knoblauchzehen im heißen Öl leicht anschwitzen lassen, mit Zitronensaft ablöschen, die zerdrückten Gewürzkörner, 1 Lorbeerblatt und das Tomatenketchup dazurühren und 5 Minuten mehr ziehen als kochen lassen. Dann vom Feuer nehmen.
Das gewaschene, getrocknete Fleischstück vom Fett befreien, mit der ausgekühlten Marinade dick einstreichen, in einer Alu-Folie einpacken und die Nacht über ziehen lassen. Die Marinade abtropfen lassen. Fleisch trockentupfen und auf den Drehspieß stecken. 1 Stunde grillen. Dabei öfters mit dem abtropfenden Fett bestreichen. Zum Schluß auch salzen und etwas pfeffern. Vor dem Aufschneiden noch 10 Minuten rasten lassen.
Den abgetropften Saft mit einigen Eßlöffeln Wasser verrühren, mit restlicher Marinade verrühren und als Soße extra servieren.

1 Karree-Kotelettstück (1000 g), Salz, Pfeffer; Marinade: 1 Zwiebel, 2 Knoblauchzehen, Salz, 4 EL Öl, 2 EL Zitronensaft, 1 Lorbeerblatt, 2 Gewürzkörner, 4 EL Tomatenketchup

Schweinebraten auf Bauernart

Schweinebraten vom Metzger zu einer Rolle binden lassen. Auf den Spieß stecken und zuerst einige Minuten bei starker Hitze, dann bei schwächerer Hitze pro 500 Gramm 30 Minuten grillen. In der Auffangschale von Anfang an Bauchspeck, geputztes, zerkleinertes Suppengrün, geschälte und gewürfelte Zwiebeln mitbräunen. Nach 20 Minuten mit Weißwein ablöschen. Braten mit dem Fond häufig begießen. Fond zum Schluß durch ein Sieb rühren, leicht mit Stärkemehl binden und mit Salz und Pfeffer abschmekken. Braten salzen und vor dem Anschneiden 10 Minuten ruhen lassen.
Beilagen: Semmelklöße, Grillkartoffeln.

1200 g Schweinebraten (Hals oder Rücken), 120 g Bauchspeck, 1 Paket Suppengrün, 2 Zwiebeln, 1/4 l Weißwein, 1 EL Stärkemehl, Salz, Pfeffer

Schweinerippenbraten, mariniert

Schweinerücken mit einer Marinade aus Öl, Pfeffer, Salz, Honig und Zitronensaft bestreichen und einige Nelken aufstecken. Schweinerücken auf den Drehspieß stecken und etwa 60 Minuten grillen. Während des Grillens immer wieder mit der Marinade bestreichen. Insbesondere an den fettfreien Seitenflächen.
Beilage: Sauerkraut.

1000 g Schweinerücken, 1/2 Tasse Olivenöl, Pfeffer, Salz, 2 EL Honig, 3 EL Zitronensaft, Nelken

Schweinerippenbraten mit Äpfeln

3 Zwiebeln, 500 g Äpfel, Salz, Pfeffer, 1000 g Schweinerippenbraten (vom Metzger die Rippen mehrfach einsägen lassen, so daß sich der Braten rollen läßt), 10 Gewürznelken, 1/2 TL Zimt, 3 EL Butter, 2 EL brauner Zucker

Zwiebeln schälen und vierteln. Äpfel schälen, vierteln und Kerngehäuse entfernen. Salz und Pfeffer mischen und das Fleisch von allen Seiten mit dieser Mischung einreiben. Die Nelken in die Apfelstücke stecken. Apfelstücke mit Zimt bestreuen. Zwiebelviertel und Apfelstücke auf dem Fleisch verteilen, die Hälfte der Butter in Flöckchen dazugeben. Fleisch zusammenrollen und so mit Küchengarn zusammenbinden, daß auch die Enden gut verschlossen sind. Rippenbraten an den großen Drehspieß stecken, gut befestigen und unter ständigem Drehen am Drehspieß 1 Stunde und 30 Minuten grillen. Restliche Butter in einem kleinen Töpfchen schmelzen lassen und mit dem braunen Zucker verrühren. Braten in den letzten 30 Minuten hin und wieder mit der Zucker-Butter-Mischung bestreichen.
Beilagen: Knoblauchbrot, sauer eingelegter Kürbis, Salat.

Schweinerollbraten

1000 g Schweineschulter ohne Schwarte (vom Metzger ausgelöst), Salz, Pfeffer, 1 TL Thymian, 1 Zwiebel, Öl

Die Schweineschulter mit Salz und frisch gemahlenem Pfeffer einreiben. Thymian auf die Fläche des Fleischstückes streuen, die nach innen gerollt wird. Geschälte Zwiebel fein würfeln. Auch auf die innen liegende Fleischschicht verteilen. Fleisch von der Längsseite her fest zusammenrollen, fest mit Küchengarn umwickeln und anschließend auf den Spieß des Grillgerätes stecken. Das Fleisch gründlich mit Öl bepinseln. Das Fleisch unter ständigem Drehen etwa 2 Stunden grillen. Dabei wiederholt mit Öl bepinseln.
Beilagen: Salzkartoffeln, gegrillte Äpfel.

Schweinshaxe am Spieß

2 Schweinshaxen, Senf, Pfeffer, Salbei, 2 Knoblauchzehen, Salz, 1/8 l dunkles Bier

Haxen waschen und trockentupfen, die Haut mehrmals einritzen. Senf, Pfeffer, fein zerriebenen Salbei und zerdrückten Knoblauch miteinander vermischen und das Fleischstück damit einreiben. Die Haxe entlang dem Knochen auf dem Spieß 10–15 Minuten bei größter Hitze grillen, dann Hitze drosseln und noch 1 1/2–1 3/4 Stunden fertiggrillen. Während der letzten 10 Minuten salzen und eine Viertelstunde vor Ablauf der Garzeit mit Bier bepinseln.
Beilagen: Erbsenpüree, Salzkartoffeln, Senf.

Schweinshaxe, gefüllt

Vom Metzger den Knochen aus den Haxen herauslösen lassen, ohne daß das Fleisch dabei aufgeschnitten wird. Schweinshaxe kurz kalt abbrausen und mit Haushaltspapier trockentupfen. Hackfleisch mit geschälter, gehackter Zwiebel, Sardellenpaste, Senf, Kapern, Salz, Pfeffer, Leberwurst, Ei und Semmelbrösel gut durchkneten. Die Haxen damit füllen; mit Küchengarn zubinden. Gefüllte Haxen auf den Spieß stecken und zuerst 10 Minuten sehr heiß, dann 75 Minuten bei mittlerer Hitze grillen. Dabei mit Öl einpinseln. Während der letzten 10 Minuten Bier darüberstreichen.

2 Schweinshaxen, 200 g Hackfleisch, 1 Zwiebel, 1 TL Sardellenpaste, Senf, 2 TL Kapern, Salz, Pfeffer, 50 g grobe Leberwurst, 1 Ei, 2 EL Semmelbrösel, 3 EL Öl, 1 Tasse Bier

Kasseler am Spieß

Das kalt gewaschene und trockengetupfte Fleisch im ganzen auf einen Drehspieß stecken, gut befestigen, mit frischgemahlenem Pfeffer und Paprika würzen, mit Öl gut bestreichen und ca. 8 Minuten rundum grillen.
Beilagen: Salate, Pommes frites, Stangenweißbrot, Burgunder als Getränk.

1000 g Kasseler (ohne Knochen), 4 EL Öl, schwarzer Pfeffer, Edelsüßpaprika

Schinken vom Spieß

Wein, geviertelte Zwiebel, Lorbeerblätter, Pfefferkörner und Gewürznelken zusammen aufkochen. Den Schinken mit dem heißen, gewürzten Wein übergießen und soviel Wasser zugeben, daß der Schinken ganz bedeckt ist. 12–24 Stunden marinieren lassen, herausnehmen und gut abtrocknen. Die Gewürznelken in den Schinken stecken. Den Schinken auf den Drehspieß stecken, mit Klammern befestigen und in genügender Entfernung von der Glut 30–40 Minuten grillen. Ei, Senf und Zucker miteinander verrühren und den Schinken während der letzten Viertelstunde damit bepinseln.
Kann auch mit einer Soße aus 1/4 Tasse Olivenöl, 2 EL Honig, 2 EL Paprika, edelsüß, und 1 TL Ingwerpulver während des Grillens bestrichen werden.
Beilagen: Weißbrot, Salat.

1000 g gekochter Roll- oder Nußschinken, 1/2 l Weißwein, 1 Zwiebel, 1 Lorbeerblatt, 6 Pfefferkörner, 2 Gewürznelken, 1 Ei, 1 EL Senf, 2 TL Zucker

Rollschinken vom Spieß

1000 g gekochter Rollschinken, 2 EL Zitronensaft, 4 EL Sherry, 1 EL Worcestersoße, 1 EL Zucker, Salz, Pfeffer

Den Rollschinken auf den Bratspieß stecken, mit Klammern befestigen und mit einer Mischung aus Zitronensaft, Sherry, Worcestersoße und Zucker bepinseln. Möglichst mit einem Grillthermometer grillen. Wenn der Zeiger auf 80 Grad steht, ist der Schinken gut.

Den Braten 10 Minuten ruhen lassen, dann in nicht zu dünne Scheiben schneiden. Prüfen, ob das Fleisch noch gesalzen und gepfeffert werden muß.

Beilagen: Kartoffelpüree, Salat. Bier.

Lämmchen vom Spieß

1 Milchlamm (15–20 kg), Salz, Pfeffer, Zitronensaft, 1/2 Tasse Öl, 1–2 Knoblauchzehen

Das vom Metzger vorbereitete Lämmchen waschen, trocknen, innen und außen mit Salz, Pfeffer und Zitronensaft einreiben und auf einem großen Drehspieß befestigen (Vorderbeine an den Kopf, die Hinterbeine an den Bauch binden). Etwa 6–7 Stunden in genügender Entfernung von der Glut (1–1 1/2 Stunden vorheizen), grillen und die Haut dabei laufend mit einer Mischung aus Öl, Salz, Pfeffer, Zitronensaft und zerdrücktem Knoblauch bestreichen.

Lamm auf griechische Art

1 Lamm, Salz, Pfeffer, Speckscheiben, Pfefferminzkraut, Butter, 1 TL Mehl, 1 EL gewiegte Kapern; Marinade: Buttermilch, 1 Zwiebel, 3 Gewürznelken, 6 Wacholderbeeren, 1 kleines Lorbeerblatt, Pfefferminzkraut; Fülle: 300 g Hackfleisch (2/3 Rind, 1/3 Schein), 1 Weißbrötchen, 125 g gekochter Reis, 2 EL Sultaninen, 1 EL Mandeln, 1 Ei, 1 EL Butter, Dill, Petersilie, Estragon, Kerbel, Schnittlauch, 1 TL Curry, 1/2 Zitrone, Salz, Pfeffer

Das bratfertige Lamm zwei Tage in folgende Marinade legen: Buttermilch, gewürzt mit einer mit Nelken gespickten Zwiebel, Lorbeerblatt, zerdrückten Wacholderbeeren und etwas Pfefferminzkraut. Das Lamm muß von der Flüssigkeit ganz bedeckt sein und mehrmals in der Marinade gewendet werden. Dann das Lamm herausnehmen, gut abtropfen lassen, trockentupfen und mit der Fülle füllen: Hackfleisch mit eingeweichtem, gut ausgedrücktem Brötchen, Reis, Ei, Sultaninen, in Scheiben geschnittenen, geschälten Mandeln, zerlassener Butter, feingehackten Kräutern gut verrührt, mit Curry und dem Saft und der geriebenen Schale einer halben Zitrone und mit Salz und Pfeffer kräftig würzen. Das Lamm damit nicht zu prall füllen, dann die Bauchlappen zunähen. Auf den Drehspieß stecken, mit Klammern befestigen, mit zerstoßenem Pfefferminzkraut außen kräftig einreiben, mit Speckscheiben bedecken und diese festbinden. Unter ständigem Drehen und fleißigem Bestreichen mit flüssiger Butter braten. Eine Viertelstunde vor Ende der Garzeit die Speckscheiben entfernen und Farbe

nehmen lassen. Den Bratensaft mit etwas Mehr binden, mit etwas Buttermilchmarinade aufgießen, aufkochen, mit Zitronensaft und geriebener Schale würzen, mit Kapern, Curry und Salz abschmekken.
Beilagen: Grillierte Tomaten, Soße.

Lammrücken Saint Florentin

1200 g Lammrücken, 2 EL Öl, 2 TL Salbei, Pfeffer, 1 Knoblauchzehe, Salz, Pfeffer

Lammrücken waschen und abtrocknen; die Fettschicht mit einem scharfen Messer kreuzweise einschneiden. Öl mit dem gemahlenen Salbei, dem zerdrückten Knoblauch und frisch gemahlenem Pfeffer vermischen und diese Mischung gut in das Fleisch einmassieren. Den Rücken danach auf dem Drehspieß befestigen. Je nach Dicke 60–75 Minuten grillen; während der letzten 5 Minuten wird gesalzen. Kurz rasten lassen, dann aufschneiden.
Beilagen: Artischockenböden, gefüllt mit Spinat und überkrustet; italienische Kartoffeln; Lammbratensaft.

Hammelkeule auf arlesische Art

1 Hammelkeule, Salz, Pfeffer, 2 Knoblauchzehen, 2 EL Öl

Hammelkeule entbeinen lassen, Fleisch waschen, trocknen, von überflüssigem Fett befreien (weiße Haut aber daran lassen), eine halbierte Knoblauchzehe auf das Fleisch auflegen, zusammenrollen und binden. Außen mit der zweiten Knoblauchzehe einreiben, mit Öl bestreichen und einige Stunden ziehen lassen. Das Fleisch auf den Spieß stecken, mit Klammern befestigen und etwa 1½ Stunden bei mittlerer Hitze grillen. Dabei mehrmals mit abtropfendem Fett bestreichen. Zum Schluß hin salzen und pfeffern.
Man kann die Hammelkeule auch mit Salbeiblättern würzen bzw. belegen, dann rund binden und wie oben weiterbehandeln.
Beilagen: Gebackene Zwiebelringe, gebratene Auberginenscheiben, gegrillte Tomaten.

Hammelkeule auf Balkanart

1 Hammelkeule (2–2½ kg), 3–4 Knoblauchzehen, 2 Tomaten, Basilikum, Majoran, Thymian, Öl, Salz, Pfeffer; Marinade: 1 Tasse Öl, ¼ Tasse Weinessig, 2 zerstoßene Knoblauchzehen, Salz, Pfeffer

Hammelkeule vom Metzger auslösen und das Fleisch rollbratenähnlich zusammenbinden lassen. Dann in eine Marinade aus Öl, Essig, Knoblauch, Salz und Pfeffer 2 Stunden legen. Zweimal wenden. Keule aus der Marinade nehmen, trockentupfen. Die Knoblauchzehen schälen und in Stifte schneiden. Jeden Stift mit einem Tomatenstückchen umhüllen. Dann mit einem spitzen Messer unter die Haut der Keule fahren und jeweils eine Tomatenknoblauchdosis hineinschieben. Dann den Braten mit Kräutern und Öl einreiben.
Auf dem Drehspieß unter fortlaufendem Bepinseln mit Öl pro Kilogramm Fleisch ca. 60 Minuten grillen. Kurz vor Ende der Bratzeit salzen und pfeffern. Das Fleisch 10 Minuten rasten lassen, dann aufschneiden.
Beilagen: Reis oder Ofenkartoffeln, Mischgemüse aus Tomaten, Gurken, Auberginen, Champignons und Zucchini oder grüne Bohnen. Als Getränk leichter Rotwein.

Hammelkeule auf provenzalische Art

1 Hammelkeule, Salz, 5 Knoblauchzehen, 4 EL Öl, 125 g Champignons, 4 Tomaten, Thymian, Pfeffer

2 halbierte Knoblauchzehen in Olivenöl 15 Minuten bei geringer Wärme ziehen lassen. Die entbeinte Hammelkeule an der Innenseite salzen, eine halbierte Knoblauchzehe hineinlegen und das Fleisch zu einer festen Rolle binden. An der Oberfläche in Abständen 8 kleine Schnitte anbringen und die restlichen 2 geviertelten Knoblauchzehen in diese Schlitze schieben. Das Fleisch mit dem Knoblauch einreiben, zudecken und über Nacht ruhen lassen. Auf den Drehspieß stecken, mit Klammern befestigen, Fettpfanne darunterschieben und zuerst bei sehr starker, dann bei etwas schwächerer Hitze etwa 1½ Stunden grillen. Wiederholt mit dem herabtropfenden Fett bepinseln; während der letzten 5 Minuten salzen.
Die Knoblauchzehen aus dem Olivenöl entfernen. Champignons grob hacken, geschälte, entkernte Tomaten grob schneiden. Champignons und Tomaten im Knoblauchöl weichdünsten, mit Thymian, Salz und frisch gemahlenem Pfeffer abschmecken. Die Hammelkeule kurz ruhen lassen, in fingerdicke Schnitten schneiden und mit der Champignon-Tomaten-Soße übergießen.

Hähnchen vom Spieß

2 Hähnchen (à 600 g). Salz, Pfeffer, 5 EL Öl, Rosinen, Petersilie oder Oregano, 20 g Butter

Die frischen Hähnchen ausnehmen, flambieren, die tiefgekühlten auftauen lassen, gut waschen und trockentupfen, innen mit Salz und Pfeffer einreiben. Flügel und Keulen mit dem Bindfaden am Rumpf festbinden, innen salzen. (In die Bauchhöhle kann man ein Stämmchen Rosmarin, Petersiliengrün oder Oregano und ein kleines Stück Butter legen.) Auf den Drehspieß stecken und mit den Haltegabeln befestigen. Fettpfanne darunterschieben. Öl und Salz verrühren und damit die Hähnchen außen rundherum gut bestreichen. Während des Grillens ständig langsam drehen und mit dem abtropfenden Fett aus der Fettpfanne immer wieder bestreichen. Grillzeit im E-Herd: 45 Minuten, im Gasherd: 65 Minuten. Geflügel ist gar, wenn sich die Haut über die Schenkel straff spannt; wenn man mit einer Nadel in die Gelenke einsticht und heller Saft heraustropft. Tropft noch blutiger Saft heraus, muß das Fleisch noch einige Zeit gegrillt werden.

Curry-Hähnchen

2 bratfertige Hähnchen, Salz, 5 EL Öl, 1 TL Currypulver, 1 Zwiebel, ½ l Fleischbrühe (Würfel), 2 Äpfel, 3 TL Currypulver, 1 EL Mehl, 4 EL Dosenmilch, Salz, 1 TL Honig, 4 EL Sahne, 2 EL Rosinen, 2 EL halbierte, geröstete Mandeln, 1 Banane

Hähnchen unter fließendem kaltem Wasser innen und außen waschen. Mit Haushaltspapier trockentupfen. Innen salzen. Flügel und Keulen mit Küchengarn am Rumpf festbinden. Hähnchen auf den Drehspieß stecken und mit den Haltegabeln befestigen. Fettpfanne darunterschieben. Öl mit einer Prise Salz und Currypulver verrühren. Hähnchen mit gewürztem Öl von allen Seiten gut bepinseln.

Drehspieß in den vorgeheizten Grill stecken. Fettpfanne darunterschieben. Hähnchen mit dem gewürzten und dem abgetropften Öl immer wieder bestreichen. Grillzeit: 40–60 Minuten. Eine Viertelstunde vor Ende der Grillzeit Zwiebel schälen und würfeln. Zwiebelstücke in der Fettpfanne anrösten, heiße Fleischbrühe zugießen. Äpfel schälen, mit dem Apfelstecher Kerngehäuse entfernen und fein würfeln. Bratfond aus der Fettpfanne durch ein Sieb in einen Topf passieren. Apfelwürfel zugeben. Curry darüberstreuen. Auf kleiner Flamme 10 Minuten dünsten lassen. Mehl mit Dosenmilch verrühren. Bratfond damit binden. Salzen und mit Pfeffer und Honig würzen. Sahne, Rosinen und Mandeln unterrühren. Banane schälen und in feine Scheiben schneiden. Bananenscheiben erst kurz vor dem Servieren in die Soße geben. Hähnchen vom Grill nehmen, Küchengarn entfernen. Hähnchen mit der Geflügelschere halbieren.

Beilagen: Soße, körnig gekochter Reis, Kopfsalat.

Grillhähnchen auf englische Art

2 küchenfertige Hähnchen, Salz, weißer Pfeffer, 20 g Butter, 3 EL Semmelbrösel, Cayennepfeffer, 20 g Margarine, 125 g durchwachsener Speck, 1 Kästchen Kresse

Die Hähnchen unter fließendem kaltem Wasser innen und außen abspülen, dann trockentupfen. Mit Salz und Pfeffer einreiben, mit Butter bestreichen. Auf den Spieß stecken, mit Klammern befestigen, die Fettpfanne darunterschieben. Im vorgeheizten Grill 45–50 Minuten grillen. Hähnchen während der Grillzeit immer wieder mit dem abgetropften Fett bestreichen. Die Hähnchen vom Spieß nehmen und vierteln. Semmelbrösel mit Cayennepfeffer mischen. Hähnchenteile darin wenden. Margarineflöckchen darauf verteilen. Im Grill noch einmal 10 Minuten überbacken. Speck in Scheiben schneiden. In einer Pfanne goldgelb braten. Hähnchen auf einer vorgewärmten Platte anrichten. Mit Speckscheiben und gewaschener, trockengetupfter Kresse garniert servieren.
Beilagen: Salat, Pommes frites.

Hähnchen auf Hawaiiart

2 Brathähnchen, Salz, Ingwer, Ananasscheiben (Dose), 300 g große Weintrauben (kernlos), Öl, 1/8 l Ananassaft, 2 EL Zitronensaft, 1 EL Senf

Bratfertige Hähnchen innen und außen mit Salz und Ingwer einreiben. Ananasscheiben klein schneiden, mit den Weintrauben mischen und in die Bauchhöhle füllen, zunähen oder zustecken. Flügel und Keulen am Körper festbinden. Die Hähnchen auf den Drehspieß stecken, mit Halteklammern befestigen, Fettpfanne darunterschieben. Hähnchen mit Öl bepinseln und 45–60 Minuten grillen. Während der zweiten Hälfte der Grillzeit immer wieder mit einer Mischung aus Ananassaft, Zitronensaft und Senf sowie Abtropffett bepinseln. Bei Tisch tranchieren.

Grillhähnchen auf indische Art

2 küchenfertige Hähnchen, Salz, 1 TL Currypulver, 80 g Butter, 4 EL Semmelbrösel

Die Hähnchen unter fließendem kaltem Wasser innen und außen abspülen und mit Haushaltspapier trockentupfen. Salz und Curry mischen und die Hähnchen damit einreiben. Butter in einem Topf zerlassen und die Hähnchen erst darin und dann auf einem Teller in Semmelbröseln wenden. Auf den Drehspieß stecken. Fettpfanne darunterschieben. Im vorgeheizten Grill 50–60 Minuten grillen. Hähnchen mit dem abgetropften Fett immer wieder bestreichen.
Beilagen: Mango Chutney, Tomatenketchup und Butterreis.

Petersilie-Hähnchen

2 bratfertige Hähnchen, Salz, 1 Bund Petersilie, 2–3 EL Öl, weißer Pfeffer, 1 Msp. Currypulver

Hähnchen unter fließendem Wasser innen und außen waschen. Mit Haushaltspapier trockentupfen. Innen mit Salz einreiben. Petersilie waschen, trockentupfen, in das Hähncheninnere stecken. Flügel und Keulen mit Küchengarn am Rumpf festbinden. Hähnchen auf den Drehspieß stecken und mit den Haltegabeln befestigen. Öl mit Pfeffer, Salz und Currypulver verrühren. Hähnchen mit dem gewürzten Öl von allen Seiten gut einpinseln. Drehspieß in den vorgeheizten Grill stecken. Fettpfanne darunterschieben. Grillzeit: 50–60 Minuten. Hähnchen mit dem abgetropften Fett während des Grillens immer wieder bestreichen. Wenn die Hähnchen knusprig braun sind, Halteklammern lösen und die Hähnchen vom Spieß nehmen. Küchengarn und Petersilie entfernen. Hähnchen mit der Geflügelschere der Länge nach in der Mitte in zwei Hälften schneiden.
Beilagen: Gegrilltes Gemüse, Weißbrot, Salate.

Hähnchen auf türkische Art

2 bratfertige Hähnchen, 3 Zwiebeln, 50 g Butter oder Margarine, 1 Hähnchenleber, 2 hartgekochte Eier, 1 Tasse gekochter Reis, 30 g abgezogene Pistazien, 1/2 Bund Petersilie, 30 g kernlose Rosinen, Salz, Pfeffer, Paprika, edelsüß, 1/8 l Sahne

Hähnchen unter fließendem Wasser innen und außen abspülen, mit Haushaltspapier trockentupfen. Für die Füllung geschälte Zwiebeln in Würfel schneiden. Butter oder Margarine in einem Topf erhitzen, Zwiebelwürfel darin glasig werden lassen. Leber waschen, mit Haushaltspapier trockentupfen, fein schneiden und zugeben. Bei kleiner Flamme 3 Minuten dünsten. Ständig umrühren. Eier schälen und würfeln. Gekochten Reis und abgezogene Pistazien zugeben. Petersilie waschen, trockentupfen, hacken und mit den Rosinen unter die Masse mischen. Mit Salz und Pfeffer abschmecken. Hähnchen innen und außen mit etwas Salz und Pfeffer einreiben. Masse einfüllen. Hähnchen zunähen oder mit Zahnstochern zustecken, mit Paprika einreiben, mit Sahne bestreichen und auf den Grillspieß stecken und mit Haltegabeln befestigen. Fettpfanne darunterschieben. 40–60 Minuten grillen, dabei immer wieder mit dem abgetropften Fett bestreichen. Dann den Spieß entfernen. Hähnchen mit der Geflügelschere längs in zwei Hälften schneiden.
Beilagen: Pommes frites, Kopfsalat.

Waikiki-Hähnchen

2 bratfertige Hähnchen, Salz, Pfeffer, Paprika edelsüß, 4 EL Öl, 3 Bananen, Saft von 1/2 Zitrone, 8 Pfirsichhälften (aus der Dose), 4 Scheiben Ananas (aus der Dose), 5 EL Schattenmorellen (Glas), 40 g Butter, 50 g blättrige Mandeln, 20 g Kokosraspeln

Hähnchen innen und außen mit kaltem Wasser abspülen, trockentupfen, innen mit Salz, Pfeffer und Paprika einreiben. Außen mit Öl bepinseln. Auf den Spieß stecken, befestigen, Fettpfanne darunterschieben und im vorgeheizten Grill 50–60 Minuten grillen. Hähnchen während des Grillens immer wieder mit Öl oder dem abgetropften Fett bestreichen. In der Zwischenzeit geschälte Bananen in Scheiben schneiden und mit Zitronensaft beträufeln. Pfirsichhälften, Ananasscheiben und Schattenmorellen abtropfen lassen. Kurz bevor die Hähnchen gar sind, Butter in einer Pfanne erhitzen. Darin die Bananenscheiben in 5 Minuten goldbraun braten. Warmstellen. Dann nacheinander die Pfirsichhälften, Ananasscheiben und die Schattenmorellen im Fett kurz braten. Warmstellen. Zum Schluß noch die Mandeln in der Pfanne bräunen.

Hähnchen vom Spieß nehmen, halbieren und auf einer vorgewärmten Platte anrichten. Ananasscheiben, Pfirsichhälften und Bananenscheiben um die Hähnchen legen. Schattenmorellen auf den Hähnchen verteilen. Gebräunte Mandeln und Kokosraspeln mischen und darüberstreuen.

Beilagen: Obstsalat, körnig gekochter Reis.

Poularde vom Spieß

1 bratfertige Poularde, Salz, Saft von 1 Zitrone, 5 Eßkastanien, 2 EL heiße Milch, 80 g Rinderhackfleisch, 70 g Geflügelleber, 2 Eier, 4 EL Butter, abgeriebene Schale und Saft von 1/2 Zitrone, 1/2 Bund Petersilie, Salz, Pfeffer, Muskat, 1 Prise getrocknete Zitronenmelisse, 60 g Butter, 2 Glas Rotwein, 1 EL Mehl, 1/4 l saure Sahne

Trandrüsen am Schwanz der Poularde abschneiden. Poularde waschen, mit Haushaltspapier trockentupfen. Innen und außen mit Salz und Zitronensaft einreiben. Für die Füllung Eßkastanien kreuzweise einschneiden. Dann 10 Minuten im heißen Grill rösten. Dabei platzt die Schale auf, so daß man die Eßkastanien auslösen kann. Nun 20 Minuten im Wasser kochen. Aus dem Wasser nehmen, abtropfen lassen und sehr fein zerdrücken. Mit heißer Milch verrühren. Rinderhackfleisch, feingehackte Geflügelleber, Eier und Butter, Saft und abgeriebene Schale von 1/2 Zitrone zugeben. Gewaschene Petersilie trockentupfen, hacken und ebenfalls hinzufügen. Mit Salz, Pfeffer, Muskat und Zitronenmelisse würzen. Poularde mit der Masse füllen. Zunähen. Auf den Spieß stekken. Fettpfanne darunterschieben. Poularde erst mit heißer, leicht gebräunter Butter, dann mit einem Glas Rotwein übergießen. 1 1/2–2 Stunden grillen. Zwischendurch immer wieder mit Bratfond und dem restlichen Rotwein bepinseln. Nach Ende der Grillzeit die Poularde vom Grill nehmen und auf einer Platte angerichtet warm-

stellen. Bratfond mit 1/4 l Wasser loskochen. In einen kleinen Topf geben. Mehl mit etwas kaltem Wasser anrühren. Kochende Soße damit binden. Vom Herd nehmen und saure Sahne einrühren. Nochmal abschmecken. Gleichzeitig mit der Poularde servieren. Poularde kurz vor dem Servieren mit Petersilie garnieren.
Beilage: Chicoréesalat.

Ente oder Gans vom Spieß

1 junge Ente oder Gans, Salz, Pfeffer, Apfel, Sultaninen, Beifuß, Öl oder Butter zum Bestreichen, Zitronensaft

Die bratfertige Ente oder Gans innen mit Salz und Pfeffer kräftig einreiben, mit Apfelstücken nicht zu prall füllen, dazwischen eine Handvoll Sultaninen streuen und einige Zweige Beifuß einlegen. Dann zunähen und am Spieß befestigen, Fettpfanne darunterschieben. Unter fleißigem Drehen und Begießen mit Eigenfett die Gans oder Ente braten. Das aufgefangene Bratfett mit etwas Wasser aufkochen, mit Zitronensaft abschmecken und über die angerichtete, tranchierte Ente oder Gans gießen. Zum Beifuß kann man Petersilie und Majoran geben.

China-Ente

1 bratfertige Ente, wenig Salz, 40 g Margarine, 2 Tassen Sherry, 1/2 Tasse Honig, 2 EL dicke chinesische Sojasoße, 2 TL gehackter Ingwer in Sirup (Glas), 2 TL Senfpulver, 1 TL Sesamsamen; Soße: 6 Apfelsinen, 1 walnußgroßes Stück Ingwer in Sirup (Glas), 2–3 EL Zucker, 1/4 Glas Sherry, 1 EL Speisestärke, 1 Dose Mandarinen-Orangen, 1 Banane, 1 Apfelsine, Petersilie, Kaiserkirschen (Glas)

Sherry, Honig und Sojasoße mischen. Ingwer fein hacken, mit Senfpulver und Sesamsamen in die Sherrymischung rühren. Ente darin 3 Stunden zugedeckt ziehen lassen. Ab und zu umdrehen. Ente aus der Marinade nehmen. Gut abtropfen lassen. Innen leicht salzen. Margarine im Topf erhitzen. Ente von allen Seiten damit bestreichen. Auf den Spieß stecken und befestigen und im vorgeheizten Grill je nach Größe 1–2 Stunden grillen. Fettpfanne darunterschieben. Etwas Wasser hineingießen. Ente während des Grillens immer wieder mit der Marinade bestreichen. Für die Soße von einer halben Apfelsine die Schale sehr dünn abschälen und in ganz feine Streifen schneiden. Apfelsine auspressen. Ingwer fein würfeln. Alles mischen. Zucker und die Hälfte Sherry zugeben. Aufkochen. Speisestärke mit dem restlichen Sherry verquirlen und Soße damit binden. Mandarinen-Orangen gut abtropfen lassen. Geschälte Banane in dünne Scheiben schneiden. Die Hälfte der Mandarinen-Orangen und der Banane in die Soße geben. Ente vom Spieß nehmen und auf einer Platte anrichten. Mit Mandarinen-Orangen umlegen. Außerdem mit Apfelsinenscheiben, auf die die restlichen Bananenscheiben gelegt werden, sowie mit Petersilie und einigen Kirschen garnieren.
Beilagen: Reis, Kopfsalat.

Ente auf indische Art

1 bratfertige Ente, Salz, 1 Brötchen, 250 g gekochter Reis, 150 g feinzerstoßene Pistazien, 1 Stück Sternanis, 2 Zwiebeln, 1 Becher Joghurt, 1 Ei, etwas Rosenwasser, Curry, Salz, 40 g zerlassene Butter, 1 TL zerdrückte Pfefferkörner, 1 Salatblatt, 1 Tomate, ½ Bund Petersilie

Bratfertige Ente waschen, mit Haushaltspapier trockentupfen. Leicht salzen. Brötchen in Wasser einweichen und gut ausdrücken. Reis und Pistazien mischen. Fein zerstoßenen Sternanis, geschälte, geriebene Zwiebeln, Joghurt, Ei, Rosenwasser, viel Curry und Salz vermischen und dazugeben. Masse in die Ente füllen, zunähen, auf den Spieß stecken und mit Butter bestreichen, mit zerdrücktem Pfeffer bestreuen. Im vorgeheizten Grill je nach Größe 1–2 Stunden grillen. Fettpfanne darunterschieben und Wasser hineingießen. Ente mit der Gabel ringsherum einstechen. Während der Grillzeit immer wieder mit abgetropftem Fett bestreichen, pfeffern. Ente tranchieren und auf einer Platte anrichten. Mit Salatblatt, Tomate und Petersilie garnieren.
Beilage: Curry-Reis mit Ingwer-Stückchen.

Ente mit Kräutern

1 junge Mastente (etwa 2000 g), Salz, Pfeffer, Thymian, Oregano oder Petersilie, Kerbel, Estragon, Beifuß, Zitronenmelisse, Pfefferminze, ¼ l Weißwein, 1 EL Stärkemehl

Bratfertige Ente innen und außen mit Salz und frisch gemahlenem Pfeffer einreiben. Nach Wahl Kräuterzweige in die Bauchhöhle stecken, zunähen oder mit Zahnstochern zustecken. Flügel und Beine an den Körper binden. Ente am Drehspieß befestigen, Fettpfanne darunterschieben, 70–100 Minuten grillen. Wiederholt mit Bratensaft bestreichen. Die Ente kurz ruhen lassen, tranchieren und auf einer vorgewärmten Platte anrichten. Das in der Fettauffangschale gesammelte Bratenfett etwa zur Hälfte abgießen, den Rest mit der Hälfte des Weines aufgießen. Stärkemehl und restlichen Wein verrühren und die Soße damit binden und mit Salz und Pfeffer abschmecken. Soße extra reichen.

Ente mit Orangensoße

1 fleischige Ente, 3 Orangen, Öl zum Bepinseln, Salz; Soße: etwas Orangenschale, ⅛ l Orangensaft, 60 g Margarine, 1 TL Stärkepulver, Salz, 1 Schuß Sherry

Die bratfertige Ente kurz waschen und mit Küchenkrepp-Papier trockentupfen. Die Orangen schälen, die weißen Häute gut entfernen, dann vierteln und in die Bauchhöhle geben. Zunähen und auf den Drehspieß stecken. Das Gewicht gut ausgleichen. Dann mit Öl bepinseln und je nach Größe 70–100 Minuten grillen. Erst nach der halben Grillzeit salzen.
Für die Soße etwas dünn geschälte Orangenschale, Margarine, Stärkepuder und Salz unter Rühren in einem kleinen Topf aufkochen lassen und mit einem Schuß Sherry abschmecken. Eventuell zum Schluß den entfetteten Bratensaft hinzugeben. Man kann auch auf die Margarinezugabe verzichten und statt dessen etwas Enten-

fett nehmen. Wird die Ente im Freien gegrillt, so sind Weißbrot und ungezuckerte, mit Preiselbeeren gefüllte Bratäpfel oder auch Birnen in Alu-Folie die passenden Beigaben.

Ente Shanghai

1 junge Mastente (etwa 2000 g), 3 EL Honig, 1 EL Sojasoße, 1 Zitrone, Salz, Pfeffer, 1 TL Öl

Honig in 1/8 l Wasser aufkochen, abkühlen lassen, dann Sojasoße, Saft und abgeriebene Schale einer Zitrone, Salz und Pfeffer dazurühren und die Ente innen und außen mit dieser Marinade bepinseln. Gut zugedeckt einige Stunden, am besten über Nacht, ziehen lassen. Ente auf dem Spieß befestigen, mit etwas Öl bepinseln und 70–100 Minuten grillen. Während der letzten 20 Minuten ununterbrochen mit der restlichen Marinade bepinseln.

Ingwer-Gans (für 6–8 Personen)

1 bratfertige Frühmastgans (4000–5000 g), Salz, weißer Pfeffer, 1/2 Glas Ingwerpflaumen, 3 Knoblauchzehen, 1/4 l heißes Wasser, 60 g Butter oder Margarine, 5 EL Öl, 400 g Langkornreis, 150 g Rosinen, 1 l heiße Fleischbrühe (Würfel), 1/2 Bund Petersilie

Gans unter kaltem Wasser innen und außen abspülen, mit Haushaltspapier trockentupfen, innen und außen mit Salz und Pfeffer einreiben. Ingwerpflaumen auf einem Sieb abtropfen lassen. Sirup auffangen. Eine Pflaume hacken. Knoblauchzehen schälen. Eine wird zerhackt. Die übrigen beiseite legen. Gehackte Ingwerpflaume, die gehackte Knoblauchzehe und einen Eßlöffel Ingwersirup in die Gans geben. Gans zunähen. Auf den Spieß stecken. Im vorgeheizten Grill etwa 2–3 Stunden grillen. Fettpfanne darunterschieben. Wasser zugießen. Butter oder Margarine in einem Topf flüssig werden lassen. Die Gans während der Grillzeit damit bepinseln. Zwischendurch auch hin und wieder mit Bratenfond und dem restlichen Ingwersirup bepinseln. 30 Minuten vor Ende der Grillzeit Öl in einem großen Topf erhitzen. Die restlichen geschälten Knoblauchzehen fein hacken. Mit dem gewaschenen Reis ins heiße Öl geben. Reis unter Rühren 10 Minuten glasig werden lassen. Die Hälfte der zurückgelassenen Ingwerpflaumen hacken und mit den unter warmem Wasser gewaschenen, auf einem Sieb abgetropften Rosinen mischen und dazugeben. Mit der heißen Fleischbrühe aufgießen und salzen. Bei kleiner Hitze zugedeckt in 20 Minuten ausquellen lassen. Topf vom Herd nehmen. Reis mit einer Gabel lockern, damit er schön trocken wird. Etwa die Hälfte davon auf einer vorgewärmten Platte verteilen. Den Rest in eine Schüssel geben. Gans vom Spieß nehmen, tranchieren und wieder zusammensetzen. Auf dem Reis anrichten.

Restliche Ingwerpflaumen in feine Scheiben schneiden. Gans damit garnieren. Petersilie unter kaltem Wasser abspülen, trockentupfen, zerpflücken und um die Gans legen. Reis in der Schüssel extra servieren. Außerdem Kopfsalat reichen.

Truthahn vom Spieß

1 Truthahn (2500–3000 g), Salz, Pfeffer, 2 EL Calvados, 3 kleine Äpfel, 250 g Kastanien, gekocht (Dose), Oregano, Pfeffer, Öl oder Butterfett, 1–2 EL Bier

Salz und frischgemahlenen Pfeffer mit Calvados verrühren, bratfertigen Truthahn außen und innen damit gut einreiben. Die geschälten, entkernten und geviertelten Äpfel und die Kastanien mit Oregano und Pfeffer würzen. Die Mischung in die Bauchhöhle des Truthahns füllen und diese vernähen. Den Truthahn dressieren, auf den Drehspieß stecken, etwa 2½ Stunden grillen und dabei von Zeit zu Zeit mit etwa Öl oder zerlassener Butter bepinseln, in den letzten 10 Minuten mit Bier bestreichen.

Truthahn, gefüllt

1 bratfertiger Truthahn, 100 g durchwachsener Speck, 250 g Kalbsbratwurstmasse (vom Fleischer), 250 g Edelkastanien (aus der Dose), 1 EL Sultaninen, 1 EL gehobelte Mandeln, 1 Ei, Curry, Salz, Pfeffer, 1 Zitrone, Öl, Butter, 1 Glas Weißwein, ⅛ l saure Sahne

Fülle: Kastanien, gut abgetropft, mit der Gabel zerdrücken, mit der Bratwurstmasse vermengen, Mandeln, Sultaninen und Ei dazurühren, mit Zitronensaft und geriebener Zitronenschale verrühren, mit Salz, Pfeffer und Curry würzen und abschmecken.
Truthahn (nach Vorschrift auftauen lassen) innen und außen mit kaltem Wasser abspülen, abtrocknen und mit Salz und Pfeffer einreiben. Die Füllfarce locker einfüllen. Bauch und Halsöffnung zunähen. Flügel und Keulen mit Bindfaden am Rumpf festbinden. Mit Salz und Pfeffer außen einreiben, Brust und Keulen mit Speckscheiben umbinden. Das Tier auf den Spieß stecken und während des Bratens ständig drehen und mit flüssiger Butter bzw. mit abtropfendem Eigenfett bestreichen. Gegen Ende der Garzeit zum Bratfett etwas Weißwein geben und damit das Tier begießen. In den letzten Minuten die Speckscheiben entfernen, damit das Tier auch darunter noch Farbe nehmen kann. Zum Schluß den Bratensaft mit etwas saurer Sahne eindicken. Den Fond extra servieren.
Beilagen: Ananasscheiben, am Spieß gegrillt, Gemüseplatte, Kartoffelkroketten.

Putenrollbraten

Putenrollbraten (750 g), 2–3 EL Calvados, Salz, weißer Pfeffer, 1 TL Calvados, 2 EL Öl

Putenrollbraten mit Calvados beträufeln. Mit Alu-Folie umwikkeln und 1 Stunde im Kühlschrank ziehen lassen. Rollbraten aus der Folie nehmen und mit Haushaltspapier trockentupfen. Rollbraten mit feinem Salz und wenig Pfeffer einreiben. Öl mit 1 TL Calvados verrühren. Putenrollbraten auf den Drehspieß stecken und mit dem Öl-Calvados-Gemisch bepinseln. Fleisch am Drehspieß ungefähr 50–60 Minuten grillen. Fettpfanne darunterschieben. Braten während des Grillens häufig mit Öl bestreichen. Beilagen: Kartoffelpüree, Salat, verschiedene Würzsoßen.

Rehkeule Cumberland

Für die Beize Salzwasser aufkochen. Möhren, Sellerie, Petersilienwurzel und Zwiebeln putzen und zerkleinern. In der Beize knapp 30 Minuten garkochen. Gewürzkörner, Wacholderbeeren, Lorbeerblatt, Thymian, Majoran und Pfefferkörner, Essig und Rotwein dazugeben. Nochmals kurz aufkochen und dann kalt werden lassen. Rehkeule vom Wildhändler ausbeinen lassen. In das Innere zerstoßene Wacholderbeeren, zerbröselte Lorbeerblätter und Senfkörner geben. Keule zunähen und mindestens 3–4 Tage in die Beize legen. Dazwischen wiederholt wenden. Dann die Rehkeule gut abtropfen lassen und mit Haushaltspapier trockentupfen. Keule auf den Drehspieß stecken. Eventuell die Keule in den Grillkorb klemmen. Keule gut mit Öl bepinseln. Grillzeit: pro 500 Gramm Fleisch etwa 25 Minuten. Restliches Öl mit Pfeffer, Salz, Honig, Worcestersoße, zerstoßenen Wacholderbeeren und Nelken mischen. Die Keule im letzten Drittel der Grillzeit mit diesem gewürzten Öl bestreichen. Beilage: Kartoffelkroketten, Maronenpüree, gegrillte Birnen oder Äpfel, Cumberlandsoße.

1 Rehkeule, 5 Wacholderbeeren, 2 Lorbeerblätter, ½ TL Senfkörner, Öl, Pfeffer, Salz, Honig, 1 EL Worcestersoße, 5 Wacholderbeeren, 5 Gewürznelken; Beize: ½ l leicht gesalzenes Wasser, 2 Möhren, 1 Sellerieknolle, 1 Petersilienwurzel, 2 Zwiebeln, 6 Gewürzkörner, 6 Wacholderbeeren, 1 Lorbeerblatt, Thymian, Majoran, Pfefferkörner, 2 Tassen Essig, 2 Tassen Rotwein

Hasenrücken auf deutsche Art

Fleisch gut waschen, den Rücke häuten, mit Salz kräftig einreiben und mit Öl bestreichen, dann mit Speckscheiben umwickeln und binden. Nimmt man auch die Hinterläufe, werden sie mit Speckscheiben und Bindfaden am Rücken festgemacht. Dann mit Keulen und Vorderblatt auf den Spieß stecken und festklemmen. Die ersten Minuten bei sehr starker Hitze grillen, dann bei gedrosselter Hitze braten. Nach halber Bratzeit die Speckscheiben entfernen, damit der Braten Farbe nehmen kann. Ab nun kräftig mit Öl bestreichen. Zum Schluß kann man flüssige Butter und Sahne vermischen und damit den Braten bestreichen. Die Länge der Garzeit richtet sich nach Schwere des Bratens, dem Alter des Hasens und nach der Stärke des Feuers.
Beilagen: Preiselbeerkompott oder Johannisbeergelee, Rotkohl, Kartoffelpüree.

1 Hasenrücken (800 g) mit Keulen, Öl, Speckscheiben, Salz, ⅛ l Sahne, 20 g Butter

Fasan vom Spieß

Den bratenfertigen Fasan unter fließendem Kaltwasser innen und außen waschen, trockentupfen, dann innen und außen salzen, außen auch leicht pfeffern und mit zerstoßenen Wacholderbeeren einreiben, mit Speckscheiben umwickeln, binden und Fasan auf

1 junger Fasan, Salz, Pfeffer, Wacholderbeeren, 60 g Speckscheiben, Öl

den Spieß stecken, Fettpfanne darunterschieben. Ca. 40–50 Minuten rundum im vorgeheizten Grill grillen, dabei wiederholt mit Öl bestreichen. In den letzten 4–5 Minuten die Speckscheiben entfernen und das Tier nachbräunen, dabei mit dem abtropfenden Fett bestreichen.
Beilagen: Maronenpüree, gegrillte Früchte.

Fasan auf georgische Art

1 bratfertiger Fasan, Salz, 40 g geräucherter fetter Speck in Scheiben, 50 g Margarine, 100 g abgezogene, gehackte Walnußkerne, Saft von 250 g Weintrauben (etwa 1/8 l), Saft von 4 Apfelsinen, 1 Tasse Dessertwein, 1 TL grüner Tee, 2 TL Speisestärke, weißer Pfeffer, 1/8 l Sahne, je 125 g blaue und weiße Trauben

Fasan unter fließendem kaltem Wasser außen und innen waschen, dann trockentupfen. Innen und außen salzen. Flügel und Keulen mit Küchengarn am Rumpf festbinden. Mit Speckscheiben umwickeln und mit Küchengarn festbinden oder mit Holzzahnstochern feststecken. Fasan im Speckmantel auf den Drehspieß stecken. Mit geschmolzener Margarine bestreichen. Fasan im vorgeheizten Grill 40–50 Minuten grillen. Fettpfanne darunterschieben. Walnußkerne in die Fettpfanne geben und kurz anbraten. Traubensaft mit Apfelsinensaft und Dessertwein zugießen und 10 Minuten schmoren lassen. Inhalt der Fettpfanne in einen kleinen Topf geben. In der Zwischenzeit grünen Tee in eine Tasse geben. Mit sprudelnd kochendem Wasser aufgießen. 5 Minuten ziehen lassen. Tee über den Fasan gießen. Fasan weitergrillen. Gelegentlich mit dem Tee begießen. Restlichen Tee zum Schluß in den Topf zum anderen Bratensaft geben.
Fasan vom Grill nehmen. Küchengarn oder Zahnstocher entfernen. Speckscheiben abwickeln, aber aufheben. Fasan auf einer vorgewärmten Platte anrichten und warmstellen. Bratensaft durchseihen. Mit der in kaltem Wasser angerührten Speisestärke binden. Gewürfelte Speckscheiben hineingeben. Salzen und pfeffern. Sahne hineinrühren und bis zum Sieden erhitzen. Über den angerichteten Fasan gießen. Mit gewaschenen, gut abgetropften blauen und weißen Trauben garnieren.
Beilage: Kartoffelpüree.

Rebhuhn Estramadura

4 küchenfertige Rebhühner (vom Wildhändler vorbereitet), Herz, Magen und Leber der Rebhühner (oder 200 g Hähnchenleber), 1 Zwiebel, 1 Brötchen, 1 Tasse Milch, 1 Ei, Salz, Pfeffer, 1 TL Majoran, 1 EL Kognak, 1 EL Sardellenpaste, 8 dünne Scheiben Speck

Küchenfertige Rebhühner unter fließendem kaltem Wasser innen und außen abspülen und trockentupfen. Eventuell von Sehnen, Fett und Häuten befreien, durch den Fleischwolf drehen (feine Scheibe). Geschälte Zwiebel, das in Milch eingeweichte und ausgedrückte Brötchen ebenfalls durch den Fleischwolf drehen. Ei, Salz, Pfeffer und Majoran zu den Zutaten geben, einen geschmeidigen Fleischteig daraus kneten und in die Rebhühner füllen. Öffnungen zunähen. Speckscheiben um die Rebhühner wickeln

und mit Küchengarn festbinden. Rebhühner auf den Spieß stecken und im vorgeheizten Grill 30–40 Minuten grillen. Fettpfanne darunterschieben. 5 Minuten vor Ende der Grillzeit Speckscheiben entfernen. Rebhühner mit dem abgetropften Fett bestreichen und bräunen lassen. Rebhühner mit der Geflügelschere in zwei Hälften teilen, mit blanchierten, gefüllten spanischen Oliven und Orangenfilets garnieren.
Beilagen: Weinsauerkraut, in Petersilie geschwenkte Salzkartoffeln.

Wachteln auf Winzerart

8 küchenfertige Wachteln, Salz, 1 EL zerstoßene Wacholderbeeren, 8 dünne Speckscheiben

Wachteln mit kaltem Wasser waschen, mit Haushaltspapier trokkentupfen. Innen und außen salzen. Mit zerstoßenen Wacholderbeeren bestreuen. Sie können auch mit etwas Oregano, Thymian und Rosmarin gefüllt werden. Ein Hauch von Knoblauch kann auch nicht schaden. Wachteln mit Speckscheiben einwickeln. Mit Küchengarn festbinden. Wachteln auf einen Drehspieß stecken und grillen. Fettpfanne darunterschieben. Nach 20 Minuten den Speck abnehmen. Wachteln noch 5 Minuten weitergrillen. Wachteln vom Spieß nehmen, mit geschälten, entkernten Weinbeeren garnieren.
Beilagen: Stangenweißbrot, Rotkraut.

Wildente, gefüllt

2 küchenfertige Wildenten, 1 Brathähnchen, 50 g getrocknete Morcheln, 2 Zwiebeln, 150 g roher Schinken, 4 Sardellen, 2 Eier, 1 Tasse Semmelbrösel, ½ Tasse Sahne, Pfeffer, Salz, ½ TL Rosmarin (getrocknet), 4 Scheiben dünner Bauchspeck

Küchenfertige Wildenten waschen und mit Haushaltspapier trokkentupfen. Für die Füllung das Fleisch des Brathähnchens von den Knochen lösen und mit den 2 Stunden im Wasser eingeweichten Morcheln, geschälten und grob gehackten Zwiebeln, rohem Schinken und Sardellen durch den Fleischwolf (feine Scheibe) drehen. Dann die Eier, Semmelbrösel, Sahne und die Gewürze zugeben. Alles gut mischen. Hälse zunähen. Geflügel mit dem Fleischteig füllen. Bauch ebenfalls zunähen. Speckscheiben um das Geflügel wickeln, mit Küchengarn festbinden und auf den Spieß stecken. Im vorgeheizten Grill 50–70 Minuten grillen. Die letzten 10 Minuten davon ohne den Speckmantel. Ganz zum Schluß leicht salzen.
Beilagen: Salat, Apfel-Chutney, Stangenweißbrot.

KLEINE SPIESSE

Brochette (französisch broche = Bratspieß) nennt der Küchenchef die kleinen Spieße, an denen Fleisch-, Geflügel- oder Wildstückchen auf dem Rost bzw. im Grill gegart werden, dabei reiht man die Fleischstückchen abwechselnd mit Pilzen, Zwiebeln, Gemüse, Rauchspeckscheiben bzw. -würfeln auf die Spießchen. Dazu reicht man meist Kräuterbutter und Brot. Beliebte kleine Spieß-Gerichte sind auch die *Schaschliks,* kleine Fleischspieße, auf dem Rost oder im heißen Fett gebraten. Sie stammen aus dem Orient und bestanden ursprünglich nur aus kräftig gewürzten Hammelfleischstückchen. Heute verwendet man auch Scheibchen oder Würfel von anderen Fleischsorten, Nieren, Räucherspeck, Würste, Zwiebel etc., dick mit Paprika und Curry bestreut und mit einer Würzsoße bedeckt. *Sateh* nennt man die indonesischen Fleischspießchen, Hauptbestandteil einer indonesischen Reistafel, wobei Hammel-, Rind- oder Schweinefleisch auf Bambusstäbchen gespießt und mit Salz, Pfeffer, Currypulver etc. gewürzt werden. Dazu gibt man verschiedene Ketchupsorten oder andere Würzsoßen. *Kebap* (Kebab, Kabab) nennt man eine türkische Spezialität, das sind ebenfalls kleine, am Spieß gegarte Hammelfleischstücke, auf Reis angerichtet.

Man verwendet flachgehämmerte Spießchen (Holz- und Bambusstäbchen haben den Vorteil, billiger zu sein). Man darf sie nicht verkohlen lassen und werfe sie nach einmaligem Gebrauch weg!

Wer das gegarte Fleisch rot liebt, sollte die einzelnen Stücke eng aufspießen. Locker aufgespießt garen sie leichter durch. Dazu lange Spieße wählen!

Langgarende Nahrungsmittel schneidet man kleinwürfelig, kurzgarende in gröbere Würfel oder in entsprechende Scheiben (Speck, Tomaten).

Zu Spießchen-Gerichten ist fast alles geeignet: schnellgarendes Fleisch vom Rind, Kalb, Schwein, Hammel, Lamm, Reh, Hirsch, Speck, Kasseler, Schinken, Kalbs- und Hühnerleber, Nieren, Leberkäs, alle Arten von Würsten, Hackfleischbällchen, Scampi, Schnecken, Austern, Muscheln (mit hauchdünnen Speckstreifen umwickelt, in Öl und Semmelmehl gewendet).

Rohe Kartoffelscheiben sollte man kurz vorgaren. Oliven, Zucchetti, Auberginen, Champignons, Paprikaschnitzel, Tomaten, Apfelschnitten, Orangen- und Bananenscheiben, rote Kirschen, Aprikosenhälften, Zwiebeln kann man abwechselnd mit Fleischwürfeln auf Spießchen stecken.

Gesalzen wird erst immer nach dem Grillen. Lorbeerblätter oder Kräuter (rohe überbrühen) dazwischen aufstecken, ergibt interessante Geschmacksnuancen.

Für jede Portion rechnet man 150–200 g Fleisch. Die Fleischstücke vorher in Öl legen und 1–2 Stunden im Kühlen marinieren.

Aalspießchen auf Hamburger Art

Aal säubern, enthäuten, waschen, in gleichgroße Stücke schneiden. Dill in die Mitte geben, mit Knoblauch einreiben. Gurke waschen, in Scheiben schneiden. Pilze putzen, Köpfe von den Stielen trennen. Tomaten vierteln und entkernen. Speck in Stücke schneiden. Abwechselnd je ein Stück Aal, Gurke, Pilze, Speck und Tomate auf die Spieße stecken. Alles mit Öl und Zitronensaft beträufeln, salzen und mit Paprika bestreuen. Beim Grillen im Backrohr oder im Elektrogerät Bratenschüssel unterstellen, die Spieße drehen lassen. Grillzeit: 15 Minuten. Während des Grillens Grillgut mit Öl beträufeln.
Beilagen: Im Ofen gegrillte Kartoffeln, Stangenweißbrot, Salat.

1000 g frischer Aal, Dill, 1 zerdrückte Knoblauchzehe, 1 Salatgurke, 250 g Champignons, 4 Tomaten, 100 g Räucherspeck, 5 EL Öl, 1 Zitrone (Saft), Salz, 1 TL scharfer Paprika

Fisch-Kebab auf italienische Art

Das Fischfilet in Würfel von etwa 3 cm Kantenlänge schneiden und mit Zitronensaft marinieren. Falls keine frischen Lorbeerblätter zu bekommen sind, müssen wir die bei uns käuflichen getrockneten Lorbeerblätter mindestens 24 Stunden in lauwarmem Wasser einweichen, damit sie ihre Sprödigkeit verlieren. Zucchini waschen, vom Stielansatz befreien und in fingerdicke Scheiben schneiden. Dann abwechselnd alles auf Spieße stecken, ganz zum Schluß jeweils eine Olive. Mit Öl bepinseln und auf dem sehr gut vorgeheizten, geölten Grillrost grillen. Vorsicht, wenn die Grillstäbe nicht sehr heiß sind und nicht ausreichend gefettet wurden,

200 g frischer Aal, 200 g Seezungenfilet, 400 g gemischtes Seefischfilet (Kabeljau, Makrele, Goldbarsch u. a.); Marinade: 1 Zitrone (Saft), 2 EL Öl, Salz, weißer Pfeffer, 1 TL Paprika, edelsüß, 1 TL Senf, Worcestersoße und Tabascosoße; 4 Tomaten, 1 Gurke, 16 Essigzwiebelchen, 16 Champignons (aus der Dose), 100 g Butter oder Margarine

Fische auf Neptunart

Aal enthäuten, entgräten, Fischfilets kalt waschen, trockentupfen, alles in gleichgroße Würfel schneiden und in die Schüssel legen.
Marinade: Zitronensaft, Öl, Prise Salz, Prise Pfeffer, Paprika, Senf, Spritzer Tabasco und Worcestersoße gut verrühren und über die Fischstücke gießen. 1 Stunde zugedeckt im Kühlen marinieren, dabei mehrmals wenden. Tomaten vierteln, Gurke in dicke Scheiben schneiden, Zwiebeln und Champignons aus der Dose nehmen und gut abtropfen lassen. Auf 8 kleine Spieße abwechselnd Fischwürfel, Tomatenviertel, Gurkenscheiben, Zwiebeln und Champignonköpfe stecken, mit zerlassener Butter oder Margarine bepinseln, in einer Pfanne zerlassen, die Spießchen hineingeben und 10 Minuten unter mehrmaligem Wenden rundum braun grillen.

800 g festes Fischfilet (Schwertfisch, Seezunge, Thunfisch, Tintenfisch) oder auch teilweise Schalentiere (Garnelen, Krabben, Scampi), Saft von 1 Zitrone, 8 Lorbeerblätter, 2 kleine Zucchini, 4 Oliven, Öl zum Bepinseln, Salz, 1 Zitrone

Fisch-Kebab auf orientalische Art

800 g Seefischfilets; Marinade: 2 Zitronen (Saft), Salz, 1 Knoblauchzehe; 8 Tomaten, 8 kleine Zwiebeln; 4 EL Olivenöl, 2 EL Sherry, 1 TL Zucker, Salz; Soße: 1/2 Bund Petersilie, 1/2 Bund Schnittlauch, 1 Becher Sahnejoghurt, 1 Becher saure Sahne, Salz, Prise Zucker

Das Gericht wird beim Holzkohlengrill am vortrefflichsten. Filets kalt waschen, trockentupfen und in diagonale Streifen schneiden. Salz, Zitronensaft, zerquetschten Knoblauch zu einer Marinade verrühren, die Fischstreifen darin 1/4 Stunde marinieren lassen, dabei mehrmals umdrehen. Tomaten waschen, vierteln und entkernen. In einem Topf 1/4 l Wasser kochen, die geschälten, geviertelten Zwiebeln darin kurz kochen, Zwiebeln herausnehmen und abtropfen lassen. Die Fischstreifen aus der Marinade nehmen, einrollen. Die Fischröllchen abwechselnd mit Stück Tomate und Stück Zwiebel bestecken. Öl mit Sherry, Zucker und Salz und reichlich Pfeffer verrühren und die Spieße auf den Grill legen. Grillzeit: 10 Minuten. Während des Grillens immer wieder gut mit der Ölmischung einpinseln und die Spieße häufig umdrehen. Saft auffangen. Petersilie, Schnittlauch, feingehackt, mit Joghurt und Sahne verrühren, die Kräuter dazugeben, mit Salz und Zucker abschmecken. Die Soße gesondert zu den Fischspießchen servieren.

Fischspießchen auf nordische Art

600 g Quappe (Aalquappe), 1 l Muscheln, 250 g Garnelen, 250 g Dörrpflaumen, 100 g frischer Speck, 2 Zitronen (Saft), Salz, Pfeffer, Olivenöl

Die Fische reinigen, in Würfel schneiden und mit Zitronensaft beträufeln. 1 Stunde zugedeckt ziehen lassen. Die Muscheln in einer Kasserolle ohne Wasser auf Feuer stellen, bis sich die Muschelschalen öffnen. Dann abwechselnd auf Spieße je 1 Stück Pflaume, Fisch, Speck, Muschel, Garnele usw. reihen, zum Schluß immer eine Pflaume stecken. Mit Salz, Pfeffer und Oregano würzen. Die Spieße mittels eines Thymianstengels mit Öl bestreichen und auf dem Grill oder Barbecue ca. 20 Minuten braten, dabei die Spieße regelmäßig wenden und mit Öl bestreichen.
Beilagen: Heiße Butter, Zitronenstücke.

Fisch-Schaschlik

500 g Goldbarschfilet, würflig geschnitten, 2 EL Zitronensaft, Salz, Pfeffer, Paprika, 2 Gewürzgurken, 4–5 Speckscheiben, 2 Zwiebeln, 50 g Butter oder Öl, Ketchupsoße

Die Fischfilets würfelig schneiden, mit etwas Zitronensaft beträufeln und 1/2 Stunde ziehen lassen. Dann trockentupfen, pfeffern und mit Paprika bestreuen. Die Gewürzgurken in Scheiben schneiden. Die geschälten Zwiebeln vierteln und die Speckstreifen in Vierecke zuschneiden. Die einzelnen Stücke abwechselnd auf

Spieße stecken, gut ölen und auf dem Rost unter mehrmaligem Drehen und Bestreichen mit Öl grillen. Mit Petersiliengrün garniert anrichten.
Dazu eine Ketchupsoße reichen: Eine Tasse Tomatenketchup etwas salzen, pfeffern und mit Paprika abschmecken.

Fisch-Schaschlik auf ungarische Art

800 g Fischfilet, 1 Zitrone, 8 kleinere Zwiebeln, 4 Tomaten, geviertelt, 12 Champignons, Salz, Pfeffer, 4 EL Öl, Edelsüßpaprika, Thymian und Estragon

Die kalt abgespülten, trockengetupften Filets mit Zitronensaft beträufeln und 1/4 Stunde ziehen lassen. Dann trockentupfen, in dicke Würfel schneiden und abwechselnd mit den Zwiebelvierteln, Tomatenvierteln und Champignons auf 8 Spießchen stecken. Diese Fischspieße in eine Marinade aus Öl, Salz, Pfeffer, Paprika, Zitronensaft, Thymian und Estragon legen und 1/2 Stunde marinieren lassen. Ab und zu dabei wenden. Dann die Fischspieße im heißen Grill auf den geölten Rost legen und rundherum in 8 Minuten braten. Dabei mehrmals mit der Marinade bestreichen.
Beilagen: Paprikareis und grüner Salat.

Mittelmeerspießchen

1 Salatgurke, je 100 g blaue und grüne Weintrauben, 50 g durchwachsener Speck, je 100 g Krebsschwänze, Hummerschwänze und Tintenfisch (Dose), Öl

Gewaschene, abgetropfte Salatgurke ungeschält in 1 1/2 cm dicke Scheiben schneiden. Weintrauben waschen, Beeren von den Stielen zupfen. Gut abtropfen lassen. Speck in dünne Scheiben schneiden. Abwechselnd Krebs- und Hummerschwänze, Tintenfische und Speckscheiben mit Gurkenscheiben und Weinbeeren auf Spieße stecken. Mit Öl bepinseln. Auf dem Rost oder im Grill etwa 10 Minuten grillen. Mehrmals wenden und mit Öl bepinseln.
Beilagen: Weißbrot, Salade Niçoise.

Schwertfisch auf türkische Art

4 Scheiben Schwertfisch (à 200 g), Zitronensaft, 4 EL Öl, Lorbeerblätter, Mehl

Schwertfischwürfel abwechselnd mit Lorbeerblättern auf Spieße gereiht, durch Mehl gezogen, grillen. Auf Kreolenreis anrichten.
Beilage: Tomatensoße, mit Zwiebelsaft und Knoblauchsaft gewürzt und mit Olivenöl aufgeschlagen wie eine Mayonnaise.

Seezungenspießchen

8 Seezungenfilets (tiefgekühlt), 1 TL Zitronensaft, 16 Shrimps (Glas), Salz, Pfeffer, Paprikapulver und getrockneter Thymian, 2 Tomaten, 1 Zwiebel, 2 EL Butter

Tiefgekühlte Seezungenfilets voneinander lösen, mit Zitronensaft beträufeln und zugedeckt auftauen lassen. Shrimps kürz kalt abbrausen, abtropfen lassen und ebenfalls zugedeckt aufbewahren. Seezungenfilets mit Salz, Pfeffer, Paprikapulver und Thymian würzen. Je 2 Shrimps auf ein Filet legen, dieses aufrollen und mit Küchengarn zusammenbinden. Tomaten waschen und achteln. Geschälte Zwiebel in dicke Scheiben schneiden. Die Seezungenröllchen abwechselnd mit den Tomatenachteln und den Zwiebelscheiben auf 4 Spießchen stecken. Die Butter in einem kleinen Töpfchen schmelzen lassen. Seezungenspieße auf dem Rand vom Rost, in der Grillpfanne oder im Grill bei mittlerer Hitze 10 Minuten grillen. Während der Garzeit mehrmals wenden und mit geschmolzener Butter beträufeln.
Beilagen: Grilltomaten, Salat, Weißbrot.

Spießchen auf Seemannsart

800 g Fischfilet (Goldbarsch, Seelachs), Schalotten, 6 Tomaten, 200 g Speck, Salz, Pfeffer, 4 EL Öl

Das Fischfilet in Würfel schneiden, mit Zitronensaft beträufeln und 10 Minuten ziehen lassen. Dann gut trockentupfen, abwechselnd mit Schalotten, Tomatenwürfeln und Speckscheiben auf Spieße stecken, salzen, pfeffern, mit Öl bepinseln und ca. 10 Minuten grillen, dabei langsam drehen.

Krabben-Speck-Spießchen

1500 g Krabben, 200 g Speck, in Scheiben geschnitten, 1/2 Tasse Sojasoße, Zitronensaft, 2 Tassen Ananaswürfel

Krabben 30 Minuten in Sojasoße und Zitronensaft marinieren. Speckscheiben halbieren. Krabben abwechselnd mit Ananas und zusammengefaltetem Speck auf die Spieße schieben. Braten, bis der Speck knusprig ist.

Krebsfleisch-Spießchen

800 g frisches Krebsfleisch, 1 Tasse Semmelbrösel, 1/2 Tasse trockener Sherry, 1 EL Senf, 1 EL gehackter Schnittlauch, halbierte Speckscheiben

Krebsfleisch, Semmelbrösel, Sherry, Senf und Schnittlauch gut mischen. Zu walnußgroßen Bällchen formen und jedes in eine halbe Speckscheibe wickeln. Speck mit einem Zahnstocher befestigen. Auf Spieße schieben und über mittlerer Flamme braten.

Muschelspießchen

600–800 g eingelegte Muscheln (aus dem Glas), Speckscheiben, Öl, Semmelbrösel, Salz, Tatarensoße

Jede Speckscheibe in 4 Quadrate schneiden. Muscheln mit Öl einreiben und mit Semmelbröseln bestreuen. Muscheln abwechselnd mit den Speckquadraten auf Spieße schieben. Auf großer Flamme 10 Minuten braten. Mit Tatarensoße servieren.
Tatarensoße: Mayonnaise mit gehackten Kräutern, Oliven und Kapern verrühren.

Miesmuscheln auf flämische Art

250 g geräucherte Miesmuscheln (aus dem Glas), 175 g Schinkenspeck, Petersilie, 1 Knoblauchzehe, Salz, 1 Ei, 20 g Brösel

Die abgetropften, trockengetupften Muscheln abwechselnd mit kleinen Schinkenscheiben auf Spießchen stecken. Salz, zerdrückten Knoblauch und feingehacktes Petersiliengrün gut vermischen und die Spießchen darin wälzen, durch ein verquirltes Ei ziehen oder damit bestreichen, mit Bröseln bestreuen und auf geöltem heißem Rost jede Seite 2 Minuten grillen.
Beilagen: Remouladensoße, Weißbrot.

Muscheln auf kalifornische Art

1 Dose (250 g) Pfahlmuscheln, 250 g Frühstücksspeck, 4 EL Ananasstückchen (Dose)

Muscheln gut abtropfen lassen, jeweils in eine halbe Scheibe Frühstücksspeck hüllen und die Röllchen abwechselnd mit abgetropften Ananasstückchen aus der Dose auf Spieße reihen. 8–12 Minuten grillen und mit grüner Soße zu Toast reichen.

Scampispießchen

24–32 Scampi (tiefgekühlt), 2 EL Zitronensaft, Öl zum Bepinseln, Salz, 1 Zitrone

Die Schalentiere langsam im Kühlschrank auftauen (6–12 Stunden). Sie dürfen innen noch ein wenig gefroren sein, wenn jeweils 6 oder 8 locker auf einen Spieß gesteckt werden. Mit Zitronensaft beizen, 10 Minuten ziehen lassen. Dann mit Öl bepinseln und rasch von jeder Seite nicht länger als 5 Minuten auf dem heißen Rost grillen. Ein Zitronenviertel zum Garnieren.
Beilagen: Reis, Dill- oder Zitronensoße. Als Getränk Weißwein oder Rosé.

Scampispießchen Savoia Beeler

32 Scampi (frisch oder tiefgefroren) ohne Schalen, Wasser, Salz, 3 Dillstengel, 16 Champignons oder Steinpilze, 16 kleine Scheiben roher Schinken, 16 Scheiben Mozzarella-Würfel, 60 g zerlassene Butter, Thymian, Lorbeerpulver, Öl, Salz, Pfeffer, Paprika

Die Scampi ausbrechen bzw. auftauen, abwaschen (frische Scampi im leicht gesalzenen, kochenden Wasser mit Dillstengel 1 Minute ziehen lassen, herausnehmen, gut abtropfen lassen), pfeffern, mit Thymian- und Lorbeerpulver würzen, auf kleine Holz- oder Silberspießchen abwechselnd mit den Käsewürfeln, den Schinkenstükken und den dünnen Pilzscheiben stecken. Mit zerlassener Butter bestreichen und im Grill auf dem Rost braten. Dann von den Spießchen ziehen, kranzartig auf einer runden, vorgewärmten Platte anrichten. In die Mitte eine Kuppel Pilawreis geben. Die angerichteten, gegrillten Scampi mit Zitronensaft beträufeln.

Scampispießchen auf Bordelaiser Art

300 g frische Pilze, Butter, Salz, Pfeffer, Weinbrand, 300 g Scampi (auch tiefgekühlt), ohne Schalen, 1 Zitrone, 1 TL Senf, Öl, 2 EL Essig, 1 Zwiebel, 1 Knoblauchzehe, 1 Lorbeerblatt

Pilze reinigen, nur die Köpfe verwenden, in heißer Butter 15 Minuten garschmoren, dürfen aber nicht zu weich werden. Zuletzt mit dem Weinbrand übergießen. Scampi kurz in heißes Wasser geben, dem Salz und Saft von einer halben Zitrone beigegeben wurde. Herausnehmen und auf eine lange Platte legen. Marinade: Senf mit Öl, Essig, Zitronensaft gut verrühren und mit der Gabel zu einer glatten Soße schlagen. Zwiebel, Knoblauch und Lorbeerblatt sehr fein hacken und über die Scampi und die Pilze streuen. Dann die Würzsoße darübergießen und 24 Stunden in der Marinade im Kühlen ziehen lassen. Dann herausnehmen, gut abtropfen lassen und abwechselnd auf Spießchen stecken. (Immer drei Pilzköpfe und zwei Scampi.) Grillzeit: einige Minuten auf sehr heißem Grill.

Scampispießchen auf Winzerart

1 Salatgurke, 100 g dunkle Weintrauben, 100 g helle Weintrauben, 300 g Scampischwänze (aus der Dose), 5 EL Öl

Gurke waschen, in dickere Scheiben schneiden. Weintrauben waschen, die Früchte vom Stiel pflücken, gut abtropfen lassen. Abwechselnd Gurkenscheiben, Scampischwänze und helle und dunkle Weintrauben auf die Spieße stecken. Alles mit Öl einpinseln. Im vorgeheizten Backofengrill befestigen. Auffangschüssel für den Saft aufstellen. Grillzeit: 10 Minuten. Die Spieße dabei nur einmal drehen. Heiß servieren.

Scampi im Speckhemd

Scampi waschen, trockentupfen. Speck in 16 Scheiben schneiden und abwechselnd mit den Scampi auf die Spieße stecken. Diese in eine längliche Bratenschüssel legen, Butter darin zergehen lassen, Spieße salzen und pfeffern und im vorgeheizten Backofen 15 Minuten bei starker Hitze garen, mehrmals dabei mit dem Bratsud übergießen.
Beilage: Grüner Salat.

16 große Scampi ohne Schalen, 150 g durchwachsener Speck, 50 g Butter, Salz, Pfeffer

Rinderfilet-Spießchen

Das Filet in 12 dünne Scheiben schneiden und pfeffern. Geschälte, entkernte Äpfel in 8 Spalten schneiden. Paprikaschoten in 4 Teile schneiden, entkernen. Gurken halbieren. Acht Filetscheiben mit Senf bestreichen, mit Apfelschnitzelchen füllen, zusammenrollen, die anderen vier Filetscheiben mit je einem Paprikastück füllen und aufrollen. Speckscheiben mit Senf bestreichen, mit Gurkenhälften füllen und aufrollen. Abwechselnd auf Spieße stecken. Dazwischen halbe Tomaten und Zwiebelviertel stecken. Mit Öl bestreichen und auf dem Rost oder im Grill von allen Seiten 10–15 Minuten grillen, anschließend salzen und pfeffern.
Beilagen: Curry- oder Safranreis, Stangenweißbrot, Weißwein, gemischter oder grüner Salat.

750 g Rinderfilet, Salz, weißer Pfeffer, 2 Äpfel, 200 g durchwachsene Speckscheiben, 2 Zwiebeln, 2 marinierte rote Paprikaschoten, 3 Gewürzgurken, 4 feste Tomaten, 1 EL Senf, 4 EL Öl

Filetsteak-Spießchen auf Balkanart

Die Steaks klopfen, salzen und pfeffern, die eine Hälfte jedes Steaks mit je einer Scheibe Schinken und Emmentaler belegen, die andere Fleischhälfte darüberklappen, die Enden etwas zusammenklopfen. Je einen kleinen Spieß durch jedes Fleischstück stekken, mit Öl beträufeln und rundum langsam grillen. Mit je einer Scheibe Kräuterbutter belegt anrichten.
Beilagen: Feingeschnittene Zwiebeln, auf einem Salatblatt angerichtet, sowie etwas Paprikareis.

4 Steaks (à 120 g), Salz, Pfeffer, 4 Scheiben Schinken, 4 Scheiben Emmentaler Käse, Öl, Kräuterbutter

Rinderfilet-Spießchen à la Carmen

Rinderfilet in Würfeln schneiden. Öl und Rotwein mit Edelsüßpaprika und Pfeffer würzen, damit die Fleischwürfel begießen und 2–3 Stunden marinieren. Herausnehmen, abtropfen lassen und nachtrocknen. Oliven halbieren; die Tomaten vierteln, die Zwie-

750 g Rinderfilet, 4 EL Olivenöl, $^{1}/_{16}$ l Rotwein, Edelsüßpaprika, Pfeffer, Salz, 12 entsteinte schwarze Oliven, 4 feste Tomaten, 2 Zwiebeln, Öl

beln quer halbieren und jede Hälfte nochmals in 4 Teile schneiden. Die Fleischstückchen in bunter Reihenfolge mit den Oliven, den Tomaten und den Zwiebelstücken auf Spießchen stecken, gut mit Öl bestreichen und 10–15 Minuten grillen, während der letzten 2 Minuten salzen und pfeffern.

Rinderfilet-Spießchen auf Feinschmeckerart, flambiert

600 g Rinderfilet, 200 g vorgeweichte Morcheln (oder frische Pilze), 2 Zwiebeln, Salz, Pfeffer, 2 EL Fett, 2 TL Butter, 1 Gläschen Wodka

Rinderfilet und Zwiebeln grobwürfelig schneiden und abwechselnd mit den Morcheln oder frischen Pilzen auf Spieße reihen, salzen und pfeffern, in heißer Pfanne im heißen Fett auf allen Seiten gar braten (oder im Grill auf heißem, geöltem Rost braten, dann erst beim Wenden salzen und pfeffern). In heißer Butter auf dem Rechaud erhitzen, mit vorgewärmtem Wodka umgießen und flambieren. Brennend servieren.

Rinderfilet-Spießchen auf Gärtnerart

500 g Rinderlende, ½ Salatgurke, 2 Tomaten, 2 Zwiebeln, Öl, Salz, Pfeffer

Fleisch mit Haushaltspapier abtupfen und in mundgerechte Würfel schneiden. Salatgurke waschen und ungeschält in dicke Scheiben schneiden. Tomaten waschen und achteln, ebenfalls die geschälten Zwiebeln achteln. Alle Zutaten abwechselnd auf Spieße stecken. Gut einölen und auf dem Rost oder im Grill von allen Seiten 10–15 Minuten grillen. Anschließend salzen und pfeffern.
Beilagen: Toastbrot mit Knoblauchbutter, Löwenzahnsalat.

Mexikanische Spieße

600 g Rinderfilet, 100 g Speck, 4 rote oder grüne Paprikaschoten, 2 Knoblauchzehen, 4 EL Öl, Salz, Pfeffer, Kümmel, Chilipulver, Prise Nelkenpulver, etwas Weinessig, Öl zum Bepinseln

Das gewaschene und abgetrocknete Fleisch, Speck und Paprikaschoten in 3 cm große Stücke schneiden. Zwiebeln und Knoblauch, fein geschnitten, in heißem Öl dünsten, mit Salz, Pfeffer, Chilipulver, Prise Nelken würzen, mit Essig ablöschen und abkühlen lassen. Dann die Fleischwürfel darin ½ Stunde ziehen lassen. Die Fleischwürfel aus der Marinade nehmen, abtropfen lassen und mit Küchenkrepp trockentupfen. Abwechselnd mit den Speckstücken und den Paprikaschoten auf Spießchen stecken, rundum mit Öl bepinseln und rundum 10–15 Minuten unter häufigem Wenden grillen. Dabei mit dem abtropfenden Fett mehrmals bestreichen. Zum Schluß noch salzen. Das Bratfett mit der Marinade kurz loskochen und über die angerichteten Spießchen gießen.
Beilage: Gedünsteter Reis.

Spießchen mit Schwips

600 g Rinderlende, 1 Zwiebel, 1 Apfel, 2 grüne Paprikaschoten, 2 EL Öl, 3 EL Whisky, je 1 Prise Salz, Pfeffer und Ingwerpulver

Die Rinderlende kurz kalt abbrausen, mit Haushaltspapier trockentupfen und in etwa 1½ cm dicke Scheiben schneiden. Geschälte Zwiebel achteln. Apfel schälen, vierteln, das Kerngehäuse entfernen und die Viertel noch einmal halbieren. Paprikaschote halbieren, putzen, waschen und noch einmal halbieren. Fleischscheiben abwechselnd mit Zwiebel-, Apfel- und Paprikaachteln auf vier kleinere Spieße stecken. Öl mit Whisky, Salz, Pfeffer und Ingwerpulver gut verrühren. Spieße damit einstreichen und über mittlerer Glut auf dem Rost oder im vorgeheizten Grill 8–10 Minuten grillen. Dabei häufig wenden und mit dem gewürzten Öl bestreichen.
Beilagen: Stangenweißbrot, Grilltomaten.

Filets-Mignons-Spießchen

600 g Filets mignons, 150 g Räucherspeck in dünnen Scheiben, Salz, Pfeffer

Filet kurz kalt abbrausen, mit Haushaltspapier trockentupfen und in 2–3 cm dicke Scheiben schneiden. Salzen und pfeffern. Fleischscheiben mit Speck umwickeln und auf 4 Spieße stecken. Spieße auf dem Rost oder im vorgeheizten Grill, bis der Speck knusprig ist, grillen. Filets mignons aus der zarten Spitze der Rinderlende dürfen der Hitze nur ganz kurz ausgesetzt werden. Deshalb ist die Grillzeit auch sehr kurz.
Beilage: Salate, Stangenweißbrot.

Kalbsfiletspießchen

400 g Kalbsfilet, 4 Tomaten, 2 grüne Paprikaschoten, ½ Salatgurke, 2 EL Öl, je 1 Prise Salz und Schaschlikgewürz

Kalbsfilet kurz kalt abbrausen, mit Haushaltspapier trockentupfen und in gleichgroße Würfel schneiden. Tomaten waschen und in dicke Scheiben schneiden. Paprikaschoten halbieren, putzen, Schotenhälften waschen und in Stücke schneiden. Salatgurke waschen und in dicke Scheiben schneiden. Fleischwürfel abwechselnd mit Tomatenscheiben, Paprikastücken und Gurkenscheiben auf 4 Spieße verteilen. Spieße mit Öl bestreichen und auf dem Rost oder im vorgeheizten Grill 8–10 Minuten grillen. Dabei häufig wenden und mit Öl bepinseln. Erst kurz vor dem Servieren mit Salz und Schaschlikgewürz bestreuen.
Beilagen: Französischer Salat, Party-Brötchen.

Schweinespießchen auf nordische Art

600 g Schweinefilet, 16–20 Dörrpflaumen, 2 Äpfel, 1/4 l Rotwein, 16–20 Speckscheiben, 4 EL Öl, Salz, Pfeffer, Salbei

Schweinefilet in daumendicke Stücke schneiden. Die über Nacht in Rotwein eingeweichten, mit Küchenkrepp getrockneten Pflaumen mit den Speckscheiben umwickeln und abwechselnd mit den Fleischstückchen und Apfelstückchen auf Spieße stecken. Alles mit Öl bestreichen. Etwa 10–12 Minuten rundum grillen. Das Öl mit den Gewürzen vermischen und die Spießchen während des Grillens immer wieder damit bestreichen. Zum Schluß leicht salzen.

Schweinespießchen aus Radschasthan

600 g gewürfeltes Schweinefleisch, 4 Zwiebeln, 1 Tasse Joghurt, 1 EL Koriander, 1 TL gemahlene Ingwerpulver, 1/2 Tasse Butter, 2 TL Zimt, 1 TL Kardamom, 1 TL Gewürznelken, 3 Eier, 2 rote Rüben, in dünne Scheiben geschnitten, 1/4 TL gemahlener Kurkuma, Salz

Fleisch, 3 in Scheiben geschnittene Zwiebeln, Joghurt, Koriander, Ingwer, 1/4 Tasse Butter und 1/2 Tasse Wasser unter gelegentlichem Rühren 30 Minuten schmoren. Zimt, Kardamom, Nelken und Salz zufügen. Umrühren, zudecken und 5 Minuten ziehen lassen. Zwischendurch Eier, 1 Zwiebel und Rübenscheiben 15 Minuten kochen. Eier schälen und diese und Zwiebeln in dünne Scheiben schneiden. Abwechselnd Fleisch, Eier, Zwiebeln und Rüben auf kleine Spieße stecken. Mit Kurkuma bestreuen und in der Pfanne mit 1/4 Tasse Butter 10 Minuten goldbraun braten.

Schinkenspießchen

600 g gekochter Schinken im Stück, 1 Glas eingelegte rote Paprikaschoten, Öl

Den Schinken und die Paprikaschoten in mundgerechte Stücke schneiden. Schinken- und Paprikastücke abwechselnd auf die Spieße verteilen. Zutaten gut mit Öl einpinseln. Spieße auf dem heißen, geölten Rost oder im Grill rundherum 10 Minuten grillen. Mehrmals wenden und bei Bedarf mit Öl bepinseln.
Beilage: Brötchen, Rohkostplatte, sauer eingelegtes Gemüse, schwarze und grüne Oliven und Peperoni.

Schinkenspießchen auf amerikanische Art

600 g Beinschinken oder rohes Räucherfleisch, 8 Scheiben Ananas, 16 Stück entkernte Dörrpflaumen, 16 kleine Speckscheiben, etwas Currypulver, Öl zum Bestreichen

Den Schinken oder das Räucherfleisch in daumendicke Stücke schneiden. Die Speckstreifen leicht mit Currypulver einreiben und darin die entkernten Pflaumen einrollen (je Scheibe Speck eine Dörrpflaume). Die Ananasscheiben halbieren. Abwechselnd Räucherfleisch bzw. Schinken, eingewickelte Dörrpflaumen und Ananasstücke auf Spieße reihen. Mit Öl zart bestreichen und rundum am heißen, geölten Rost knusprig grillen.

Schinkenspießchen Bogotà

Schinken in 3–4 cm breite Streifen schneiden. Die Bananen der Länge nach halbieren und jede Hälfte in ebenfalls 3–4 cm lange Stücke schneiden. Jedes Bananenstückchen in einen Schinkenstreifen wickeln. Den Käse in 1/2 cm dicke, 2–3 cm große Würfel schneiden. Die Gewürzgurken in 1/2 cm dicke Scheiben schneiden. Gefüllte Schinkenröllchen abwechselnd mit Käsestücken und Gewürzgurken auf Spießchen stecken, alles mit Öl einstreichen und 6–8 Minuten grillen. Weißwein und Honig bei geringer Wärme verrühren. Zitronensaft und Curry zugeben und die Schinkenröllchen – nicht aber die Käsestücke – nach der ersten Hitzeeinwirkung mit dieser Marinade bepinseln.

400 g Schinken, 4 Bananen, 200 g Tilsiter Käse, 4–6 Gewürznelken, 1 EL Weißwein, 1 EL Honig, 1 TL Zitronensaft, 1/2 TL Currypulver, Öl

Schinken-Käse-Spießchen

Schinken und Emmentaler Käse in mundgerechte Würfel schneiden. Tomaten waschen, abtrocknen und achteln. Tomatenachtel salzen. Käse- und Schinkenwürfel, Tomatenachtel und Mandarinenspalten abwechselnd auf 4 Spieße verteilen. Ingwersirup mit Öl verrühren. Die Spieße auf dem heißen, geölten Rost oder im Grill unter häufigem Drehen und Bestreichen mit dem gewürzten Öl so lange grillen, bis der Käse zu schmelzen beginnt.
Beilagen: Salat, Weißbrot.

400 g gekochter Schinken, 300 g Emmentaler Käse, 2 Tomaten, Salz, 1/2 Tasse Mandarinenspalten (aus der Dose), 1 EL Ingwersirup, 2 EL Öl

Lammkotelett-Spießchen

Marinade: Die feingeschnittene Zwiebel in heißer Butter schmoren, mit Curry, Prise Zucker und Zitronensaft würzen und abschmecken, den geschälten, entkernten, feingeriebenen Apfel dazugeben und schmoren. Mit Stärkemehl stauben, mit etwas Weißwein ablöschen. Garschmoren. Dann erkalten lassen.
Die Fleischstücke kalt abspülen, trockentupfen, am Rand einschneiden und grobwürfelig schneiden. Alle Würfel abwechselnd auf Spieße stecken und kurze Zeit in der Marinade liegen lassen. Dann herausnehmen, abtropfen lassen, von der Marinade säubern, mit Öl bestreichen und auf dem heißen, geölten Rost rundum grillen. Dabei öfter mit Öl bestreichen. Sobald die Fleischwürfel gar sind, salzen und pfeffern. Auf Safranreis anrichten.
Beilagen: Grüne Salate.

4 Lammkoteletts (oder 600 g Hammelfleisch, in Würfel geschnitten), Salz, Pfeffer, 150 g Speck, 4 Bananen, 1/2 Tasse Öl; Marinade: 2 Zwiebeln, 50 g Butter, Curry, Prise Zucker, 1 Apfel, 1 TL Zitronensaft, 1 TL Stärkemehl, 1 Tasse Weißwein

Lammspießchen

600 g Lammkeule (ohne Knochen), 200 g Rauchspeck, 200 g Champignons, Pfeffer, 1 EL Majoran, Senf, Öl, 4 Zwiebeln, Salz

Lammfleisch kurz kalt abbrausen, mit Haushaltspapier trockentupfen. Fleisch und Speck in mundgerechte Stücke schneiden. Geputzte, gewaschene, mit Haushaltspapier abgetrocknete Champignonköpfe nicht zerteilen. Geschälte Zwiebeln würfeln. Fleischstücke pfeffern, mit Majoran einreiben und mit Senf bestreichen. Kurz in Öl tauchen. Alle Zutaten auf die Spieße stecken, so daß am Ende der Spieße jeweils ein Stück Speck steckt. Lammspieße auf dem Rost oder im Grill rundum knusprig grillen. Zwischendurch wenden und mit Öl bepinseln. Anschließend salzen.
Beilagen: Gegrillte Kartoffeln, Salat.

Lammspießchen auf griechische Art

800 g Lammkeule oder Lammfleisch zum Braten, 1/2 Tasse Öl, 2 Zwiebeln, in Scheiben geschnitten, 3 zerkleinerte Zehen Knoblauch, 1/3 Tasse Weißwein oder Zitronensaft, Pfeffer, 3 Tomaten, 2 Zwiebeln und Paprikaschoten, alle in Scheiben geschnitten, Öl

Fleisch in mittelgroße Würfel schneiden, waschen, trockentupfen. Öl, 2 feingehackte Zwiebeln, 3 zerdrückte Knoblauchzehen, Weißwein (oder Zitronensaft) und Pfeffer in einer Schüssel verrühren. Fleisch dazugeben und im Kühlschrank 24 Stunden zugedeckt stehen lassen. Fleisch aus der Marinade nehmen und abwechselnd mit Tomatenscheiben, Zwiebelscheiben und Paprikaschotenscheiben auf Spießchen stecken. Mit Öl bepinseln, pfeffern. In mäßiger Hitze ca. 15 Minuten grillen, dabei nach Notwendigkeit mit Öl bepinseln. Zuletzt salzen.

Lammspießchen auf kaukasische Art

750 g Lammkeule, 8 kleine Zwiebeln, 2 EL Öl, 8 Tomaten, Schnittlauch, Granatapfelsaft; Marinade: 1 Zitrone, 2 EL Öl, 1 Zwiebel, 1 Knoblauchzehe, schwarzer Pfeffer, Salz

Die kalt gespülte Lammkeule trockentupfen und in grobe Würfel schneiden. In folgenden Marinade geben: Öl und Saft von einer Zitrone, feingeschnittene Zwiebel und mit wenig Salz zerdrückten Knoblauch vermischen, mit frisch gemahlenem Pfeffer würzen. Die Fleischwürfel darin 2 Stunden zugedeckt marinieren. Die geschälten Zwiebeln vierteln. Das Fleisch aus der Marinade heben, abtropfen lassen und abwechselnd milt den Zwiebelringen auf 8 Holzspieße stecken, mit Öl bepinseln und im vorgeheizten Grill 20 Minuten knusprig braten. Zwischendurch die Spieße immer wieder drehen und eventuell mit Öl und der restlichen Marinade bestreichen. Die Spieße mit Tomatenachteln und Schnittlauch garnieren.
Beilagen: Granatapfelsaft (zum Beträufeln der gegrillten Fleischwürfel), Reis, gemischter Salat. Rotwein als Getränk.

Griechische Räuberspießchen

Das gewaschene und trockengetupfte Fleisch in grobe Würfel schneiden, mit Paprika bestreuen und 1/2 Stunde ziehen lassen. Trockentupfen, auf Spieße stecken, mit Öl bestreichen und auf dem Grill rundum 10–15 Minuten braten. Dabei wiederholt mit Öl und Zitronensaft, beides verquirlt, bestreichen. Zuletzt salzen.

750 g Lammfleisch (Keule) ohne Knochen, Salz, Paprika, Öl, Zitronensaft

Husaini Kebab (Indische Lammspießchen)

Gewaschenes, trockengetupftes Lammfleisch in quadratische Würfel (3 cm) schneiden. Kümmel, weißen Pfeffer, Ingwer, mit Salz zerdrückten Knoblauch, gehacktes Petersiliengrün, feingehackte Zwiebel und die saure Sahne zu einer Marinade verrühren, über die Fleischwürfel gießen und alles gut verrühren. Zugedeckt 2 Stunden im Kühlschrank ziehen lassen. Dann die vier Zwiebeln vierteln, den Speck in dickere Scheiben schneiden. Die Fleischstücke aus der Marinade nehmen und mit den Zwiebelvierteln und Speckscheiben auf 4 Spieße stecken. Im vorgeheizten Grill auf dem Rost rundum braten. Dabei mehrmals drehen und immer wieder mit der Beize bestreichen. Zum Schluß mit Kümmel, Salz und Pfeffer bestreuen.
Beilagen: Körnig gekochter Reis, Mango-Chutney, Tomaten-Chutney. Rotwein.

750 g Lammfleisch (Keule), 4 Zwiebeln, 2 Becher saure Sahne, 100 g durchwachsener Speck, 1 EL gemahlener Kümmel, 1 EL schwarzer gemahlener Pfeffer;
Marinade: 1 TL gemahlener Kümmel, Salz, weißer Pfeffer, Safran, 1/2 TL Ingwerpulver, 1 Zwiebel, 1 Knoblauchzehe, Petersilie

Kawkasku-Schaschlik

Zwiebeln fein hacken, mit Pfeffer, Salz und Zitronensaft mischen und die Fleischwürfel mit dieser Mischung einreiben. Zugedeckt etwa 4 Stunden an einem kühlen Ort ziehen lassen. Dann die Fleischstücke auf Grillspieße stecken, abtropfen lassen, mit Öl bestreichen und auf sehr heißem Grill von allen Seiten gleichmäßig bräunen, dabei wiederholt mit der Marinade bestreichen. Die Spießchen werden auf Reis serviert, damit der Fleischsaft in den Reis abtropfen kann.

800 g Keule vom Neuseeland-Lamm (von Haut und fetten Fleischteilen unbedingt frei), in ca. 3 cm dicke Würfel geschnitten, 60 g Olivenöl, 250 g Zwiebeln, 1 Zitrone (Saft), schwarzer Pfeffer (aus der Mühle), Salz

Hammelfleisch-Spießchen auf serbische Art (Cevap)

600 g Hammelfleisch (Keule), 2 rote und 2 grüne Paprikaschoten, 4 kleine Tomaten, 4 kleine Zwiebeln, Öl, Salz, Pfeffer

In Scheiben geschnittenes Hammelfleisch in eine Schüssel legen, pfeffern, etwas Öl darübergießen und einige Zeit ruhen lassen. Tomaten und Zwiebeln halbieren, die Zwiebeln kurz in kochendes Wasser legen. Von den Paprikaschoten das Innere entfernen und ebenfalls in Stückchen schneiden. Fleisch und Gemüse in bunter Reihenfolge auf Spieße stecken, von allen Seiten gut einölen und 12–16 Minuten grillen. Zuletzt salzen.

Hammelfleisch-Spießchen mit Pfefferminze

4 Hammelkoteletts, 2 Zwiebeln, 4 Tomaten, 12 gefüllte Oliven, 1 TL getrocknete Pfefferminze, 2 EL Öl, Salz

Die Hammelkoteletts kalt abbrausen, mit Haushaltspapier trokkentupfen und grobwürfelig schneiden. Geschälte Zwiebeln achteln. Tomaten waschen, abtrocknen und ebenfalls achteln. Oliven halbieren. Getrocknete Pfefferminze mit Öl verrühren. Abwechselnd Fleischwürfel, Zwiebel- und Tomatenachtel und die halbierten Oliven auf 4 Spieße verteilen. Spieße mit Minze-Öl bestreichen. Spieße auf dem heißen, geölten Rost über mittlerer Glut oder im Grill, unter ständigem Wenden, 8–10 Minuten grillen. Zuletzt mit Salz bestreuen.
Beilagen: Graubrot, Bohnensalat.

Hammelfleisch-Spießchen auf Pußtaart

500 g Hammelkeule ohne Knochen, 3 Zwiebeln, 3 EL Zitronensaft, 3 EL Öl, 1 grüne und 1 rote Paprikaschote, 2 EL Öl, Salz, Paprika rosenscharf

Die Hammelkeule unter kaltem Wasser abspülen. Mit Haushaltspapier trockentupfen, in 2 cm große Würfel schneiden.
Beize: Geschälte Zwiebel reiben und durch ein Leintuch drücken. Den Zwiebelsaft mit Zitronensaft und Öl verrühren. Die Hammelfleischwürfel darin 60 Minuten zugedeckt im Kühlen ziehen lassen. Paprikaschoten halbieren, entkernen, waschen, trockentupfen und in 3 cm große Stücke schneiden. Abgetropfte Fleisch- und Paprikastücke abwechselnd auf kleine Spieße stecken. Öl mit Salz und Paprika verrühren, Spieße damit bestreichen. Auf dem heißen, geölten Rost oder im Grill 15 Minuten grillen. Ständig wenden und immer wieder mit Öl bepinseln.
Beilagen: Graubrot, Chicoréesalat, Schnittlauchsoße.

Kümmelspießchen

750 g Hammelfilet, 2 Knoblauchzehen, 1 Glas Rotwein, 1 TL gemahlener Kümmel, 4 Zwiebeln, Öl, Salz, schwarzer Pfeffer, 4 Tomaten

Hammelfilet kurz kalt abbrausen, mit Haushaltspapier trockentupfen und in grobe Würfel schneiden. Zerquetschte Knoblauchzehen, Rotwein und gemahlenen Kümmel verrühren und über den Fleischsaft gießen. 2–3 Stunden zugedeckt im Kühlen ziehen lassen (wegen des Knoblauchgeruchs nicht in den Kühlschrank geben). Vor dem Grillen die Fleischstücke aus der Marinade nehmen, mit Haushaltspapier trockentupfen. Geschälte Zwiebel vierteln. Fleischstücke und Zwiebelviertel abwechselnd auf die Spieße stekken und gut mit Öl einpinseln. Spieße auf dem Rost oder im Grill von allen Seiten insgesamt 12–15 Minuten grillen. Anschließend mit Salz und frisch gemahlenem schwarzem Pfeffer würzen.
Beilagen: Tomatenviertel, Stangenweißbrot und Bohnensalat.

Schisch Kebab

800 g Lammschulter, 4 Zwiebeln, 1/2 Tasse Öl, 1/2 TL Salz, 1/4 TL Pfeffer, 1 TL Majoran oder Oregano oder Rosmarin, 2 TL Zitronensaft, Lorbeerblätter

Lammfleisch kurz kalt abbrausen, mit Haushaltspapier trockentupfen und in Würfel schneiden. Geschälte Zwiebeln achteln, mit Fleischwürfeln und Lorbeerblättern in eine Schüssel geben. Aus Öl, Pfeffer, Majoran oder Oregano oder Rosmarin und Zitronensaft eine Marinade herstellen. Fleisch und Gemüse in die Marinade geben und 3 Stunden im Kühlschrank zugedeckt ziehen lassen. Fleisch und Zwiebeln aus der Marinade heben und abwechselnd mit Lorbeerblättern auf 4 Spieße stecken. Die Spieße auf dem heißen, geölten Rost oder im Grill 15 Minuten grillen. Dabei häufig wenden und mit der Marinade bestreichen. Zum Schluß salzen.
Beilagen: Safranreis, Salat.

Schisch-Köfte

600 g Hammelfleisch, 2 Zwiebeln, 4 Knoblauchzehen, 2 Eier, Salz, Pfeffer, 1 TL Koriander, 1/2 Bund Petersilie, 1 Prise Salbei (getrocknet), Öl

Hammelfleisch kurz kalt abbrausen, mit Haushaltspapier trockentupfen. Geschälte Zwiebeln vierteln. Knoblauchzehen schälen. Fleisch mit Zwiebelvierteln und Knoblauchzehen durch die feine Scheibe des Fleischwolfes drehen. Dann mit Eiern, Salz, Pfeffer, Koriander, gewaschener und feingewiegter Petersilie und Salbei zu einem Fleischteig vermischen. Den Fleischteig 2 cm dick um Schaschlikspieße herumrollen und gut mit Öl einpinseln. Die Spieße auf dem heißen, geölten Rost oder im vorgeheizten Grill etwa 8 Minuten grillen. Zwischendurch wenden und mit Öl einpinseln.

Winzer-Cevap

750 g Hammelfleisch (Keule) ohne Knochen, 4 Zwiebeln, 80 g geräucherter Speck, 2 grüne und 2 rote Paprikaschoten, Salz, Pfeffer, Öl, Paprika rosenscharf; Marinade: 2 Zwiebeln, 3 EL Öl, 3 EL Zitronensaft (oder Essig)

Zwei Zwiebeln fein schneiden (oder im Mixer pürieren), mit Öl und Zitronensaft gut verrühren. Das grobwürfelig geschnittene Hammelfleisch darin zugedeckt 1 Stunde ziehen lassen. Dann Fleischwürfel herausnehmen, gut trockentupfen und abwechselnd mit in Stücke geschnittenen, entkernten Paprikaschoten und Speckwürfeln auf Spieße stecken. Öl mit Paprika verrühren und damit die Fleischwürfel bestreichen und im Grill 15 Minuten unter ständigem Drehen braten. Wiederholt dabei auch mit Öl bestreichen. Zuletzt salzen.
Beilagen: Paprikareis, grüner Salat.

Geflügelspießchen

1 gebratenes Hähnchen (900 g), 4 Scheiben Ananas (aus der Dose), 2 Äpfel, 2 Bananen, Salz, weißer Pfeffer, Curry, Öl, 8 Maraschinokirschen

Aus dem gehäuteten Hähnchen die Knochen herauslösen. Fleisch in walnußgroße Würfel schneiden. Ananas auf einem Sieb abtropfen lassen, in grobe Stücke schneiden. Äpfel schälen, halbieren, Kerngehäuse entfernen und achteln. Noch einmal durchschneiden. Bananen schälen, in 2 cm dicke Scheiben schneiden. Geflügelfleisch, Ananas-, Äpfel- und Bananenstücke abwechselnd auf 8 Spieße stecken. Mit Salz, Pfeffer und Curry rundherum bestreuen. Gut mit Öl bepinseln. Spieße auf dem heißen, geölten Rost oder im Grill 8–10 Minuten grillen. Dabei mehrmals wenden und immer wieder mit Öl bepinseln. Vor dem Servieren auf jeden Spieß eine Kirsche stecken.
Beilagen: Körnig gekochter Curryreis, Salat.

Geflügel-Spießchen mit Floridamarinade

400–600 g Geflügelbrüste, 2 Bananen; Florida-Marinade: ½ Tasse Öl, Saft einer Orange oder einer halben Grapefruit, 3 EL Worcestersoße, 1 Spritzer Tabasco, etwas Oregano, Prise Salz

Geflügelbrüste in Scheiben schneiden und eine Zeitlang in die Marinade legen. Dann herausnehmen, abtropfen lassen und trokkentupfen. Die geschälten Bananen ebenfalls in dickere Scheiben schneiden. Zusammen abwechselnd auf Spieße reihen und unter öfterem Wenden sowie Bepinseln mit der Floridamarinade 12–16 Minuten auf dem heißen, geölten Rost grillen.

arinierter
hweinerücken-
aten

zept Seite 179

Hammelkeule au
Balkanart

Rezept Seite 18

Curry-Hähnchen

Rezept Seite 185

Schinken-
spießchen Bogo

Rezept Seite 20

Lammspießchen auf kaukasische Art

Rezept Seite 208

Schisch Kebab

Rezept Seite 21

Bunte Kalbs-
ierenspießchen

Rezept Seite 224

Panduren-
spießchen

Rezept Seite 235

Hühnerbrüstchen auf indische Art

Die Hühnerbrüste von allen Knochen und der Haut befreien und in dicke Scheiben schneiden. Die Zwiebeln vierteln, mit Salz, Curry und etwas Öl vermischen. Die Hühnerbrüste in dieser Marinade einige Zeit ziehen lassen. Die Hühnerscheiben herausnehmen, gut abtropfen lassen und zusammengeklappt abwechselnd mit den Zwiebelstücken auf Spießchen reihen, mit Öl bestreichen und grillen. Auf einem Sockel von Curryreis anrichten. Extra Mango-Chutney reichen.

4 Hühnerbrüste (à 200 g) oder 4 tiefgekühlte Hühnerbrustfilets, 200 g Zwiebeln, Salz, Currypulver, Öl, Curryreis, Mango Chutney

Hühnerbrüstchen auf indonesische Art

Marinade: Gehackte Walnüsse, Limejuice, Hühnerbrühe, Salz, Pfeffer, würflig geschnittene Zwiebel und mit Salz zerdrückten Knoblauch gut vermischen.
Die gehäuteten Hühnerbrüstchen kalt waschen, trockentupfen und in ½ cm breite Streifen schneiden. In die Marinade geben und zugedeckt 2 Stunden ziehen lassen. Die Hühnerstreifen aus der Marinade nehmen, abtropfen lassen und auf Spießchen stecken. Mit Öl bestreichen. Den Grillrost mit Alu-Folie bespannen, die Spieße darauf legen und ca. 20 Minuten grillen. Dabei immer wieder drehen und mehrmals mit Marinade bestreichen. Die Spießchen mit Petersiliengrün garnieren und mit Marinade, mit ⅛ l Sahne verfeinert, extra servieren.
Beilagen: Curryreis, Salat.

4 Hühnerbrüstchen (à 200 g), 4 EL Öl, ⅛ l Sahne, Petersiliengrün; Marinade: 100 g gehackte Walnüsse, ¼ l Limejuice (oder Saft 1 Zitrone), 1 Tasse heiße Hühnerbrühe, Salz, weißer Pfeffer, 1 Knoblauchzehe, 1 Zwiebel

Hähnchenspießchen auf Bali-Art

Von den küchenfertigen Hähnchen nur die Brüste auslösen, in kleinere Würfel schneiden, salzen, pfeffern, in einer Marinade aus Sojasoße und zerdrücktem Knoblauch 2 Stunden zugedeckt marinieren. Dann die Würfel zu 6 Stück auf Bambusspießchen stecken, auf dem Grill oder auf dem Holzkohlengrill ca. 10 Minuten rösten. Alle 2–3 Minuten wenden. Von den Spießchen streifen und mit Bambussoße servieren.
Bambussoße: ¼ l süße Sojasoße, 3 g Pfefferkörner, 15 g rote Zwiebeln, 15 g scharfe Pfeffer-Chilis, 1 EL Tamarindensaft
Die Sojasoße mit feinzerdrückten Pfefferkörnern, feingeschnittenen roten Zwiebeln, feingeschnittenen Chilis und dem Tamarindensaft verrühren.

2 Hähnchen (à 750 g), 3 EL Sojasoße, 1 TL zerdrückter Knoblauch, Salz, Pfeffer

Försterspießchen

500 g Hirschrücken (ohne Knochen), 100 g durchwachsener Speck, 1 Gewürzgurke, Öl, Salz, frischer Pfeffer

Die Hirschrücken waschen, mit Haushaltspapier trockentupfen und enthäuten. Fleisch und die Gewürzgurke in etwa 2 cm große Würfel schneiden. Fleisch- und Gurkenstücke abwechselnd auf die Spieße stecken. Gut mit Öl einpinseln. Fleisch auf dem heißen, geölten Rost oder im Grill rundherum grillen. Anschließend salzen und frischen Pfeffer darübermahlen.
Beilage: Cumberlandsoße, Kartoffelbrei, Salat.

Jägerspießchen

750 g Hirsch- oder Rehfleisch, 1 l Buttermilch, 100 g durchwachsener Speck, 150 g Champignons, 2 Zwiebeln, Öl, Salz, frischer Pfeffer

Fleisch in mundgerechte Stückchen schneiden. In eine Schüssel geben und mit Buttermilch übergießen, so daß die Fleischstücke knapp bedeckt sind. Schüssel über Nacht in den Kühlschrank stellen. Fleischstücke aus der Buttermilch nehmen, mit Haushaltspapier trockentupfen. Speck in ebenso große Würfel schneiden wie das Fleisch, Champignons putzen, waschen, abtropfen lassen und mit Haushaltspapier trockentupfen. Geschälte Zwiebeln grob würfeln. Fleisch- und Speckwürfel, Champignons und Zwiebelwürfel abwechselnd auf die Spieße stecken. Alle Zutaten gut mit Öl bepinseln. Spieße auf dem heißen, geölten Rost oder im Grill 15–20 Minuten rundherum knusprig grillen. Mehrmals wenden und mit Öl bestreichen. Anschließend salzen und frischen Pfeffer darübermahlen.
Beilagen: Cumberlandsoße, gegrillte Birnen, Äpfel, Spätzle.

Leberspießchen

500 g Kalbs- oder Schweineleber, Milch, 100 g durchwachsener Frühstücksspeck, 8–12 Silberzwiebeln, 1 eingelegte rote Paprikaschote, Öl zum Bepinseln, Majoran, Pfeffer, Salz

Leber häuten, von Röhren befreien (Schweineleber zuvor 30 Minuten in Milch legen). Frühstücksspeck in Scheiben schneiden und kurz in einer Pfanne knapp glasig braten, dann in Stücke schneiden. Abwechselnd die in Stücke zerteilte Leber, Speck, Silberzwiebeln und gut abgetropfte Paprikastücke nicht zu eng auf Spieße reihen. Mit Öl bepinseln und auf einem gut vorgeheizten Grillrost von jeder Seite 3–5 Minuten grillen. Mit Majoran bestreuen. Kalbsleber sollte innen noch etwa rosig bleiben, Schweineleber hingegen »durch« sein. Erst nach dem Grillen salzen und pfeffern.
Beilagen: Curryreis, Tomatensalat.

Kalbsleberspießchen

Fleisch, Leber, Speck und Zwiebeln werden in schwach fingerdicke Würfel oder Scheiben geschnitten, gepfeffert und abwechselnd auf den Spieß gesteckt (die Speckscheiben dabei zusammenrollen), mit zerlassener Butter bepinselt und auf heißem, geöltem Rost zweimal 5 Minuten gegrillt. Man kann die Spieße auch in zerriebenen Salbeiblättern wälzen, Schalotten dazu auf die Spieße stecken, dann mit zerlassener Butter beträufeln und grillen *(»Zürcher Leberspießchen«)*. Zuletzt salzen.

250 g Kalbsleber, 200 g Kalbfleisch, 100 g Speck, 160 g halbierte kleine Zwiebeln, Butter, Salz, Pfeffer, Öl

Geflügelleberspießchen

Geflügelleber kalt abbrausen und mit Haushaltspapier trockentupfen. Tomaten waschen und vierteln. Artischockenherzen gut abtropfen lassen und halbieren. Zwiebelsalz, Paprikapulver und Öl miteinander verrühren. Geflügelleber abwechselnd mit Tomatenvierteln und Artischockenherzen auf 4 Spießchen verteilen. Spieße mit dem gewürzten Öl bepinseln. Spieße auf dem heißen, geölten Rost oder im Grill unter öfterem Wenden etwa 8 Minuten knusprig braun grillen. Dabei wiederholt mit dem gewürzten Öl bestreichen.
Beilage: Weißbrot.

600 g Geflügelleber, 6 Tomaten, einige Artischockenherzen (aus Dose oder Glas), Zwiebelsalz, Paprikapulver, 2 EL Öl

Nomadenspießchen

Leber waschen, mit Haushaltspapier trockentupfen. Leber und Speck in 2 cm lange, gleichmäßige Stücke schneiden. Apfel und Banane schälen. In gleichmäßige Scheiben schneiden. Geschälte Zwiebeln in Scheiben schneiden. Alle Zutaten abwechselnd auf Holz- oder Metallspieße stecken. Reichlich Curry darüberstäuben. Die Spieße mit Öl bepinseln und auf dem heißen, geölten Rost oder im Grill 8 Minuten rundum grillen. Zuletzt salzen.

500 g Rinderleber, 100 g fetter Speck, 1 Apfel, 1 Banane, 2 Zwiebeln, Curry, Öl, Salz

Leber-Mais-Spießchen

Maiskolben in wenig Salzwasser fast garkochen und anschließend abtropfen lassen. Inzwischen Leber waschen, mit Haushaltspapier trockentupfen. Leber in mundgerechte Stücke schneiden. Dabei die Röhrchen und Häute entfernen. Zwiebeln schälen und achteln. Tomaten waschen und ebenfalls achteln. Geschälte Bananen in dicke Scheiben schneiden. Abgetropfte Maiskolben mit einem

2 Maiskolben, 500 g Schweine- oder Rinderleber, 2 Zwiebeln, 2 Tomaten, 2 Bananen, Öl, Salz, Pfeffer, Majoran

scharfen Messer oder der Geflügelschere in große Stücke schneiden. Alle Zutaten abwechselnd auf die Spieße stecken und gut mit Öl bestreichen. Auf dem Rost oder im Grill etwa 10 Minuten rundum grillen, dabei mehrmals mit Öl bepinseln. Anschließend salzen und mit Pfeffer und Majoran bestreuen.
Beilagen: Toastbrot, Salat.

Bunte Kalbsnierenspießchen

4 Kalbsnieren, Rosmarin oder Thymian, 80 g dünne Speckscheiben, geschnitten, 4 Paprikaschoten, Salz, Pfeffer

Die kalt gewaschenen Kalbsnieren von Fett und Röhren befreien und in fingerdicke Scheiben schneiden. Mit 1–2 Rosmarinblättern (oder einigen Blättchen Thymian) belegen und mit einem schmalen Speckstreifen umwickeln. Abwechselnd mit den Paprikaschotenstückchen auf Spießchen stecken und etwa 8–10 Mnuten grillen. Vor dem Auftragen leicht salzen und pfeffern.

Leberspießchen Tunesia

750 g Kalbsleber, 2 Bananen, 1–2 säuerliche Äpfel, Salz, weißer Pfeffer, 2–3 EL Mandelblättchen

Kalbsleber mit Haushaltspapier abtupfen. Haut und Sehnen entfernen. Leber in kleine Scheiben oder Würfel schneiden. Bananen schälen und in dicke Scheiben schneiden. Äpfel schälen, halbieren, Kerngehäuse entfernen, Äpfel in Spalten schneiden. Spieße abwechselnd mit diesen Zutaten bestecken. Auf dem heißen, geölten Rost oder im Grill 8–10 Minuten rundum grillen. Mehrfach wenden. Anschließend leicht salzen und pfeffern. Dann in Mandelblättchen wenden.
Beilagen: Salbeireis, Kopfsalat.

Rumaki à la Hawaii

750 g Hühnerleber, 1 EL Sojasoße, 3 EL Wassermaronen aus der Dose (120 g), 3 EL Portwein, 12 dünne Speckscheiben, Salz, Pfeffer

Die gereinigten Hühnerlebern halbieren und mit Sojasoße marinieren. 10 Minuten ziehen lassen. Die Kastanien gut abtropfen lassen, dann je eine Hühnerleberhälfte und 1 Marone in die Speckscheibe wickeln, mit kleinen Metallspießchen festhalten und auf dem heißen, geölten Rost im vorgeheizten Grill rundum 6 Minuten grillen. Zuletzt leicht salzen und pfeffern.

Kalbsnierenspießchen

400 g Kalbsnieren, 80 g Schinkenspeck, 4 Tomaten, 2 kleinere Bananen, 4 EL Öl, Salz, weißer Pfeffer

Die bratfertigen Nieren in 2 cm breite Streifen schneiden und einrollen. Schinkenspeck in Stücke schneiden. Tomaten waschen und vierteln. Geschälte Bananen in 2 cm dicke Scheiben schneiden. Auf die Spieße abwechselnd gerollte Nierenstreifen, Schinkenspeck, Tomatenviertel und Bananenscheiben stecken. Mit Öl be-

streichen und auf dem heißen, geölten Grillrost über der Fettpfanne im vorgeheizten Ofen ca. 15 Minuten grillen. Dann mit Salz und Pfeffer würzen.
Beilagen: Salate, körnig gekochter Reis mit Petersiliengrün oder Pommes frites.

Nierenspießchen

600 g Schweinenieren, 1/4 l Buttermilch, 2 EL Öl, 1 TL Tomatenmark, Salz, Pfeffer und getrockneter Rosmarin

Nieren der Länge nach aufschneiden, von Röhren, Fett und Häutchen befreien. Nierenhälften gründlich unter fließendem kaltem Wasser abspülen und mit Haushaltspapier trockentupfen. Nierenhälften in mundgerechte Stücke schneiden, mit der Buttermilch begießen und 1 1/2 Stunden in der Buttermilch marinieren. Nierenwürfel aus der Buttermilch nehmen und mit Haushaltspapier trokkentupfen. Öl mit Tomatenmark, Salz, Pfeffer und zerriebenem Rosmarin verrühren. Nierenwürfel auf 4 Spieße verteilen und mit gewürztem Öl bestreichen. Nierenspieße auf den heißen Rost legen und 8 Minuten grillen. Dabei mehrmals wenden und mit Öl bestreichen.
Beilagen: Bauernbrot, Senffrüchte, pikante Soßen.

Bunte Schweinenierenspießchen

4 Schweinenieren, 1/4 l Rotwein, 1/8 l Öl, 1 Lorbeerblatt, 2 Wacholderbeeren, zerdrückt, Thymian, Salz, 2 Tomaten, 2 Zwiebeln, 1/2 Salatgurke, 2 grüne Paprikaschoten, 100 g durchwachsene Speckscheiben, Petersilie, Pfeffer

Bratfertige Nieren in fingerdicke Scheiben schneiden, in eine Mischung aus Rotwein, Öl, zerdrücktem Lorbeerblatt, Wacholderbeeren und Thymian geben und 3–4 Stunden marinieren lassen. Tomaten und Zwiebeln achteln, die Salatgurke in Scheiben schneiden, die entkernten Paprikaschoten in größere Stücke schneiden. Die Speckstreifen halbieren und rollen. – Die Nieren aus der Marinade heben und gut abtrocknen. Alle Zutaten abwechselnd auf vier Spießchen stecken und 12–14 Minuten grillen. Vor dem Anrichten salzen und pfeffern und mit gehackter Petersilie bestreuen.

Nieren-Bananen-Spießchen

750 g Kalbsnieren, 3–4 EL Madeira, Rosmarin (gemahlen), Salz, 1 Dose Champignons, 4 Bananen, Öl

Kalbsnieren der Länge nach durchschneiden, von Röhren, Fett und Häutchen befreien. In mundgerechte Stücke schneiden und unter fließendem Wasser gründlich abspülen. Mit Haushaltspapier trockentupfen. In einer Schüssel Madeira mit Rosmarin verrühren. Nierenstücke zugeben. Fleisch in der Marinade im Kühlschrank zugedeckt 2–3 Stunden durchziehen lassen. Anschließend Nieren-

stücke abtropfen lassen und mit Haushaltspapier vorsichtig trockentupfen und salzen. Champignons abtropfen lassen und trockentupfen. Bananen schälen, in dicke Scheiben schneiden. Nierenstücke abwechselnd mit Champignons und Bananenscheiben auf Spieße stecken, rundum mit Öl bepinseln und auf dem heißen, geölten Rost oder im Grill rundherum 8–10 Minuten grillen.
Beilage: Kartoffelsalat.

Kalbsherzspießchen

600 g Kalbsherz, Salz, weißer Pfeffer, 4 EL Öl, 1 Zwiebel, 20 g Butter oder Margarine, 1 EL Zitronensaft, 1/8 l saure Sahne, 1 Knoblauchzehe, 1 Bund Petersilie

Das Kalbsherz der Länge nach durchschneiden und vierteln. Adern, Haut und Fett entfernen. Herzviertel unter kaltem Wasser gründlich waschen. Mit Haushaltspapier trockentupfen, dann in etwa 2 cm dicke Scheiben schneiden. Mit Salz und Pfeffer würzen. Auf 4 Spieße verteilen. Rundherum mit Öl bepinseln. Unter den vorgeheizten Grill schieben und 30 Minuten grillen. In der Zwischenzeit in heißer Butter oder Margarine feingeschnittene Zwiebel 5 Minuten rösten, zerdrückte Knoblauchzehe beigeben, Zitronensaft und saure Sahne einrühren. Mit Salz und Pfeffer abschmecken, feingehackte Petersilie in die Soße geben. Getrennt zu den Spießen reichen.
Beilagen: Stangenweißbrot, Kopfsalat.

Speck-Melonen-Spießchen

12 kleine, feste Tomaten, 1 Stück Melone, 12 Speckscheiben, 12 gefüllte Oliven, 30 g Butter, Zitronensaft, Kokosflocken

Melonenstück von Kern und Schale befreien, in 4 längliche Stücke schneiden und jede mit einer Speckscheibe umwickeln. Abwechselnd Tomaten, Speck-Melonen-Stücke und Oliven auf Spießchen stecken, mit flüssiger Butter bepinseln und auf dem Rost rundherum gleichmäßig braten. Dabei wiederholt mit etwas flüssiger Butter bestreichen. Zum Schluß mit Zitronensaft beträufeln und mit Kokosflocken bestreuen.

Bockwurstspießchen

4 Bockwürste, 4 Scheiben Ananas, 4 Scheiben Schweizer Emmentaler, Öl

Bockwurst, abgetropfte Ananasscheiben und Käse in gleichmäßige Stücke schneiden. Abwechselnd auf Spieße stecken. Mit Öl bepinseln. Grillen, bis der Käse zerläuft.
Beilagen: Tomatenketchup, Schwarzbrot.

Bockwurst-Schaschlik

Würste in Scheiben, geschälte Zwiebeln in Achteln und geputzte Paprikaschoten in Streifen schneiden. Ebenso den durchwachsenen Speck. Abwechselnd alles auf Spieße stecken, mit Öl bepinseln. Auf dem heißen, geölten Rost rundum grillen.
Beilagen: Schaschlik- und Currysoße, Stangenweißbrot.

4 Bockwürste, 2 Zwiebeln, 1 kleine Salatgurke, 2 rote Paprikaschoten, 100 g durchwachsener Speck, Öl

Bratwürstchenspießchen

Bratwürstchen halbieren, Schalotten schälen. Paprikaschoten entkernen und in je 4 Stücke schneiden. Abwechselnd auf Spießchen stecken und etwa 8 Minuten auf heißem, geöltem Rost oder im vorgeheizten Grill grillen. Dabei von Zeit zu Zeit mit dem Öl, das vorher mit etwas Knoblauch gewürzt wurde, bestreichen.

8 Nürnberger Bratwürstchen, 16 Schalotten, 4 grüne Paprikaschoten, 1 EL Öl, 1 zerdrückte Knoblauchzehe

Bunte Würstchenspießchen

Die Würstchen kurz in heißes Wasser legen, herausnehmen, gut abtrocknen und mit zerquetschtem Knoblauch kräftig einreiben. Dann abwechselnd mit einem Stück Zwiebel, einer festen Tomatenhälfte, einer Scheibe Speck und Gewürzgurkenhälfte auf 4 Spieße stecken, mit zerlassener Butter bestreichen und im Grill braten. Zum Schluß etwas salzen und mit Tomatenketchup beträufeln.

8 Bratwürstchen, 1 Knoblauchzehe, 2 Zwiebeln, 4 Scheiben durchwachsener Speck, 2 Tomaten, 2 Gewürzgurken, 30 g Butter, Salz, Tomatenketchup

Nürnberger Spießchen

Nürnberger Bratwürstchen und die Oliven halbieren. Gewürzgurke in Scheiben schneiden. Geschälte Zwiebeln achteln. Bratwürstchen, Oliven- und Gurkenscheiben und Zwiebelachtel abwechselnd auf 4 Spieße stecken. Spieße auf dem heißen, geölten Rost, im vorgeheizten Grill oder in der Grillpfanne 8 Minuten bei milder Hitze grillen. Die Spieße während des Grillens wenden und einige Male mit Bier bestreichen.

12 Nürnberger Bratwürstchen, 24 gefüllte Oliven, 1 Gewürzgurke, 2 Zwiebeln, 2 EL Bier

Pikante Wurstspießchen

Kalbsbratwürste halbieren oder in 4 Teile schneiden. Tomaten waschen, abtrocknen und vierteln. Wurststücke mit Gurkenscheiben und Tomatenvierteln abwechselnd auf Spieße stecken. Tomatenviertel mit Salz und Pfeffer bestreuen. Spieße auf dem Rost, im vorgeheizten Grill oder in der Grillpfanne bei milder Hitze insge-

4 große und 8 kleine Kalbsbratwürste, 4 Tomaten, ½ Glas pikant eingelegte Gurkenscheiben, Salz, Pfeffer, 1 EL kleingeschnittene Petersilie, 8 EL Mangosoße (fertig gekauft)

samt 8–10 Minuten grillen. Die Zutaten auf den Spießen, vor allem aber die Wurststücke, während des Grillens mit etwas Mangosoße bestreichen. Spieße während des Grillens mehrmals wenden. Petersilie mit der restlichen Mangosoße mischen und extra zu den Spießen servieren.

Regensburger Spießchen

8 Regensburger Würste, 1 Salatgurke, 12 Schalotten, 2 EL Öl, Salz, Knoblauch- und Currypulver

Regensburger Würste in kochendheißem Wasser 10 Minuten liegen lassen. Gewaschene Salatgurke abtrocknen und in etwa 2 cm dicke Scheiben schneiden. Schalotten schälen. Öl mit Salz, Knoblauch und Currypulver mischen. Würste aus dem Wasser nehmen und mit Haushaltspapier trockentupfen. Würste, Gurkenscheiben und Schalotten abwechselnd auf 4 Spieße stecken. Spieße mit gewürztem Öl von allen Seiten bestreichen. Spieße auf dem Rost oder im vorgeheizten Grill insgesamt 10 Minuten grillen, häufig wenden und mit gewürztem Öl bestreichen.

Wiener Spießchen

4 Wiener Würstchen, 100 g Rauchspeck, 1 Glas Cornichons, einige Peperoni (aus der Dose)

Wiener Würstchen mit heißem Wasser überbrühen. Speck in dünne Scheiben schneiden. Cornichons und Peperoni abtropfen lassen. Wiener Würstchen in 5 cm lange Stücke schneiden. Abwechselnd Wurststücke, Speckscheiben, Peperonistücke und Cornichons auf die Spieße stecken. Spieße auf dem heißen, geölten Rost oder im vorgeheizten Grill knusprig grillen. Mehrmals wenden.
Beilagen: Brotsorten, Salate, Soßen.

Würstchenspießchen, gemischt

2 Paar Wiener (Frankfurter) Würstchen, 2 Stück Schweinsbratwürstel, 2 Stück Pfälzer, 2 große Essiggurken, Öl zum Bestreichen

Würstchen kurz in heißem Wasser ziehen lassen, in je vier Stücke zerschneiden. Die Gewürzgurken in nicht zu dünne Scheiben schneiden und abwechselnd mit den Würstchen auf Spieße reihen. Rundum mit Öl bepinseln und knusprig 10–12 Minuten grillen.

Würstchenspießchen mit Speck

16 Cocktailwürstchen, 12 Scheiben durchwachsener Speck, 1 Salatgurke, 4 kleine Zwiebelchen, 8 Tomaten, 6 EL Öl, Salz, Paprika rosenscharf

Die Würstchen an den Enden kreuzweise leicht einschneiden. Die Salatgurke in dickere Scheiben schneiden. Die Speckscheiben halbieren, ebenso die Zwiebeln und die Tomaten. Abwechselnd Wurst, Gurke, Zwiebel, Tomate, Speck etc. auf 4 Spieße (aus Holz oder Metall) stecken. Die Spieße in heißem Öl rundherum ca.

10 Minuten knusprig braten. Mit Salz und Paprika würzen und anrichten. Die Spieße können auch über Holzkohlenfeuer oder im Elektrogrill gebraten werden.
Beilagen: Weißbrot, scharfe Soßen.

Wurst-Knödel-Spießchen

Würste in kochendem Wasser 10 Minuten liegen lassen. Würste abtrocknen. Bockwürste vierteln, Schweinsbratwürste halbieren, Regensburger Würste längs halbieren. Semmelknödel halbieren oder vierteln. Wurststücke und Semmelknödelviertel abwechselnd auf 4 Spieße stecken. Spieße mit Öl bestreichen und auf dem heißen, geölten Rost oder im vorgeheizten Grill insgesamt 10 Minuten rundum grillen. Mehrmals wenden.

4 Semmelknödel, 4 Bockwürste, 8 Schweinsbratwürste, 2 Regensburger Würste, 2 EL Öl

Zigeunerspießchen

Käse und die gepellte Fleischwurst in 1 cm breite und 3 cm lange Rechtecke schneiden. Speck und gekochten Schinken in passende Stücke schneiden. 2 Zwiebeln schälen, in dicke Scheiben schneiden. Paprikaschoten halbieren, entkernen, waschen. Paprikahälften in Stücke schneiden. Vorbereitete, geputzte Auberginen ebenfalls in Stücke teilen. Käse-, Wurst-, Speck- und Schinkenstücke abwechselnd mit Salamischeiben und Gemüsestücken auf Spieße stecken. Restliche Zwiebel schälen und fein reiben. Mit Tomatenketchup, Senf und Salz zu einer Marinade rühren. Spieße auf dem Rost oder im Grill knusprig grillen. Mehrmals wenden und immer wieder mit der Marinade bestreichen.
Beilagen: Marinade, verschiedene Salate, Senffrüchte und andere Soßen.

200 g Edamer Käse im Stück, 300 g Fleischwurst im Stück, 100 g Salami in Scheiben, 100 g Rauchspeck in Scheiben, 3 Zwiebeln, 100 g gekochter Schinken im Stück, 2 Paprikaschoten, 2 Auberginen, Tomatenketchup, Senf, Salz, Pfeffer

Zervelatspießchen

Würste schälen, in daumendicke Scheiben schneiden. Gurke waschen, in fingerdicke Stücke schneiden. Die Tomaten vierteln, die Zwiebeln vierteln oder achteln. Alles in bunter Reihenfolge auf Spießchen stecken, 8–10 Minuten auf dem heißen, geölten Rost grillen, dabei immer wieder mit einer Mischung aus Öl und Senf bepinseln.

4 Zervelatwürste, 1 Salatgurke, 4 Tomaten, 4 Zwiebeln, 1 EL Öl, Senf

BUNTE SPIESSCHEN

Wenn man mehrere Fleischsorten wählt, muß man sich vorher überlegen, ob sie ungefähr die gleiche Garzeit haben. Gut zusammen passen Rindsfilet, Kalbsleber, -nieren, Schinken und Kasseler, weil sie verhältnismäßig schnell gar sind. Eine längere Garzeit haben Hammel-, Kalb- und Schweinefleisch, Rind- und Schweinefleisch, Rind- und Schweineleber, Hackfleischbällchen und fast alle Sorten von Würstchen. Nur bei Wiener- und Cocktailwürstchen ist die Grillzeit kurz, da sie bereits vom Metzger gebrüht sind. Dieses Sortiment kann man natürlich noch durch Gemüse und Früchte ergänzen; selbstverständlich macht das die Spießereien gleichzeitig auch preiswerter. Besonders bewährt haben sich Zwiebelscheiben, frische oder eingelegte, festfleischige Paprikaschoten, kleine, feste Tomaten. Geeignet sind auch große, frische oder konservierte Dosenpilze, die man allerdings sehr vorsichtig auf die Spieße geben muß, damit sie nicht springen. Außerdem kann man knapp ½ cm dicke Kartoffelscheiben, Ananaswürfel, Apfelscheiben, halbierte Aprikosen, Birnenschnitzel, ferner gesalzene, gewässerte Auberginenscheiben und Scheiben von jungen Zucchini auf die Spieße stecken. Der Fleischanteil sollte mindestens 100 g, besser aber 150 g betragen, der Gemüse-Obstanteil zwischen 100 und 200 g pro Spieß liegen. Äpfel, Birnen und Champignons müssen immer erst mit Zitronensaft bepinselt werden, damit sie sich nicht braun verfärben. Dann wird grundsätzlich alles Grillgut mit reichlich Öl bepinselt und nach Belieben gewürzt. Gesalzen werden die Spieße immer erst nach dem Grillen.

Balkanspießchen

Fleischstücke etwas flach klopfen und in grobe Würfel schneiden. Zwiebelchen abziehen (große Zwiebeln achteln), Paprikaschoten in Stücke schneiden. Alle Zutaten abwechselnd auf die Spieße stecken, mit Pfeffer würzen. Die fertig besteckten Spieße in heißer Butter rasch von allen Seiten anbraten. Anschließend bei geschlossenem Pfannendeckel 6–8 Minuten fertigbraten. Salzen. Beilage: Risotto, gebratene Tomaten der Kartoffeln, frischer Salat.

Je 150 g Rind-, Schweine- und Kalbfleisch, kleine Zwiebelchen oder 4 Zwiebeln, 50 g durchwachsener Speck, 4 grüne Pfefferschoten, 4 Tomaten, 60 g Butter, Pfeffer, Salz

Belgrader Spießchen

Zu gleichen Teilen wird Schweins-, Kalb-, Rindfleisch sowie Lammfleisch hachiert, mit Pfeffer, Salz, gehackten Sardellen, Oliven, Petersilie und einer Spur Knoblauch versetzt, mit Ei und Sodawasser gebunden. Daraus formt man etwa 30 g schwere Laibchen, die man auf Spieße aufreiht, mit Öl beträufelt und saftig grillt.
Beilagen: Senf, Pommes frites.

Je 150 g Schweine-, Kalb-, Rind-, Lammfleisch, 2 Sardellen, 8 Oliven, 1 Knoblauchzehe, Ei, Salz, Pfeffer, Sodawasser, Öl

Berliner Spießchen

Emmentaler in kleinere Stückchen schneiden, mit Frühstücksspeck umwickeln. Die Würstchen ebenfalls in 2–3 cm lange Stücke schneiden. Die Schalotten schälen. Die Gewürzgurken halbieren, die Tomaten achteln. Sämtliche Zutaten in bunter Reihenfolge auf Spießchen stecken, mit Öl bepinseln und 8–10 Minuten grillen. Das Öl mit dem Senf und dem frisch gemahlenen Pfeffer verrühren und die Spießchen während des Grillens immer wieder damit bepinseln. Zuletzt salzen.

400 g Emmentaler, 120 g Frühstücksspeck, dünn geschnitten, 4 Wiener Würstchen, 16 Schalotten, 8 Gewürzgurken, 4 kleine Tomaten, 4 EL Öl, Senf, Pfeffer, Salz

Curry-Spießchen

Fleisch in 3 cm quadratische und 1 cm dicke Würfel schneiden und mindestens eine Stunde in die Curry-Marinade legen. Abwechselnd mit ebenso großen Speckscheiben und Ananasstückchen auf Spieße ziehen und 12–15 Minuten grillen. Während des Grillens des öfteren mit der Marinade bepinseln.

600 g Filetfleisch von Rind, Kalb oder Schwein, Ananasstücke (Dose), 100 g durchwachsener Speck; Curry-Marinade: ½ Tasse Öl, Saft einer Zitrone, 1 EL Curry-Pulver, 1 TL Zwiebelpulver, Salz, gut verrühren

Dubrovna

500 g gemischtes Hackfleisch, Salz, Pfeffer, 2 Zwiebeln, 2 Knoblauchzehen, 150 g Speck, 2 rote Paprikaschoten, 4 EL Öl

Das Hackfleisch mit Salz, feingeschnittenen Zwiebeln, zerdrückten Knoblauchzehen und etwas Wasser gut durchkneten. Pro Portion 6 Kugeln formen und abwechselnd mit Speckscheiben und Paprikastücken auf Spieße reihen. Mit Öl bestreichen und auf beiden Seiten ca. 4 Minuten grillen, dabei mehrmals mit Öl bestreichen.

Edamer Spießchen

250 g Kalbsnieren, in ½ l Buttermilch gebeizt, 250 g Edamer Käse, 250 g Schweinefleisch, 80 g durchwachsener Speck, ¼ Salatgurke, Salz, Paprika, Öl

Nieren, Käse, Schweinefleisch, Speck und Salatgurke in grobe Würfel oder Scheiben schneiden, abwechselnd auf Spießchen stekken, mit Öl bestreichen und auf dem heißen, geölten Rost 8 Minuten grillen. Dabei mehrmals wenden und mit Öl und Paprika, gut vermischt, bestreichen. Zuletzt salzen.
Beilagen: Brot, Salate.

Heiduckenspießchen

250 g Schweinefleisch, 250 g Rindfleisch, 150 g Kalbfleisch, 150 g Lammfleisch, 100 g Kalbsleber, 100 g Räucherspeck, 8 Tomaten, 4 Paprikaschoten, 2 Zwiebeln, ⅛ l Öl, Salz, Paprika, Petersiliengrün, Reis

Das Fleisch grobwürfelig schneiden, abwechselnd auf Spießchen stecken, mit Öl bestreichen, auf heißem, geöltem Rost grillen. Zuletzt salzen. In heißem Öl Zwiebelringe, Paprikaschotenstücke und Tomatenscheiben dünsten, salzen, mit gehacktem Petersiliengrün bestreuen. Das gedünstete Gemüse auf Teller anrichten, mit gekochtem Reis umkränzen und je einen gegrillten Spieß darauflegen.

Hirtenspießchen

300 g Hammelfleisch ohne Fett, 200 g Hammelnieren oder Schweinenieren, 120 g durchwachsener Speck, 2 grüne Paprikaschoten, 1 kleine Aubergine, 2 Zwiebeln, 4 Tomaten, Salz, schwarzer Pfeffer, ¼ l Öl, Paprika rosenscharf; Marinade: 3 EL Öl, 1 TL Senf, 1 Msp. Basilikum

Marinade: Öl, Senf und Basilikum gut verrühren.
Fleisch kalt abspülen, trockentupfen, in 2 cm große Würfel schneiden. In die Marinade legen und 2 Stunden im Kühlen zugedeckt ziehen lassen. Speck in Scheiben schneiden, Paprikaschoten halbieren, waschen, putzen und jede Hälfte in 2–3 Stücke schneiden. Aubergine waschen, den Stengelansatz wegschneiden, in 2 cm dicke Scheiben schneiden. Geschälte Zwiebeln vierteln, Tomaten halbieren. Fleisch aus Marinade nehmen, abtropfen lassen, trokkentupfen. Abwechselnd mit Speck, Paprikaschote, Auberginenscheibe und Zwiebeln auf Metallspießchen stecken. Am Anfang und Ende eines Spießes immer 1 Tomatenhälfte stecken. Mit Öl beträufeln und auf Holzkohlengrill mehrmals drehen. 20 Minuten grillen. Zum Schluß mit Salz, Pfeffer und Paprika bestreuen.
Beilagen: Stangenbrot, Tomatensalat. Rotwein.

Jugoslawische Feuerspießchen

Die Koteletts entsehnen, am Rand etwas einschneiden, mit dem Handballen flachdrücken. Die Schnitzel locker klopfen, überflüssiges Fett am Rand wegschneiden. Die Fleischstücke mit Öl massieren und 1/2 Stunde zugedeckt ziehen lassen. Auf dem Rost auf beiden Seiten im vorgeheizten Grill rasch braten. Ebenso die mit Öl bestrichene Leber grillen. Während des Wendens mit Öl bestreichen, mit Salz und Paprika bestreuen. Dann abwechselnd die Fleischstücke, Zwiebel- und Leberstücke auf Spieße reihen, über eine hochwandige Schüssel legen, darunter eine kleine Schale mit brennendem Sliwowitz stellen. Die Spieße damit flambieren. Noch brennend servieren.
Beilage: Gedünsteter Reis.

4 Hammelkoteletts, 4 Scheiben Kalbsleber, 4 Scheiben Schweineschnitzel, Öl, Paprika, Salz, Zwiebeln, 1 Glas Sliwowitz

Kebab mit Ananas

Dörrpflaumen die Nacht über in Rotwein einweichen. Die gut abgetropften Ananasscheiben mit Rum beträufeln und 1 Stunde ziehen lassen. Das kalt gespülte und getrocknete Filet in 2 cm dicke Streifen schneiden. Dörrpflaumen und Ananasscheiben gut abtropfen lassen, die Ananas vierteln. Auf die Spieße abwechselnd Fleischstreifen, Cocktailwürstchen, Pflaumen und Ananas stecken. Öl, Senf und Paprika gut verrühren und damit das Grillgut während des häufigen Wendens bestreichen. 20 Minuten Grillzeit. Zuletzt Fleisch salzen.
Beilage: Weißbrot. Rotwein.

8 Dörrpflaumen, 1/16 l Rotwein, 2 Scheiben Ananas aus der Dose, 1 Glas weißer Rum, 500 g Schweinefilet, 8 Cocktailwürstchen, 3 EL Öl, 1 TL süßer Senf, 1 TL Paprika, Salz

Kebab Kati (Indische Grillspießchen)

Joghurt und Saft von 1 Zitrone verrühren, feingeriebene Zwiebeln, mit Saft zerdrückte Knoblauchzehe und feingehackte Piri-Piri dazugeben, mit Curry und Ingwerpulver würzen. Das würfelig geschnittene Fleisch in die Marinade geben und 1 Stunde ziehen lassen. Das Fleisch herausnehmen, gut abtropfen lassen, die Würfel von Rind- und Lammfleisch auf vier Spieße abwechselnd stekken. Mit Öl bepinseln und in den vorgeheizten Grill geben. 12–15 Minuten rundum knusprig braten. Zuletzt salzen. Die Spieße auf vorgewärmter Platte anrichten, mit gehacktem Petersiliengrün bestreuen und sofort servieren.
Beilagen: Curryreis milt Mango Chutney, eingelegte Senffrüchte. Bier.

300 g Rinderfilet, 300 g Lammkeule, 3 EL Öl, Petersiliengrün, Salz; Marinade: 1/2 l Joghurt, 1 Zitrone, 2 Zwiebeln, 1 Knoblauchzehe, 3 eingelegte Piri-Piri, (10 g sehr scharfe Pfefferschoten) oder 2 rote Pfefferschoten oder 1 roter Peperoni, 1 TL Curry, 1/2 TL Ingwerpulver

Kebab auf orientalische Art

4 Hammelkoteletts, 200 g Rinderlende, Ananasstückchen (Dose), 16 grüne Oliven, Öl, Salz, Pfeffer; Orientalische Marinade: ½ Tasse Öl, Saft einer Zitrone, Cayennepfeffer, Nelkenpulver, Knoblauchpulver

Hammelkoteletts von den Knochen lösen und zusammen mit der Rinderlende in Würfel schneiden. In eine Schüssel legen und mit der Marinade übergießen. Das einige Zeit marinierte Fleisch abwechselnd mit entsteinten Oliven und Ananasstückchen auf Spieße ziehen, mit Öl bestreichen und 10–15 Minuten grillen. Zuletzt salzen und pfeffern.

Kebab Tasty (Fleischspießchen auf indische Art)

750 g Schweinefilet, 50 g Butter, 2 EL Wasser, 2 EL Erdnußmus (Fertigprodukt), ½ TL gemahlener Zimt, 1 Msp. gemahlene Nelken, 3 TL Speisestärke, 3 EL Joghurt, Salz; Marinade: 2 Zwiebeln, 2 EL Johannisbeergelee, 10 Pimentkörner, 1 Msp. Ingwer

Geschälte Zwiebeln fein reiben, mit Johannisbeergelee, zerstoßenen Pimentkörnern und Ingwerpulver gut verrühren. Das kalt gespülte Filet trocknen, in gröbere Würfel schneiden und 2 Stunden in der Marinade ziehen lassen. Fleisch aus der Marinade nehmen, die Beizrückstände abschaben und die Fleischwürfel auf 4 Spieße stecken. Butter und Wasser erhitzen, das Erdnußmus dazurühren, zu einer cremigen Masse rühren, mit Zimt und Nelken würzen. Joghurt und Speisestärke verrühren und zur Butter-Erdnuß-Masse dazurühren. Die Spieße in die Drehspießvorrichtung im vorgeheizten Grill legen, sofort mit der Masse bestreichen und etwa 15 Minuten rundum grillen. Zwischendurch immer wieder mit der Paste bestreichen. Man kann die Spieße auch auf den heißen, geölten Rost legen und wiederholt drehen. Zuletzt leicht salzen.
Beilagen: Körnig gekochter Reis, Mango Chutney.

Kosakenspießchen

Je 100 g Rinder-, Schweine- und Kalbsfilet, 100 g Hammelfleisch (aus der Schulter oder Keule), 100 g Kalbsleber, 100 g durchwachsener Speck, 2 Zwiebeln, 1 rote und 1 grüne Paprikaschote, 2 feste Tomaten, 2 EL Öl, Salz, Pfeffer

Fleisch mit Haushaltspapier abtupfen und in gleichgroße Würfel schneiden. Speck würfeln. Geschälte Zwiebeln in etwa ½ cm dicke Ringe schneiden. Paprikaschoten halbieren, entkernen, waschen und würfeln. Tomaten waschen und abtrocknen. In 1 cm dicke Scheiben schneiden. Alle Zutaten abwechselnd auf Grillspieße stecken und mit Öl bestreichen. Spieße auf dem heißen, geölten Rost oder im Grill 15 Minuten grillen. Fleisch und Gemüse immer wieder mit Öl bepinseln. Zuletzt salzen und pfeffern.
Beilagen: Gegrilltes Obst und Gemüse, Südfrüchte, verschiedene Soßen, Brötchen.

Luku-Spießchen

Die Butter mit der sehr fein gewiegten Zwiebel gut vermengen, mit dem Hackfleisch verrühren, mit Salz und Pfeffer kräftig würzen. Nach Wunsch auch 1 zerquetschte Knoblauchzehe dazurühren. Aus der Masse mit nassen Händen kleine Kugeln formen. Diese abwechselnd mit einem Stück Paprikaschote und einer Feigen auf Spießchen stecken. Alles mit Öl bestreichen und rasch auf dem heißen, geölten Rost rundum grillen. Dabei wiederholt mit Öl bestreichen.

600 g Hackfleisch (halb Rind, halb Schwein), Salz, Pfeffer, 1 Zwiebel, eventuell 1 Knoblauchzehe, frische Feigen, Öl

Mixed-Grill-Spießchen

Fleisch in mundgerechte Scheibchen schneiden und abwechselnd mit Grillwürstchen, Paprikaschotenstückchen, Speckscheiben und Zwiebeln stecken, pfeffern, mit Öl bepinselnd und auf dem Rost des Holzkohlengrills ca. 10 Minuten knusprig braun braten. Mit Fondor und Salz würzen.

100 g Kalbsfleisch, 100 g Rindfleisch, 100 g Schweinefleisch, 100 g Hammelfilet, Kalbsleber und -niere, Grillwürstchen, Räucherspeck, 2 Paprikaschoten, Essigzwiebeln (pro Portion etwa 200 g), Salz, Pfeffer, Fondor, Öl

Nieren-Leber-Spießchen

Nieren-, Leber- und Lammfleischwürfel abwechselnd mit Tomatenvierteln, Pilzen und Zwiebelscheiben auf Spieße schieben. 15 Minuten unter häufigem Drehen braten. Salzen und pfeffern. Mit Knoblauchbutter begießen.

250 g Lammnieren, gewürfelt, 250 Leber, gewürfelt, 250 g Lammfleisch, gewürfelt, 4 Tomaten, geviertelt, 8 Pilze, 3 Zwiebeln, in Scheiben geschnitten, 1 Tasse zerlassene Butter, 2 zerstoßene Knoblauchzehen, Salz, Pfeffer

Pandurenspießchen

Das Fleisch in dicke Scheiben schneiden, mit Öl, Salz, Pfeffer und Grillsenf gut durchkneten und kurz im Kühlen ziehen lassen. Das Hackfleisch mit Salz, Pfeffer, Senf, Paprika würzen und mit einigen Eßlöffeln Wasser gut durcharbeiten, kleine, dicke Rollen daraus formen und in die Speckscheiben einrollen. Dann abwechselnd die marinierten Fleischscheiben mit den Speckröllchen, Zwiebeln, den halbierten, entkernten Tomaten und Stücken von grünen Paprikaschoten auf Spieße ziehen. Auf heißem, geöltem Rost von allen Seiten grillen. Während des Grillens immer wieder mit der restlichen Marinade bestreichen.

200 g mageres Rindfleisch, 200 g mageres Schweinefleisch, 200 g gemischtes Hackfleisch, 8 Scheiben Frühstücksspeck, 4 Peperoni, 2 Tomaten, 2 grüne Paprikaschoten, kleine Zwiebel, Salz, Pfeffer, Grillsenf, 1 Prise Paprika, scharf, $^1/_8$ l Öl

Paprikaspießchen

2 Eier, 250 g Schweinefilet, 250 g Schweineleber, je 1 rote, grüne und gelbe Paprikaschote, 12 kleine Delikateßgurken, 2 EL Öl, Salz, Pfeffer, 1 EL Senf, 1 TL Zucker, Knoblauchsalz, 1 Spritzer flüssige Zwiebelwürze, 4 EL Öl, 1/8 l saure Sahne, 1 EL Weißwein, 1 Spritzer Zitronensaft

Eier in kochendem Wasser 10 Minuten kochen lassen. Fleisch kurz kalt abbrausen, mit Haushaltspapier trockentupfen und in gleichgroße Würfel schneiden. Die Paprikaschoten halbieren, putzen, gut waschen und achteln. Fleischwürfel abwechselnd mit den zusammengelegten Paprikastücken und den Delikateßgurken auf 4 Spieße verteilen. Öl mit Salz und Pfeffer verrühren und damit die Spieße bepinseln. Die Spieße auf dem heißen, geölten Rost oder im Grill etwa 8 Minuten grillen. Dabei ständig wenden und häufig mit dem gewürzten Öl bestreichen. Gekochte Eier kalt abschrecken, schälen und sehr klein würfeln. Aus Senf, Zucker, Knoblauchsalz, Salz, flüssiger Zwiebelwürze, Öl, saurer Sahne, Weißwein, Zitronensaft und Eiwürfelchen eine Senfsoße rühren, diese getrennt zu den Spießchen reichen.
Beilagen: Salate, verschiedene Brotsorten.

Partyspießchen

250 g Schweinefilet, 2 Kalbsbratwürste, 2 Frankfurter Würstchen, 50 g durchwachsener Speck, 4 Scheiben Ananas, 1 saurer Apfel, 1 kleine Dose Krabben, 1 EL Mandarinenschnitzel (Dose), 4 EL Öl, Salz, weißer Pfeffer

Filet waschen, mit Haushaltspapier trockentupfen, in gleichgroße Scheiben schneiden. Kalbsbratwürste und die Frankfurter Würstchen überbrühen und in gleichgroße Stückchen schneiden. Durchwachsenen Speck, Ananas und geschälten, entkernten Apfel in Stücke schneiden. Die Stücke abwechselnd auf Spieße stecken. Ein paar Spieße mit Krabben und Ananas sowie mit Mandarinen, Fleisch, Wurst und Ananas bestecken. Auf dem heißen, geölten Rost im Grill oder in der Grillpfanne etwa 10 Minuten grillen. Anschließend mit Salz und Pfeffer würzen.
Beilagen: Salate, Brot.

Pleskavitca

750 g Rind- und Schweinefleisch (vom Lendenbraten), Pfeffer, Öl, Salz

Die Fleischstücke in kleine Würfel oder Tranchen zu 30 g schneiden, leicht klopfen bzw. mit dem Handballen flachdrücken, abwechselnd auf Spieße reihen, mit Pfeffer würzen, mit Öl beträufeln und auf heißem, mit Öl bestrichenem Rost saftig braten. Dabei wiederholt drehen und mit Öl bestreichen. Zum Schluß salzen.
Beilage: Paprikareis.

Pußtaspießchen

500 g Schweinefleisch (mager), 1 Tasse Öl, 2 EL Paprikapulver, edelsüß, 1 TL Rosenpaprika, 1 Knoblauchzehe, 2 Zwiebeln, 2 grüne Paprikaschoten, 2 Tomaten, Salz

Fleisch in mundgerechte Stücke schneiden. In einer Schüssel mit Öl, Paprikapulver und zerdrückter Knoblauchzehe eine Marinade rühren. Fleischwürfel hineingeben und 3–4 Stunden zugedeckt ziehen lassen (nicht im Kühlschrank). Dann geschälte Zwiebeln, geputzte und gewaschene Paprikaschoten und geachtelte Tomaten in grobe Stücke schneiden. Fleischwürfel abwechselnd auf 4 Spieße stecken. Nochmals mit der Marinade bepinseln. Spieße auf dem heißen, geölten Rost oder im Grill rundherum in etwa 15 Minuten knusprig grillen. Mehrmals wenden und immer wieder mit Marinade bepinseln. Anschließend salzen.
Beilagen: Soßen, Tomatensalat, Brot.

Räuberspießchen

200 g Rindfleisch, 200 g Schweinefleisch, 150 g Kalbfleisch, 4 feste Tomaten, 8 kleine Zwiebeln, 80 g durchwachsener Räucherspeck, 4 grüne Paprikaschoten, 4 EL Öl, Salz, Pfeffer

Speck und Fleisch in kleine, flache Stücke schneiden, die Zwiebeln in Scheiben schneiden. Die Tomaten vierteln und die Paprikaschoten in Stücke schneiden. Alles abwechselnd auf Spieße stecken, mit Öl bestreichen, pfeffern und im heißen Grill unter öfterem Wenden in etwa 15 Minuten grillen. Zuletzt salzen.
Beilagen: Reis, gemischter Salat.

Ražnjići (einfach)

500 g Schweinefilet, 150 g durchzogener Speck, 2 grüne und 2 rote Paprikaschoten, 2 Zwiebeln, Salz, Öl, Paprika edelsüß

Das Schweinefilet in dicke Scheiben schneiden. Speck, grüne und rote Paprikaschoten und Zwiebeln in Stücke schneiden. Alle Stücke abwechselnd auf Holzstäbchen aufreihen, mit Paprika würzen, mit Paprikaöl beträufeln und saftig grillen. Zuletzt salzen.
Beilagen: Rohe, geschnittene Zwiebeln, Senf, Pommes frites.

Ražnjići

300 g Kalbfleisch, 300 g Schweinefleisch (vom Schnitzel), 3 Zwiebeln, 1 grüne und 1 rote Paprikaschote, 16 kleine Lorbeer- oder Weinblätter, Salz;
Marinade: 2 Zwiebeln, 1 Knoblauchzehe, 5 EL Öl, Zitronensaft, schwarzer Pfeffer, Paprika edelsüß und rosenscharf, 1 Lorbeerblatt

Marinade: Zwiebeln und Knoblauch fein zerhacken, mit Öl, Zitronensaft, Pfeffer und Paprika verrühren. Zerkleinertes Lorbeerblatt dazugeben.
Dann die Fleischstücke in Würfel schneiden und in die Marinade geben. 1 Stunde zugedeckt ziehen lassen. Dann die Fleischwürfel vierteln. Die Paprikaschoten halbieren und in Stücke schneiden. Abwechselnd die Fleischwürfel mit Zwiebelvierteln, Lorbeerblättern (oder Weinblättern) auf Spieße stecken, mit Marinade be-

streichen, auf den heißen, geölten Grillrost legen und auf jeder Seite 10 Minuten grillen. Dabei immer wieder mit der Marinade bestreichen. Zuletzt salzen.
Beilagen: Reis, Tomatensalat, rohe, gehackte Zwiebeln.

Rumänische Spießchen

125 g Rinderhackfleisch, 125 g Schweinehackfleisch, 1 Ei, 1 Zwiebel, 1 EL Semmelbrösel, Paprika edelsüß, Salz, Pfeffer, 2 EL Milch, je 1/2 grüne und rote Paprikaschote, 8 Champignons, 8 Perlzwiebeln, 4 Blätter Borretsch, 4 Stengel Petersilie, 4 Blätter Zitronenmelisse, 4 Stengel Pimpernelle, Öl

Rind- und Schweinehackfleisch mit Ei vermischen. Geschälte Zwiebel fein würfeln. Mit den Semmelbröseln unter das Fleisch kneten. Mit Paprika, Salz und Pfeffer pikant abschmecken. Teig mit 2 EL Milch geschmeidig machen. Aus dem Fleischteig 12 Bällchen formen. Paprikaschoten putzen, waschen und in große Streifen schneiden. Champignons putzen, waschen, gut abtrocknen. Perlzwiebeln abtropfen lassen. Dann auf die Spieße abwechselnd Fleischbällchen, Paprikastreifen, Zwiebeln und Champignons stecken. Dazwischen die Kräuter. Die Spieße mit Öl bestreichen und so auf den Grillrost legen, daß der Griff der Spieße außerhalb der Heizzone liegt. Dann kann man ihn besser drehen. Auf jeder Seite etwa 10 Minuten grillen, zwischendurch immer wieder mit Öl bestreichen.
Beilagen: Salbei-Tomaten, Rohkostplatte, Brot.

Schaschlik

800 g Filetfleisch von Rind, Hammel, Kalb und Schwein, ferner Leber und Niere, 100 g Speck, 4 kleine Zwiebeln, Paprikaschoten, Salz, Öl; Marinade: 1/2 Tasse Öl, Saft einer Zitrone, Pfeffer

Das grobwürfelig geschnittene und 1–2 Stunden marinierte Fleisch und Innereien sowie die in dickere Scheiben geschnittenen, mit kochendem Wasser überbrühten Zwiebeln und Paprikaschotenstücke in bunter Reihenfolge aufspießen, mit Öl bepinseln und unter öfterem Bestreichen mit der Marinade 12–16 Minuten grillen. Zuletzt salzen.

Schaschlik-Spießchen

200 g Hammelfilet, 200 g Leber, 200 g Nieren, Salz, Pfeffer, 2 Knoblauchzehen, Öl, 2 Zwiebeln, 200 g Speck

Fleisch und Innereien in 1/2 cm dicke Scheiben oder kleine Würfel schneiden, pfeffern, mit Öl bepinseln und abwechselnd mit Zwiebel- und Speckscheiben auf Spießchen stecken, mit zerstampftem Knoblauch einreiben und ca. 10 Minuten über dem Holzkohlenfeuer grillen. Zuletzt salzen.

Schaschlik auf Schlemmerart

Fleisch in 3 cm große Stücke schneiden, in das mit Pfeffer und Knoblauch gewürzte Öl legen, mehrmals wenden, zugedeckt 2 Stunden ziehen lassen. Dann auf Küchenkrepp zum Trocknen legen. Würstchen in 2–3 cm große Stücke schneiden. Paprikaschoten in je 8 Stücke teilen. Sämtliche Zutaten abwechselnd auf Spießchen stecken und 8–10 Minuten grillen, dabei mehrmals mit der Marinade bepinseln. Während der letzten Minuten salzen. Zuletzt mit Paprika bestreuen.
Beilage: Gemüsereis.

200 g Roastbeef, 200 g Hammelkoteletts, 200 g Schweinekoteletts, 200 g Kalbfleisch, 100 g durchwachsener Speck, $^1/_8$ l Öl, Pfeffer, kleine Knoblauchzehe, zerdrückt, 2 Wiener Würstchen, Zwiebelchen, 4 Paprikaschoten, Salz, Edelsüßpaprika

Schaschlik Tropicana

Fleisch mit Haushaltspapier abtupfen und in mundgerechte Würfel schneiden. Tomaten waschen, Stengelansätze entfernen und achteln. Paprikaschote halbieren, entkernen, waschen und in grobe Stücke schneiden. Zwiebeln schälen und vierteln. Ananas schälen und in $^1/_2$ cm dicke Scheiben schneiden. Äpfel schneiden, das Kerngehäuse entfernen und in Scheiben schneiden. Apfelsine sorgfältig schälen, auch die weißen Innenhäute entfernen und in $^1/_2$ cm dicke Scheiben schneiden. Bananen schälen und zwei- oder dreimal quer durchschneiden. Alle Zutaten abwechselnd auf Spieße stecken und auf dem heißen, geölten Rost oder im Grill 12–15 Minuten grillen. Dabei mehrmals wenden. Anschließend mit Salz und Pfeffer würzen.
Beilagen: Stangenweißbrot, Chicoréesalat, verschiedene Soßen.

300 g Rinderfilet, 300 g Schweinelende, 2 Tomaten, 1 grüne Paprikaschote, 2 Zwiebeln, 1 kleine frische Ananas, 1 Apfel, 1 Apfelsine, 2 Bananen, Salz, Pfeffer

Schaschlik auf türkische Art

Kalbsnieren der Länge nach aufschneiden und eine halbe Stunde lang wässern. Wasser mehrfach wechseln. Inzwischen Schweine- und Rinderfilet in mundgerechte Stücke schneiden. Fleischsorten getrennt halten.
1. Marinade: Rotwein in einer Schüssel mit Öl verrühren, mit Basilikum und Pfeffer würzen. Nieren aus dem Wasser nehmen, mit Haushaltspapier trockentupfen, in nicht zu dünne Scheiben schneiden. Nierenscheiben in die Marinade legen. Zugedeckt im Kühlschrank mindestens eine Stunde lang durchziehen lassen.
2. Marinade: In einer Schüssel Zitronensaft mit Öl verrühren. Mit weißem Pfeffer, Paprika edelsüß und Dillspitzen würzen. Schweinefiletwürfel in diese Marinade geben. Schüssel zugedeckt auch mindestens eine Stunde in den Kühlschrank stellen.
3. Marinade: In einer dritten Schüssel Rotwein mit Öl verrühren.

250 g Kalbsnieren, 250 g Schweinefilet, 250 g Rinderfilet, Salz; 1. Marinade: 3 EL Rotwein, 2 EL Öl, $^1/_2$ TL Basilikum (getrocknet), Pfeffer; 2. Marinade: 2 EL Zitronensaft, 4 EL Öl, weißer Pfeffer, $^1/_2$ TL Paprika, edelsüß, $^1/_2$ TL Dillspitzen (getrocknet); 3. Marinade: 3 EL Rotwein, 3 EL Öl, Pfeffer, einige Tropfen flüssige Speisewürze (Fertigprodukt), 1 Msp. Rosmarin (gemahlen); 125 g durchwachsener Speck, 6 Zwiebeln

Pfeffer und flüssige Speisewürze zugeben. Mit Rosmarin pikant abschmecken. Rindfleischwürfel in die Marinade geben. Schüssel zugedeckt und im Kühlschrank eine Stunde ziehen lassen. Inzwischen Speck in dünne Scheiben schneiden. Geschälte Zwiebeln vierteln. Fleischstücke aus den Marinaden nehmen, gut abtropfen lassen.
Fleischstücke abwechselnd mit Speckscheiben und Zwiebelvierteln auf Spieße stecken. An jedem Ende eines Spießchens ein Stück Speck stecken. Fleischspieße auf dem heißen, geölten Rost oder im Grill rundherum ungefähr 10 Minuten knusprig grillen. Zuletzt salzen.
Beilagen: Pommes frites, Reis, Grill-Kartoffeln, fertige Soßen, Salat.

Schlemmerspießchen

100 g Roastbeef, 100 g Hammelkotelett, 100 g Schweinekotelett, 100 g durchwachsener Speck, 1/8 l Öl, Pfeffer, 1 Knoblauchzehe, zerdrückt, 2 Wiener Würstchen, 4 Zwiebeln, 4 Tomaten, 4 Paprikaschoten, Salz, Edelsüßpaprika

Fleisch in 3 cm große Stücke schneiden, in das mit Pfeffer und Knoblauch gewürzte Öl legen, mehrmals wenden, zugedeckt 2 Stunden ziehen lassen. Dann auf Küchenkrepp zum Trocknen legen. Würstchen in 2–3 cm große Stücke schneiden. Zwiebeln, Tomaten und Paprikaschoten in je 8 Stücke teilen. Sämtliche Zutaten abwechselnd auf Spießchen stecken und 8–10 Minuten grillen, dabei mehrmals mit der Marinade bestreichen. Während der letzten Minuten salzen. Zuletzt mit Paprika bestreuen.

Schweizer Spießchen

200 g Kalbsleber, 2 Paprikaschoten, Fett, 200 g Gouda, 200 g Speck, 4 Tomaten, Öl, 2 Eiweiß, Pfeffer, Paprika, Salz

Leber und Paprikaschoten in grobe Würfel schneiden, im Fett kurz anbraten und zusammen mit Käse, Speck- und Tomatenwürfeln auf Spieße stecken. Alles mit Öl einpinseln, in verquirltem Eiweiß wenden und auf dem Grill ca. 10 Minuten hellbraun braten (oder in einer Pfanne in heißem Fett). Mit Pfeffer, Salz und Paprika bestreuen und sehr heiß anrichten.

Wurstschaschlik

2 Paar Wiener Würstchen (Frankfurter), 1 Paar Debreziner, 100 g magerer Speck, Zwiebeln, grüner Paprika, Öl, Ketchup, Chilisoße, Senf

Diese Spieße können auch aus anderen Wurstarten zusammengestellt sein. Die Würste in 3 cm dicke Stücke schneiden. Abwechselnd mit dünnen Speckscheiben, Zwiebel- und Paprikastücken auf Spieße reihen, ölen und grillen. Während des Grillens mit einer Ölsoße (Öl, Ketchup, Chilisoße und Senf glattrühren) zweimal bestreichen.

GEMÜSE, KARTOFFELN UND OBST

GEMÜSE

Das Gemüse, das zum Grillen verwendet wird, soll nicht zuviel Wasser enthalten; man nehme deswegen nie zu vollreifes Gemüse. Da das Gemüse außerdem gegen zu große Hitze sehr empfindlich ist, soll man es nicht über die heißeste Glut des Grills, sondern an den Rand des Grillrostes legen, so z. B. Tomaten, Paprikaschoten, Zwiebeln u. a. m.; auch die Alu-Folie leistet dabei große Hilfe: Das Gemüse bleibt, in Alu-Folie verpackt und gegrillt, saftiger, als wenn wir es der direkten Hitze aussetzen würden. In Alu-Folie verpackt wird das Gemüse dann auf den Holzkohlenfeuer- oder Grillrost gelegt und gegrillt.
Vom tiefgekühlten Gemüse eignen sich zum Grillen Bohnen, junge Erbsen, Karotten, Brokkoli und Mischgemüse. Den Gemüseblock auspacken, auf eine Alu-Folie legen, etwas Butter und Salz dazugeben, das Paket gut verschließen und 2–3 Stunden antauen lassen. Dann auf den Grill geben. Nach dem ersten Wenden oben die Folie ein paarmal anstechen, damit die Feuchtigkeit herausziehen kann. Grillzeit: 12–15 Minuten.

Artischockenböden, überbacken

4 Artischockenböden, 125 g Champignons, 125 g Schinken, 1 Zwiebel, 1 EL Butter, 1 EL Paniermehl, 3 EL geriebener Käse, Salz, Zitrone (Saft)

Die Artischockenböden garen (oder aus der Dose verwenden), mit einer Mischung aus feingehacktem Schinken, Champignons und Zwiebel bestreichen. Darüber Reibkäse, vermengt mit Paniermehl, geben. Obenauf Butterflöckchen verteilen. Das Ganze im vorgeheizten Ofen oder im Grill leicht überbacken.

Artischockenherzen, gegrillt

16–24 Artischockenherzen (aus der Dose), Olivenöl, Salz, Basilikum, Petersilie, Zitronensaft

Die Artischockenherzen gut abtropfen lassen, auf dünne Spieße stecken, mit Olivenöl bepinseln und unter Drehen insgesamt 5 Minuten grillen. Dann salzen, mit feingehackten Kräutern und Zitronensaft würzen. Die zarten Artischockenherzen kann man kurz vor Ende der Grillzeit zusätzlich mit feingeriebenem Sbrinz-Käse bestreuen und dann noch einmal kurz grillen.
Beilage: Dipsoße.

Auberginen, gegrillt

4 Auberginen, Salz, schwarzer Pfeffer und Koriander (oder Salz, Paprika und Knoblauch)

Die Auberginen ungeschält in dicke Scheiben schneiden, mit den Gewürzen nach Wahl mischen und leicht beschwert und zugedeckt eine Viertelstunde ziehen lassen. Dann den Saft abgießen, die Fruchtscheiben gut trockentupfen und auf gefettetem Rost grillen. Zu Lammkoteletts, zu trockenem Reis und Brot.

Auberginen auf provenzalische Art

2 feste frische Auberginen, Salz;
Fülle: 200 g Hackfleisch, 1 Zwiebel, 2 Tomaten, würfelig geschnitten, 1 Ei, 3 EL Semmelmehl, 1 Knoblauchzehe, 2 EL Weißwein, Salz, Pfeffer, Öl, Parmesan

Auberginen der Länge nach halbieren, mit einem Teelöffel aushöhlen, ungeschält 5 Minuten in Salzwasser legen (dadurch verlieren sie ihre Bitterkeit). Das feingehackte Fruchtfleisch mit dem Hackfleisch vermengen, mit feingehackter Zwiebel und Tomaten, Ei, Semmelmehl und zerdrückter Knoblauchzehe gut verrühren, mit Weißwein abschmecken, mit Salz und Pfeffer würzen. Die Auberginenhälften ölen, dann bergartig mit der Füllmasse füllen. Eine jede dann in eine geölte Folie hüllen. Grillzeit: 30 Minuten. Dann die Folie oben kreuzweise öffnen, das Fleisch mit Parmesan bestreuen und offen nochmals kurz nachgrillen. Garnieren mit Oliven- und Zitronenscheiben.
Beilage: Weißbrot. Rosé.

Avocado-Toast

Den Quark mit Senf, Salz, Paprika und Speckwürfeln vermengen. Das Fruchtfleisch mit der Quarkmasse vermischen, mit den Gewürzen pikant abschmecken und über einseitig gebutterte heiße Toastscheiben verteilen. Reich mit Paprika pudern und mit etwas Schnittlauch bestreuen.
Man kann auch etwas Tomatenketchup, feinzerzupften Thunfisch (aus der Dose) oder feingeschnittenes, gekochtes Hühnerfleisch in die Masse mengen.

4 Scheiben Toast, 20 g Butter, Schnittlauch; 150 g feingeschnittenes Avocadofruchtfleisch, 80 g ausgebratene Speckwürfel, 100 g Quark, Senf, Salz, Paprika edelsüß

Bambussprossen-Spießchen

Das Fleisch mit Sojasoße, Glutamat und Sherry vermischen und zugedeckt 1 Stunde marinieren. Dann abwechselnd mit den anderen Zutaten auf kleine Spießchen reihen, mit geschmolzener Butter gut einpinseln und im vorgeheizten Ofen oder Grill rösten. Dabei immer wieder mit der restlichen Marinade einpinseln.

250 g Bambussprossenscheiben (aus der Dose), 250 g Champignonköpfe (aus der Dose), Ananas- und Apfelstücke, Butter, kleine Spieße, 250 g Hühnerfleischwürfel (ohne Haut), Sojasoße, Sherry, Glutamat

Chicorée auf Lütticher Art

Vom Boden einer jeden Staude eine Scheibe abschneiden, die Staude mit dem Messer kegelförmig etwa 2–3 cm tief aushöhlen (damit entfernt man die Bitterstoffe). In Salzwasser 25–30 Minuten kochen, bis sie ganz weich sind. Jeweils ein paar Stücke in eine Schinkenscheibe wickeln und in eine Auflaufform geben.
Aus den restlichen Zutaten eine dicke Käsesoße bereiten, über die Chicoréebündel gießen und im vorgeheizten Elektrogrill grillen. Grillzeit: 5 Minuten.

4–8 Chicoréestauden, 4–8 Scheiben gekochter Schinken, 40 g Butter, 40 g Mehl, ¼ l Milch, ⅛ l Chicoréewasser, 50 g Reibkäse, Salz, Muskat, 2 EL Sahne, 1 Eigelb

Fenchel auf Berner Art

Fenchelknollen putzen. Welke und holzige Blätter entfernen, waschen und Wurzelenden abschneiden. Knollen in dicke Scheiben schneiden. Weißwein mit Fleischbrühe, Muskat und etwas Salz erhitzen, Fenchelscheiben darin 10 Minuten kochen. Scheiben mit dem Schaumlöffel in ein Sieb geben. Brühe mit in kaltem Wasser angerührter Speisestärke binden. Kräftig abschmecken. Feuerfeste Form mit Margarine einfetten, Fenchelscheiben hineinschichten, Petersilie waschen, hacken, in die Soße mischen und über die Fenchelscheiben verteilen. Darauf den Parmesankäse streuen und Butterflöckchen verteilen. In den vorgeheizten Grill schieben und 10–15 Minuten überbacken.

8 kleine Fenchelknollen, 1 Glas Weißwein, ⅛ l Fleischbrühe (Würfel), 1 Prise Muskat, Salz, 2 TL Speisestärke, Margarine zum Einfetten, ¼ Bund Petersilie, 40 g geriebener Parmesankäse, 20 g Butter

Fenchel auf italienische Art

8 kleine Fenchelknollen (750 g), 40 g Butter, 1/4 l Weißwein; gekochte Schinkenscheiben; Käsesoße: 40 g Butter, 40 g Mehl, 1/4 l Milch, 1/8 l Fenchelsud, 50 g Reibkäse, Salz, Muskat, 2 EL Sahne, 1 Eigelb, Petersilie

Braune und welke Blätter abschneiden, Knollen waschen, Wurzelenden glatt abschneiden. Fenchel in Streifen schneiden, in heißer Butter andünsten, Weißwein dazugießen und langsam 25 Minuten garen. Herausnehmen und fertigen wie Chicorée im Schinkenhemd. Man kann etwas rohes, feingehacktes Grün in die Käsesoße geben. Käsesoße über die in Schinkenscheiben eingewickelten Fenchelstreifen gießen und im heißen Elektrogrill 5 Minuten überbacken.

Gemüse auf Köhlerart

2 Paprikaschoten, 4 Tomaten, 2 große Zwiebeln, Öl, Salz, Pfeffer

Paprikaschoten waschen, vierteln, entkernen, alles Weiße entfernen. Die Tomaten waschen, kreuzweise oben einschneiden. Die Zwiebeln schälen, in 1 cm dicke Scheiben schneiden. Alles mit Öl bepinseln, auf dem Holzkohlengrill grillen und zuletzt mit Salz und frisch gemahlenem Pfeffer bestreuen.

Bunte Gemüseplatte

1 Blumenkohl, Salz, 1 l Wasser, 1 Paket Brokkoli (tiefgekühlt), 1 Paket feine Erbsen (tiefgekühlt), je 250 g Spargelköpfe, Prinzeßbohnen und Karotten (Dose), 6 Tomaten, 150 g Butter, weißer Pfeffer, 250 g Champignons (Dose), 2 EL Semmelbrösel

Den kleinen Blumenkohl waschen, putzen, ins kochende Salzwasser geben und 20 Minuten garen.
Brokkoli und Erbsen getrennt nach Vorschrift garen und salzen. Spargelköpfe, Prinzeßbohnen und Karotten abtropfen lassen. Jeweils in Alu-Folie legen, salzen und zum Päckchen schließen. Fettpfanne mit etwas Wasser füllen. Päckchen hineinsetzen. Im vorgeheizten Grill 20–25 Minuten erhitzen.
Die Tomaten waschen, mit Haushaltspapier trockentupfen, Stengelansätze entfernen. Tomaten oben kreuzweise einschneiden und Butterflöckchen daraufsetzen. Auf dem Rost oder im vorgeheizten Grill grillen (wenn das übrige Gemüse erhitzt ist). Abgetropfte Champignons in 20 g Butter 8 Minuten dünsten.
40 g Butter erhitzen, Semmelbrösel darin goldbraun werden lassen. Restliche Butter erhitzen, bis sie schäumt.
Blumenkohl abtropfen lassen. In die Mitte einer großen Platte setzen. Brokkoli und Erbsen ebenfalls abtropfen lassen. Alle Gemüsesorten um den Blumenkohl anrichten. Wenn nötig, noch mit Salz und Pfeffer bestreuen. Die Butter-Semmelbrösel-Mischung über den Blumenkohl gießen. Die schäumende Butter über das andere Gemüse geben.

Backkartoffeln

Kartoffeln gründlich säubern, die Schalen etwas einschneiden. Einzeln in Alu-Folie wickeln, in die glühende Holzkohle legen und ca. 1 Stunde garen lassen. Die Backkartoffeln werden mit Salz, Pfeffer und Butter in der Folie heiß serviert. Beilage zu gegrilltem Fisch.
Man kann die gereinigten Kartoffeln auch direkt in die Glut werfen und darin gar werden lassen (nach ca. 30 Minuten!). Man ißt sie mit Salz und Butter.

10–12 mittelgroße Kartoffeln, Salz, Petersilie, 125 g Butter, Alu-Folie

Ofen-Kartoffeln, gegrillt

Möglichst Kartoffeln gleicher Größe und mit glatter Oberfläche wählen. Gründlich waschen. Mit Salz, eventuell auch Kümmel oder Majoran gewürzt jeweils in ein Stück geölte Alu-Folie wickeln oder mit einer Messerspitze Butter direkt in Alu-Folie wickeln. Nicht zu dicht an der Hitzequelle je nach Größe 45–60 Minuten garen. Noch besser schmecken sie freilich, wenn man sie in die heiße, noch glimmende Holzkohlenasche legt.
Die garen Kartoffeln kreuzweise mit dem Messer einkerben. Dabei gleichzeitig die Masse keilförmig auseinanderdrücken, so daß die Füllung Platz hat. Am einfachsten ist dafür ein Stück Butter oder etwas Käse (Schnittkäse oder Frischkäse). Beliebt ist auch eine Quarksoße, die aus den angegebenen Zutaten gerührt wird. Sie sollte ziemlich dickflüssig sein und kann zusätzlich mit Curry, Kümmel oder Paprika an Stelle der Kräuter abgeschmeckt werden. Diese Kartoffeln werden in der Folie serviert und entweder mit der Schale gegessen oder aus der Schale gelöffelt.

8–12 mittelgroße Kartoffeln, Salz, eventuell Kümmel oder Majoran, Öl oder Butter, Käse; Soße: 125 g Quark oder Doppelrahmfrischkäse (z. B. Gervais), Milch, Salz, 1 EL feingehackte Zwiebeln, eventuell 1 zerdrückte Knoblauchzehe, 2 EL feingehackte Kräuter (Basilikum, Borretsch, Estragon, Dill, Petersilie, Schnittlauch, Zitronenmelisse), Salz

Kräuterkartoffeln

Kartoffeln schälen, waschen und mit Haushaltspapier trocknen. Durch die flache Seite drei- bis viermal mit dem Apfelstecher durchstechen. Unteres Lochende mit einem Kartoffelpfropfen wieder verschließen. In jedes Loch Kräuterbutter geben. Oben auch wieder mit einem Kartoffelpfropfen verschließen. 4 passend große Stücke Alu-Folie ausbreiten. Auf jede Folie eine Scheibe Speck legen, darauf je eine Kartoffel setzen. Folie von allen Seiten fest verschließen. Auf dem Rost eine Stunde grillen. Kartoffeln aus der Folie nehme und servieren.

4 große Kartoffeln, 125 g Kräuterbutter, 4 Scheiben geräucherter Speck

Kartoffeln aus der Glut

8–12 Kartoffeln, 2 TL Salz, 2 EL Öl, 250 g Kräuterbutter

Die Kartoffeln unter fließendem Wasser gründlich abbürsten. Mit Haushaltspapier trockentupfen. Die ungeschälten Kartoffeln auf der flachen Seite mit einem scharfen Messer kreuzweise einschneiden, mit Salz einreiben. Für jede Kartoffel ein genügend großes Stück Alu-Folie zurechtschneiden, diese mit Öl einpinseln. Die Kartoffeln auf die Folie geben, Folie rundherum fest verschließen. Die verpackten Kartoffeln direkt auf die Holzkohlenglut legen (an den Rand des Feuers!) und etwa 40 Minuten garen. Große Kartoffeln brauchen 50 Minuten. Im Elektrogrill werden die eingewikkelten Kartoffeln auf dem Rost unter der Heizschlange mitgegrillt. Sie brauchen dann etwa 1 Stunde, bis sie gar sind. Kartoffeln während des Grillens mit der Grillzange einige Male vorsichtig wenden. Aufpassen, daß die Folie nicht platzt. Die gegrillten Kartoffeln aus der Glut oder aus dem Grill nehmen. In der Folie etwas flachdrücken. Folie oben aufmachen. Jede Kartoffel mit einem nicht zu knappen Stück Kräuterbutter belegen und mit einem Löffel direkt aus der Schale essen.
Statt Kräuterbutter kann man auch Kräuterquark, Meerrettichsahne, Knoblauch-, Dill- oder Currybutter reichen.

Kumquats, gegrillt

Eingelegte Kumquats, Bananenscheiben, Ananaswürfel (frisch oder aus der Dose), 4 EL Butter, 4 EL Honig, Ingwer, Kardamom, Spießchen

Kumquats abwechselnd mit Bananenscheiben und Ananaswürfeln auf kleine Spieße reihen. Honig und Butter auf kleiner Flamme verrühren, mit Ingwer und Kardamom würzen, die Spieße damit gut einpinseln. Auf eine feuerfeste Platte legen, im vorgeheizten Ofen oder Grill 3 Minuten braten, wenden und nochmals 3 Minuten garen. Mit restlicher Honigbutter beträufeln und heiß servieren.

Lauchstangen, Bleichsellerie, gegrillt

Wie Chicorée auf Lütticher Art bereiten.

Mais, gegrillt

Mais (im Winter tiefgekühlt oder aus der Dose, im Sommer frisch), Salz, Pfeffer, Butter

Kolben (aus der Dose) gut abtropfen lassen, mit Butter bepinseln und unter mehrfachem Wenden unter dem Grill garen, so lange, bis sie oben zu bräunen beginnt. Mit frischer Butter und Pfeffer anrichten.

Frische Kolben aus den Blättern streifen, in Salzwasser kochen, 10 Minuten vorkochen, dann wie oben angegeben grillen.
Man kann die Blätter auch nur zurückstreifen, alle Fäden sorgfältig entfernen, die Kolben mit Salz und Butter einreiben, dann die Blätter wieder hochstreifen und die Kolben in nasses Zeitungspapier oder in eine Lage Alu-Folie einwickeln. Direkt auf die Glut geben, das Papier immer wieder befeuchten. Grillzeit: ca. 25 Minuten.

Maiskolben, gegrillt

Frische Kolben von Blättern und Samenhaaren befreien und je nach Größe 5–12 Minuten in kochendem Salzwasser vorgaren. Herausnehmen, gut abtropfen lassen. Tiefkühlware auftauen lassen. Dosenware gut abtropfen lassen. Dann dünn mit Öl bepinseln und auf dem heißen Rost rundherum grillen, bis die Körner sich goldbraun zu verfärben beginnen. Dann salzen. Jeder Gast gibt nach Belieben frischen Pfeffer und Butter auf den Kolben und nagt ihn Körnchen für Körnchen ab. Kleine zweizinkige Maiskolbenhalter erleichtern das Festhalten. Man kann sich auch mit Holzspießchen oder kurzen Gabeln behelfen.

4 Maiskolben (frisch, tiefgekühlt oder aus der Dose), Öl zum Bepinseln, Salz, Pfeffer aus der Mühle, Butter

Maiskolben vom Holzkohlengrill

Die Blätter und die Fasern von den Kolben entfernen, die Kolben der Länge nach halbieren. Mit zerlassener Butter bestreuen und auf dem Holžkohlengrill in ca. 6–8 Minuten goldgelb grillen, dabei mehrmals umdrehen. Salzen und heiß servieren.

8 frische Maiskolben (oder aus der Dose), Butter, Salz

Maiskolben auf ungarische Art

Frische Maiskolben von den Blättern und Fäden befreien, in kochendes Salzwasser legen und 15 Minuten kochen lassen. Gekochte Maiskolben herausheben, mit Haushaltspapier trocknen. Salz, Paprikapulver und Öl verrühren. Maiskolben von allen Seiten mit diesem gewürzten Öl einstreichen. Maiskolben am Spieß, direkt auf dem Rost oder im Grill von allen Seiten 10–15 Minuten grillen. Die Maiskolben während des Grillens wiederholt mit dem gewürzten Öl bestreichen und wenden.
Maiskolben zuletzt mit 1 EL Butter auf den Teller geben und servieren. Salz und Pfeffer bereitstellen.

8 frische Maiskolben, 1/2 TL Salz, 1/2 EL Öl, 4 EL Butter

Maronen

500 g Maronen (Kastanien), Salz, 100 g Butter

Die Schalen am oberen Ende kreuzweise mit einem scharfen Messer einkerben, auf die Glut legen oder auf eine dicke Schicht Salz auf einem Blech oder auf eine mit Salz bestreute Folie legen und 20 Minuten grillen.
Beilagen: Frische Butter, Salz.

Palmitos, gegrillt

1 Dose Palmitos (Palmenmark oder -herzen), 250 g roher Schinken, Spießchen

Palmenmark gut abtropfen lassen, in feine Streifen schneiden, jeden in eine Scheibe Schinken einwickeln, diese auf Spießchen reihen und im vorgeheizten Ofen oder Grill bräunen.

Papayaspießchen

2 Papayas (»Baummelone«), 2 EL Zitronensaft, Pfeffer, Salz, 50 g Butter, 3 EL Kognak, Kurkuma, 2 EL Öl, 1 EL Apfelsinensaft, 500 g Schweinefilet

Papayas schälen, entkernen, in Würfel schneiden, mit Zitronensaft beträufeln, pfeffern. In Butter leicht anrösten. Kognak, Salz, Kurkuma, Öl und Apfelsinensaft vermischen; darin das grobwürfelig geschnittene Schweinefilet 1 Stunde marinieren. Dann abwechselnd Papaya- und Fleischwürfel auf Spieße reihen. Im vorgeheizten Grill auf jeder Seite etwa 3 Minuten rösten.
Beilage: Reis oder Brot.

Paprikaröllchen

1 Brötchen, 1/4 l Wasser, 1 kleine Zwiebel, 4 rote Paprikaschoten, 350 g gemischtes Hackfleisch (Rind und Schwein), 1/2 TL Salz, Pfeffer, Paprika, edelsüß, 8 Scheiben durchwachsener Speck

Das Brötchen in Wasser einweichen. Paprikaschoten längs halbieren, putzen und waschen. Eingeweichtes Brötchen gut ausdrücken, zerpflücken und mit der feingehackten Zwiebel und dem Hackfleisch mischen. Salzen und pfeffern. Fleischteig in 8 fingerlange Rollen formen. In jede leicht gesalzene Schotenhälfte eine Fleischrolle legen. Speckscheiben mit Paprikapulver bestreuen. Je eine Speckscheibe um eine Schotenhälfte wickeln. Mit Holzzahnstochern feststecken. Die Paprika-Hackröllchen auf einem Stück Alu-Folie am Rand vom Rost bei mäßiger Hitze 15–20 Minuten garen oder im vorgeheizten Grill 15 Minuten grillen. Dabei häufig wenden. Vor dem Servieren die Holzzahnstocher entfernen.

Pilze, gegrillt

Pilze säubern, sorgfältig waschen, gut abtropfen lassen. Auf Holzspießchen stecken oder in Scheiben geschnitten auf eine Folie oder in eine Auflaufform geben. Immer etwas feingehackte Petersilie, Zitronensaft, Salz, Pfeffer sowie ein Stück Butter dazugeben. Einzelne Pilze auf den Spießchen bepinselt man mit flüssiger Butter. Pilze nie unmittelbar an die Wärmequelle legen, sie würden sonst ledrig-zäh werden. Jede Seite etwa 4–5 Minuten grillen, während des Wendens salzen und pfeffern und mit etwas Butter oder Öl bepinseln.

500 g Pilze (Champignons, Steinpilze Maronen, Pfifferlinge, Mischpilze), Petersilie, Salz, Pfeffer, 1 Zitrone (Saft), 50 g Butter oder Öl

Radiccio, überbacken

Die langen, schmalen Radiccio sorgfältig säubern, die Wurzeln soweit entfernen, daß sie weiterhin zusammenhalten. Der Länge nach halbieren, die Hälften in Olivenöl wenden und in eine feuerfeste Form geben. Mit Zitronensaft beträufeln, salzen, pfeffern mit Mozzarella bedecken. Im vorgeheizten Ofen oder Grill bei mittlerer Hitze goldbraun überbacken.

750 g Radiccio, 6 EL Olivenöl, 1 Zitrone (Saft), 150 g Mozzarella, Salz, Pfeffer

Ratatouille

Das Gemüse in üblicher Weise vorbereiten und säubern, in Würfel schneiden. Alle übrigen Zutaten dazugeben, portionsweise in Alu-Folie verpacken oder in eine feuerfeste Form geben. Grillzeit: 40 Minuten.

Zucchini, Peperoni, Auberginen, Tomaten, Paprikaschoten, in gleiche Teile schneiden, Olivenöl, Knoblauch und Zwiebeln, feingehackt, Salz, Basilikum und etwas Weißwein

Tomaten, gegrillt

Die Tomaten waschen, gut trocknen. Die Haut vorsichtig kreuzweise einkerben, dann mit Salz, Pfeffer oder Thymian oder Tabascosoße würzen. Zuerst die Unterseite, dann die Oberseite im vorgeheizten Grill der Wärmequelle zukehren! (Man kann sie auch in Alu-Folie packen, über Holzfeuer garen und in der Folie mit Petersilie oder Schnittlauch bestreut zu Grillfleisch servieren!) Ca. 5–10 Minuten grillen.
Man kann die Tomaten zuvor auch füllen. Dazu schneidet man das Käppchen ab und höhlt sie mit einem Teelöffel aus. Dann füllt man sie nach Belieben, z. B. mit Reibkäse oder mit Rührei und Käse, mit Schinkenwürfeln, Bratenresten, Kräutern, Pilzen, Krabben, Muscheln, Schnecken, Wurststückchen etc. etc.

8 nicht zu reife Tomaten (600 g), 2 EL Öl, Salz, Pfeffer oder Thymian (oder Tabascosoße), Öl, Petersilie oder Schnittlauch

Tomaten auf nordische Art

8 feste Tomaten, Salz, Pfeffer, 1/2 TL Paprika edelsüß, 8 EL geriebener Parmesankäse; 200 g Lachsschinken, 2 Eigelb, 8 TL Butter

Die Tomaten waschen, mit Haushaltspapier trockentupfen. Oben Deckel abschneiden, die Tomaten aushöhlen. Salz, Pfeffer und Paprika mischen. Die Tomaten damit innen bestreuen. Parmesankäse in die Tomaten geben. Lachsschinken würfeln und auf den Käse geben. Eigelb verquirlen, über die Lachsschinkenwürfel gießen. Obenauf Butterflöckchen setzen. Tomaten auf Alu-Folie am Rand des Rostes, in der Grillpfanne oder im vorgeheizten Grill ungefähr 10 Minuten grillen.

Tomaten auf provenzalische Art

8 Tomaten, Salz, Pfeffer, 2 Knoblauchzehen, 2 EL Parmesan, 2 EL Paniermehl, 30 g Butter oder 4 Scheiben grobwürfelig gehackter Frühstücksspeck

Die Tomaten waschen, gut trocknen, dann halbieren, mit Salz, Pfeffer und feingehacktem Knoblauch würzen. Paniermehl mit dem Reibkäse vermischen und über die Tomatenhälften streuen. Einige Butterflöckchen oder Speckstückchen daraufgeben und auf Alu-Folie oder in einer feuerfesten Form im vorgeheizten Elektrogrill knusprig grillen.

Zucchetti – Zucchini

4 Zucchini oder Zucchetti, 1 EL Öl, Salz, Pfeffer, Basilikum, Thymian, Oregano, Parmesankäse

Zucchetti oder Zucchini gut waschen, in fingerdicke Scheiben schneiden oder der Länge nach halbieren. Schale daranlassen! Dann unter Zugabe von etwas Öl, Salz, Pfeffer, Basilikum, Thymian, Oregano oder Parmesan auf den Rost, auf Folie oder in eine feuerfeste Form geben.
Grillzeit: 8–15 Minuten (bis sie weich sind!)

Zucchini, gefüllt

4 Zucchini, 1 Brötchen, 1 Zwiebel, 400 g gemischtes Hackfleisch, 1 Ei, Salz, Pfeffer, 1/2 TL Paprikapulver, 1–2 EL Öl

Die Zucchini waschen, mit Haushaltspapier trocknen, längs halbieren und mit einem Teelöffel die Kerne herauskratzen. Mit dem Löffel auch etwas Fruchtfleisch herausheben und in eine Schüssel geben. Brötchen in lauwarmem Wasser einweichen. Geschälte Zwiebel würfeln. Brötchen ausdrücken und mit Zwiebelwürfeln und Hackfleisch zu dem Zucchinifruchtfleisch geben. Ei, Salz, Pfeffer und Paprikapulver zufügen und alles zu einem geschmeidigen Teig kneten. Die Zucchini mit diesem Fleischteig füllen und jeweils eine Frucht wieder zusammenfügen. Zucchini in vier große Stücke Alu-Folie packen, die Ränder gut verschließen. Zucchinis auf dem Rost oder im vorgeheizten Grill 10–15 Minuten grillen. Häufig vorsichtig wenden, damit die Folie nicht platzt.

Zucchini in Sahnesoße

Zucchini ungeschält in fingerdicke Scheiben schneiden. Salzen, eine Mischung aus Sahne, Salz, Pfeffer, Ei, Muskat und Parmesan und gehackten Kräutern darübergießen. Zusätzlich kann man Tomatenachteln und/oder Schinkenwürfel dazugeben oder extra daraufstreuen.
Grillzeit: 20–25 Minuten.

500 g Zucchini, Salz, Pfeffer, 1/8 l Sahne (süß oder sauer), 1 Ei, Muskat, 3–4 EL gemahlener Parmesan, Kräuter

Zucchini auf römische Art

Die Zucchini in Scheiben schneiden, salzen, leicht beschweren und zugedeckt 10 Minuten ziehen lassen. Dann den Saft abgießen, die Zucchinischeiben trockentupfen, in eine feuerfeste Form legen, pfeffern und mit gehackter Petersilie bestreuen. Eier, Sahne und Reibkäse verrühren, mit Salz und Pfeffer abschmecken, über die Zucchini gießen. Paniermehl und einige Butterflöckchen darauf verteilen. Im vorgeheizten Ofen oder Grill bei guter Hitze goldbraun backen.
Beilage: Brot. Als Getränk Wein.

4 Zucchini, Salz, Pfeffer, Petersilie, 4 Eier, 1/8 l saure Sahne, 125 g geriebener Käse, Paniermehl, 30 g Butter

Zwiebeln im Hemd

Zwiebeln schälen, salzen und pfeffern und mit je einem kleinen Stück Butter in geölte Alu-Folien-Quadrate hüllen. Oder flache, italienische Zwiebelchen schälen, mit Paprika bestäuben, auf geöltem Blech im vorgeheizten Grill oder Ofen bräunen. Zu Brot, in der Folie gegarte Kartoffeln.
Grillzeit: ca. 30 Minuten (bei milder Hitze).

12–16 mittelgroße Zwiebeln, 40 g Butter, Salz, Pfeffer

Zwiebelspießchen

Marinade aus Weißwein, Essig, Öl, Salz und Pfeffer bereiten. Darin die Zwiebelscheiben und Käsewürfel zugedeckt 1 Stunde ziehen lassen. Dann abwechselnd die abgetropften Zwiebelstücke, Käsewürfel und die halben Walnußstücke auf kleine Spießchen reihen.

Dicke Zwiebelscheiben oder italienische flache Zwiebelchen, Käsewürfel (Chester), halbierte Walnüsse; Marinade: Weißwein, Salz, Pfeffer, Essig, Öl

Zwiebeltoast

2 große Zwiebeln, 30 g Butter oder Margarine, Salz, schwarzer Pfeffer, 2 EL Mayonnaise, 2 hartgekochte Eier, 4 Scheiben Emmentaler Käse, 4 Scheiben Toastbrot

Geschälte Zwiebeln in dünne Scheiben schneiden, in heißer Butter oder Margarine etwa 5 Minuten goldgelb anschwitzen lassen, salzen und pfeffern (frisch gemahlener Pfeffer!), die Zwiebeln etwas überkühlen, dann Brot im Toaster hellgelb rösten, kurz abkühlen lassen, mit Mayonnaise bestreichen, die Zwiebelscheiben darauf verteilen, die geschälten, der Länge nach halbierten Eier darauflegen, mit je einer Käsescheibe abdecken und 2 Minuten im vorgeheizten Grill oder Ofen überbacken. Die Toasts mit Salatblättern, geviertelten Tomaten, mit Schnittlauch bestreut, garniert servieren.

Brot, gegrillt

Weißbrot oder Bauernbrot in Scheiben schneiden und am Rand des Grillrostes rösten.
Oder frisches Weißbrot diagonal so in Scheiben schneiden, daß sie an der unteren Rinde noch zusammenhalten oder zwei- bis dreimal ebenso der Länge nach teilen. Zwischen die Schnittflächen Butter einstreichen. Man kann die Butter beliebig mit gehackten Kräutern, dünnen Zwiebelringen, gehacktem Knoblauch oder Roquefortkäse, mit Edamer, feingewiegten Oliven oder gekocktem Schinken vermengen. Brot in Alu-Folie einfüllen. Landbrot ganz in Öl eintauchen, mit Knoblauch spicken und direkt auf dem Rost grillen.
Grillzeit: 15–30 Minuten (an der Seite des Grills).

Weißbrot, gefüllt

1 französisches Stangenbrot (»Flutes«); Füllung: 200 g Schnittkäse oder 60 g Butter und 1–4 Knoblauchzehen oder 2 EL feingehackter Kerbel oder Dill und 1 TL Zitronensaft; oder 40 g Butter, Mohn, Kümmel oder Sesamsamen

In diagonale Schnitten das Weißbrot in normaler Scheibendicke so einschneiden, daß die Rinde auf der Unterseite noch zusammenhält. Wahlweise mit Käsescheiben, Knoblauchbutter oder Kräuterbutter, die aus den angeführten Zutaten gerührt wurden, jede zweite Einkerbung füllen. Zusätzlich kann man außerdem noch Gewürze oder Kräuter, auch feingehackte Oliven zwischen die Schnittlinien geben. Man kann die Brote auch mit Butter außen bepinselnd und dann in Mohn, Kümmel oder Sesamsamen wälzen.
Dann das Brot in Alu-Folie wickeln und 15 Minuten grillen. Nochmals 2–3 Minuten bei geöffneter Folie überbacken, damit das Brot eine gute Kruste bekommt. Bei jedem zweiten Einschnitt, der nicht bestrichen wurde, auseinanderbrechen.

Brötchen, gefüllt und gegrillt

Von den Brötchen oben einen »Deckel« abschneiden, das weiche Innere entfernen. In die Öffnung jeweils ein Ei schlagen, salzen, pfeffern und etwas Ketchup daraufgeben. Den Deckel wieder daraufsetzen und die Brötchen in eine leicht gefettete Alu-Folie einwickeln. Auf dem Rost ca. 8–10 Minuten erhitzen, bis das Ei fest geworden ist.

4 Brötchen (Semmeln), 4 Eier, Salz, Pfeffer, Tomatenketchup, Alu-Folie

Falsche Pizza

Die Artischockenböden abtropfen lassen, leicht buttern und mit Schinken, Käse, Olivenscheiben, Tomatenstückchen, gehacktem Schnittlauch oder in Fett gerösteten Zwiebelringen belegen. Salzen und pfeffern. In eine Alu-Folie einwickeln, auf dem Rost ca. 10–15 Minuten erhitzen. Heiß servieren.

Artischockenböden (Glas), 50 g Butter, 100 g Schinken, 100 g Schnittkäse, einige paprikagefüllte Oliven, Tomaten, Schnittlauch oder 1 Zwiebel, Salz, Pfeffer, Oregano, Alu-Folie

Käseschnitten auf dem Grill

Die Weißbrotscheiben mit Wein befeuchten und auf den Grill legen. Wenn die eine Seite etwas angeröstet ist, die Scheibe umdrehen und eine Scheibe Käse darauflegen. Mit Paprika, Salz und Pfeffer würzen. Bei ganz kleiner Hitze weitergrillen, bis der Käse zu schmelzen beginnt.

Pro Person: 2 Weißbrotscheiben, 1 ½ cm dicke Scheibe Emmentaler oder Schmelzkäse, Weißwein, Paprika, Pfeffer, Salz

Käsetoast

Die Toastscheiben mit Butter bestreichen, je 2 Scheiben Kasseler darauflegen, in die Mitte je einen Teelöffel Preiselbeerkompott geben, je eine abgetropfte Pfirsichhälfte mit der Öffnung nach unten darüberstülpen, mit den Käsescheiben bedecken. Auf Backbleche legen und im vorgeheizten Ofen oder Elektrogrill 10 Minuten überbacken.

Senf und Sahne verrühren, mit Salz, Pfeffer, Zucker würzen. Die angerichteten Toasts mit dieser Soße übergießen. Mit Cocktailkirschen verzieren und sofort servieren.

4 Scheiben Toastbrot, 20 g Butter, 8 Scheiben Kasseler (600 g), 4 TL Preiselbeerkompott, 4 Pfirsichhälften (aus der Dose), 4 Scheiben Gouda-Käse; 1 EL englischer Senf, 2 EL Sahne, Salz, Pfeffer; 12 Cocktailkirschen

Käse, gegrillt

Käse kann über dem Grill auf viele Arten zubereitet werden: in ganzen Stücken oder gerieben als Brotaufstrich.

OBST

Gegrilltes Obst wird gern zu Wild, Geflügel, Kalbfleisch und auch Leber, aber auch als leichtes Dessert serviert.

Die Grillzeit von Früchten, Obst etc. beträgt nur wenige Minuten. Die Früchte sollen ihr frisches Aussehen nicht verlieren.

Ananas, flambiert

8 Scheiben Ananas (aus der Dose), Zimt, 20 g Butter, Rum oder Kognak

Die Ananas gut abtropfen lassen, mit Zimt einstäuben. Kleine Butterflöckchen daraufsetzen und auf den gut geölten Rost oder unter den vorgeheizten Grill geben und auf jeder Seite 2 Minuten grillen. Sofort auf einem vorgewärmten Teller anrichten, mit vorgewärmtem Rum übergießen, anzünden und servieren. Oder auf eine gebutterte Alu-Folie legen und goldgelb grillen. Zum Schluß ein paar Tropfen Kognak daraufträufeln.

Biskuitananas

4 Aluförmchen, Butter, 4 Scheiben Biskuit (aus 1 Fertigboden ausstechen), 4 EL Preiselbeerkompott oder Himbeerkompott, 4 Scheiben Ananas (Dose), 4 EL geriebene Schokolade, 1 Glas Kognak

Aluförmchen buttern. Je 1 Scheibe Biskuit dick mit Preiselbeer- oder Himbeerkompott bestreichen. In die Form legen. Darauf je 1 Scheibe abgetropfte Ananas setzen. In die Mitte der Ananasringe Preiselbeer- oder Himbeerkompott füllen. Mit geriebener Schokolade bestreuen und mit Kognak begießen. Auf dem Rand vom Rost oder in den vorgeheizten Grill schieben und 10 Minuten grillen. In den Förmchen servieren.

Bratäpfel vom Grill

4 aromatische Äpfel (z. B. Boskop), 4 EL Preiselbeeren oder 4 TL Nüsse oder Mandeln und 4 TL Rosinen und 4 TL Zucker mit etwas Zimt, 4 TL Calvados oder Kognak, Kirschwasser oder Rum, eventuell 4 Butterflöckchen

Mehlige Äpfel eignen sich dazu am besten. Man kann sie an der Seite des Feuer mitbraten lassen. Äpfel nicht schälen, nur entkernen (mit dem Apfelbohrer) und beliebig, aber reichlich füllen: Eine Mischung aus Rosinen, Zucker, Zimt, Korinthen, Mandeln, Nüssen, Pinienkernen, Pistazien, Kokosflocken, Preiselbeeren, Zitronen- und Orangenschale, Honig, Sanddornsaft, Rum etc. Obenauf etwas Zucker und ein Stück Butter geben, dadurch erhält man eine karamelartige Soße.
Beigaben: Schlagsahne, mit Vanillezucker, Rum oder Kirschwasser aromatisiert, heiße Weinschaumcreme, Vanillesoße.
Falls man die Äpfel nicht in der Nähe des Kaminfeuers garen möchte, empfiehlt es sich, jeden Apfel in ein Stück Alu-Folie passender Größe einzupacken. Das hat den Vorteil, daß die Schale nicht verbrennt und außerdem das Servieren erleichtert wird.
Äpfel waschen und am besten mit dem Apfelbohrer das Kernhaus ausstechen. Dann wahlweise mit Preiselbeeren oder mit einer Mischung von feingehackten Nüssen oder Mandeln, Rosinen, Zucker und Zimt füllen. Ob man die Äpfel mit Alkohol vor oder nach dem Grillen beträufelt, ist Geschmackssache; macht man es hinterher, kann der Alkohol natürlich noch angezündet werden. Eventuell ein Butterstückchen auf jeden Apfel geben. Die Grillzeit

richtet sich natürlich nach der Größe der Früchte, 20 Minuten mögen als Richtzeit gelten. Will man die Äpfel flambieren, so muß die Folie nach dem Grillen mit einem scharfen Messer kreuzweise eingekerbt und wie Blütenblätter auseinandergefaltet werden. Dann den angewärmten Schnaps daraufgeben und anzünden.

Äpfel, gegrillt

4 Äpfel, 4 EL Puderzucker, 1/2 TL Zimt, geriebene Zitronenschale, 40 g Butter, Alu-Folie

Die gewaschenen Äpfel halbieren, das Gehäuse leicht aushöhlen und in die Höhlen den mit etwas Zimt und geriebener Zitronenschale vermischten Zucker geben. Die Hälften wieder zusammengeben und fest in eine leicht gebutterte Alu-Folie einwickeln. Auf dem heißen Grill 20 Minuten garen.

Apfelringe, flambiert

4 Äpfel, 2 EL Öl oder zerlassene Butter, 1/2 Tasse Rosinen, 4–5 EL Zucker, 1/2 Tasse Rum (54%)

Die Rosinen 24 Stunden im Rum einweichen. Dann die Äpfel schälen, das Kerngehäuse ausstechen und die Äpfel in fingerdicke Scheiben schneiden. Mit Öl oder flüssig gemachter Butter bepinseln. Am Rand des Rostes oder unter dem vorgeheizten Grill bei kleiner Hitze grillen. Warmstellen. Rosinen und Rum in einen Topf geben, die Apfelringe anrichten. Rum und Rosinen erwärmen und drei Viertel der Menge über die Apfelscheiben gießen, anzünden. Solange es brennt, mit einem langstieligen Löffel immer etwas vom Rest nachgießen.

Grilläpfel, gefüllt

4 Äpfel, 4 EL Preiselbeerkompott, 1 EL blättrig geschnittene Mandeln

Apfel waschen und mit dem Apfelausstecher das Kerngehäuse entfernen. Apfel auf eine passend große Alu-Folie setzen. In das Loch Preiselbeerkompott füllen. Die Oberseite mit blättrig geschnittenen Mandeln bestreuen. Die Folie fest verschließen und auf den Rand vom Rost setzen. Apfel nach Größe etwa 20 Minuten grillen.

Äpfel auf Großmutterart

Äpfel, Butter, Zimt, Zucker

Nicht zu große Äpfel auf Spieße stecken und unter häufigem Drehen etwa eine Viertelstunde grillen. Nun schälen, in zerlassene Butter tauchen und dann in mit Zimt gewürztem Zucker wälzen. Darauf noch einmal etwa 10 Minuten auf dem Spieß grillen.

Wurstschaschlik

Rezept Seite 240

Maiskolben gegrillt

Rezept Seite 24

Ratatouille

Rezept Seite 249

Zwiebeltoast

Rezept Seite 25

Falsche Pizza

Rezept Seite 253

Grilläpfel gefüllt

Rezept Seite 256

Brandy-Birnen mit Schokoladesoße

Rezept Seite 269

Brennende
Obstspieße

Rezept Seite 271

Bratäpfel auf Lieblingsart

Die Äpfel waschen, Blüten und Gehäuse ausstechen, den Hohlraum mit gewaschenen Rosinen, Mandelsplittern und Zucker ausfüllen. 4 gleichgroße Stücke Alu-Folie mit flüssiger Butter bepinseln, die gefüllten Äpfel daraufsetzen, etwas Rum oder Weinbrand darübergießen, einige Butterflöckchen daraufsetzen und die Päckchen verschließen. Auf dem Grill oder direkt in der Holzkohlenglut etwa 20 Minuten garen. In der Folie servieren.

4 große Äpfel, 2–4 EL Rosinen, 2 EL Mandelsplitter, 1 EL Zucker, etwas Butter, 4 EL Rum oder Weinbrand, Alu-Folie

Äpfel auf Marseille-Art

Die Äpfel waschen, trockenwischen und halbieren. Das Kerngehäuse herausschneiden. Die Apfelhälften mit den Rundungen nach unten in eine feuerfeste, gut eingefettete Form legen, mit Puderzucker, gewaschenen Rosinen bestreuen, den Calvados darübergießen und einige Butterflöckchen darauf verteilen. Im vorgeheizten Grill 15–20 Minuten grillen.

4 Äpfel, 30 g Butter, 1–2 EL Puderzucker, 2 EL Rosinen, 2 Gläser Calvados

Äpfel mit Tullamore Dew, flambiert

Die Äpfel schälen, das Kerngehäuse ausstechen. Die Früchte in eine mit Butter ausgestrichene Backplatte setzen. Mit Zucker, Sultaninen, feingeriebenen Mandeln und einem Stück Butter obenauf füllen, mit dem Apfelsaft und 2 cl Whisky angießen, bei mäßiger Hitze grillen. Die Äpfel dürfen dabei nicht zerfallen. Mit dem restlichen vorgewärmten Whisky begießen. Bei Tisch anzünden.

4 Äpfel, 40 g Sultaninen, 40 g Butter, Abgeriebenes von ½ ungespritzten Zitrone, 40 g Zucker, 30 g geriebene Mandeln, 1 Gläschen Tullamore Dew Whisky, 4 cl Apfelsaft

Äpfel auf türkische Art

Die Äpfel schälen, das Kerngehäuse ausbohren und in 1 cm dicke Scheiben schneiden, die Apfelscheiben sofort auf beiden Seiten mit Zitronensaft beträufeln und etwas abtropfen lassen. Dann mit zerlassener Butter bepinseln und auf den Rand des Rostes legen oder im vorgeheizten Grill 3 Minuten grillen. Zucker, Zimt und gewaschene, vorgeweichte Rosinen vermischen und die Apfelscheiben damit bestreuen. Die Apfelscheiben wenden und wieder mit zerlassener Butter bepinseln, mit Zimt, Zucker und Rosinen bestreuen und nochmals 3 Minuten grillen.

4 Äpfel, 1 Zitrone (Saft), 2 EL zerlassene Butter, 2 EL Zucker, 1 EL Zimt, 2 EL Rosinen

Zimt-Apfelscheiben

4 feste Äpfel, Saft von 1 Zitrone, 1 EL zerlassene Butter, 2 EL Zucker, 1 EL Zimt

Äpfel dünn schälen, mit dem Apfelausstecher Kerngehäuse entfernen. Äpfel in etwa 1 cm dicke Scheiben schneiden, diese auf beiden Seiten mit Zitronensaft beträufeln und auf Haushaltspapier etwas abtropfen lassen, dann mit der zerlassenen Butter bepinseln, auf den Rand des Rostes legen oder im vorgeheizten Grill 3 Minuten grillen. Inzwischen Zucker und Zimt mischen. Die Apfelscheiben auf einer Seite damit leicht bestreuen. Apfelscheiben wenden, wieder mit zerlassener Butter bestreichen, mit Zimt und Zucker bestreuen und weitere 3 Minuten grillen.

Apfelsinen, gegrillt

2 Apfelsinen, 2 EL Rum, 2 EL Honig, 20 g Butter, Mandelblättchen

Die Apfelsinen halbieren, das Fruchtfleisch mit dem spitzen Küchenmesser von der Schale lösen. Mit Rum beträufeln. Honig und Butter verrühren und über die Apfelsinenflächen streichen. Die Mandelblättchen daraufstreuen. Auf dem Rand vom Rost oder unter dem vorgeheizten Grill 3–4 Minuten grillen. Zu würzig gegrilltem Fleisch.

Apfelsinen-Bananen-Spießchen

3 Apfelsinen, 3 Bananen, 20 g Butter, 3 EL Honig, Saft von 1/2 Zitrone

Die Apfelsinen schälen, die weiße Haut entfernen. In mundgerechte Würfel schneiden. Bananen schälen und in 2 cm dicke Scheiben schneiden. Fruchtstücke abwechselnd auf Holzspieße stecken. Bei nicht allzu großer Hitze grillen. Hin und wieder mit flüssiger Butter bepinseln. Honig und Zitronensaft verrühren und die Apfelsinen-Bananen-Spießchen kurz vor Ende der Grillzeit mit dieser Mischung glasieren.

Aprikosenspießchen

4 Aprikosen, 4 kleine Pfirsiche, Zucker, 12 feste Kirschen, Apricot-Brandy

Aprikosen und Pfirsiche waschen, ungeschält halbieren und entkernen. Die Stiele der Kirschen entfernen und sie ebenfalls entsteinen. Abwechselnd eine halbe Aprikose, eine Kirsche, einen halben Pfirsich, eine Kirsche usw. auf Spießchen verteilen. Mit Apricot-Brandy beträufeln, mit Zucker bestreuen. Auf dem Rost bei nicht zu starkem Feuer grillen. Die Spieße dabei wiederholt drehen und mit Zucker bestreuen.

Bananen, gegrillt

4 Bananen, 4 TL Zucker, 4 TL Zitronensaft, 1 EL Haselnüsse, 1 EL Kognak oder Rum

Man kann die Bananen in der Schale auf den Grillrost legen; man läßt sie dabei ganz schwarz werden. Dann einen Streifen aus der Schale herausschneiden, da hinein Zucker und Zitronensaft und etwas Rum oder Escorial träufeln. Auf dem Tisch mit einem Streichholz anzünden. Man kann auch kleine Schokoladestückchen hineinstecken (die gleich schmelzen!).
Oder die Bananen mit Schale auf den Grill legen, bis die Unterseite schwarzbraun wird, dann der Länge nach einen fingerbreiten Streifen Schale herausschneiden, das Bananenfleisch mit Zucker bestreuen, mit Zitronensaft und Kognak (oder Rum) beträufeln, die feingeriebenen Haselnüsse daraufstreuen. Man kann statt Rum auch Cointreau oder einen anderen Orangenlikör verwenden. Schüttet man über die gegarten Bananen 1 EL angewärmten Rum und zündet ihn an, hat man *flambierte Bananen.*
Oder ohne Schale grillen: Die Bananen schälen, mit Zitronensaft beträufeln, mit flüssiger Butter bepinseln, in Ingwer, Kokosflokken, geriebenen Nüssen, aber auch in Paprikapulver, Curry oder feingeriebenen Salzmandeln oder Mandeln wälzen. Dann vorsichtig kurz grillen.

Bananen, mariniert und gegrillt

4 Bananen, 200 g brauner Zucker, 1 EL Zimt, 3 EL Preiselbeerkompott, 2 EL Zitronensaft, Prise Salz

Die Bananen sorgfältig schälen, die Schalen aufbewahren. Die Bananen 1 Stunde in eine Marinade legen, die man aus 200 g braunem Zucker, Zimt, Preiselbeeren, Zitronensaft und einer Prise Salz hergestellt hat. Nun die Bananen wieder in die Schale legen und das Ganze in eine Alu-Folie wickeln und 4–5 Minuten grillen.

Bananen auf Pariser Art

4 Bananen, Öl, 8 TL feingeriebene Haselnüsse, 8 TL Grand Marnier

Die Bananen ungeschält halbieren, die Hälften mit Schale nach unten auf gut geölten Rost legen und grillen, bis die Schalen braun bis schwarz werden. Die Schalen entfernen, das Fruchtfleisch anrichten, mit geriebenen Haselnüssen bestreuen, Grand Marnier darübergießen und heiß servieren.

Bananen im Schinkenhemd

4 Bananen, Zitronensaft, 4 Scheiben durchwachsener roher Schinken, Paprikapulver, eventuell Öl zum Bepinseln

Die Bananen schälen, mit etwas Zitronensaft beträufeln und in diese in je eine leicht mit Pfeffer gewürzte Schinkenscheibe einrollen. Die Enden mit zwei Hölzchen feststecken. Öl und Paprika verrühren. Dann auf einem gut geheizten Rost nicht zu dicht unter der Heizquelle grillen, bis der Schinken knusprig und das Bananenfleisch weich und heiß ist. Dabei die Schinken-Bananen wiederholt mit dem Paprikaöl bepinseln.

Bananen in Alu-Folie

4 Bananen, 2 EL Zitronensaft, 20 g Butter, 80 g Haselnüsse, 20 g Zucker

Die geschälten Bananen mit Zitronensaft beträufeln und 10 Minuten ziehen lassen. Mit zerlassener Butter bepinseln, die Haselnüsse mit der Schale reiben, die Bananen darin wälzen. Einzeln in je ein Stück mit zerlassener Butter und Zucker bestrichene Alu-Folie einwickeln, gut verschließen und 4–5 Minuten ohne zu wenden grillen. Die Folien oben leicht öffnen und wie ein Körbchen servieren.

Statt der Haselnüsse kann man auch geschälte, geriebene Mandeln oder Kokosraspeln verwenden. Auf die gegrillten Bananen kann man je 1–2 TL Preiselbeerkompott geben, das man mit Zitronensaft, Zimt und Zucker pikant abgeschmeckt hat.

Birnen, gegrillt

4 Birnen, etwas zerlassene Butter, je Birnenhälfte 8 TL Preiselbeeren, Zucker, Alu-Folie

Die Birnen schälen, halbieren und vom Gehäuse befreien. In die Höhlung etwas zerlassene Butter geben und mit Zucker auffüllen. Alu-Folie auf den Grill legen, den Rand ringsum hochschlagen und die Birnen darauf grillen. Nach der halben Grillzeit (etwa 10 Minuten) gibt man auf jede Höhlung einen Teelöffel Preiselbeeren.

Birnen, gegrillt

4 Williamsbirnen, 4 TL Rum, Semmelbrösel

Die Birnen schälen, in dicke Scheiben schneiden, das Kerngehäuse entfernen. Die Scheiben mit Rum bepinseln, in Bröseln wälzen und auf beiden Seiten 2–3 Minuten grillen. Oder die Birnen roh halbieren, vorgaren. In die Hälften je einen EL voll Preiselbeerkompott geben. Zu Wildsteaks.

Brandy-Birnen mit Schokoladesoße

Birnenhälften abtropfen lassen, jede auf ein Stück Alu-Folie legen, in das Stielende je eine Nelke stecken, in die Vertiefung etwas Zucker oder Vanillezucker und Brandy geben. Papier darüber gut verschließen. Grillzeit: 5 Minuten.
Die übrigen Zutaten inzwischen in einem kleinen Topf bei sehr kleiner Flamme lösen und fein verrühren. Die fertige Soße über die angerichteten Birnen gießen.

8 Birnenhälften (aus der Dose), 8 Nelken, 2 El Zucker oder Vanillezucker, 2 EL Aprikosen-Brandy; Soße: 1 Tafel Haselnußschokolade, 4 EL Sahne oder Kondensmilch, 2 EL Aprikosen-Brandy

Birnen auf indische Art

Birnen waschen, trockenwischen und halbieren, das Kerngehäuse entfernen, die Birnenhälften in ein Stück Alu-Folie legen, die Folie aufbiegen zu einer Schale, aber nicht schließen. Ingwerknolle, in Streifen geschnitten, sehr dünn geschälte Zitronenschale, Zitronensaft, Zucker, Birnengeist und Ingwersirup gut verrühren. Die Birnenhälfte auf dem Rost in der Folie 5 Minuten grillen, aus der Folie nehmen und nochmals 3 Minuten mit der Schnittfläche nach unten grillen.
Im Grill werden die Birnenhälften ohne Folie 5 Minuten auf Mittelschiebe und nochmals 3 Minuten auf der oberen Schiene gegrillt. Nach dem Grillen mit Ingwer- und Zitronenstreifen füllen, mit dem Saft beträufeln. Mit Zimt bestreuen und heiß servieren.

4 Birnen, 1 eingelegte Ingwerknolle, 1/2 Zitrone, 1 EL Zucker, 1 Glas Birnengeist, 1 EL Ingwersirup (aus dem Glas), 1 TL Zimt

Birnen auf Schlemmerart

Die Birnen waschen, schälen und halbieren. Kerngehäuse vorsichtig entfernen, so daß eine große Mulde entsteht. Birnenhälften einzeln in passend große, gebutterte Alu-Folien-Stücke einwickeln und fest verschließen. 20 Minuten auf dem heißen, geölten Rost oder im Grill bei nicht zu starker Hitze garen. Birnenhälften auf heiße Teller geben. Mulden mit Rumtopffrüchten und etwas Saft füllen. Sahne steifschlagen. In den Spritzbeutel füllen. Auf jede gefüllte Birne ein dekoratives Sahnehäubchen spritzen. Obenauf Schokoladenstreusel streuen und servieren.

2 Birnen, 40 g Butter, 200 g Rumtopffrüchte mit Saft, 1/2 Becher Sahne, 1/2 Tasse Schokoladenstreusel

Birnen auf Schweizer Art

Birnenhälften gut abtropfen lassen, auf je ein Stück Alu-Folie legen, in die Vertiefung je ein Stück Käse geben, einige Tropfen Kognak oder Weißwein darauftträufeln, gut verschließen. Grillzeit: 5 Minuten.

12 Birnenhälften, 100 g Käse nach Wahl (Gorgonzola, Taleggio, Mozzarella, Rauchkäse), Kognak, Weißwein

Teufelsbirne

12 Birnenhälften (aus der Dose), 12 Nelken, 12 TL Preiselbeerkompott, etwas Rum

Die Birnenhälften gut abtropfen lassen, mit der Schnittfläche auf ein Stanniolpapier oder Alu-Folie legen, eine Nelke in das Stielende stecken, mit dem Preiselbeerkompott füllen und etwas Rum daraufträufeln, das Papier darüber gut verschließen und gut verschlossen 5 Minuten grillen. In der Folie servieren.
Zu Wildgerichten, als Nachspeise.

Orangen, gegrillt

Die Orangen ungeschält oder geschält in 1 cm dicke Scheiben schneiden und grillen.

Pfirsich Montreuil

4 frische Pfirsiche (oder aus der Dose), 30 g Butter, 1 kleine Dose Blaubeeren, 8 EL Kognak

Frische Pfirsiche waschen, schälen, halbieren, den Kern entfernen. Pfirsiche aus der Dose gut abtropfen lassen. 8 Stück entsprechend große Alu-Folie-Stücke mit Butter bepinseln, die Pfirsichhälften mit der Schnittfläche nach oben auf die Folien legen, die Kernmulden mit abgetropften Blaubeeren füllen, die Folienränder zu einer Schüssel hochziehen, je eine Eßlöffel Kognak daraufgießen, die Folien oben zusammendrehen. Auf dem Rand vom Rost oder im vorgeheizten Grill 10 Minuten grillen. Pfirsiche auf kaltem Süßspeisenreis anrichten, mit Pfirsichsirup übergießen.

Curry-Früchte

4 Pfirsichhälften (aus der Dose), 4 Scheiben Ananas (aus der Dose), 2 Äpfel, 2 Bananen, 30 g Butter, 3 EL Currypulver, Öl

Die Pfirsichhälften und Ananasscheiben gut abtropfen lassen, die Äpfel schälen, Kerngehäuse ausstechen, in 1–1½ cm dicke Scheiben schneiden, geschälte Bananen der Länge nach halbieren. Die Butter schmelzen, mit dem Currypulver verrühren und die Früchte damit bestreichen. Den Rost mit Alu-Folie belegen, die Früchte darauflegen und auf dem heißen, geölten Rost oder im vorgeheizten Grill 10 Minuten grillen.
Zu Steaks oder Lammkoteletts oder als Dessert.

Fruchtspieße

3 Apfelsinen, 3 Bananen, 2 Pfirsiche (aus der Dose), Birnenhälften (aus der Dose), 20 g Butter, 4 EL Honig, 1 Zitrone (Saft)

Apfelsinen schälen, weiße Haut entfernen, in Würfel schneiden, die geschälten Bananen in grobe, 2 cm dicke Scheiben schneiden, die Birnen- und Pfirsichhälften ebenfalls in Stücke schneiden. Fruchtstücke abwechselnd auf Holzspieße stecken und bei nicht zu starker Hitze grillen, dabei mehrmals mit flüssiger Butter bepinseln. Honig und Zitronensaft verrühren, die Fruchtstücke zuletzt kurz vor Ende der Grillzeit damit einstreichen und glasieren.

Fruchtspieße auf Feinschmeckerart

Birnen und Äpfel schälen, entkernen, kurz in Salzwasser tauchen und zusammen mit Ananas und Bananen in gleichmäßig große Stücke schneiden. Diese Stücke abwechselnd mit entsteinten Pflaumen und Mirabellen auf Metallspieße stecken, in Rum tauchen, mit Öl bepinseln und unter öfterem Wenden ca. 8–10 Minuten bräunen. Mit Zucker und Zimt bestreut servieren.

2 Äpfel, 2 Birnen, Salzwasser, 2 Scheiben Ananas (aus der Dose), 1 Banane, einige Pflaumen und Mirabellen, 2 EL Rum, Öl, Zucker, Zimt

Brennende Obstspieße

Dosenfrüchte gut abtropfen lassen, Ananasscheiben vierteln, Pfirsichhälften jeweils dritteln. Den Apfel ungeschält achteln, entkernen. Die Banane schälen, in gut daumendicke Scheiben schneiden. Alle Früchte abwechselnd auf Spieße stecken und mit Zitronensaft bepinseln. Auf dem Rost kurz grillen, so daß sie durch und durch heiß sind. Dann mit vorgewärmtem Grand Marnier oder Escorial grün übergießen, anzünden. Etwas Zucker in die Flamme streuen. Brennend als Nachspeise servieren.

2 Ananasscheiben, 4–8 Aprikosenhälften, 4 Pfirsichhälften (aus der Dose), 1 Apfel, 1 Banane, Saft von 1 Zitrone, eventuell 1 Gläschen (50 ccm) Grand Marnier oder Escorial grün, Zucker

WÜRZBUTTER, MARINADEN, SOSSEN

In der Wahl, in der Abwechslung liegt die Würze des Kochens. Nur Dilettanten glauben, daß »schön scharf« die Kochkunst schlechthin sei. Durchaus nicht, sondern im fein nuancierten Geschmack liegt die Kunst der guten Küche. Kräuter sollten möglichst frisch und fein zerkleinert in die Soßen gegeben werden. Trokkenware lasse man stets etwas quellen. Meistens wird man die Ingredienzen fein hacken oder – was noch schneller geht und eine feine Geschmacksverteilung garantiert – im Mixer oder mit dem Messerstern fein pürieren.
Voll und rund, leider aber auch recht kalorienreich, sind alle kalten Soßen auf Mayonnaisebasis. Für den sofortigen Verbrauch können jedoch alle folgenden Rezepte mit Joghurt oder Magerquark verlängert werden.
Fertige Soßen (in Flaschen im Handel), im wesentlichen aus Paprika- und Tomatenmark, Silberzwiebelchen und verschiedenen Gewürzen bestehend, eignen sich für alle Grillspeisen, für Steaks und Koteletts, gebackenen Fisch und Fleischfondue. Hierher gehören u. a. Schaschlik-, Barbecue-, Chili-, Pußta-, Mustard-, Meerrettich-, Mango-, Cumberland-, Grill-, Pepper-Steak-Soße.

WÜRZBUTTER, BUTTERMISCHUNGEN

Champignonbutter

Die Champignons mit der frischen Butter fein stoßen, durch ein Sieb streichen, zu einer Rolle formen, in Alu-Folie wickeln und bis zum Gebrauch kaltstellen.

80 g Champignons (aus der Dose), 100 g Butter

Chilibutter

Die frische Butter mit dem Chilipulver schaumig rühren, zu einer Rolle formen, in Alu-Folie wickeln und bis zum Gebrauch kaltstellen.

100 g Butter, 1 EL Chilipulver

Currybutter

Die Butter schaumig rühren, mit Curry und Salz vermischen und die anderen Zutaten einrühren. Aus der Masse eine daumenstarke Rolle formen, diese in ein Stück Alu-Folie wickeln; im Kühlschrank fest werden lassen. Vor Gebrauch in Scheiben schneiden.

100 g Butter, 2 TL Curry, ½ TL Zitronensaft, 1 Prise Salz, 1 TL Sahne

Haushofmeisterbutter (Maître-Butter)

Die weiche Butter mit gehackten Kräutern, Salz, Pfeffer, Knoblauchsalz, Zitronensaft, Senf und Worcestersoße gut verkneten. Butter auf eine ausreichend große Alu-Folie legen. Eine Rolle von 3–4 cm Durchmesser formen. Im Kühlschrank fest werden lassen.
Vor dem Servieren Scheiben abschneiden.

100 g Butter, 2 EL gehackte Petersilie und Estragon, Salz, Pfeffer, 1 TL Senf, 1 Prise Knoblauchsalz, 1 TL Worcestersoße, 2 EL Zitronensaft

Kognakbutter

Butter, Kognak und Zucker verrühren, zu einer Rolle formen, in Alu-Folie eindrehen und kaltstellen.

100 g Butter, 2 EL Kognak, 1 Msp. Zucker

Krabbenbutter

Die Butter schaumig rühren, die Krabben passieren und zusammen mit den übrigen Zutaten mit der Butter vermischen. Eine Rolle formen, in Alu-Folie wickeln, im Kühlschrank erstarren lassen.

100 g Butter, 50 g Krabben, je 1 Prise Salz und Zucker, ½ TL Zitronensaft

Kräuterbutter

100 g Butter, 3 EL gehackte Kräuter: Petersilie, Schnittlauch, Kerbel, Kresse; Salz, Pfeffer

Die Butter schaumig rühren und die feingehackten Kräuter beigeben, salzen und pfeffern. Man kann in die Kräuterbutter noch ½ TL Worcestersoße einrühren. Eine Rolle formen, in Alu-Folie wickeln, im Kühlschrank erstarren lassen.

Mandelbutter

100 g Butter, 30 g Mandeln, 1 Prise Salz

Die schaumiggerührte Butter salzen und mit den geschälten, geriebenen Mandeln vermengen. Eine Rolle formen, in Alu-Folie wikkeln, im Kühlschrank erstarren lassen.

Marchand-de-vin-Butter

100 g Butter, 1 Schalotte, ⅛ l Rotwein, 1 Msp. Pfeffer (frisch gemahlen), 1 Msp. Salz, ½ TL gehackte Petersilie, ½ TL Zitronensaft, etwas Fleischextrakt

Die Butter schaumig rühren. Die Schalotte sehr fein hacken und so lange mit dem Rotwein kochen, bis die Flüssigkeit zur Hälfte eingekocht ist. Die übrigen Gewürze dazugeben, das Ganze erkalten lassen und danach kleinweise unter die Butter rühren. Eine Rolle formen, in Alu-Folie wickeln und im Kühlschrank erstarren lassen.

Orangenbutter

100 g weiche Butter, 2–3 EL Orangensaft, etwas geriebene Orangenschale (ungespritzt), Salz, feingehackte Petersilie, Pfefferminze, Walnüsse oder Pistazien

Butter mit Saft und Schale der Orange schaumig schlagen, mit Salz abschmecken, beliebig mit Nüssen und Kräutern abschmecken. Auf Alu-Folie zu einer Rolle formen, einwickeln, kaltstellen.

Petersilienbutter

100 g Butter, 4 EL gehackte Petersilie, 1 TL Zitronensaft, ½ TL Worcestersoße, etwas Pfeffer

Alle Zutaten gut vermengen, passieren. In Alu-Folie rollen und im Kühlschrank erstarren lassen.

Roquefortbutter

100 g Butter, 80 g Roquefort, Pfeffer

Die Zutaten gut vermengen, zu einer Rolle formen und im Kühlschrank anziehen lassen.

Sardellenbutter

100 g Butter, 6 feingewiegte Sardellen, etwas Paprika. Oder: 100 g Butter, 5–6 Sardellen, 1 Prise Salz, ½ TL Zitronensaft, ½ TL Sahne

Die Butter schaumig rühren. Die Sardellen entgräten, fein hacken und danach passieren. Den Sardellenbrei zusammen mit den übrigen Zutaten unter die Butter mischen. Eine Rolle formen, in Alu-Folie wickeln, im Kühlschrank erstarren lassen.

Senfbutter

Die Butter schaumig rühren und die weiteren Zutaten dazumischen. Eine Rolle formen, in Alu-Folie wickeln, im Kühlschrank erstarren lassen.

100 g Butter, 3 TL Senf, je 1 Msp. Salz und Pfeffer, feingehackte Petersilie

Trüffelbutter

Die schwarzen Trüffel werden mit der frischen Butter fein gestoßen, durch ein Sieb gestrichen und bis zum Gebrauch kaltgestellt.

4 Stück Trüffel, 100 g Butter

Wacholderbutter

Die Butter schaumig rühren, die Wacholderbeeren sehr fein zerstampfen und zusammen mit den übrigen Zutaten mit der Butter verrühren. Eine Rolle formen, in Alu-Folie wickeln, im Kühlschrank erstarren lassen.

100 g Butter, das Abgeriebene einer halben Zitrone, je 1 Prise Puderzucker und Salz, 5 Wacholderbeeren

Zitronenbutter

Die Butter schaumig rühren, salzen und den Zitronensaft langsam einarbeiten. Eine Rolle formen, in Alu-Folie wickeln, im Kühlschrank erstarren lassen.

100 g Butter, 3 TL Zitronensaft, 1 Prise Salz

MARINADEN

Basting-Marinade

3/4 Tasse Olivenöl, 3/4 Tasse trockener Rotwein, 1 EL Zitronensaft, 1 gehackte Knoblauchzehe, 1/3 Tasse gehackte Zwiebel, 1 TL Oregano, 1/2 TL Thymian, 1 TL Zucker, Prise Salz, frisch gemahlener Pfeffer

Alle Zutaten mischen und schlagen oder gut schütteln. Reichlich über Fleisch verteilen. Das Fleisch häufig wenden.

Estragon-Marinade

3 EL Estragonessig, 2 große Zwiebeln, in Scheiben geschnitten, 1 Zitrone, 5 Knoblauchzehen, gehackt, 1 Lorbeerblatt, 1/2 TL Senf, 1/2 Tasse trockener Rotwein, 1 Tasse Olivenöl, Prise Salz, frisch gemahlener Pfeffer

Eine flache, feuerfeste Schüssel oder Holzschale mit Zwiebelringen auslegen. Zitronensaft darüberträufeln, Zitronenschale dazugeben. Knoblauch, Gewürze, Salz und Pfeffer hinzufügen; Essig, Wein und Öl darübergießen. Die Steaks in die Marinade legen und die restlichen Zwiebelringe auf das Fleisch legen. 3 Stunden in der Marinade liegen lassen und häufig begießen. Die Marinade reicht für 1000 g Lende. Die marinierten Zwiebeln roh reichen.

Marinade für Spießchen

1/2 Tasse Öl, Saft einer Zitrone, 2 EL Essig, 2 EL Sojasoße

Das Öl, den Saft einer Zitrone, den Essig und die Sojasoße gut verrühren.

Marinade für kleine Fleischstücke, zum schnellen Braten

Feingeschnittene Schalotten oder Zwiebeln, Petersilienstengel, Thymian, wenig Lorbeerblatt, Salz, Pfeffer, Öl und Zitronensaft über die Fleischstücke geben. 10 Minuten zugedeckt im Kühlen ziehen lassen.

Marinade für große Fleischstücke

Je 100 g in Scheiben geschnittene Mohrrüben und Zwiebeln, je 30 g genauso geschnittene Petersilienwurzel, Sellerieknolle und Thymian, 40 Schalotten, 1 kleines Lorbeerblatt, 6 Pfefferkörner, 2 Gewürznelken, 1 l Weißwein, 4 dl Weinessig, 2 dl Öl gut vermischen und das Fleisch längere Zeit darin ziehen lassen. Das Fleisch wiederholt wenden.

Marinade für große Fleischstücke, zum schnellen Beizen

Die im vorhergehenden Rezept angeführten Gemüse und Gewürze in 1 dl Öl anrösten, mit 1 l Weißwein und 3 dl Essig auffüllen, 1/2 Stunde sehr langsam kochen lassen. Dann auskühlen lassen. Dann erst über das Fleisch gießen.

Rosmarin-Marinade

Öl und Weinessig mischen. Mit Salz, Rosmarin und Pfeffer würzen. Zwiebeln schälen, halbieren und fein würfeln. Unter das gewürzte Öl rühren. Etwas ziehen lassen.

1/2 Tasse Öl, 1/3 Tasse Weinessig, 2 TL Salz, 2 TL Rosmarin (getrocknet), 1 TL schwarzer Pfeffer, 3 Zwiebeln

Saure-Sahne-Marinade

Saure Sahne mit Zitronensaft verrühren. Knoblauchzehen schälen und durch die Knoblauchpresse drücken. In die saure Sahne geben. Mit Pfeffer, Selleriesalz, Salz, Paprika und Worcestersoße würzen, abschmecken. Zu Kalbfleisch und Geflügel.

1/8 l saure Sahne, 1 EL Zitronensaft, 2 Knoblauchzehen, 1/2 TL Pfeffer, 1/2 TL Selleriesalz, Salz, Paprika edelsüß, Worcestersoße

Soja-Marinade

Sojasoße mit Öl verrühren, geschälte Knoblauchzehen zerdrücken und mit den anderen Zutaten in das Sojaöl rühren. Im Kühlschrank mindestens einen Tag lang ziehen lassen.
Zu Rind-, Schweine- und Hammelgrilladen.

3/8 l Sojasoße, 1/8 l Öl, 4–6 Knoblauchzehen, 2 TL Chinagewürz (Glutamat), 2 EL frische, geriebene Ingwerwurzeln, 2 TL Senfpulver, 2 TL Honig

SOSSEN

Aioli

5–6 Knoblauchzehen, 5 EL Paniermehl, 2 Eigelb, gut 1/2 l Olivenöl, Saft von 1 Zitrone, Salz, weißer Pfeffer oder Cayennepfeffer

Die geschälten Knoblauchzehen fein hacken und in ein Rührgefäß geben. Paniermehl durchsieben, mit warmem Wasser anfeuchten, zufügen. Eigelb unterrühren. Nach und nach im feinen Strahl – ähnlich wie bei Mayonnaise – Olivenöl dazugeben, dabei fortwährend mit dem Elektroquirl, notfalls mit dem einfachen Schneebesen schlagen. An Stelle von Eiern und Öl kann man auch 1 Tasse fertige Mayonnaise nehmen. Die Soße mit reichlich Zitronensaft, Salz und frisch gemahlenem Pfeffer oder Cayennepfeffer abschmecken. Kühl, aber nicht im Kühlschrank, aufbewahren. Zu Fleisch- und Fischgerichten.

Amerikanische Soße

1/2 Tasse Tomatenketchup, 2 EL brauner Zucker, 2 TL Senf, Salz, 1/4 TL Cayennepfeffer, 1 TL Oregano

Aus Tomatenketchup, braunem Zucker, Senf, Salz, Cayennepfeffer und Oregano eine Soße bereiten. Eignet sich für Schälrippchen.

Andalusische Soße

4 EL eingelegte Paprikaschoten, 1/8 l (125 g) Mayonnaise, 4 EL Tomatenmark, 4 Oliven, 1 TL Basilikum, Salz, Pfeffer

Paprikaschoten abtropfen lassen und durch ein Sieb drücken. Dann mit Mayonnaise, Tomatenmark, feingehackten Oliven, feingewiegtem, möglichst frischem Basilikum, Salz und Pfeffer gut verschlagen. Wenn man keinen frischen Basilikum bekommen kann, statt dessen 1/2 Teelöffel Trockenware in 1 Eßlöffel Wein 10 Minuten quellen lassen. Zu Rind- und Hammelfleisch.

Apfelmayonnaise

1 großer säuerlicher Apfel (Boskop), 4 EL Mayonnaise, 2 EL Zitronensaft, 1/2 TL Tomatenmark, Paprika, Zucker, Salz, 4 EL Sahne oder Joghurt

Den Apfel schälen. Mayonnaise mit Zitronensaft und Tomatenmark verschlagen, den Apfel auf der feinen Reibe hineinreiben. Dabei ab und zu umrühren, damit die Apfelmasse nicht braun wird. Man kann die Zutaten auch im Mixer pürieren. Mit reichlich Paprikapulver, etwas Zucker und Salz abschmecken. Die Sahne steif schlagen. Sahne oder Joghurt zum Schluß unter die Soße ziehen. Diese Soße erst ganz kurz vor dem Essen zubereiten.

Aprikosensoße

Das Kompott abtropfen lassen und im Mixer pürieren. In einer Schüssel mit Ketchup, Essig, Sojasoße, braunem Zucker, geschälter und mit der Gabel zerdrückter Knoblauchzehe und Ingwer gut verrühren. Zu Schweinefleischgerichten.

1 kleine Dose Aprikosenkompott, 3 EL Ketchup, 3 EL Essig, 2 EL Sojasoße, 4 EL brauner Zucker, 1 Knoblauchzehe, 2 TL Ingwer (gemahlen)

Argentinische Soße

Zuckersirup mit Senf, Farinzucker, Weinessig und Orangensaft in einer Schüssel verrühren. Mit Chilisoße und Worcestersoße nach Geschmack würzen. Zu Fleisch und Fischen.

3 EL Zuckersirup, 1 EL scharfer Senf, 2 EL Farinzucker, 2 EL Weinessig, 2 EL Orangensaft, 1 TL Chilisoße, 1/2 TL Worcestersoße

Asiatische Soße

Alle Zutaten bis auf den Ingwer in einen Topf geben und unter Rühren aufkochen, bis der Stärkepuder die Soße bindet. Erst dann sehr fein geschnittenen Ingwer zufügen. Frischer Ingwer muß vorher geschält werden. Heiß oder kalt zu Fleisch- und Fischgerichten.

100 g Zucker, 6 EL Weißweinessig, 2 EL Weißwein, 1/4 l Ananassaft, 1 EL Tomatensaft, 1 EL Sojasoße, 2 EL Stärkepuder, 1 Stückchen frischer Ingwer oder 1 eingelegte Ingwerknolle

Aurorasoße

Alle Zutaten schnell miteinander verschlagen. Man kann die Soße mit steifgeschlagener Sahne oder Joghurt noch etwas strecken. Eventuell noch etwas Tomatenmark zufügen.
Zu gegrillten Fisch- und Fleischgerichten.

1/8 l Mayonnaise, 1 TL Tomatenmark, 1 TL Tomatenketchup, 1/2 TL Worcestersoße, 1 TL Kognak, Salz, Pfeffer, eventuell 1/8 l Sahne oder 1/2 Becher Joghurt

Avocadosoße

Die halbierten Avocados entkernen. Die Fruchthälften schälen, das Fruchtfleisch mit der Gabel zerdrücken (oder im Mixer pürieren). Eigelb, Zitronensaft, Salz, Pfeffer, Estragon und Joghurt mit dem Fruchtfleisch vermischen. Kurz vor dem Essen zuzubereiten. Zu Kalbfleisch, Geflügel, Fisch.

3 reife Avocados, 3 Eigelb, 1–2 EL Zitronensaft, Salz, weißer Pfeffer, 1/2 TL Estragon, 1/8 l Joghurt oder Sahne

Bananen-Mayonnaise

Alle Zutaten miteinander im Mixer pürieren und abschmecken. Oder die Bananen mit der Gaben gut zerdrücken und dann mit den übrigen Zutaten verschlagen. Zu Fisch, weißem Fleisch und Geflügel.

1/8 l Mayonnaise, 2 Bananen, 2 EL Zitronensaft, 1 TL Worcestersoße, Salz

Barbecuemayonnaise

1/8 l Mayonnaise, 1/8 l Barbecuesoße, 1 EL gehackte Kräuter, 1 EL gehackte Pistazien, 1–2 TL Kaviar

Fertige Mayonnaise mit Barbecuesoße, gehackten, frischen Kräutern und gehackten Pistazien verrühren. Man kann auch noch Kaviar (für Fischgerichte und Krustentiere) dazurühren.

Barbecuesoße

250 g Ketchup, 1/8 l Rotwein, 1/2 zerriebenes Lorbeerblatt, 2 zerdrückte Knoblauchzehen, 1 EL feingehackte Zwiebel, 2 EL Öl, 2 EL Chilisoße

Die feingeschnittene Zwiebel in Öl leicht anschwitzen, mit Rotwein ablöschen, Lorbeerblatt und zerdrückte Knoblauchzehen beigeben. Ketchup mit Chili zufügen, 2–3 Minuten kochen lassen, dann passieren, kaltstellen.

Die Barbecuesoße ist auch als Fertigsoße im Handel erhältlich. Sie besteht aus Tomaten- und Paprikamark, Pfeffer, Salz, Zucker, Zwiebel, Essig, Knoblauch, Edelsüß- und Rosenpaprika und anderen Gewürzen. Während des Röstens auf dem Spieß das Fleisch häufig mit der Soße bepinseln.

Barbecuesoßen für Schweinekoteletts

1. 4 EL Öl, 2 EL feingehackte Zwiebel, 2 feingehackte Knoblauchzehen, 4 Lorbeerblätter, 2 TL Chilipulver, 4 Nelken, 4 EL Tomatenketchup, 1 EL Worcestersoße, 1/2 EL Zitronensaft, 4 TL Paprika, Salz
2. 4 EL geriebener Meerrettich, 1 EL kleinwürfelig geschnittene Zwiebeln, 6 EL Wasser, 1/2 TL Senf, 1/2 TL Zucker, Salz, Pfeffer
3. 4 EL Johannisbeergelee, 1 EL Zitronensaft, 1 EL Rotwein, 2 EL geriebener Meerrettich, Salz

Die Zutaten der einzelnen Soßen kalt miteinander gut verrühren. Mit Gewürzen abschmecken.

Barbecuesoße, scharf

2 TL Tabascosoße, 2 1/2 Tassen Chilisoße, 1 TL gehackte Chilischoten, 3/4 Tasse Zitronensaft, 2 EL Estragonessig, 2 Tassen gehackte Zwiebeln, 2 gehackte Knoblauchzehen, 1 EL brauner Zucker, 1 zerriebenes Lorbeerblatt, 1 TL Senf, Salz

Alle Zutaten mit 1/2 Tasse Wasser zum Kochen bringen und auf kleiner Flamme 15 Minuten dünsten. Zu Frikadellen, Rippchen, Lammbraten oder Huhn. – Die Soße kann im Kühlschrank, zugedeckt, mindestens 1 Woche aufbewahrt werden.

Soße béarnaise

Geschälte Zwiebeln klein hacken. Mit Estragonessig, Pfefferkörnern und Fleischextrakt aufkochen. Die Zwiebeln müssen glasig sein. Durchseihen. Eigelb mit warmem Wasser verquirlen. Im siedenden Wasserbad (nicht kochend!) cremig rühren. Butter auf kleiner Flamme schmelzen lassen. Nach und nach kaffeelöffelweise zum Eigelb geben. Dann den Zwiebelsud, Salz, Pfeffer, und die gehackten Kräuter unter ständigem Rühren zugeben. Warmhalten.

2 kleine Zwiebeln, 3 EL Estragonessig, 3 Pfefferkörner, 2 TL Fleischextrakt (flüssig), 3 Eigelb, 1 EL warmes Wasser, 100 g Butter, 1/2 TL Salz, Cayennepfeffer, 1 TL getrocknete (1 EL frische, gehackte) Estragonblätter, 1 TL Kerbel

Béchamelsoße

Butter in einem Topf schmelzen lassen. Schinken- und Zwiebelwürfel hellgelb darin dünsten, dann das Mehl zurühren. Fleischbrühe und Milch unter Rühren zugießen. Soße 10 Minuten auf kleiner Flamme köcheln lassen. Durch ein Sieb passieren. Mit Salz und Pfeffer abschmecken. Schnittlauch waschen, gut abtropfen lassen, in kleine Röllchen schneiden. Unter die Soße rühren.

40 g Butter, 40 g gewürfelter Schinken, 1 geschälte, gewürfelte Zwiebel, 40 g Mehl, 1/4 l Fleischbrühe (Würfel), 1/4 l Milch, Salz, Pfeffer, 1 Bund Schnittlauch

Café-de-Paris-Soße

Helle Kräutersoße, u. a. mit Knoblauch gewürzt, nach dem berühmten Café de Paris benannt. Eignet sich für gegrilltes Fleisch, Steaks.

Calvadossoße

Den Apfel schälen, das Kerngehäuse entfernen, in kleine Stückchen schneiden, die Apfelstückchen kurz im Öl andünsten. Dann mit Rotwein ablöschen und zu Mus kochen. Mit Calvados, Salz und Pfeffer würzen. Erkalten lassen. Die Sahne steif schlagen und kurz vor dem Servieren unter die Soße ziehen. Zu gegrillten Wildgerichten.

1 säuerlicher Apfel (Boskop), 2 EL Öl, knapp 1/4 l Rotwein, 2–3 EL Calvados, Salz, Pfeffer, 4 EL Sahne

Cassis-Soße

Johannisbeerkonfitüre mit den Gewürzen kräftig verschlagen, bis sie halbflüssig wird. Mandeln überbrühen, schälen, grob hacken und unter die Soße geben. Zu Wildgerichten, besonders Wildschwein. Hält sich im Kühlschrank, mit einer dünnen Rumschicht bedeckt, monatelang.

200 g schwarze Johannisbeerkonfitüre, 1 EL Rum, 1/2 TL Senfpulver, 1–2 EL Zitronensaft, 2 EL gehackte Mandeln

Champignonsoße

125 g Champignons (aus der Dose), 1/2 Becher Joghurt, 2 EL Mayonnaise, 1–2 EL Dosenmilch oder Sahne, Worcestersoße

Champignons in einem Sieb abtropfen lassen. Die Dosenflüssigkeit auffangen. 2–3 Champignons beiseite legen. Die anderen im Mixer pürieren. 3–4 EL aufgefangene Champignon-Flüssigkeit zum Mus geben. Joghurt mit dem Schneebesen schaumig schlagen. Champignon-Mus unter das Joghurt heben und mischen. Sahne oder Dosenmilch hineinrühren, damit der Brei geschmeidig wird. Mit Worcestersoße abschmecken. Soße im Kühlschrank durchziehen lassen. Die beiseite gelegten Champignons blättrig schneiden und auf die Soße streuen. Zu kurz gegrilltem Fleisch.

Chantillysoße

1/8 l Mayonnaise, 1–2 TL Zitronensaft, Salz, Paprika, 1/8 l Sahne

Die Mayonnaise mit den Gewürzen abschmecken und kurz vor dem Servieren die steifgeschlagene Sahne unterheben. Zu Fischgerichten.

Chateaubriandsoße

5 EL Fleischextrakt, 200 g Butter, Pfeffer, 1–2 EL Zitronensaft, 1 EL gehackte Petersilie

Fleischextrakt mit der frischen Butter aufschlagen, mit Pfeffer und Zitronensaft kräftig würzen. Kurz vor dem Servieren die gehackte Petersilie dazugeben.

Chilisoße

1/8 l Mayonnaise, 3 EL Weißwein, 1 EL scharfe Chilisoße (fertig gekauft), Salz

Die Mayonnaise mit Weißwein verdünnen, die Chilisoße zurühren. Mit Salz abschmecken. 2 Stunden im Kühlschrank durchziehen lassen. Zu kurz gegrilltem Fleisch.

Chilisoße, rot

4 Tomaten, 1/2 Zwiebel, 1 Knoblauchzehe, 1–2 grüne Peperoni oder 3 Schuß scharfe Chilisoße, 2 Tassen Wasser oder Hühnerbrühe, Salz, Pfeffer, Zucker

Geschälte, kleingeschnittene Tomaten, kleingeschnittene Zwiebel, gehackte Knoblauchzehe, entkernte, kleingehackte Peperoni oder Chilisoße mit Hühnerbrühe oder Wasser 20 Minuten langsam kochen lassen, dann im Mixgerät pürieren, mit Salz, Pfeffer und Zucker abschmecken.

Chilisoße, grün

Wie die rote Chilisoße bereiten, aber an Stelle der roten Tomaten 12 kleine grüne Tomaten verwenden.

Chilisoße (kalt)

Geschälte, kleingeschnittene Tomaten, entkernte, gehackte Peperoni, feingeschnittene Zwiebel, gehackte Petersilie oder Koriander, Zitronensaft und Salz gut verrühren. Kann gekühlt mehrere Tage aufbewahrt werden.

2 Tomaten, 1 grüner Peperoni, 1 Zwiebel, 1 TL Petersilie oder frischer Koriander, 1 TL Zitronensaft, Salz

Chili-Ananas-Soße

Die Ananasscheiben abtropfen lassen, grob zerschneiden, dann mit dem Messer fein hacken und schließlich mit der flachen Messerklinge zerdrücken. Die Ananasmasse und den -saft in eine Schale geben, mit den übrigen Zutaten verrühren und die Soße 20 Minuten stehen lassen. Dann erneut umrühren und warm servieren. Zu Fleischspießchen, auch zu gemischten Spießen, zu glasiertem, gekochtem Schinken oder zu Schinken-Grillsteaks.

2 Scheiben Ananas (aus der Dose), 1/4 Tasse brauner Zucker, 1/2 TL Cayennepfeffer, 8 EL Öl, 4 EL Essig, 4 EL Rum, 1 gestrichener TL feingemahlener weißer Pfeffer

Chili-Barbecue-Soße

Zwiebeln, Knoblauch und Paprika 5 Minuten in Butter braten. Chili, Tomaten, Wein, Salz und Pfeffer zufügen. Stärke, kalte Brühe und Zucker mischen und in die Chilisoße rühren. Unter ständigem Rühren aufkochen. Zudecken und 10 Minuten dünsten. Zu Hot Dogs, Schinken oder Schweinebraten.

1 1/2 EL Chilipulver, 3/4 Tasse feingehackte Zwiebel, 2 Knoblauchzehen, feingehackt, 3/4 Tasse feingehackte Paprikaschoten, 3/4 Tasse Brühe, 6 EL Butter, 4 Tassen kleingehackte Tomaten, 3/4 Tasse Rotwein, 2 EL Maisstärke, Salz, Prise Zucker, Pfeffer

Chinesische Soße

Zucker, Ingwerpulver und Salz zu einer süß-sauren Soße verrühren. Zu Koteletts.

1/2 Tasse Sesamöl, 2 TL Sojasoße, 2 TL Zucker, 2 TL Ingwerpulver, Salz

Chutneysoße

Alle Zutaten im Mixer miteinander vermischen oder mit dem Schneebesen verschlagen. Zu Hühner- und Putengerichten, zu Lamm- oder Schweinefleisch.

1/4 l saure Sahne, 4 EL Mango Chutney, 1 EL Zitronensaft

Cumberlandsoße

Orange und Zitrone heiß waschen, trocknen, hauchdünn schälen, weiße Haut entfernen, und in ganz feine Streifen schneiden. Mit Orangen-, Zitronensaft und Portwein zugedeckt bei schwacher Hitze 5 Minuten kochen. Dann alle Zutaten miteinander verschlagen und mindestens 24 Stunden durchziehen lassen. Zu kaltem Wild, Wildgeflügel, kaltem Rinderbraten, kalter Ente und Roastbeef.

Schale von 1/2 Orange (ungespritzt), 3 EL Orangensaft, 1/10 l trockener Portwein, 1 Zitrone, 250 g rotes Johannisbeergelee, 1/2 TL Senfpulver, einige Tropfen Worcestersoße, Ingwerpulver, Salz, Pfeffer, eventuell Cayennepfeffer

Curryjoghurt

1 Becher Joghurt, etwas Orangenschale (ungespritzt), 4 EL Orangensaft, 2 eingelegte Ingwerknollen, 1 EL Mango Chutney, 1–2 EL Currypulver, 3 EL Sahne

Joghurt mit feingeriebener Orangenschale und Orangensaft verschlagen. Die Ingwerknollen ganz fein hacken. Mango Chutney ebenfalls fein hacken oder durch ein Sieb streichen. Beide Zutaten zur Soße geben, die mit Curry recht scharf abgeschmeckt wird. Erst kurz vor dem Servieren die steifgeschlagene Sahne unterheben. Zu Fisch- und Fleischgerichten.

Currymayonnaise

125 g Mayonnaise, 1 TL Currypulver, 1 EL Johannisbeergelee, 2 TL Dosenmilch, Zitronensaft, Zucker

Mayonnaise mit Curry und Johannisbeergelee und Dosenmilch verrühren, mit einem Spritzer Zitronensaft und einer Prise Zucker abschmecken.

Currysoße

1 Knoblauchzehe, 1 Zwiebel, Salz, 30 g Butter oder 1 EL Öl, 1 säuerlicher Apfel, 1 TL Tomatenmark, 30 g Mehl, 1/4 l Fleischbrühe (Würfel), 1 EL Kokosraspeln, 3 TL Curry, Salz, Zitronensaft

Die geschälte Knoblauchzehe mit Salz zerdrücken. Die geschälte Zwiebel fein hacken. Butter oder Öl heiß werden lassen. Knoblauch und Zwiebelwürfel darin glasig dünsten. Aus geschältem Apfel Kerngehäuse entfernen. Apfel sehr fein würfeln. In die Butter geben. Tomatenmark unterrühren. Mit Mehr bestäuben und durchschwitzen lassen. Nach und nach Fleischbrühe zugießen. 20 Minuten auf kleiner Flamme köcheln lassen. Zuletzt Kokosraspeln in die Soße rühren. Mit Curry, Salz und etwas Zitronensaft abschmecken. Man kann die fertige Soße auch erkalten lassen, dabei ab und zu mit dem Schneebesen schlagen. Vor dem Servieren 1/8 l Sahne steif schlagen und unter die gelbe Soße ziehen. Zu Würstchen, Fisch, Krabben, Geflügel, Kalb und Schwein.

Dillmayonnaise

125 g Mayonnaise, 2 TL gehackter Dill, 1 TL Zucker, 2 TL saure Sahne, Salz

Mayonnaise mit feingehacktem Dill, Zucker, saurer Sahne verrühren und leicht salzen.

Englische Soße

1/8 l Wasser, 1/8 l Tomatenketchup, 1 EL Worcestersoße, 1 Knoblauchzehe, fein zerdrückt, 1 feingehackte Zwiebel, 100 g geriebene Selleriewurzel, Salz, Pfeffer

Die Zutaten gut miteinander verrühren, mit Salz und Pfeffer abschmecken. Zu Hammelfleisch.

Französische Soße

Olivenöl mit Rosmarin und Thymian mischen, Salz und geschälte, zerdrückte Knoblauchzehen zugeben. Pernod an die Soße gießen.

½ Tasse Olivenöl, 1 TL Rosmarin, 1 TL Thymian, Salz, 4 Knoblauchzehen, 3 EL Pernod

Fruchtsoße

Die Sauerkirschen im Sieb abtropfen lassen, die Flüssigkeit auffangen. Dann die Kirschen im Mixer zu Mus pürieren. Mayonnaise unter das Kirschmus rühren. (Ist der Brei zu dick, etwas Kirschsaft zugießen.) Brei mit Weinbrand würzen. Geschälte Zwiebelhälfte fein hacken und in die Soße geben. Mit Worcestersoße abschmekken. Soße noch etwas durchziehen lassen. Zu Fleisch und Geflügel.

½ Glas Sauerkirschen, 3 EL Mayonnaise, 1 EL Weinbrand, ½ Zwiebel, Worcestersoße

Frühlingssoße

Die Eier schälen und grob zerkleinern. Mit allen übrigen Zutaten in den Mixer geben und 2–3 Minuten fein pürieren. Oder die Eier durch ein feines Sieb drücken und mit dem Öl und den übrigen fein zerkleinerten Zutaten verrühren. Möglichst bald verbrauchen. Zu gegrillten Steaks oder Fischen.

2 hartgekochte Eier, ⅛ l Öl, 1 kleine Knoblauchzehe, 3–4 EL gehackte frische Kräuter (Dill, Estragon, Kerbel, Kresse, Petersilie, Schnittlauch etc.), 3–4 EL Zitronensaft, 1 Msp. Senf, Salz, Pfeffer

Gänselebersoße

Tiefgekühlte Gänselebersoße auftauen lassen. Die Leber dann in kleine Stücke schneiden. Geschälte Zwiebel fein würfeln. Zuerst die Zwiebel in Öl anbraten, dann die Leber zufügen und kurz mitbraten. Mit Rotwein ablöschen, kurz durchkochen. Stärkepuder mit etwas Wasser anrühren, die Soße damit binden. Dann alles im Mixer oder mit dem Messerstern fein pürieren. Mit Salz und wenig Majoran abschmecken. Warm zu gegrilltem Wild.

200 g Gänseleber (frisch oder tiefgekühlt), 1 Zwiebel, 1 EL Öl, ⅛ l Rotwein, 1 EL Stärkepuder, Salz, Majoran

Grill-Barbecuesoße

Barbecuesoße mit Schuß Weinbrand, Rotwein, Sherry, Portwein oder Weinbrand verfeinern. Eignet sich für alle Grillspeisen, für kalte Fleisch-, Geflügel- oder Fischspeise.

Grillspreads

Das sind pikante Buttermischungen in Gläsern und Packungen, die man mit Kräuter-, Sardellen-, Nuß-, Paprika-, Peperoni-, Käsegeschmack u. a. im Handel bekommt. Das Grillgut wird mit Hilfe eines Pinsels mit Grillspread nach eigener Wahl bestrichen.

Grüne Soße

125 g frische Kräuter (Borretsch, Pimpernelle, Schnittlauch, Petersilie, Sauerampfer, Kresse, junger Spinat, Dill, Zitronenmelisse, Liebstöckel, Estragon, Selleriegrün nach Wahl bzw. Saison), 1 hartgekochtes Ei, 2 EL Mayonnaise, ½ l saure Sahne, 1 TL Senf, etwas Zitronensaft, Salz, Zucker, weißer Pfeffer

Die Kräuter verlesen, kalt waschen und gut abtropfen lassen. Dicke Stengel abschneiden. Kräuter fein hacken oder im Mixer pürieren. Geschältes Ei fein hacken. Mit den übrigen Zutaten mischen. Durchziehen lassen und anschließend vor dem Servieren noch einmal abschmecken. Zu gegrilltem Fisch.

Gurkensoße

½ Salatgurke, ⅛ l Sahne, 3 EL Mayonnaise, 1 EL feingehackter Dill, 1 TL Zitronensaft, 1 Msp. Senf, Zucker, Salz, Pfeffer

Gurke schälen, in Scheiben schneiden oder hobeln und mit ganz wenig Wasser zugedeckt 10 Minuten dünsten. Im Mixer oder mit dem Messerstern pürieren, dann durch ein Sieb drücken. Sahne steif schlagen, mit den übrigen Zutaten zu dem abgekühlten Gurkenpüree geben. Zu Fisch oder Scampigerichten.

Hagebuttensoße

¼ l Hagebuttenmark, 4 EL trockener Sherry oder Portwein, 1 EL Zitronensaft, etwas Salz, Paprika, Zimt, Nelken, Zucker und Worcestersoße, 4–6 EL Sahne

Das ungewürzte Hagebuttenmark mit Sherry oder Portwein mit dem Schneebesen glattrühren, mit Zitronensaft und etwas Salz, Paprika edelsüß, 1 Msp. Zimt, 1 Msp. gemahlenen Nelken, 1 TL Zucker, 1 TL Worcestersoße abschmecken. Wem die Soße zu herb und intensiv im Geschmack ist, zieht man noch etwas ungesüßte Schlagsahne unter das Mark. Die Menge der Grundzutaten kann dann auf die Hälfte reduziert werden. Zu gegrillten Wildgerichten, Kalbsröllchen vom Spieß.

Haselnußsoße

250 g Quark, 4–6 EL Sahne oder Joghurt, 1 EL Zitronensaft, einige Tropfen Worcestersoße, 50 g Haselnüsse, Salz, Pfeffer

Die Haselnüsse 10–15 Minuten im Backofen rösten. Die dunklen Häutchen mit einem Tuch abreiben und die Nüsse fein reiben bzw. im Mixer zerkleinern. Dann mit den übrigen Zutaten zu einer dickflüssigen Soße vermischen. Zu gegrillten Kartoffeln oder als Dipsoße.

Italienische Soße

Öl mit Tomatenmark, Oregano, Sardellenpaste, Pfeffer und Salz mischen. Zum Schluß mit Zitronensaft abschmecken.

1/2 Tasse Olivenöl, 2 EL Tomatenmark, 1 TL Oregano, 1 TL Sardellenpaste, Pfeffer, Salz, Saft von 1 Zitrone

Kapern-Senf-Soße

Joghurt mit Schneebesen schaumig schlagen. Mayonnaise und Senf vorsichtig unterrühren, mit Salz, Pfeffer und Zucker abschmecken. Die Kapern abtropfen lassen, fein hacken und in die Soße rühren. Zu gegrilltem Fleisch und großen Grillstücken.

1/2 Tasse Joghurt, 1 Tasse Mayonnaise, 2–3 EL Senf, Salz, Pfeffer, 1 Prise, Zucker, 1/2 Röhrchen Kapern

Karibische Soße

Die Paprikaschoten waschen, von Stielansatz und Kernen befreien und in schmale Streifen oder kleine Würfel schneiden. Möhre waschen, schaben, in Scheiben schneiden. Beides 5 Minuten in Salzwasser garen, gut abtropfen lassen. Bambussprossen abtropfen lassen und in feine Stifte schneiden. Essig, Zucker, Sojasoße, Salz und Hühnerbrühe mit dem Stärkepuder vermischen und unter Rühren zum Kochen bringen. Dann das Gemüse hineingeben, alles kurz miteinander aufkochen lassen und abschmecken. Die Soße unter gelegentlichem Umrühren erkalten lassen. Kleingeschnittene Ananasstücke kurz vor dem Essen zufügen.

1 rote Paprikaschote, 1 Möhre, 1 Bambussprosse (aus der Dose), 6 EL Essig, 5 EL Zucker, 2 EL Sojasoße, 1/2 TL Salz, 1/8 l Hühnerbrühe (Würfel), 1 EL Stärkepuder, 4 EL Ananasstückchen

Ketchup mit Perlzwiebeln

Tomatenketchup mit Zwiebelsaft verrühren. Perlzwiebeln abtropfen lassen. Große Zwiebeln halbieren. Zwiebeln unter das Tomatenketchup rühren. Etwas ziehen lassen.

1 Tasse Tomatenketchup, 1 TL Zwiebelsaft (Fertigprodukt), 1 Glas Perlzwiebeln

Kirschsoße

Die Sauerkirschen entkernen und mit den restlichen Zutaten und ganz wenig Wasser 15 Minuten in einem Topf kochen. Dann im Mixer oder mit Hilfe des Messersterns pürieren, durch ein Sieb drücken. Nochmals abschmecken. Warm oder kalt zu gegrilltem Fleisch.

500 g dunkle Sauerkirschen, 50 g Rosinen, 4 EL Zucker, 1 Msp. Zimt, 1 Msp. Nelkenpulver

Knoblauch-Mayonnaise

6–8 Knoblauchzehen, 2 Eigelb, 1/2 EL Essig, Salz, Pfeffer, 1/4 l Olivenöl, 1 TL Senf

Die Knoblauchzehen schälen und durch die Knoblauchpresse drücken. Die Knoblauchmasse mit Eigelb und Essig mischen, mit Salz und Pfeffer würzen. Tropfenweise das Öl zuquirlen. Erst zum Schluß schneller gießen oder ständig rühren. Am besten mit den Quirlen des Handmixers. Wenn die Masse cremig ist, Senf zugeben. Wieder rühren. Noch einmal abschmecken. Zugedeckt etwas durchziehen lassen. Zu Rind- und Hammelfleisch.

Krabbenmayonnaise

1/8 l Mayonnaise, 1/2 Becher Joghurt oder 1/8 l Sahne, 1 EL Zitronensaft, 1 Bund Dill, Salz, weißer Pfeffer, 100 g Krabben

Mayonnaise und Joghurt oder steifgeschlagene Sahne und Zitronensaft vermischen. Dill waschen, fein hacken, zufügen. Mit Salz und Pfeffer abschmecken. Die Krabben kurz unter fließendem Wasser abspülen, klein schneiden und unter die Soße geben.

Kräutersoße, kalt

50 g Schnittlauch oder Frühlingszwiebeln, 50 g Pimpinelle, 50 g Estragon, 20 g Dill, 10 g Bohnenkraut, 10 g Majoran, 2 Zwiebeln, 1 TL Kapern, 1/4 l Olivenöl, 1 EL Essig, Salz, Pfeffer

Die Kräuter verlesen, kalt waschen, in einem Tuch gut trocknen. Harte Stengel entfernen, Kräuter fein wiegen. Zwiebeln schälen und hacken, ebenso die Kapern. Alle Zutaten mischen. In ein Glas geben. Öl und Essig verrühren, mit Salz und Pfeffer abschmecken und darübergießen. Mindestens einen Tag durchziehen lassen.

Kräutersoße auf Pariser Art

100 g Frischkäse (Gervais oder Philadelphia), 1/8 l Mayonnaise, 1 EL Zitronensaft, Salz, 2 EL feingehackte Kräuter (Dill, Kerbel, Petersilie, Schnittlauch etc.), eventuell 1–2 EL Joghurt

Den Frischkäse durch ein Sieb drücken und mit den restlichen Zutaten zu einer gleichmäßigen Masse verschlagen. Eventuell etwas Joghurt zugeben. Als Dipsoße, aber auch zu Fisch- oder Fleischgerichten und zu Ofenkartoffeln.

Kräutersoße

20 g Butter oder Margarine, 15 g Mehl, 1 EL feingehackte Kräuter (Schnittlauch, Petersilie, Estragon, Kerbel), 1 TL Zitronensaft, 1/4 l Fleischbrühe (Würfel), Salz, Prise Zucker

Butter oder Margarine erhitzen. Mehr zurühren. Kräuter und Zitronensaft zugeben. Mit Fleischbrühe aufgießen, gut verrühren und 5 Minuten leise kochen lassen. Mit Salz und Zucker abschmecken. Warmhalten.

Malagasoße

Die Eier schälen und fein hacken. Die Masse mit den rohen Eiern glattrühren. Pfeffer, Cayennepfeffer und das Öl zufügen. Die Mandeln 1 Minute in kochendheißes Wasser legen, dann die Haut abziehen, die Mandeln abtrocknen lassen und fein hacken oder mit dem Grill eines größeren Messers zerstoßen. Die Sultaninen in kochendheißem Wasser 5 Minuten aufquellen lassen; dann abgießen und fein zerschneiden oder hacken. Die zerkleinerten Mandeln, Sultaninen und die übrigen Zutaten in die Eisoße rühren und das Ganze 20 Minuten ziehen lassen. Zu Fischspießen, gefüllten Fischrouladen oder Wickelbraten vom Grill.

2 hartgekochte Eier, 2 rohe Eier, 10 EL Olivenöl, 25 süße Mandeln, 1/2 Tasse Sultaninen, 2 EL flüssiger Honig, 4 EL Weinessig, 4 EL Tomatenmark, schwarzer Pfeffer, Cayennepfeffer

Malteser Soße

Mayonnaise mit steifgeschlagener Sahne, feingeriebener Orangenschale und dem durchgesiebten Saft der Blutorange vermischen, dann abschmecken.

1/8 l Mayonnaise, 1/8 l Sahne, Schale und Saft von 1/2 Blutorange, 1/2 TL Zitronensaft, Zucker, Salz

Mandarinensoße

Mayonnaise mit Currypulver verrühren. Die Mandeln überbrühen, schälen, fein hacken und mit den gut abgetropften Mandarin-Orangen unter die Soße geben. Zum Schluß mit Zitronensaft und Salz abschmecken. Zu gegrilltem Fleisch oder Fischfilets.

1/8 l Mayonnaise, 1/2 TL Currypulver, 25 g Mandeln, 1/2 Dose (150 g) Mandarin-Orangen, Zitronensaft, Salz

Mandelsoße

Die Mandeln überbrühen, schälen, grob hacken und im Backofen rösten. Mit Öl, der geschälten, fein zerdrückten Knoblauchzehe und Zitronensaft vermischen. Die Sahne steif schlagen, im letzten Moment unter die Mischung ziehen. Mit Salz abschmecken. Zu allen Fischgerichten als auch zu weißem Fleisch, wie Kalbfleisch, Huhn oder Pute.

125 g Mandeln, 3 EL Öl, 1 Knoblauchzehe, 2 EL Zitronensaft, 4 EL Sahne, Salz

Mangosoße

Mangofrüchte mit der Flüssigkeit, Weinessig und Honig zugedeckt 2 Minuten kochen lassen. Früchte in der Flüssigkeit kalt werden lassen. Dann salzen und die Kräuter und Zwiebelwürfel unterrühren. Mit Pfeffer abschmecken. Abkühlen lassen. Zu Fleisch, Wild und Curryhuhnstücken vom Grill.

1 Dose Mangofrüchte, 1 EL Weinessig, 3 EL Honig, Salz, Basilikum, 1 EL kleingeschnittene Petersilie, 1 EL kleingeschnittener Schnittlauch, 1 Tasse feingewürfelte Zwiebeln, weißer Pfeffer

Mayonnaise

1 Ei, 1 Msp. Senf, Saft von 1/2 Zitrone, Pfeffer, 1/8–1/4 l Öl, eventuell etwas Brühe

Das ganze Ei mit den Gewürzen verschlagen. Nach und nach in einem recht feinen Strahl das Öl (Küchentemperatur!) hinzugeben. Meist wird die Mayonnaise ziemlich dick, darum zum Schluß etwas heiße Brühe durch ein Sieb zugeben. Dann nochmals frisch abschmecken. Sollte kein Elektroquirl oder Mixer vorhanden sein, nimmt man nur 1–2 Eigelb; das Eiweiß dann anderweitig verwenden. Kräftig mit dem Schneebesen schlagen und das küchenwarme Öl tropfenweise zur Eigelbmasse geben.

Meerrettichmayonnaise

1/8 l Mayonnaise, 2–3 EL geriebener Meerrettich, 1 TL Zitronensaft, Salz, Pfeffer, eventuell 1/8 l süße oder saure Sahne oder 1/2 Becher Joghurt oder 100 g Quark, eventuell 1/2 Apfel

Mayonnaise mit frisch geriebenem Meerrettich und Gewürzen verschlagen. Man kann die Soße mit geschlagener Sahne, Joghurt oder Quark verlängern. Man kann zusätzlich einen halben Apfel schälen, fein reiben und zufügen. Zu allen Grillgerichten oder als Dipsoße.

Meerrettichsahne

1/8 l Sahne, Salz, je 1 Prise weißer Pfeffer und Zucker, 2 EL geriebener Meerrettich

Sahne steif schlagen. Mit Salz, Pfeffer und Zucker abschmecken, frisch geriebenen Meerrettich unter die Sahne rühren. Noch einmal abschmecken. Zu Steaks und großen Grilladen.

Meerschaumsoße

1/8 l Sahne, 1/8 l Mayonnaise, 2 EL geriebener Meerrettich, 2 EL gehackte Walnüsse, Zitronensaft, Salz, Zucker

Sahne schlagen, mit der Mayonnaise, frisch geriebenem Meerrettich und Walnüssen vermischen und mit den übrigen Zutaten abschmecken. Sofort servieren. Zu Fisch oder Fleisch.

Minzsoße

3 EL frische Minzblätter (nicht Pfefferminze, sondern Grüne Minze), 3 EL Wasser, 1 EL Zucker, 1/10 l Essig

Die grobgehackten Minzblättchen mit Wasser und Zucker 2–3 Minuten rühren, dann den Essig zufügen. Wer es eilig hat, gibt alle Zutaten in den Mixer. Diese Soße ist gut vier Wochen haltbar. Zu Hammelgerichten.

Nußmayonnaise

50 g Hasel- oder Walnüsse, 1/8 l Mayonnaise, etwas Worcestersoße, ein Spritzer Tabasco, Paprikapulver oder 1 Knoblauchzehe, Salz, eventuell 1/2 Becher Joghurt

Die Nüsse 10–15 Minuten im Backofen rösten, dunkle Häutchen mit einem Tuch abreiben. Dann im Mixer zerkleinern oder reiben. Mit Mayonnaise, Worcestersoße, wahlweise Paprika oder einer geschälten, feinzerdrückten Knoblauchzehe verschlagen und mit Salz abschmecken. Eventuell etwas Joghurt hinzugeben. Als Dipsoße, zu gegrilltem Fisch oder Fleisch.

Olivensoße

Öl, Tomatenketchup, die geschälte, grob zerkleinerte Zwiebel, Zitronensaft, Salz und Zucker im Mixer miteinander pürieren (sonst die Zwiebel fein schneiden und mit den übrigen Zutaten gut verrühren). Die Oliven in dünne Scheibchen schneiden und unter die Soße rühren. Zu gegrilltem Fisch oder Fleisch.

3 EL Öl, 4 EL Tomatenketchup, 1 Zwiebel, 1 EL Zitronensaft, Salz, Zucker, 10–12 gefüllte grüne Oliven

Orangensoße

Zucker in einer Pfanne goldgelb werden lassen. Mit Orangensaft ablöschen. Abgeriebene Orangenschale und Ingwer zugeben. Unter Rühren kochen lassen. Vom Herd nehmen, etwa abkühlen lassen. Diese Zuckermischung löffelweise unter die Mayonnaise rühren. Mit Cayennepfeffer und Cointreau würzen. Ganz kalt werden lassen. Zu Kalbs- und Schweinegrilladen.

30 g Zucker, 5 EL Orangensaft, abgeriebene Schale von 1 Orange, 1 Prise Ingwer (gemahlen), 100 g Mayonnaise, 1 Prise Cayennepfeffer, 1 Glas Cointreau

Orangen-Johannisbeer-Soße

Johannisbeergelee durch ein Sieb passieren, mit Orangenschale mischen. Senf, geriebene Mandeln zugeben und verrühren. Mit Cayennepfeffer und Worcestersoße würzen. Mit Salz und Zucker abschmecken. Zu Wildgerichten.

1 kleines Glas Johannisbeergelee, abgeriebene Schale von 1 Orange, 1 TL Senf, 50 g geriebene Mandeln, 1 Prise Cayennepfeffer, 1 TL Worcestersoße, Salz, Zucker

Paprikasoße

Saure Sahne schaumig schlagen. Tomatenpüree und Paprikamark unterheben, mit Paprika würzen, mit Salz und Zucker abschmekken. Paprikaschote halbieren, putzen, von Kernen befreien, waschen und fein würfeln. Paprikawürfel unter die Soße rühren. Paprikasoße im Kühlschrank etwas durchziehen lassen. Zu Schweinefleisch.

¼ l saure Sahne, 3 EL Tomatenpüree, 1 TL Paprikamark, 1 TL Paprika edelsüß, Salz, Zucker, 1 rote Paprikaschote

Pesto

Mozzarella mit Parmesan, geschälten Knoblauchzehen, frischer Petersilie und mit sehr viel frischem Basilikum in einen Mixbecher geben und fein pürieren. Dann mit Gewürzen abschmecken. Ganz besonders schmackhaft wird die Soße durch Zufügen von zerhackten Pinienkernen. Zu Fleisch, Fisch, Eiern.

100 g Mozzarella, 50 g Parmesan, 4 EL Öl, 3–4 Knoblauchzehen, 3 EL gehackte Petersilie, 6 EL frisches Basilikum, Salz, Pfeffer, Zitronensaft, eventuell 100 g Pinienkerne

Pflaumensoße auf chinesische Art

200 g Pflaumenmarmelade, 200 g Mango Chutney, 2 EL Weinessig, 1 TL Worcestersoße

Alle Zutaten in einen Mixer geben oder mit Hilfe des Messersterns pürieren, dann durchsieben. Wer die Soße weniger süß wünscht, nimmt statt Marmelade dunkles Pfaumenmus. Im verschlossenen Glas hält sich diese Soße an kühler Stelle 4 Monate und länger. Bei langfristiger Lagerung die oberste Schicht durch einen dünnen Alkoholspiegel schützen. Zu Wild und gegrillten Fleischgerichten.

Pikante Soße

100 g Mayonnaise, 3 EL Tomatenketchup, 2 EL Dosenmilch, 2 Spritzer Worcestersoße, einige Tropfen Tabasco, Paprika rosenscharf, Cayennepfeffer, Zucker, 1 Prise Curry, Salz

Mayonnaise mit Tomatenketchup und Dosenmilch verrühren. Mit den übrigen Zutaten würzen. Im Kühlschrank durchziehen lassen. Kalt servieren. Zu Fleischgrilladen.

Preiselbeersoße

6 EL Preiselbeeren, 1 EL Zitronensaft, 1 Msp. Senf, einige Tropfen Worcestersoße, Salz, Pfeffer, gut 1/8 l Sahne oder 1 Becher Joghurt

Preiselbeeren mit den Gewürzen verschlagen und wahlweise steifgeschlagene Sahne oder Joghurt darunterrühren. Zu gegrilltem Fleisch oder Wild.

Provence-Soße

1 Tasse Tomatenketchup, 6 EL Kapern, 2 Zwiebeln, 2 Bund Schnittlauch, 1/2 Tasse Sahne, 2 TL Rosmarinblätter, 1 TL getrocknete Majoranblätter, 2 hartgekochte Eier, 1/2 TL Knoblauchpulver, 1/2 Tasse Öl, 6 EL Essig

Das Ketchup in eine Schale gießen. Die Kapern abtropfen lassen und grob hacken. Die Zwiebeln schälen und in feine Würfel schneiden. Den Schnittlauch klein schneiden und zusammen mit der Sahne, den Zwiebelwürfeln und den gehackten Kapern in das Tomatenketchup rühren. Die Rosmarin- und Majoranblätter mit 6 EL heißem Wasser übergießen und 20 Minuten aufquellen lassen. Die Eier schälen und fein hacken. Das Knoblauchpulver, die gehackten Eier, das Öl und den Essig mit den aufgequollenen Kräutern glattrühren und kurz vor dem Servieren in die Ketchupsoße mischen. Zu Lammsteaks oder Lammkoteletts vom Grill.

Ravigotesoße

1 1/2 Tassen Mayonnaise, gehackte Kräuter (Kerbel), Estragon, Petersilie, Spinatblätter), 1–2 EL Joghurt

Alle Zutaten gut vermischen und ziehen lassen. Eventuell mit ein paar Tropfen Tabascosoße oder mit einer Prise Cayennepfeffer schärfen.

Remouladensoße

Mayonnaise mit feingehackter Gewürznelke, Sardellen, Kapern, Kräutern, Zwiebel und Zitronensaft vermischen. Oder Zutaten für 1–2 Minuten auf das rotierende Messer im Mixbecher geben. Zu Fleisch- und Fischgerichten.

1/8 l Mayonnaise, 1 Gewürzgurke, 1 Sardelle oder etwas Sardellenpaste, 1 EL kleine Kapern, 2 EL frische Kräuter, 1/2 Zwiebel, Zitronensaft

Roquefortsoße

Roquefort mit der Gabel fein zerdrücken oder durch ein Sieb streichen, mit Joghurt (oder mit Öl), Zitronensaft und etwas Pfeffer verrühren oder im Mixer verschlagen. Noch voller schmeckt die Soße, wenn man statt des Joghurts halb Mayonnaise, halb geschlagene Sahne nimmt. Auch als Dipsoße, zu gegrilltem Fleisch, insbesondere zur Hammelkeule.

125 g Roquefort, 1 Becher (200 g) Joghurt, 1 TL Zitronensaft, weißer Pfeffer

Sardellensoße

Eier schälen, das Gelbe vom Weißen trennen; das Gelbe durch ein Sieb geben, das Weiße fein hacken. Sardellen etwas wässern, ebenfalls durch ein Sieb streichen. Zwiebel schälen, ganz fein würfeln. Petersilie hacken. Alle Zutaten mit Öl, Senf, Zucker und Zitronensaft verrühren und Salz und Pfeffer abschmecken. Saure Sahne und das Eiweiß kurz vor dem Servieren unter die würzige Soße geben. Zu gegrillten Fisch- und Fleischgrilladen.

3 hartgekochte Eier, 5 gewässerte Sardellen, 1 kleine Zwiebel, 1 EL gehackte Petersilie, 2 EL Öl, 1 TL mittelscharfer Senf, 1 TL Zitronensaft, Salz, Pfeffer, Zucker, 1/4 l saure Sahne

Salsa verde (Grüne Soße)

Eier schälen und fein hacken. Dann alle übrigen Zutaten miteinander verrühren. Knoblauch, Sardellen, Kräuter und Oliven sollen sehr fein gehackt sein. Wenn es schnell gehen muß, kann man diese Soße auch im Mixer bereiten, aber ganz echt ist das nicht. In dem Fall darf das Ei erst ganz zum Schluß zugefügt werden. In einem verschlossenen Gefäß 24 Stunden im Kühlschrank durchziehen lassen.

1–2 hartgekochte Eier, 1/8 l Olivenöl, 2 EL Essig, 2 EL Zitronensaft, 1 TL milder Senf, 1 Knoblauchzehe, 2 gewässerte Sardellen oder Sardellenpaste, 1 EL Kapern, 4–6 EL Kräuter (vor allem Petersilie, Basilikum, etwas Dill, Fenchelgrün, Estragon, Pimpinelle und Schnittlauch), eventuell 5–6 Oliven

Schaschliksoße

Alle Zutaten in einem Topf mischen und auf kleiner Flamme unter ständigem Rühren 10 Minuten kochen.

2 Tassen Chilisoße, 1 Tasse Ketchup, 1 EL Senfpickles, 1 EL Honig, 1 EL Meerrettich, 1 EL gehackte Chutney

Schwedische Soße

1/8 l Mayonnaise, 1/8 l Apfelmus, 1–2 EL frisch geriebener Meerrettich, einige Tropfen Zitronensaft

Alle Zutaten miteinander verrühren und würzig abschmecken.

Senf-Eiersoße

3 hartgekochte Eier, 3 EL Senf, 4 EL saure Sahne, 1 TL Zitronensaft, 2 säuerliche Äpfel, Salz, eventuell 1 kleine Zwiebel

Eier schälen und in kleine Würfel schneiden. Mit Senf, saurer Sahne und Zitronensaft vermischen. Die Äpfel schälen, mit der feinen Rohkostscheilbe in die Soße reiben und sogleich verrühren. Mit Salz abschmecken. Wer will, kann außerdem noch eine geschälte, feingehackte Zwiebel hinzufügen. Kurz vor dem Verzehr zubereiten. Zu gegrilltem Fleisch und allen Fischgerichten.

Senfsoße

1/8 l Sahne, 4 EL Mayonnaise, 2 TL scharfer Senf, 2 TL milder Senf, 1 kleine Zwiebel, 1 Msp. geriebener Meerrettich, einige Tropfen Zitronensaft, Salz

Eier abschälen und grob verhacken. Mit Öl, Zitronensaft, Senf und den Gewürzen in einem Mixer fein pürieren oder alle Zutaten mit der Gabel fein zerdrücken und mischen. Zum Schluß den Orangensaft und die steifgeschlagene Sahne unter die würzige Soße heben. Wer will, kann die Soße mit einigen ganz fein geschnittenen Streifen von Orangenschale garnieren. Zu gegrillten Fischen.

Senfschaumsoße

4 hartgekochte Eier, 6–8 EL Öl, 4 EL Zitronensaft, 4 EL milder Senf, 1 Msp. geriebener Meerrettich, Salz, Zucker, 2 EL Orangensaft, 1/8 l Sahne

Die Sahne steif schlagen. Die Mayonnaise, den Senf, die geschälte, sehr fein gehackte Zwiebel, fein geriebenen Meerrettich und Zitronensaft hinzugeben und alles mit etwas Salz abschmecken. Zu Fisch in der Folie und gegrillten Schweineschnitzeln.

Spanische Soße

1 rote (oder gelbe) und grüne Paprikaschote, 1/4 lsaure Sahne, 2 EL Essig, 8 EL Olivenöl, 1 TL weißer Pfeffer, 1/8 l trockener Weißwein, Salz, Knoblauchsalz oder Knoblauchpulver, 2 hartgekochte Eier, 1 Bund Schnittlauch

Die Paprikaschoten halbieren, Stiel und Kerne entfernen, die Schotenhälften mit kochendem Wasser überbrühen und 5 Minuten darin liegen lassen. Dann das Wasser abgießen und von den Schotenstücken die Haut abziehen. Das Fruchtfleisch in grobe Stücke hacken. Saure Sahne mit Essig, Öl, Pfeffer, Wein, Salz, Knoblauchsalz oder -pulver und 8 EL heißem Wasser glattrühren. Die geschälten Eier hacken. Den Schnittlauch klein schneiden. Die gehackten Eier und den Schnittlauch oben aufstreuen. Zu Rostbraten vom Grill oder gefüllten Schnitzeln vom Grill.

Spanische Soße, kalt

Weiches Schweineschmalz mit geschälten, zerdrückten Knoblauchzehen, geriebener Zitronenschale, Salz und Pfeffer mischen.

75 g Schweineschmalz, 4 Knoblauchzehen, abgerieben Schale von 1 Zitrone, Salz, Pfeffer, 1 Glas Sherry

Steaksoße

Pilze, Sardellenfilets und Knoblauch 5 Minuten in Öl braten. Die übrigen Zutaten dazugeben und zum Kochen bringen, unter häufigem Rühren 15 Minuten dünsten. Die Soße kann zugedeckt im Kühlschrank mindestens 1 Woche aufbewahrt werden. Zu Steaks oder Frikadellen.

1 Tasse gehackte Pilze, 12 gewässerte Sardellenfilets, 3 feingehackte Knoblauchzehen, 1 Tasse Olivenöl, 3 Tassen trockener Weißwein, 1/2 Tasse Kognak, 3/4 Tasse Tomatenmark, 1/2 Tasse feingehackte Petersilie, Pfeffer

Steak Spreads

Roquefort Spread: 50 g Roquefort mit 4 EL Butter schaumig rühren.
Tabasco Spread: 1/4 l Tabascosoße und 1 EL Worcestersoße mit 1/2 Tasse Butter verrühren.
Mustard Spread: 4 EL Senf mit 1/2 Tasse Butter vermischen. Vor dem Servieren das Fleisch damit bestreichen.

Tatarensoße

Mayonnaise und saure Sahne gründlich miteinander mischen. Die Gewürzgurke dünn abschälen und fein hacken. Die Petersilie und den Estragon kalt abbrausen, abtropfen lassen und die harten Stengen abschneiden. Die Blätter fein schneiden. Die Mixed Pickles abtropfen lassen und klein hacken. Die Eier schälen und ebenfalls fein hacken. Alle gehackten Zutaten in die Mayonnaisemischung rühren und mit etwas Essigflüssigkeit von den Mixed Pickles verdünnen. Die Soße soll aber dickflüssig sein. Zu gegrillter Hochrippe.

1 Tasse Mayonnaise, 1/2 Tasse saure Sahne, 1 kleine Gewürzgurke, 1 Bund Petersilie, 1 Bund Estragon, 1/3 Tasse Mixed Pickles mit Essigflüssigkeit, 2 hartgekochte Eier

Teufelssoße

Alle Zutaten grob zerkleinert in einem Mixer fein pürieren. Andernfalls die Zutaten, besonders die Kräuter, sehr fein mit dem Messer zerkleinern. Zu gegrilltem Fleisch, Spießchen und Fisch.

3 EL Öl, 4 EL Tomatenketchup, 1 Zwiebel, 5 EL eingelegte, gehackte Paprikaschoten, 1 gewässerte Sardelle, 1 TL Zitronensaft, 1 TL Worcestersoße, 1 Bund Schnittlauch, 1 Bund Petersilie, Salz, Cayennepfeffer

Thousand-Island-Soße

1 hartgekochtes Ei, 1 kleine Zwiebel, 2 EL Petersilie, 3 EL gefüllte Oliven, 2 EL Chilisoße, gut 1/8 l Mayonnaise, 2 EL Sahne

Das Ei schälen und sehr fein hacken. Zwiebel schälen, feinwürfelig schneiden. Petersilie und Oliven fein hacken. Dann alle Zutaten miteinander verrühren und abschmecken. Die steifgeschlagene Sahne erst im allerletzten Moment unter die Soße ziehen. Zu gegrilltem Fleisch oder Fisch.

Tomatenmayonnaise

1/8 l Mayonnaise, 2 EL Tomatenmark, 1 EL gehackte Petersilie, Pfeffer

Mayonnaise mit Tomatenmark, gehackter Petersilie und etwas Pfeffer verrühren.

Tomatensoße

50 g Schinkenspeck, 1 mittelgroße Zwiebel, 1 Knoblauchzehe, 4 EL Öl, 1 kleine Möhre, 500 g reife, fleischige Tomaten, 4 EL Tomatenmark, 1 Tasse Brühe, 1 Lorbeerblatt, 2 Nelken, 4 Pfefferkörner, 1 TL brauner Zucker, 1 Stückchen Zitronenschale, 1 TL Zitronensaft, Salz, Pfeffer, Basilikum

Kleinwürfelig gehackten Schinkenspeck goldgelb auslassen. Zwiebeln schälen, würfeln. Knoblauchzehe schälen, fein zerdrücken. Beides mit dem Öl zum Speck geben und goldgelb braten. Inzwischen die Möhre putzen, grob reiben. Tomaten waschen, vierteln. Nun alle Zutaten in den Topf geben und unter gelegentlichem Rühren eine gute halbe Stunde auf kleinem Feuer kochen lassen. Wenn die Tomaten völlig verkocht sind, das Lorbeerblatt und die Nelken herausfischen. Die Soße erst im Mixer oder mit dem Messerstern pürieren, dann durch ein Sieb passieren. Nochmals abschmecken.

Tomatensoße expreß

1 EL Butter oder Margarine, 1 Zwiebel, 1 EL Mehl, 3/8 l Wasser, 1/2–3/4 Tube Tomatenmark, Salz, Pfeffer

Butter oder Margarine in einem kleinen Topf schmelzen lassen, geschälte und feingewürfelte Zwiebel darin glasig dünsten. Mehr darüberstäuben und hellgelb rösten. Topf vom Herd nehmen. Mit Wasser ablöschen. Tomatenmark unterrühren. Topf wieder auf die Flamme setzen. Soße 5 Minuten köcheln lassen. Mit Salz und Pfeffer abschmecken. Zu Hammel- oder Lammgrilladen und Würstchen.

Tomaten-Sahnesoße

500 g fleischige Tomaten, 1 Zwiebel, 2 EL gehackte Kräuter (Basilikum, Petersilie, Schnittlauch etc.), etwas getrockneter Majoran und Thymian, 1 EL Sahne, 1 TL Zitronensaft, Salz

Tomaten überbrühen, schälen, in Achtel schneiden. Wenn möglich, erst im Mixer oder mit dem Messerstern pürieren, dann durch ein Sieb streichen. Zwiebel schälen und fein reiben. Kräuter gut hacken und alles verrühren. Die steifgeschlagene Sahne kurz vor dem Essen unter die Soße ziehen. Würzig abschmecken. Zu gegrilltem Fisch und Fleisch.

Tomaten-Wein-Soße

Alle Zutaten mischen und aufkochen. Auf kleiner Flamme 45 Minuten langsam dünsten. Durchseihen. Zu Huhn, Schinken, Schweinebraten, Würstchen oder Lammbraten.

1 Tasse fleischige Tomaten, 1 Tasse trockener Weißwein, 1 Tasse Okra, dünn geschnitten, 1 1/2 Tassen Rinderbrühe, 1/2 Tasse feingehackter Sellerie, 1 EL Zitronensaft, 1 TL Chilipulver, 1/4 Tasse Worcestersoße, 1/2 Tasse Öl, 1 EL Zucker, 1 zerriebenes Lorbeerblatt, 1/2 TL Oregano, 1/4 TL Tabascosoße, 1/4 TL Basilikum, 1/2 Tasse feingehackte Zwiebel, 2 Knoblauchzehen, zerdrückt, Salz, Pfeffer

Ungarische Soße

Öl mit Paprikapulver gut verrühren. Mit Honig, Zitronensaft, Pfeffer und Salz abschmecken.

1/2 Tasse Olivenöl, 3 EL Paprika edelsüß, 3 EL Honig, Saft 1/2 Zitrone, Pfeffer, Salz

Western Herb-Soße (Kräutersoße)

Schalotten und Pilze in Olivenöl und Butter 5 Minuten dünsten. Mit den übrigen Zutaten weitere 5 Minuten dünsten. Diese dicke Soße kann mit 1/2 Tasse Fleischbrühe verdünnt werden, anschließend 5 Minuten auf kleiner Flamme kochen.
Soße Diable: Schalotten mit Weißwein dünsten und mit Fleischsaft, Butter und Cayennepfeffer verrühren.

2 EL gehackte Schalotten, 250 g Pilze, in Scheiben geschnitten, 1/4 Tasse Olivenöl, 1/4 Tasse Butter, 1 EL gehackter Schnittlauch, 1 EL gehackter Estragon, 2 EL gehackte Petersilie, 1/2 Tasse gehackte marinierte Walnüsse, 2 EL Soße Diable, Salz, frisch gemahlener Pfeffer

Yankeesoße

Die Eier schälen, das Eigelb herauslösen, mit der Gabel fein zerdrücken. Eigelb mit Senf, Salz und Zitronensaft verrühren und nach und nach in feinem Strahl das Öl hinzugeben. Dann die kleinen grünen Cornichons sehr fein hacken und zufügen. Die Zwiebel schälen, in die Soße reiben. Schnittlauch waschen, klein schneiden, bis auf einen kleinen Rest hineingeben. Auch das Eiweiß unterrühren. Abschmecken. In eine Soßenschale geben und mit dem restlichen Schnittlauch bestreuen. Zu allen gegrillten Fischgerichten.

2 hartgekochte Eier, 1 EL Senf, Salz, 1 EL Zitronensaft, 1/8 l Öl, 4–5 Cornichons oder Gewürzgurken, 1 Zwiebel, 1 Bund Schnittlauch

Zigeunersoße

Sherry mit Tomatenmark und Paprikapulver vermischen und etwas ziehen lassen. Die Zwiebel schälen, fein reiben und zufügen. Die Paprikaschote waschen, entkernen, so fein wie möglich schneiden oder hobeln und 5 Minuten in etwas Salzwasser weichdünsten. Dann in die Soße geben und mit Salz abschmecken. Zu allen Grillgerichten.

1/8 l trockener Sherry, 2 EL Tomatenmark, 2 EL scharfer Paprika, 1/2 Zwiebel, 1/2 grüne Paprikaschote, Salz

Zitronensoße

1 EL Butter oder Margarine, 2 EL Mehl, 1/2 l Wasser, 1 Msp. Salz, Saft und abgeriebene Schale von 1/2 Zitrone, 1 Prise Zucker

Butter oder Margarine in einem kleinen Topf schmelzen lassen. Mehl darüberstäuben und hellgelb rösten. Topf vom Feuer nehmen, Wasser zugießen und unter Rühren ablöschen. Sobald sich die Klümpchen aufgelöst haben, Topf wieder auf den Herd stellen. Salz und abgeriebene Zitronenschale zugeben. Unter Rühren aufkochen lassen. Nach 10 Minuten Zitronensaft unterrühren. Soße mit Zucker abschmecken. Zu Schweinefleischgrilladen.

Zitronen-Eiersoße

2 Eier, 6 EL durchgesiebten Zitronensaft, 3 EL Fleisch- oder Fischbrühe, Salz, weißer Pfeffer, Estragon

Eier mit dem Schneebesen über kleiner Flamme schlagen, nach und nach den Zitronensaft und die Brühe zugeben. Mit Salz und Pfeffer abschmecken und mit einigen zerriebenen Estragonblättern würzen. Zu gegrilltem Fisch.

Zwiebelmayonnaise

3–4 große Zwiebeln, 1/8 l Sahne, 4 EL Mayonnaise, 1/2 TL Worcestersoße, einige Tropfen Zitronensaft, Salz, Pfeffer

Die Zwiebeln in Ringe schneiden, mit wenig Wasser in einem Topf 5–10 Minuten weichdünsten. Im Mixer oder mit dem Messerstern fein pürieren, dann kaltstellen. Die steifgeschlagene Sahne mit Mayonnaise, Zwiebelmus vermischen und mit den Gewürzen abschmecken. Zu gegrilltem Rumpsteak.

A

Aal in Asche 145
Aal mit Dill 145
Aalspießchen auf Hamburger Art 197
Aioli 278
Amerikanische Soße 278
Amerikanische Steakplatte 46
Ananas, flambiert 255
Andalusische Soße 278
Äpfel auf Großmutterart 256
Äpfel auf Marseille-Art 265
Äpfel auf türkische Art 265
Äpfel, gegrillt 256
Apfelmayonnaise 278
Äpfel mit Tullamore Dew, flambiert 265
Apfelringe, flambiert 256
Apfelsinen-Bananen-Spießchen 266
Apfelsinen, gegrillt 266
Aprikosensoße 279
Aprikosenspießchen 266
Argentinische Soße 279
Artischockenböden, überbacken 242
Artischockenherzen, gegrillt 242
Asiatische Soße 279
Auberginen auf provenzalische Art 242
Auberginen, gegrillt 242
Aurorasoße 279
Austern, gegrillt 162
Avocadosoße 279
Avocado-Toast 243

B

Backkartoffeln 245
Balkan-Mixed-Grill 74
Balkanspießchen 231
Bambussprossen-Spießchen 243
Bananen auf Pariser Art 267
Bananen, gegrillt 267
Bananen im Schinkenhemd 268
Bananen in Alu-Folie 268
Bananen, mariniert und gegrillt 267
Bananen-Mayonnaise 279
Barbecue-Hamburger 119
Barbecuemayonnaise 280
Barbecuesoße 280
Barbecuesoßen für Schweinekoteletts 280
Barbecuesoße, scharf 280
Barbecue-Steak 46
Barsch, gefüllt 145
Barsch mit Fenchel 145
Basting-Marinade 276
Béchamelsoße 281
Beefsteak 21
Beefsteak à la Meier 23
Beefsteak auf Hongkongart 23
Beefsteak auf peruanische Art 23
Beefsteak, deutsches 117
Beefsteak, Helgoländer 22
Beefsteak Milvie 23
Beefsteak tatare 117
Beizen zum Wild vom Grill 102
Belgrader Spießchen 231
Berliner Spießchen 231
Berner Würste 137
Bierkotelett 58
Birnen auf indische Art 269
Birnen auf Schlemmerart 269
Birnen auf Schweizer Art 269
Birnen, gegrillt 268
Biskuitananas 255
Bleichsellerie, Lauchstangen, gegrillt 246
Bockwurst, gegrillt 137
Bockwurst im Schinkenmantel 137
Bockwurst-Schaschlik 138, 227
Bockwurstspießchen 138, 226
Börsen-Beefsteak 22
Brandy-Birnen mit Schokoladesoße 269
Bratäpfel auf Lieblingsart 265
Bratäpfel vom Grill 255
Bratwürstchenspießchen 227
Bratwurst auf Göteborger Art 137
Bratwurst, gefüllt 138
Bratwurst vom Rost 138
Brennende Obstspieße 271
Brot, gegrillt 252
Brötchen, gefüllt und gegrillt 253
Buletten mit Ananas 114
Bunte Gemüseplatte 244
Bunte Kalbsnierenspießchen 224
Bunte Schweinenierenspießchen 225
Bunte Würstchenspießchen 227

C

Café-de-Paris-Soße 281
Calvadossoße 281
Cassis-Soße 281
Cevapčići 121
Cevapčići auf Balkanart 122
Champignonbutter 273
Champignonsoße 282
Chantillysoße 282
Chateaubriand 24
Chateaubriand auf Bürgermeisterart 24
Chateaubriand Florida 25
Chateaubriand mit Estragonsoße 25
Chateaubriand moelle 25
Chateaubriandsoße 282
Cheeseburger 119
Cheeseburger, garniert 119
Chickenburger 119
Chicorée auf Lütticher Art 243
Chili-Ananas-Soße 283
Chili-Barbecue-Soße 283
Chilibutter 273
Chilisoße 282
Chilisoße, grün 282
Chilisoße (kalt) 283
Chilisoße, rot 282
China-Ente 189
Chinesische Soße 283
Chiveburger 120
Churasco-Steak 46
Chutneysoße 283
Cumberlandsoße 283
Currybutter 273
Curry-Früchte 270
Curry-Hähnchen 185
Curryjoghurt 284
Curry-Kotelett 59
Currymayonnaise 284
Currysoße 284
Curry-Spießchen 231

D

Dillmayonnaise 284
Deutsches Beefsteak 117
Dubrovna 232

E

Edamer Spießchen 232
Englische Soße 284
Ente auf chinesische Art 98
Ente auf indische Art 190
Ente auf Maltaiser Art 99
Ente auf Nizza-Art 98
Ente Bigarade 98
Ente mit Kräutern 190
Ente mit Orangensoße 190
Ente oder Gans vom Spieß 189
Ente Shanghai 191
Entrecôte 34
Entrecôte auf Bordolaiser Art 35
Entrecôte auf bürgerliche Art 35
Entrecôte auf ungarische Art 36
Entrecôte auf Zigeunerart 36
Entrecôte Café de Paris 35
Entrecôte Mirabeau 36
Entrecôte Roquefort 36
Estragon-Marinade 276

F

Falsche Pizza 253
Fasan auf georgische Art 194
Fasan, gegrillt 109
Fasan vom Spieß 193
Fenchel auf Berner Art 243
Fenchel auf italienische Art 244
Filet auf Florentiner Art 19
Filet mignons mit spanischer Pilzsoße 29
Filet mignons nach Art des Chefs 30
Filet-Mignons-Spießchen 205
Filets mignons 29
Filetsteak 18
Filetsteak auf brasilianische Art 18
Filetsteak auf Jägerart 19
Filetsteak auf Müllerinart 20
Filetsteak auf Prärieart 21
Filetsteak auf Weinhändlerart 21
Filetsteak Fayette 18
Filetsteak, gefüllt 18
Filetsteak marchand de vin 19
Filetsteak Masséna 19
Filetsteak mit grüner Pfeffersoße 20
Filetsteak mit Morchelsoße 20
Filetsteak nicoise 20
Filetsteak-Spießchen auf Balkanart 203
Fisch auf Amsterdamer Art 146
Fisch im roten Rock 146
Fische auf Neptunart 197
Fische vom Rost 146
Fischfilet in Folie 148
Fischfilet mit Krabbenbutter 147
Fischfilet mit Soße béarnaise 147
Fisch-Kebab auf italienische Art 197
Fisch-Kebab auf orientalische Art 198
Fisch-Schaschlik 199
Fisch-Schaschlik auf ungarische Art 199
Fischspießchen auf nordische Art 198
Fischstäbchen mit Käse 148
Fischstäbchen mit Tomaten 148
Fleischwurstring, gefüllt 139
Florentiner Hähnchen 95
Forelle auf Budapester Art 149
Forelle auf Hoteliersart 149
Forelle auf Kenia-Art 149
Forelle auf Klosterart 150
Forelle im Speckhemd 150
Forelle mit Currybutter 151
Forelle mit Kräutern 151
Forelle mit Mandelsoße 152
Forelle mit Salbei 152
Forelle mit Würzbutte 148
Försterspießchen 222
Friesisches Kluftsteak 22
Frikadellen auf russische Art 116
Frikadellen (Grundrezept) 114
Frikadellen mit Ananas 114
Frikadellen mit Apfelsinen 114
Frikadellen mit Champignons 115
Frikadellen mit Mais, Schinken und Paprika 115
Frikadellen mit Roquefort 115
Frikadellen mit Schafskäse und Oliven 115
Frikadellen mit Tomaten und Ei 116
Frikadellen mit Zwiebeln 116
Frikadellen Puerto Rico 116
Französische Soße 285
Fruchtsoße 285
Fruchtspieße 270
Fruchtspieße auf Feinschmeckerart 271
Frühlingssoße 285

G

Gänselebersoße 285
Geflügelleberspießchen 223
Geflügelspießchen 212
Geflügel-Spießchen mit Floridamarinade 212
Gemischtes vom Grill 74
Gemüse auf Köhlerart 244
Geräuchertes Forellenfilet 152
Gordon bleu 89
Griechische Räuberspießchen 209
Grilläpfel, gefüllt 256
Grill-Barbecuesoße 285
Grillhähnchen auf englische Art 186
Grillhähnchen auf indische Art 186
Grillpreads 286
Grüne Soße 286
Grüne Soße (salsa verde) 293
Gurkensoße 286

H

Hackfleischkuchen 120
Hacksteak Athen 112
Hacksteak auf bayrische Art 112
Hacksteak auf indonesische Art 112
Hacksteak (Grundrezept) 111
Hacksteak Kopenhagen 112
Hacksteak mit Kümmel 111
Hacksteak mit Oliven 111
Hacksteak mit Räucherspeck 111
Hacksteak mit Rosmarin 111
Hacksteak Ohio 113
Hagebuttensoße 286
Hähnchen auf Hawaiiart 186
Hähnchen auf kretische Art 95
Hähnchen auf provenzalische Art 96
Hähnchen auf Tatarenart 97
Hähnchen auf türkische Art 187
Hähnchen, Florentiner 95
Hähnchen im Kontaktgrill 94
Hähnchenspießchen auf Bali-Art 221
Hähnchenviertel Milva 96
Hähnchen vom Rost 94
Hähnchen vom Spieß 185
Hamburger 118
Hamburger auf amerikanische Art 118
Hammelfleisch-Spießchen auf Pußtaart 210
Hammelfleisch-Spießchen auf serbische Art (Cevap) 210
Hammelfleisch-Spießchen mit Pfefferminze 210
Hammelkarree mit Kruste 68
Hammelkeule auf arlesische Art 183
Hammelkeule auf Balkanart 184
Hammelkeule auf provenzalische Art 184
Hammelkeule vom Holzkohlengrill 68
Hammelkotelett auf elsässische Art 69

Hammelkotelett auf griechische Art 69
Hammelkotelett auf Hirtenart 70
Hammelkotelett auf katalanische Art 70
Hammelkotelett auf türkische Art 70
Hammelkotelett, gefüllt 69
Hammelkotelett nach Art der Bretagne 69
Hammelmedaillons auf römische Art 72
Hammelniere Chateaubriand 135
Hammelnieren Chipolata 135
Hammelrippchen, marinierte 71
Hammelrücken Nizza 68
Haselnußsoße 286
Hasenkotelett Saint Marc 109
Hasenrücken auf deutsche Art 193
Haushofmeisterbutter (Maître-Butter) 273
Hausmacher-Netzchen 120
Hawaii-Chicken 95
Hecht, gespickt 152
Heiduckenspießchen 232
Heilbutt mit Champignons 153
Heilbutt mit Rosmarin 153
Heilbuttscheiben à la Mornay 153
Helgoländer Beefsteak 22
Hering auf flämische Art 154
Hering auf Teufelsart 154
Heringe auf Haushofmeisterart 154
Heringsröllchen Olaf 155
Heringsröllchen Sven 155
Hirschsteak auf Waidmannsart 107
Hirschsteak Försterin 106
Hirschsteak mit flambierten Sauerkirschen 107
Hirschsteak St. Hubertus 106
Hirschsteak vom Rost 106
Hirsch- und Rehfilet mit Kastanien und Rotkohl 104
Hirsch- und Rehkotelett mit Kirschen 105
Hirsch- und Rehkotelett vom Rost 105
Hirtenspießchen 232
Huhn auf englische Art 94
Huhn auf Piratenart 96
Hühnerbrüstchen auf indische Art 221
Hühnerbrüstchen auf indonesische Art 221
Hühnerkeule auf italienische Art 95
Hühnerkeule auf Teufelsart 97
Hummer vom Grill 162
Husaini Kebab (Indische Lammspießchen) 209

I

Ingwerbällchen 121
Ingwer-Gans 191
Italienische Soße 287

J

Jägerspießchen 222
Jugoslawische Feuerspießchen 233

K

Kabeljau auf Baseler Art 155
Kabeljaufilet auf portugiesische Art 155
Kalbfleischbeize 77
Kalbsbratwurst im Mantel 139
Kalbsbratwürstl 139
Kalbsbries auf Marschallart 123
Kalbsfiletspießchen 205
Kalbshaxe auf bayrische Art 177
Kalbshaxe auf französische Art 177
Kalbsherz auf Burgunder Art 123
Kalbsherzspießchen 226
Kalbskeule am Spieß 168
Kalbskotelett auf amerikanische Art 90
Kalbskotelett auf italienische Art 90
Kalbskotelett Cäsar Augustus 90
Kalbskotelette mit Brunnenkresse 90
Kalbsleber auf Bamberger Art 124
Kalbsleber auf Berliner Art 124
Kalbsleber auf Florentiner Art 133
Kalbsleber auf italienische Art 124
Kalbsleber auf Turiner Art 133
Kalbsleber mit Äpfeln 124
Kalbsleber natur 123
Kalbsleberspießchen 223
Kalbsmedaillons 92
Kalbsmedaillons auf Curryreis 92
Kalbsmedaillons auf englische Art 92
Kalbsmedaillons auf indische Art 92
Kalbsnieren auf amerikanische Art 134
Kalbsnieren auf Tiroler Art 135
Kalbsnierenbraten 177
Kalbsnieren Gourmet 134
Kalbsnierenspießchen 224
Kalbsnieren vom Grill 133
Kalbsrollen auf bayrische Art 89
Kalbsrollen auf chinesische Art 89
Kalbsrollenbraten 168
Kalbsrollenbraten, gefüllt 168
Kalbsschnitzel à la Holstein 78
Kalbsschnitzel auf Badner Art 78
Kalbsschnitzel auf Jägerart 79
Kalbsschnitzel auf sizilianische Art 80
Kalbsschnitzel Fleica 78
Kalbsschnitzel Gundel 78
Kalbsschnitzel Hawaii 79
Kalbsschnitzel mit Artischockenböden 77
Kalbsschnitzel mit Gemüse 77
Kalbsschnitzel natur 77
Kalbssteak 91
Kalbssteak Hawaii 91
Kalbssteak Mozart 91
Kalbssteak Prinzeß 91
»Kalbsvögerl« auf bayrische Art 89
Kambodscha-Rumpsteak 33
Kapern-Senf-Soße 287
Karibische Soße 287
Karpfen vom Rost 156
Kartoffeln aus der Glut 246
Käse, gegrillt 253
Käseschnitten auf dem grill 253
Käsetoast 253
Käse-Würstchen 139
Käse-Wurst-Ring 140
Kasseler am Spieß 181
Kasseler auf Bostoner Art 64
Kasseler, gegrillt 63
Kasseler Hawaii 64
Kasseler Rippchen auf exotische Art 64
Kasseler Rippenspeer 63
Kawasku-Schaschlik 209
Kebab auf orientalische Art 234
Kebab Kati (Indische Grillspießchen) 233
Kebab mit Ananas 233
Kebab Tasty (Fleischspießchen auf indische Art) 234
Keklik (Rebhuhn auf türkische Art) 109
Ketchup mit Perlzwiebeln 287
Kirschsoße 287
Kluftsteak, friesisches 22
Knoblauch-Mayonnaise 288
Knoblauch-Rumpsteak 31
Knoblauchsteak 47
Kognakbutter 273
Kosakenspießchen 234
Kotelett-Parade 75
Kotelett Pojarski 118
Krabben auf Kampener Art 163
Krabbenbutter 273

Krabben gegrillt 162
Krabbenmayonnaise 288
Krabben-Speck-Spießchen 200
Kräuterbutter 274
Kräuterforelle 150
Kräuterkartoffeln 245
Kräuterkotelett 60
Kräutersoße 288
Kräutersoße auf Pariser Art 288
Kräutersoße, kalt 288
Krebsfleisch-Spießchen 200
Kumaquats, gegrillt 246
Kümmelspießchen 211

L

Lachs auf kanadische Art 156
Lachs Fayot 157
Lachs, gegrillt 156
Lamm auf griechische Art 182
Lammbrust à la gratar 74
Lämmchen vom Spieß 182
Lammkarree mit Minzsoße 73
Lammkotelett auf aragonische Art 73
Lammkotelett auf Burgfrauenart 73
Lammkotelett auf französische Art 73
Lammkotelett gefüllt 72
Lammkotelett natur 72
Lammkotelett-Spießchen 207
Lamm-Medaillons Frascati 72
Lamm-Medaillons mit Estragon 71
Lammrücken Saint Florentin 183
Lammspießchen 208
Lammspießchen auf griechische Art 208
Lammspießchen auf kaukasische Art 208
Languste auf Teufelsart 163
Languste, gegrillt 163
Lauchstangen, Bleichsellerie, gegrillt 246
Leberspießchen 222
Leber-Mais-Spießchen 223
Leberspießchen Tunesia 224
London-Mixed-Grill 75
Luku-Spießchen 235

M

Mais, gegrillt 247
Maiskolben auf ungarische Art 247
Maiskolben, gegrillt 247
Maiskolben vom Holzkohlengrill 247
Makrelen auf Mailänder Art 157
Makrelen Rosalie 157
Malagasoße 289
Malteser Soße 289
Mandarinensoße 289
Mandelbutter 274
Mandelsoße 289
Mangosoße 289
Marchand-de-vin-Butter 274
Marinade für große Fleischstücke 276
Marinade für große Fleischstücke zum schnellen Beizen 277
Marinade für kleine Fleischstücke zum schnellen Braten 276
Marinade für Spießchen 276
Marinierte Hammelrippchen 71
Marinierte Schweinerippchen 63
Maronen 248
Matjesrolle mit Tomaten 158
Mayonnaise 290
Meerrettichmayonnaise 290
Meerrettichsahne 290
Meerschaumsoße 290
Mexikanische Spieße 204
Mexikanisches Steak 47
Miami-Steak 140
Miesmuscheln auf flämische Art 201
Minzsoße 290
Mititei mit Auberginen 121
Mittelmeerspießchen 199
Mixed Fisch-Grill 158
Mixed Grill 74
Mixed-Grill-Spießchen 235
Muscheln auf französische Art 164
Muscheln auf italienische Art 164
Muscheln auf kalifornische Art 201
Muschelspießchen 201
Mutton Chops oriental mit Orangencreme und Currymandeln 71

N

Nieren auf Curryreis 134
Nieren-Bananen-Spießchen 225
Nieren-Leber-Spießchen 235
Nierenspießchen 225
Nomadenspießchen 223
Nürnberger Spießchen 227
Nußmayonnaise 290

O

Ofen-Kartoffeln, gegrillt 245
Olivensoße 291
Orangenbutter 274
Orangen, gegrillt 270
Orangen-Johannisbeer-Soße 291
Orangensoße 291

P

Palmitos, gegrillt 248
Pandurenspießchen 235
Papayaspießchen 248
Paprikakotelett 61
Paprikaröllchen 248
Paprikasoße 291
Paprikaspießchen 236
Pariser Wurst, gefüllt 140
Parmaschnitzel 79
Partyspießchen 236
Perlhuhn mit Bananen 98
Pesto 291
Petersilienbutter 274
Petersilie-Hähnchen 187
Pfeffersteak auf Pariser Art 48
Pfeffersteak, garniert 47
Pfeffersteak nach Art des Hauses 48
Pfirsich Montreuil 270
Pflaumensoße auf chinesische Art 292
Pikante Soße 292
Pikante Wurstspießchen 227
Pilze, gegrillt 249
Pilzhuhn 96
Pleskavitca 236
Porterhouse-Steak 48
Poularde vom Spieß 188
Preiselbeersoße 292
Provence-Soße 292
Pustaspießchen 237
Putenrollbraten 192
Putenkeulen vom Grill 97
Puterbrust auf Mailänder Art 99
Puterkeulen und Puterschnitzel auf amerikanische Art 99

R

Radiccio, überbacken 249
Ratatouille 249
Räuberspießchen 237

Ravigotesoße 292
Ražnjići 237
Ražnjići (einfach) 237
Rebhuhn à la Crapaudine 109
Rebhuhn Estramadura 194
Regensburger Spießchen 228
Rehfilet Dubarry 104
Rehkeule Cumberland 193
Rehleber, gespickt 133
Rehmedaillons, gegrillt 107
Rehmedaillons mit Äpfel und Orangen 108
Rehmedaillons mit Pilzen 108
Rehnüßchen mit Birnen 108
Reh- oder Hirschnüßchen auf Gastronomenart 108
Rehrücken Diana 103
Rehrücken mit Bananen und Sauerkirschen 103
Reh- und Hirschrücken, gegrillt 103
Rehschnitzel auf Oberjägermeisterart 105
Rehschnitzel mit Birnen und Preiselbeerkompott 104
Remouladensoße 292
Rinderfilet mit Kräutern und Speck am Spieß 167
Rinderfilet-Spießchen 203
Rinderfilet-Spießchen à la Carmen 203
Rinderfilet-Spießchen auf Feinschmeckerart, flambiert 204
Rinderfilet-Spießchen auf Gärtnerart 204
Rinderhacksteak 117
Rinderkotelett am Grill 50
Rinderlende auf Haushofmeisterart 34
Rinderlende, gespickt 167
Roastbeef auf Jägerart 167
Roastbeef, gerollt 166
Roastbeef mit Pilzen 33
Roastbeef vom Spieß 166
Rollschinken vom Spieß 182
Rosmarin-Marinade 277
Rosmarinsteak 49
Rostbratwürstchen 141
Roquefortbutter 274
Roquefortsoße 293
Roundsteak 49
Rumaki à la Hawaii 224
Rumänische Spießchen 238
Rumpsteak 30
Rumpsteak auf amerikanische Art 31
Rumpsteak auf malaiische Art 32
Rumpsteak Carmensita 31
Rumpsteak Dijon 31
Rumpsteak, gewürzt 30
Rumpsteak meridional 32
Rumpsteak mit Kräuterbutter 32
Rumpsteak mit Pfifferlingen 32
Rumpsteak tatar 33

S

Salami-Taler 141
Salsa verde (Grüne Soße) 293
Saltimbocca 80
Saltimbocca Casalinga 80
Sardellenbutter 274
Sardellensoße 293
Sardellensteak 49
Sardinen auf Antiber Art 158
Saure-Sahne-Marinade 277
Scaloppine auf römische Art 89
Scampi im Speckhemd 203
Scampispießchen 201
Scampispießchen auf Bordelaiser Art 202
Scampispießchen auf Winzer Art 202
Scampispießchen Savoia Beeler 202
Schälrippchen 62
Schaschlik 238
Schaschlik auf Schlemmerart 239
Schaschlik auf türkische Art 239
Schaschliksoße 293
Schaschlik-Spießchen 238
Schaschlik Tropicana 239
Schinken 64
Schinken, gegrillt 65
Schinkengrill auf englische Art 65
Schinken in Folie 65
Schinken-Käse-Spießchen 207
Schinken mit Champignons 66
Schinkenspießchen 206
Schinkenspießchen auf amerikanische Art 206
Schinkenspießchen Bogotà 207
Schinkensteak auf amerikanische Art 66
Schinkensteak auf Hawaii-Art 66
Schinkensteak auf Tiroler Art 66
Schinken vom Spieß 181
Schinkenwurst auf spanische Art 141
Schisch Kebab 211
Schisch-Köfte 211
Schleie auf Haushofmeisterart 159
Schlemmerspießchen 240
Schlemmersteak 49
Schnecken auf Küchenmeisterart 164
Scholle auf Nizza-Art 159
Schollenfilet, gegrillt 159
Schwedische Soße 294
Schweinebraten auf Bauernart 179
Schweinebraten vom Spieß 179
Schweinefilet 52
Schweinefilet auf französische Art 53
Schweinefilet auf römische Art 53
Schweinefilet auf Schlemmerart 53
Schweinefilet, gegrillt 52
Schweinefilet, gespalten 52
Schweinefilet natur 53
Schweinekotelett 57
Schweinekotelett auf chinesische Art 59
Schweinekotelett auf indische Art 59
Schweinekotelett auf Marseiller Art 60
Schweinekotelett auf mexikanische Art 60
Schweinekotelett auf Zagreber Art 62
Schweinekotelett Bogotà 58
Schweinekotelett drable 59
Schweinekotelett, gefüllt 57
Schweinekotelett Miami 61
Schweinekotelett mit Barbecuesoße 57
Schweinekotelett mit pikanter Soße 62
Schweinekotelett mit Speck und Champignons 58
Schweinekotelett natur 61
Schweinemedaillons 55
Schweinemedaillons à la provencale 56
Schweinemedaillons Capriccio 57
Schweinemedaillons, flambiert 56
Schweinemedaillons-Variationen 56
Schweinerollbraten 190
Schweinerippchen 63
Schweinerippchen auf chinesische Art 63
Schweinerippchen, marinierte 63
Schweinerippenbraten, mariniert 179
Schweinerippenbraten mit Äpfeln 180
Schweineschnitzel auf italienische Art 54
Schweineschnitzel auf Walliser Art 55
Schweineschnitzel, gefüllt 54
Schweineschnitzel mit Käse 54
Schweineschnitzel mit Pflaumen 54
Schweineschnitzel mit Rosmarin 55
Schweineschnitzel mit Sardellen 55
Schweinespießchen auf nordische Art 206
Schweinespießchen aus Radschasthan 206

Schweinshaxe am Spieß 180
Schweinshaxe, gefüllt 181
Schweizer Spießchen 240
Schwertfisch auf sizilianische Art 160
Schwertfisch auf türkische Art 199
Seezunge auf Feinschmeckerart 160
Seezunge Cecilie 160
Seezunge Colbert 160
Seezungenspießchen 200
Senfbutter 275
Senf-Eiersoße 294
Senfschaumsoße 294
Senfsoße 294
Sirloin-Steak 50
Soja-Marinade 277
Soße, amerikanische 278
Soße, andalusische 278
Soße, argentinische 279
Soße, asiatische 279
Soße béarnaise 281
Soße, englische 284
Soße, französische 285
Soße, grüne 293
Soße, italienische 287
Soße, karibische 287
Soße, schwedische 294
Soße, spanische 294
Soße, spanische, kalt 295
Soße, ungarische 296
Spanferkel am Spieß 178
Spanferkel, gefüllt 178
Spanische Soße 294
Spanische Soße, kalt 295
Spareribs 63
Speck-Melonen-Spießchen 226
Spießchen auf Seemannsart 200
Spießchen mit Schwips 205
Steak 45
Steak Danitscheff 47
Steak, mexikanisches 47
Steakplatte, amerikanische 46
Steak Soße 295
Steak Spreads 295
Steckerlfische 161

T

Tatarensoße 295
Tauben auf Neapler Art 100
Taube Vanaissan 100
T-Bone-Steak 50
Teufelsbirne 270
Teufelssoße 295
Thunfisch Choggiola 161
Thunfisch Elba 161
Thousand-Island-Soße 296
Tomaten auf nordische Art 250
Tomaten auf provenzalische Art 250
Tomaten, gegrillt 249
Tomatenmayonnaise 296
Tomaten-Sahnesoße 296
Tomatensoße 296
Tomatensoße expreß 296
Tomaten-Wein-Soße 296
Tournedos 25
Tournedos à la jardiniere 26
Tournedos à l'Opera 27
Tournedos à la Richelieu 28
Tournedos à la Rossini 29
Tournedos auf bürgerliche Art 26
Tournedos boheme 26
Tournedos Jacqueline 26
Tournedos Lola Montez 27
Tournedos maitre d'hotel 27
Tournedos Marie-Louise 27
Tournedos mit Pfirsich und Roquefort 28
Tournedos mit Spargelspitzen 29
Tournedos parisienne 28
Tournedos Piemont 28
Trüffelbutter 275
Truthahn, gefüllt 192
Truthahn vom Spieß 192

U

Ungarische Soße 296

W

Wacholderbutter 275
Wacholdersteak 50
Wachteln auf Winzerart 195
Waikiki-Hähnchen 188
Weißbrot, gefüllt 252
Western Herb-Soße (Kräutersoße) 297
Wiener Spießchen 228
Wiener Würstchen mit Käse 141
Wiener Würstchen mit Speck 142
Wildente gefüllt 195
Winzer-Cevap 212
Würstchenspießchen, gemischt 228
Würstchengrill auf bäuerliche Art 142
Würstchen-Grillparty 142
Würstchenspießchen mit Speck 228
Würstchenpalette 143
Würstchen vom Grill 142
Wurst-Knödel-Spießchen 229
Wurstschaschlik 240
Wurstschnitzel, gefüllt 143
Wurstschüsselchen, gefüllt 143

Y

Yankeesoße 297

Z

Zander auf ungarische Art 162
Zervelatspießchen 229
Zigeunerhacksteak 113
Zigeunersauce 297
Zigeunerspießchen 229
Zimt-Apfelscheiben 266
Zitronenbutter 275
Zitronen-Eiersoße 298
Zitronensoße 298
Zucchetti-Zucchini 250
Zucchini auf römische Art 251
Zucchini, gefüllt 250
Zucchini in Sahnesoße 251
Zwiebelhacksteak 113
Zwiebeln im Hemd 251
Zwiebelmayonnaise 298
Zwiebelspießchen 251
Zwiebeltoast 252